Otto Ribbeck

Reden und Vorträge

Otto Ribbeck

Reden und Vorträge

ISBN/EAN: 9783744663939

Hergestellt in Europa, USA, Kanada, Australien, Japan

Cover: Foto ©ninafisch / pixelio.de

Weitere Bücher finden Sie auf **www.hansebooks.com**

REDEN UND VORTRÄGE

VON

OTTO RIBBECK.

LEIPZIG,

DRUCK UND VERLAG VON B. G. TEUBNER.

1899.

Vorwort.

In diesem Bändchen ist eine Reihe von Reden und an ein grösseres Publikum sich wendenden Vorträgen Otto Ribbeck's vereint, die, obwohl in der einen oder andern Form sämmtlich bereits veröffentlicht, doch buchhändlerisch nicht mehr erreichbar sind, dagegen von seinen Freunden und Verehrern gerade jetzt wieder lebhafter verlangt werden. Ausgeschlossen durften dabei drei in weiten Kreisen bekannte Vorträge bleiben: einmal der über Catull (Kiel, in Homann's Verlag 1863), da dessen Inhalt in wesentlichen Theilen inzwischen in der 'Geschichte der römischen Dichtung' Aufnahme gefunden hat, und der bei B. G. Teubner (1857) erschienene 'Ueber die mittlere und neuere attische Komödie', sowie der in die Holtzendorff-Virchow'sche 'Sammlung gemeinv. Vortr.' (IV. Serie, Heft 83) aufgenommene 'Sophokles u. s. Tragödien', da beide noch im Sonderdruck zu haben sind.

Die erste Gruppe umfasst in zeitlicher Reihenfolge sechs in Kiel während der Jahre 1864—72 gehaltene akademische Reden, die ihren Stoff aus dem classischen Alterthum entnahmen, aber durchweg zu den politischen Ereignissen der Zeit in deutlicher Beziehung standen. — Die zweite Gruppe bilden in sachlicher Ordnung die Reden und Vorträge, deren Inhalt die classische Literatur der Griechen und Römer betrifft. Aufgenommen ist auch ein Aufsatz über M. Porcius Cato Censorius; er war zwar für das erste Heft des neuen Schweizer Museums im Anschluss an H. Jordan's eben erschienene (1860) Sammlung der Fragmente dieses ältesten römischen Prosaikers geschrieben, ist aber seiner ganzen Haltung nach den Vorträgen so nahe verwandt, dass es nur einiger Ausschaltungen und ganz geringfügiger Aenderungen bedurfte, um ihn der gegenwärtigen Sammlung anzupassen.

An dritter Stelle sind einige der eindrucksvollsten Gedächtnissreden Ribbeck's zusammengefasst und ihnen auch die Nekrologe auf einen im französischen Kriege 1870 gefallenen Kieler Zuhörer (Petersen) und auf seinen Leipziger Lieblingsschüler (Buresch) angereiht. — Anhangsweise ist die satirische Besprechung von Stromberg's Catull-Uebersetzung wieder abgedruckt, damit wenigstens eine kleine Probe des sarkastischen Tones, den Ribbeck gegebenen Falls mit so viel Witz anzuschlagen verstand, nicht fehle.

Wäre der Verewigte selbst noch dazu gekommen — woran er in der allerletzten Zeit wohl einmal gedacht hat — eine ähnliche Sammlung zu veranstalten, so wäre es wahrscheinlich (wie er gelegentlich einmal in einem vertraulichen Briefe andeutet) nicht ohne starkes Umarbeiten abgegangen, zumal da seine Anforderungen an stilistische Feilung im Laufe der Jahre sich immer steigerten. Es liegt aber auf der Hand, warum hier kein Anderer für ihn eintreten konnte.

Das Portrait Ribbeck's, mit dem das Buch zu schmücken die Liberalität des Verlegers ermöglichte, giebt im Lichtbild die Züge des am Ende der Funfziger Stehenden sprechend wieder und wird hoffentlich auch in der hier gebotenen Vervielfältigung Vielen eine erwünschte Zugabe sein.

Inhaltsverzeichniss.

I.

Aus dem klassischen Alterthum.

1. Hybris

(akad. Rede; Kiel, 6. Juli 1864).

Noch ist wenig über ein halbes Jahr verflossen, als sich die Universität in diesen Räumen versammelte, um in ernster Stunde das Gedächtniss des jüngst verstorbenen letzten Königs-Herzogs dieser Lande zu begehen. Durch göttliche Fügung sah sie urplötzlich ein Band gelöst, das vor Jahrhunderten in gutem Glauben geknüpft, in den letzten Jahrzehnten immer treuloser zusammengeschnürt war: aber die äussere Fessel hatte die Gemüther nur entschiedener befreit von dem unnatürlichen Bann, der nicht durch die eiserne Faust des mächtigen Eroberers, nicht mit der siegenden Gewalt geistiger Ueberlegenheit, sondern mit den Schlingen heimlicher Staatskünste ein blühendes Volk unter der selbstsüchtigen Willkür eines kleinen Nachbars gefangen hielt. Mit dem guten Glauben an unser neu erwecktes uraltes Recht, mit der Zuversicht des Gewissens, die eine reine Sache in sich trägt, durften wir der Zukunft entgegensehen, und, wie wir die kecke Zumuthung, das Unrecht durch unsern Eid zu besiegeln, zurückgewiesen, so noch inmitten des Waffengeklirrs der fremden Bedränger den Gefühlen echter Holstentreue einen feierlichen und bedeutenden Ausdruck geben.

Unsere Zuversicht wurde nicht getäuscht. In wenig Tagen begrüssten wir die ersten kriegerischen Schaaren unserer deutschen Befreier und noch war das alte Jahr nicht vollends zu Ende gegangen, als uns das kaum so schnell erhoffte Glück zu Theil ward, den rechtmässigen Landesherrn in unsrer Mitte zu empfangen. Wie seit jenem denkwürdigen Tage Fürst und Volk sich in heiligem Bunde zusammengefunden, wie das eine in dem Recht des andern und umgekehrt die sicherste Bürgschaft seiner

1 *

Hoffnung fand, das ist in unser aller Herzen lebendig einge-
schrieben. Und wirklich jener Vertrag, der uns um unsre Selbständigkeit bringen wollte, er liegt heute zerrissen vor den Füssen
unsrer Feinde; deutsche Brüder, vor allen Preussens Heldensöhne,
denen wir ewigen Dank schulden, haben noch vor wenig Tagen
den letzten Zufluchtsort, auf den sich die ohnmächtigen Schaaren
des Usurpators zurückgezogen, von ihnen gesäubert. Und so
steht es uns wohl an, mit freudigen Gefühlen heute zum erstenmal den Tag zu feiern, dem wir das unschätzbare Leben eines
geliebten Herzogs, der uns allein gehört, verdanken. Wie tief
wir daneben empfinden, dass wir dieses Segens noch nicht ganz
haben froh werden dürfen, ist Allen bewusst. Die Zukunft zu
deuten ist nicht Sache der Wissenschaft, sie hat aus den Thatsachen ihre Lehren zu ziehen. Aber wenn so oft in den vergangenen Monaten gesagt und durch die Erfahrung bestätigt
ward, dass unsrer Feinde Uebermuth der Sieg unsrer Sache sei,
so findet der Freund des Alterthums hierin nur eine Bestätigung
uralter Weisheit, jener tiefen Gedanken von Hybris und Nemesis, die im Bewusstsein des griechischen Volkes wurzelnd,
von ihren Denkern und Dichtern im Wetteifer so plastisch ausgeprägt sind, dass sie für alle Zeiten als Normen gelten dürfen.
Einer kurzen Erinnerung an dieselben sei diese Stunde gewidmet.

Nur das goldne Geschlecht der Menschen hat nach Hesiod
die Hybris noch nicht gekannt. Die hundertjährigen Knaben
des silbernen konnten sich ihrer gegeneinander nicht enthalten
und gingen bald daran zu Grunde; den trotzigen Recken des
ehernen mit den unnahbaren Händen war nichts lieber als
Thaten des Ares und der Hybris. Damals war es die sprudelnde
Naturkraft, die sich in wilden Kämpfen austoben musste, die
noch keine Schranken des Rechtes und der Scham erkannte und
auch von Göttern über sich Nichts wissen wollte. Ein solcher
Mann der Hybris war der furchtbar rasende Sturmwind Typhon,
der den Kerberos und andere Ungethüme gezeugt hat; ihr zugethan waren die Riesen des Thessalischen Gebirges, die Kentauren
und Lapithen, ferner die ungastlichen Kyklopen, die sich viel
stärker als die seligen Götter dünkten, die räuberischen Phlegyer
in Böotien, der Schrecken ihrer frommen Nachbarn von Krissa
und Theben, die das Delphische Heiligthum und die Wallfahrer
dahin plünderten, bis sie von den Pfeilen Apollons und den

Blitzen des Zeus vertilgt wurden. Sie alle haben der neuen Weltordnung, der Gesittung eines zahmeren Zeitalters weichen müssen.
Aber ein wild tosender und schäumender Bergstrom, ein ungestüm dareinfahrender Sturmwind, der junge Wein, der gührt und
sprudelt, eine üppig ausschlagende Pflanze, der hoch aufgehende
Kuchenteig, ja ein holpriger Vers, der kein Gesetz kennt, erinnerten die Griechen an jenen elementarischen Uebermuth der
Urmenschen und wurden selbst im technischen Ausdruck der
Hybris zugewiesen. Das ausgelassene Gebahren junger, zumal
vom Wein erhitzter Leute hielt man wohl einer so zu sagen
naturwüchsigen Hybris unter Umständen zu Gute; muthwillige
Hunde wurden nach ihr genannt, dem trotzigen Stier stand sie
an der Stirn geschrieben, selbst in dem gellenden Geschrei des
Esels wurde sie erkannt: Apollo bei Pindar lacht über die laute
Hybris der hyperboreischen Esel, von denen ihm Hekatomben
geopfert werden.

Aber nachdem, wie gesagt, die wilden Naturkräfte von der
weltordnenden Hand des Zeus bewältigt waren, nachdem einmal
Dike über das Recht und Aidos, die Ehrfurcht vor dem Heiligen, zwischen Mensch und Götter gesetzt und das Maass des
Menschen in bescheidene Grenzen eingeschränkt war, seitdem
war die Welt zwar keineswegs von der Hybris erlöst, aber von
aussen in die Tiefen des Gemüthes zurückgedrängt und nach
sittlicher Norm gemessen, galt dieselbe nunmehr als das eigentlich böse Princip, das mit Bewusstsein nach den Zeiten brutaler
Rohheit und Willkür zurückdränge, dem Recht und der Sitte mit
frecher Verhöhnung ins Antlitz schlage und das Leben vergifte.

Zunächst ist es der Stärkere, der aus Hab- und Herrschsucht die Rechte des Schwächeren, Wehrlosen nicht achtet. Aber
wie gegen die Hoheit der Götter, so lehnt sich die Hybris, vom
Dünkel getrieben, auch gegen jede menschliche Uebermacht, sei
es äusserer Mittel, sei es des Geistes, auf. Und so ist jede
Gewaltthat, die nicht aus momentaner Leidenschaft oder Verirrung, sondern in hochmüthiger Bosheit oder Rohheit verübt
wird und die Würde des Einzelnen oder einer Gesammtheit mit
Füssen tritt, Hybris: die Misshandlung des Besiegten von Feindes-
hand, wüste herrische Wirthschaft des Eindringlings im fremden
Hause und Lande, gleichviel ob er mit Gewalt oder heimlichen
Künsten sich eingenistet hat; Widerspenstigkeit gegen das Gesetz

und den rechtmässigen Herrscher, das gesetzlose Schalten des
Tyrannen, Willkür und Grausamkeit der Statthalter, Erpressung
und jeder Missbrauch der Amtsgewalt, Zügellosigkeit von Söldner-
truppen, freche Verleumdung, entehrende Beleidigung, Schadenfreude und Härte gegen Unglückliche, Verhöhnung der Todten
und ihrer Gräber.

Des Bruders Gewissen, der ihn durch Processe um sein
Erbtheil bringen will, sucht Hesiod zu rühren durch die Fabel
von dem Habicht und der Nachtigall. So sprach der Habicht zur
Nachtigall, als er sie mit den Krallen gepackt hoch in den
Wolken trug, sie aber, von den Klauen zerfleischt, erbärmlich
klagte, so sprach er hochfahrend zu ihr: „Seltsame, was schreist
du? es hält dich jetzt der viel Stärkere. Du gehst dahin, wohin
ich dich führe, so viel du singen magst. Und wenn ich Lust
habe, werd' ich dich mir zum Schmause bereiten oder dich los-
lassen." So sprach der schnellfliegende Habicht, aber der Bruder
solle auf das Recht hören und nicht die Hybris fördern, die
ins Unglück führe, da das Recht doch über ihr Stand halte und
schliesslich hervortrete: und durch Leiden erst werde der Thor
dann klug.

Mit Schmerz aber sieht der Böotische Sänger das eiserne
Geschlecht, in das leider sein eigenes Leben gefallen ist, immer
mehr der Hybris sich zuneigen, sieht die Zeit kommen, wo der
Gute und Gerechte, der seinem Eid treu bleibt, nicht geachtet,
der Uebelthäter und Frevler dagegen, der ohne Scham das Recht
in der Faust führt, und der Betrüger, der mit krummen Worten
und Eidbruch den Besseren zu Schaden bringt, in Ansehn stehen
wird. Und zu diesem Schauder vor der Rohheit der Gesinnung,
die nur Befriedigung des eigenen, ungebundenen Gelüstes, kein
ewiges Sittengesetz, keine Bande der Pflicht und der Pietät
kennt, bekennen sich alle edelsten Geister der Griechen. Der
tief sittliche Kern der Odyssee wurzelt in dem Treiben der übermüthigen Freier, die in der Abwesenheit des Odysseus von den
Inseln nach Ithaka gezogen sind, sich im Königshause als Herren
gebärden und prassend des Telemachos Gut verzehren, bis es
der Penelope gefallen mag, sich von Einem derselben als Braut
heimführen zu lassen. Auch die Troer werden von Menelaos
Männer der Hybris genannt, weil sie ihren Raub trotzig festhalten und unersättlich im ungerechten Kriege sind.

Wie die Hybris entsteht und wie sie namentlich im Staate verheerend wirkt, betont nach Hesiod besonders der adlige Theognis von Megara. Er sagt bereits, was nachher bei Pindar, Aeschylos u. A. fast sprichwörtlich wurde, dass die Sättigung Mutter der Hybris sei. Sie ist wie eine tödtliche Krankheit, welche das Gemeinwesen befällt; darum steht ihr gegenüber die Gesundheit des Herzens, die Sophrosyne. Einem Lande, das sie vernichten will, pflegt die Gottheit als erstes Unglück die Hybris beizugesellen. Am Ueberfluss und der zügellosen Ueppigkeit hat Theognis die glänzenden Städte der Ionier, Magnesia, Kolophon, Smyrna zu Grunde gehen sehen: gewiss werde dieselbe Hybris, welche jene blühenden Gemeinwesen wie die rohen Kentauren vernichtet habe, auch Megara zu Grunde richten. Denn er missbilligt das harte wüste Regiment des Adels, der um des Geldes willen zu den Töchtern des Volkes herabsteigt und in schmählich erworbenen Schätzen prasst; er sieht, wie in Folge davon seine Partei Ansehen und Einfluss bei dem Volke an die Häupter der Gemeinen verliert. Noch sind die Bürger gesunden Sinnes, aber die Führer sind auf dem Wege in grosses Unheil zu stürzen. Schon kreist die Stadt und ich fürchte, sagt er, sie gebiert einen Mann, der unsere schlimme Hybris züchtigt. Denn wo es den Gemeinen gefällt Hybris zu üben und sie das Volk verderben und sie um des eigenen Gewinnstes und der Macht willen den Ungerechten Recht geben, da erwarte nicht, dass jene Stadt noch lange ungefährdet bleiben werde, wenn sie auch jetzt noch in tiefer Ruhe liegt. Dann kommen Aufstände und Bürgerkriege. Wirklich wurden die Edlen gestürzt und die Demagogen kredenzten den Gemeinen den ungemischten Wein der Freiheit, deren Rausch auch diese wieder zu Thaten der Hybris verführte: der Pöbel drang in die Häuser der Vornehmen, verlangte reiche Bewirthung und misshandelte die Bewohner, wenn sie ihnen nicht gewährt wurde; sie stürzten durchziehende Wagen von Delphischen Wallfahrern mit Weibern und Kindern in den See. Endlich nach neuem Kampfe kehrten die Zügel der Regierung an den Adel zurück, der im Unglück Maass gelernt hatte.

Dass keine Regierungsform vor den Gefahren der Hybris sicher sei, hatte, gestützt auf eine reiche Erfahrung aus den politischen Kämpfen, welche in den letzten Jahrhunderten die

griechischen Staaten erschüttert hatten, mit merkwürdiger Klarheit Herodot erkannt. Nach dem Tode des despotischen Kambyses und dem Sturz der Magier berathen sich bei ihm die
sieben Persischen Grossen über die nun einzusetzende Verfassung
in Reden, deren Echtheit wenigstens ihrem wesentlichen Inhalte
nach er ausdrücklich zu versichern für nöthig findet. Da sprach
der eine, Otanes: mir scheint, dass ein Alleinherrscher über uns
nicht mehr sein darf, denn das ist weder angenehm noch überhaupt gut. Ihr wisst, wie weit die Hybris des Kambyses ging,
ihr habt auch die Hybris des Magiers erfahren. Wie sollte die
Monarchie eine gute Einrichtung sein, wenn ihr gestattet ist,
ohne Verantwortung zu thun was sie will? Auch den aller-
besten Mann, wenn er in eine solche Herrschaft eingesetzt ist,
muss sie aus der gewohnten Gesinnung herausbringen. Denn in
Folge der ihm zu Gebote stehenden Güter stellt sich Hybris bei
ihm ein, Missgunst aber ist von jeher dem Menschen angeboren.
So thut er viel Ruchloses in der Sättigung vermöge der Hybris,
Andres aus Missgunst; und wenn man ihn nur mässig bewundert,
so ist er ungnädig, weil er nicht stark genug verehrt wird; verehrt man ihn aber stark, so ist er ungnädig, weil man ein
Schmeichler sei. Dagegen die Herrschaft des Volkes gewährt
gesetzliche Gleichheit: die Beamten werden durchs Loos ernannt,
sind verantwortlich und alle Beschlüsse gehen an die Gemeinde.
Ich stimme also dafür, dass wir die Monarchie aufgeben und
der Menge die Herrschaft übertragen: denn in der Vielheit liegt
Alles. Der zweite hingegen, Megabyzos, ist ein Fürsprecher der
Oligarchie. Er stimmt zwar der Verwerfung der Alleinherrschaft
bei, findet aber, dass es nichts Unverständigeres und mehr zur
Hybris Geneigtes giebt als den unnützen Haufen. Und das sei
vollends unerträglich, wenn man der Hybris eines Tyrannen entfliehe, der Hybris eines zügellosen Volkes zu verfallen. Der
Tyrann verstehe wenigstens was er thue, dem Volke aber wohne
kein Verständniss inne. Wie solle es etwas verstehen, da es
Nichts gelernt habe, und nichts Gutes von Hause aus wisse,
sondern die Dinge ohne Verstand überstürze wie ein reissender
Waldstrom? So solle man also eine Genossenschaft der Besten
erwählen und ihnen die Macht in die Hand geben. Dieses Verdammungsurtheil der Demokratie leuchtet wiederum dem Dritten
mehr ein als die Empfehlung der Aristokratie. Aber unter der

Voraussetzung, dass alle drei Regierungen die besten seien, sei
doch nichts besser als ein einzelner bester Mann an der Spitze,
da die Oligarchie wie die Demokratie durch Factionen und Ver-
schwörungen immer wieder der Monarchie zugeführt werden.

Die Athenische Demokratie, wie sie sich während des Peloponnesischen Krieges ausbildete, und mehr wohl noch die gleichzeitigen zügelloseren Volksherrschaften in kleineren Staaten
Griechenlands boten einer psychologischen Beobachtung der Hybris, wie sie im Einzelnen und in der Gesammtheit sich bilde,
manchen Stoff. Von allen Männern der Demokratie der un-
bändigste und am meisten der Hybris ergeben erschien Alkibiades dem nüchternen Lakonenfreund Xenophon; und man
möchte glauben, auch dessen politischem und philosophischem
Genossen Platon habe der geniale Liebling des Sokrates zu
seinen berühmten Darstellungen als Vorbild gesessen. Denn wer
erinnert sich nicht der wunderbaren Doppelnatur jenes trunkenen
Jünglings, wenn er im Phaedros liest von den beiden Ideen, die
in jedem Menschen herrschend und leitend sind, aber oft gegeneinander im Kampfe liegen und sich den Sieg streitig machen:
die eine, die angeborne Lustbegier, die vielnamige und viel-
gestaltige Hybris, die andere, der erworbene Sinn für das Gute,
die Sophrosyne! Was dann später in den schönen Mythus gekleidet wird von den zwei Seelenrossen, von denen das eine auf-
rechten Ganges und schöngegliedert ist, Ehre und Besonnenheit
und Scham liebend, der wahrhaften Meinung Gefährte, das dem
blossen Zuruf und Wort gehorcht; das andere schief, plump,
aufs Gerathewohl zusammengebaut, mit starrem Nacken und kurzem
Halse, der Hybris und des Leichtsinns Gefährte, rauh um die
Ohren, taub, selbst der Peitsche und dem Stachel mit Widerstreben folgend.

Demselben Dualismus wird in den Büchern vom Staat eine
andere Wendung gegeben. Die Seele des ungebildeten Jünglings
erscheint wie eine Stadt, in der zwei feindliche Parteien sich gegen-
überstehn, eine aristokratische und eine demokratische. Wo nun die
erste von aussen durch Eltern und Freunde unterstützt im Kampf
obsiegt, da werden manche Begierden vertilgt, manche vertrieben
und eine heilige Scheu wohnt in der Seele eines solchen Jünglings und stiftet Ordnung und Friede. Aber bisweilen erstarken
die gestürzten Begierden wieder, vereinigen sich heimlich und

brüten eine Menge aus, welche die Akropolis in der Seele erstürmen, wenn sie merken, dass sie leer von Kenntnissen und
rühmlichen Bestrebungen und guten Gedanken ist, welche die
besten Wächter im Geist gottgeliebter Menschen sind. Dann
erklimmen lügnerische und eitle Gedanken statt ihrer die Höhe
und setzen sich fest, und wenn von Freunden Ersatz kommt,
verriegeln sie die Thore der Königsburg und lassen weder das
Hülfsheer ein, noch nehmen sie Reden von Eltern als Gesandte
an, sondern sie herrschen allein und die fromme Scham nennen
sie Einfalt und stossen sie ehrlos in die Verbannung und ver-
jagen die Sophrosyne, die sie Unmännlichkeit nennen, mit Fuss-
tritten, und schaffen Mässigkeit und bürgerliche Einfachheit als
bäurisch und des Freien unwürdig über die Grenze. Nachdem
sie so die eroberte Seele geleert und gereinigt haben, führen sie
Hybris und Anarchie und Ueppigkeit und Schamlosigkeit stattlich aufgeputzt und bekränzt in grossem Reigentanz ein, sie
lobend und liebkosend, die Hybris Bildung nennend, die Anarchie
Freiheit, die Ueppigkeit Pracht, und die Schamlosigkeit Männ-
lichkeit. In die Jahre gekommen, wenn der Hauptsturm vorüber
ist, lässt er wohl auch einen und den andern der verbannten
edleren Triebe wieder ein und stellt sie alle auf gleichen Fuss,
heute dieser, morgen jener Begierde hingegeben, die sich grade
meldet: bald sich berauschend in Wein und Flötenmusik, bald
Wasser trinkend und fastend, dann wieder Leibesübungen treibend,
ein andresmal ganz unthätig, dann mit Philosophie beschäftigt;
oder er spielt den Staatsmann, springt auf die Rednerbühne und
sagt und thut was ihm grade einfällt. Solche Gefahren hat auch
Aristoteles im Auge, wenn er einen mittleren Wohlstand für
das Beste im Staatsleben erklärt, da die Ueberreichen leicht zur
Hybris und grossen Missethaten, die Ueberarmen zur Nichts-
würdigkeit und elenden Verbrechen verführt werden, die Einen
sich nicht regieren lassen, die Andern gar zu demüthig sind,
Sclaverei dulden, während jene die Despoten spielen.

In Athen indessen hat die Hybris nie dauernd gewohnt:
hier war der Scham ein Altar errichtet. Der gesunde Sinn des
Volkes und die zauberisch wirkende, stets wache Erinnerung an
eine herrliche Vergangenheit liess edle Gedanken und gesunden
Sinn auch aus den bewegten Massen nie verschwinden. Athens
Hegemonie über die Bundesgenossen war streng und straff, aber

auf gutem Vertragsrecht und vor Allem auf dem unbestrittenen Grund geistiger Ueberlegenheit und bewährter Hingebung an das gemeinsame Vaterland begründet. Es war thörichtes Oppositionsgezänk, wenn die Feinde des Perikles in der Volksversammlung dem grossen Staatsmann, der die Einheit einer panhellenischen Eidgenossenschaft in seinen Gedanken trug, vorwarfen, dass die Ausschmückung Athens mit den Geldern der Bundesgenossen böses Blut errege, dass man der Meinung sei, es werde Hellas eine arge Hybris angethan und es stehe unter einem Tyrannen, da es sehen müsse wie Athen gleich einem eitlen Weibe sich mit den Schätzen der Unterthanen herausputze. Erst die Herrschaft der dreissig Tyrannen und die Hegemonie der Spartaner hat Athen und die übrigen Griechen die Schmach frevelhaften Uebermuthes und Verhöhnung des Rechtes fühlen lassen. Besonders verhasst aber haben sich durch ihre selbstsüchtige, recht- und rücksichtslose Politik die Thebaner gemacht. In Theben wurde dem Persischen Oberfeldherrn ein üppiges Fest gegeben, während die griechischen Brüder um die Vertheidigung des Vaterlandes bluteten; ein Thebaner war es, der nach Besiegung Athens im Peloponnesischen Kriege Zerstörung des Auges von Hellas, Verkauf aller Athener in die Sclaverei beantragte. Thespiä und Platää, die einst an Athens Seite den Landesfeind bekämpft hatten, wurden für ihre Attische Gesinnung durch Unterjochung bestraft. Namentlich die Platäer, die nach Athen gesandt hatten, um sich unter Athenischen Schutz zu stellen und eine Besatzung zu erbitten, wurden in hinterlistigem Anschlage von einer Thebanischen Reiterschaar überfallen und mussten froh sein, dass ihnen gestattet wurde, vor Sonnenuntergang die Männer mit einem, die Frauen mit zwei Kleidern die Böotische Heimath als Verbannte auf immer zu verlassen. Hinter ihnen wurden Stadt und Tempel zerstört, die Aecker unter die Räuber vertheilt, in Athen aber fanden die Flüchtigen, wie einst ihre Väter am Beginn des Peloponnesischen Krieges, mit Weib und Kind Obdach und die zuvorkommendste Aufnahme. Auch über andere Orte streckten sie ihre gierige Hand, um sie zu einem Thebanischen Gesammtstaat zu vereinigen, brachen ihre Mauern und vertrieben die Widerstrebenden, sodass Schaaren von Flüchtlingen über die Grenze zogen. Besonders aber der alten Nebenbuhlerin Orchomenos, deren Unabhängigkeit

sie nach einjührigem Kampfe gegen die Spartaner hatten anerkennen müssen, wurden Schlingen gelegt und dann durch An-
zündung der Stadt, Ermordung der Männer, Verkauf der Weiber
und Kinder, ein Act der Hybris an ihnen vollzogen, der allgemeine Entrüstung hervorgerufen hat. Auch den Phokischen
Krieg, der dem schlauen Makedonier die Pässe von Hellas öffnete,
und die Verwandlung einer blühenden Landschaft in ein wüstes
Trümmer- und Leichenfeld, womit er endigte, trugen die Thebaner
auf dem Gewissen. Auf Rachsucht und brennenden Ehrgeiz,
nicht auf edlere Gaben des Geistes gründeten sich ihre Ansprüche, die sie bald mit Scheinheiligkeit, bald mit Rohheit zum
Unglück Griechenlands durchführten. Denn es war eben so unwürdig als verderblich, dass neben Sparta und Athen dieser bru-
tale und selbstsüchtige Bauernstamm in die Höhe kam, und die
Hand nach der Hegemonie ausstrecken durfte. In Theben wohnt
die Hybris, sagten die Böotier, wenn sie über die Untugenden
ihrer einzelnen Gemeinwesen Umschau hielten, und Herakleides, dem
scharf beobachtenden Schilderer hellenischer Städte, stellten sich
die Bewohner als hochfahrend, renommistisch, keck, maasslos
und frevelhaft dar, die aller Gerechtigkeit den Rücken kehren,
auf keinen gütlichen Vergleich sich einlassen, sondern die Sitte
der Athleten in das Gericht übertragend die Gewalt der Fäuste
in Anwendung bringen. Daher denn Processe bei ihnen wenigstens
30 Jahre dauern, und wer sich in dergleichen einlässt, wenn er
sich nicht schleunigst aus Böotien entfernt, in kurzer Zeit bei
Nacht meuchlings ermordet wird, wie überhaupt der Mord aus
beliebiger Ursache dort an der Tagesordnung ist. Hiernach be-
greift man die Gefühle des Abscheus und der Verachtung, welche
die Athener gegen diese in dicker Luft gebornen Nachbarn be-
seelte, und was es heissen wollte, wenn es Demosthenes gelang,
die Athenischen Antipathieen und die elende Gesinnung der
Thebaner soweit zu besiegen, dass beide Staaten gegen den an-
rückenden Makedonischen Feind gemeinsame Sache machten.

Hybris zu dulden ist für den Einzelnen wie für ein Volk
die grösste Schmach. Den Staub zu küssen vor übermüthigen
Frevlern ist Barbarenart, sagt Demosthenes, dem Freien geziemt
es, sich zur Wehr zu setzen. Selbst den Sclaven schützte das
Attische Gesetz vor dieser ärgsten Misshandlung der Menschen-
würde. Hybris, sagte Heraklit, muss man eifriger löschen, als

Feuersbrunst. Und weil die Gesundheit des Staates auf dem
Spiele stand, wenn man den Funken um sich greifen liess, so
galt eine That der Hybris unter Umständen für ein todeswürdiges
Verbrechen. Nicht Jeder zwar fühlte so fein wie Sokrates, der
eine Einladung an den Hof des Königs Archelaos ausschlug, weil
es Hybris — dulden sei, wenn man Wohlthaten empfange, die
man nicht vergelten könne, ebenso als wenn man Misshandlungen
ohne Vergeltung sich gefallen lasse. Aber dass der Spruch „der
Tod ist rühmlich, wem das Leben Hybris bringt", den Athenern
vor Allen in die Seele gegraben war, wie zart ihr Sinn für
nationale Ehre war, das bezeugt ihnen im Rückblick auf den
unglücklichen, aber glorreichen Freiheitskampf von Chäronea
Demosthenes mit glänzenden Worten: „wer von den Hellenen
und von den Barbaren weiss nicht, dass von den Thebanern wie
von den Spartanern, die vor diesen die Macht hatten, und von
dem Perserkönig unsrer Stadt mit Dank und Freude eingeräumt
sein würde, zu nehmen was sie wollte um das Ihrige zu behalten,
wenn sie nur den Befehlen gehorchen und zulassen würden, dass
ein Anderer an der Spitze der Hellenen stände. Aber das hatten
die Athener jener Zeit nicht von ihren Vätern gelernt, das konnten
sie nicht ertragen, und niemals in aller Zeit hat Einer unsre
Stadt bereden können, den Starken, aber Ungerechten beizutreten
und in Sicherheit zu dienen, sondern kämpfend um den
Siegespreis, um Ehre und guten Namen hat sie den Gefahren
für und für Trotz geboten." Dann erinnert er an den berühmten
Auszug der Bürger aus der Stadt und auf die Schiffe, an die
Steinigung, welche Kyrsilos und von den Händen der Frauen
auch seine Gattin erlitt, weil er entgegen dem Antrag des Themistokles gerathen hatte, in der Stadt zu bleiben und sie dem
Xerxes auszuliefern. „Die damaligen Athener suchten keinen
Staatsmann oder Feldherrn, der ihnen zur Knechtschaft verhülfe,
sondern sie mochten nicht einmal mehr leben, wenn sie nicht
sollten mit Freiheit leben dürfen. Denn jeder von ihnen hielt dafür,
dass er nicht nur für seinen Vater und seine Mutter geboren sei,
sondern auch für sein Vaterland. Worin besteht der Unterschied?
Wer meint, er sei nur für seine Eltern geboren, wartet den natürlichen Tod ab, der ihm vom Schicksal bestimmt ist, wer aber für
sein Vaterland geboren zu sein meint, wird, um es nicht in Knechtschaft sehen zu müssen, bereit sein zu sterben und wird die

Schrecken der Hybris und Schmach, die für einen zur Sclaverei
erniedrigten Staat unvermeidlich sind, für schlimmer erachten als
den Tod."
Allzu lange freilich hatten die damaligen Athener die War-
nungen ihres grossen Redners überhört, der in dem unerhörten
Spiel, welches der Halbbarbar in Makedonien mit Athen wie
mit andern griechischen Staaten trieb, nichts Andres als Hybris
für ganz Hellas erkannte. Zu spät leider fielen ihnen die Schuppen
von den Augen und spannten sich ihre Sehnen, die drohende
Schmach abzuwehren. Aber Ehre den tapferen Freiheitskämpfern
von Chäronea, die, wie die Grabschrift sagt, „um das hellenische
Volk, dass nicht, auf den Nacken erhebend Knechtschaftsjoch, sie
umgarnt seien vom frevelnden Hohn," zum Schiedsrichter den
Hades einsetzten. Der schmerzlich grollende Löwe über ihrem
Grabe stand i h r e r That besser an, als jenes Ungethüm, das
unser ungrossmüthiger Feind zum Hohn gegen nicht minder
tapfre Vaterlandsstreiter aufgerichtet hat. Denn auch von diesen
galt das Wort: .

Nichts zu verfehlen ist Göttern verliehen und stetes Gelingen;
Aber im Leben gewährt Nichts dem Geschick zu entfliehn.

Wer aber straft die Hybris? fragen wir schliesslich. Nicht
der Mensch, weder der Einzelne mit seiner Abwehr, noch der
Staat mit dem Gesetz. Wie oft scheint sie ungeahndet zu bleiben,
wie mancher Frevler geniesst lachend die Frucht seines Uebermuthes bis zuletzt, und wie eitel erweisen sich die härtesten
Abschreckungsmittel, wo leidenschaftliche Begier und die Hoffnung auf Gelingen, durch soviel Beispiele genährt, die Hybris
vorwärts treiben! Das Gericht über sie haben die Götter sich
vorbehalten, denn sie ist ein Kind der Unfrömmigkeit und fordert,
indem sie den Altar des Rechtes mit frecher Ferse umstösst, die
Weltordnung zum Kampfe heraus. Der Sonnengott, sagt der
Weise von Ephesos, wird seine Maasse nicht überschreiten; wenn
er es aber thut, so werden die Erinyen, die Dienerinnen der
Dike, ihn finden. Und eben so gewiss erreichen sie, wer auf
Erden seine Grenzen übertritt.
Es läuft der gebrochene Eid neben krummen Richtersprüchen
her, warnt Hesiod, und es geht ein klagendes Rauschen wie von

der Nachtigall unter den Krallen des Habichts von der Dike
aus, wenn sie gezerrt wird, wohin geschenkfressende Könige sie
führen. Und sie folgt, weinend über Stadt und Volk, in Nebel
sich hüllend und bringt den Menschen Unheil, die sie vertrieben
haben. Denn wo schlimme Hybris und arge Thaten beliebt
sind, da verhängt der weitblickende Zeus Recht. Oft hat eine
ganze Stadt um einen schlechten Mann gebüsst, der ruchlose
Pläne ins Werk setzt. Dann sendet Kronion vom Himmel grosses
Leid, Hunger und Pest, und es verschmachtet das Volk und die
Häuser verkommen, und ein andresmal vernichtet er ihr Heer
oder ihr Bollwerk oder lässt ihre Schiffe im Meer büssen.

Damit das Maass sich erfülle, mischt sich zuerst Ate, die
verhängnissvolle Verblendung des Sinnes, in die Thaten der
Hybris, und nährt die anfangs unscheinbar glimmende Flamme,
dass sie zum Himmel ansteigt. Aber das Ende von Allem hat
Zeus im Auge; und plötzlich, wie im Frühling ein Wind die
Wolken schnell zerstreut, der des unfruchtbaren Meeres Grund
aufregend und auf der weizentragenden Erde schöne Werke ver-
wüstend zum jähen Sitze der Götter dringt, zum Himmel, und
wieder hellen Aether schafft, und der Sonne schöne Kraft über
das fette Land leuchtet, von Gewölk aber nichts mehr zu sehen
ist: so ist die Rache des Zeus nicht wie ein sterblicher Mann
aufbrausend bei jeder einzelnen That, aber immerdar entgeht
ihm der Frevler nicht. Der Eine büsst früher, der Andre später,
und wer selbst entkommt, dessen schuldlose Kinder und Enkel
erreicht endlich doch einmal die Schickung der Götter.

Vielleicht hat Solon, dem dieses schöne Bild gehört, den
tyrannischen Gelüsten des Peisistratos damit das Schicksal seiner
Söhne prophezeit. Seine milde Weisheit liess ihn tiefer in die
Geheimnisse der Schicksalsfügung blicken und sie vertrauens-
voller hinnehmen als den trotzigen Theognis sein adliges Blut,
das ihm zum Herzen schoss, da er in der Verbannung dulden
musste, dass seine Güter von Leuten, die im Ziegenfell wie
Hirsche vor den Thoren geweidet hatten, seine Güter einzogen.
Da war ihm die Rache des Zeus nicht schnell genug bei der
Hand. Oder dachte er an die Sünden seiner Väter, als er zu
Zeus betete, es möchte der Ruchlose für seine Hybris alsbald
selber büssen und nicht seine schuldlosen Söhne, die das Gerechte unter den Bürgern lieben und die den Groll Kronions

scheuen, die Ruchlosigkeiten des Vaters entgelten? Ermuthigender
stellte Demosthenes seinen Mitbürgern den Sturz der Makedonischen Hybris dar, wenn sie zur rechten Zeit das Ihre thun
würden; und unter dieser Voraussetzung geben seine Worte eine
Warnung und einen Trost, der für ewige Zeiten gelten wird:
„wenn Einer durch Raub und Schlechtigkeit stark geworden ist
wie Philipp, so pflegt der erste Anlass und ein kleiner Anstoss
Alles in die Luft zu schnellen und aufzulösen. Denn es ist
nicht möglich, sage ich, mit Unrecht und Eidbruch und Lüge
eine dauernde Macht zu erwerben, sondern dergleichen hält zwar
für einmal und für kurze Zeit vor und blüht üppig in Hoffnungen
auf, wenn es eben glückt, mit der Zeit aber wird es gepackt
und rinnt in sich selbst zusammen. Denn wie bei einem Hause,
meine ich, und einem Schiff und anderen Dingen der Art der Grund
am festesten sein muss, so geziemt es sich, dass auch bei den
Handlungen Anfänge und Grundlagen wahr und gerecht sind.“
Soll aber das göttliche Strafgericht mit voller Wucht zur Erscheinung kommen, so muss die Ueberhebung selbst ihren höchsten
Gipfel erreicht haben, wie der Chor im König Oedipus singt.
Dann stürzt sie jählings hinab in die Noth, von wo kein Entkommen ist. Mit tiefem Verständniss daher schildert Homer
den Uebermuth der Freier von da ab am eindringlichsten, wo
nach der Heimkehr des Odysseus die göttliche Rache, die
Athene ihnen bereitet, am nächsten ist; es ist die Ate, welche
ihre Augen mit Blindheit und ihren Geist mit doppelter Hybris
erfüllt, dass sie den Herrn in der Bettlergestalt nicht erkennen
und ihn höhnen und ihm selbst die Waffe gegen sich in die Hand
geben müssen.

Vor Allen aber verkündet Aeschylos das stille, sichere
Walten jener Gottheit, die Nichts ist als der heilige Zorn des
Zeus selbst, der Nemesis oder der Adrasteia, der Unentrinnbaren. Ein erschütterndes Strafgericht stellt die ganze Tragödie
der Perser dar: die eitle Ueberhebung des Barbaren, sein Joch
einem freidenkenden Volke mit plumper Uebermacht aufdrücken
zu wollen, die Verachtung nationalen Sinnes und die thörichte
Ueberschätzung materieller Mittel ist an der siegenden Macht
des Geistes jämmerlich zerschellt. Der Schatten des greisen
Darius selbst muss die Gerechtigkeit der göttlichen Fügung anerkennend den Seinigen vorhalten, wie nun das Heer für seine

Hybris und gottlosen Sinn Busse zahlt und zahlen werde. Denn sie haben sich nicht gescheut, die Göttertempel in Hellas zu plündern und zu verbrennen. Die Leichenhaufen und Blutlachen werden den Augen der Menschen kundthun, dass nicht übermüthig denken soll, wer ein Sterblicher ist. Denn Hybris erblühend lässt eine Saat der Ate reifen, die ein thränenreicher Sommer einerntet. Wie nun gleich darauf der geschlagene, flüchtige König ohne Heer selbst auftritt und ein wild klagender Wechselgesang zwischen ihm und dem Chor seiner Räthe den Beschluss macht, wird es allen offenbar, dass Zeus ein Züchtiger ist allzu hochfahrender Gedanken, ein harter Richter. Auch gab das Bild der Rhamnusischen Nemesis, das, wie die Sage ging, aus einem von den Persern nach Marathon geschleppten und zum Siegeszeichen bestimmten Marmorblock gehauen, in Wahrheit aber aus einer Statue der himmlischen, maassvollen Aphrodite mit geringer Veränderung umgearbeitet war, der göttlichen Gerechtigkeit bescheiden die Ehre.

Aber wehe dem Hause, in dem Hybris erblich ist! Denn, wie die Greise im Agamemnon singen, „der Uebermuth alter Zeit zeuget gern wieder neu Uebermuth, heut oder morgen, bis der Frühlingstag erscheint, zu zeugen jenen finstern Geist, den keiner zwingt und niederringt, der schwarzen Ate unheilige Frechheit, welche den Eltern gleichet." Aus der Gesundheit der Seele, so heisst es in den Eumeniden, kommt der allgeliebte, allerwünschte Segen.

> Doch wer in tollkühnem Trotz die Schranken sprengt,
> Und Alles wild umrüttelt ohne Fug und Recht,
> Er muss wohl einst die Segel einziehn,
> Wenn sie des Sturms Gewalt erfasst,
> Dröhnend die Raben splittern.
>
> Er ruft (kein Ohr hört ihn) aus dem Wirbelstrom,
> Der ihn wild umflutet.
> Es lacht ein Gott ob des Mannes Hitze,
> Sieht ihn in Mühn ungeahnten schweren Kampfs
> Ermatten, dass er nimmermehr die Höhn gewinnt.
> Da bricht sein altes Glück in Trümmer
> Endlich am Fels des Rechts, er sinkt:
> Keiner beklagt, vermisst ihn.

Glaubt man nicht die hochschreitenden, ewigen Gesetze, die im Aether geboren sind und nimmer schlummern, selbst zu

hören? Sie gelten noch heute wie vor 2000 und mehr Jahren.
Noch heute waltet die Nemesis, die strenge Beisitzerin des
Rechtes, die Feindin der verderblichen Hybris, die mit unwiderstehlichem Zügel den Bäumenden bändigt und Demuth und Maass
im Glücke befiehlt. Sie steht uns seit Monaten deutlicher als
lange vor Augen. Jeder kleinmüthige Zweifel, dass sie ihr Amt
nicht nach dem ewigen Schicksalsbeschluss durchführen, dass nicht
unser volles Recht triumphiren werde, mag Angesichts ihrer ver-
stummen. Und so rufen wir zuversichtlich: Gott segne unsern
Herzog, sein Haus und sein Land!

2. Griechenland und Deutschland

(akad. Rede; Kiel, 22. März 1867).

Zum erstenmal heute feiern wir als Bürger des mächtigsten deutschen Staates den Geburtstag unseres Landesherrn. Nach einer langen Vergangenheit einer vormals milden, dann immer drückender und unwürdiger sich gestaltenden Fremdenherrschaft, nach Jahren trüber Schwankungen giebt der Blick auf die nun endlich fest und unwiderruflich geordnete Stellung unseres Landes Beruhigung und neue Spannkraft. Mögen Manchem Bilder und Hoffnungen zerronnen sein, die in den engen Rahmen gemüthlicher Sympathieen gefasst ihre Berechtigung hatten, mögen Ueberzeugungen, die mit wissenschaftlichem Ernst gewonnen lange dem Fremden gegenüber als Palladium hoch gehalten waren, einem höheren Gebote des Vaterlandes zum Opfer gefallen sein, — Männern geziemt es in alle Wege, Ueberlebtes hinter sich zu lassen und die neu geöffnete Bahn dem grösseren Ziele getrost entgegenzugehen.

Denn eine wesentlich andere und hoffnungsreichere Aufgabe, meine ich, ist den Schleswig-Holsteinern, seitdem sie Preussen sind, ist unserer Christiana-Albertina gesteckt, seitdem sie eine preussische Universität ist, als in vergangenen Zeiten uns aufgenöthigt war oder unter Voraussetzung sogenannter staatlicher Selbständigkeit beschieden gewesen wäre.

Damals war und wurde es immer mehr ein dauernder Kriegszustand, geboten durch die Pflicht der Selbsterhaltung, in dem die Stammestugenden der Ausdauer, der Besonnenheit, des Rechtssinnes sich ruhmvoll bewährten, der auch unserer kleinen Universität als der tapferen Grenzhüterin deutschen Geistes ihre Bedeutung im grossen Vaterlande gab, ihr viele der besten Köpfe vom Süden als Lehrer zuführte, und ein eigenthümlich inniges

2*

Band gleichsam der Waffenbrüderschaft zwischen dieser den
Künsten des Friedens gewidmeten höchsten Lehranstalt und den
patriotischen Bewohnern des Landes geknüpft hat.

Aber wohl uns, dass wir von diesem aufreibenden Vorposten-
dienst endlich abgelöst sind! Trotz aller Wachsamkeit verloren
wir Platz um Platz, nur der kleinere Theil der Schleswigschen
Brüder hielt noch an der Kieler Alma Mater fest; und je hoff-
nungsloser der Widerstand wurde, desto mehr musste die Grenz-
festung deutscher Wissenschaft auch von ihren südlichen Genossen
sich getrennt fühlen.

Gerettet für Deutschland durch deutsche Kraft hätten wir
in den engen Grenzen eines besonderen, aber des Schutzes preussi-
scher Waffen dauernd bedürftigen Staates ein idyllisches Stillleben führen können, emsig und regsam im Kleinen, aber je zu-
friedener unter uns, desto weniger vielleicht betheiligt an dem
geistigen Gesammtleben unseres Volkes.

Zwar die Wissenschaft an sich ist in keinerlei staatliche
Grenzen einzuzwängen, und der Ruhm deutscher Wissenschaft
und Kunst ist es, kein engeres oder weiteres Vaterland zu kennen.
Auch in den Zeiten trostlosester politischer Zerklüftung reprä-
sentirte sie die von der gesammten Welt mit Achtung anerkannte Einheit deutschen Geistes. Den deutschen Universi-
täten ist ihr heiliges Amt, unabhängige Heerde des wissenschaftlichen Geistes, so weit die deutsche Zunge klingt, zu sein, noch
nie mit durchgreifendem Erfolge verkürzt worden. Und so könnte
es scheinen, dass in jedem staatlichen Verhältnisse Gedeihen und
Wirksamkeit derselben lediglich in ihre eigene Kraft gelegt sei.
Aber insofern sie nicht blosse Stätten wissenschaftlicher Forschung
wie die Akademieen, sondern Lehranstalten sind, berufen, zunächst ihrem besondern Staate Glieder des regierenden Standes
wissenschaftlich heranzubilden, wird ihnen durch die eigenthümlichen Zwecke und Aufgaben dieses Staates ihre Individualität
aufgeprägt, die, untergeordnet dem Character des grösseren Ganzen,
um so bedeutender und fruchtbarer sein wird, je weiter der Ge-
sichtskreis ihrer Nation und Regierung, je freier und gesünder
die geistige Atmosphäre ist, innerhalb deren sie selbst gebend
wie empfangend athmen und wirken.

Also je bedeutender nicht nur an Umfang und Macht, sondern nach seiner Geschichte und der ihm durch dieselbe vor-

gezeichneten Zukunft ein Staat ist, desto reicher das Feld, desto lohnender die Aussaat an Ideen, die aus dem Schatz des Wissens gehoben werden. So gewiss nun Preussen echter Kern und Hort Deutschlands durch göttliche Sendung ist und sein wird, so findet jede Wirksamkeit, die über das tägliche Brod hinaus ideale Zwecke verfolgt, in ihm ihre eigentliche Heimath, ihren sichersten und fruchtbarsten Boden. Ja es giebt Gesichtspunkte und Ziele, und grade die höchste Wohlfahrt des Ganzen betreffende, die in engeren, befangenen Kreisen zu fassen kaum gestattet ist, die unverstanden, unverwerthet als Visionen eines Schwärmers von der selbstzufriedenen Menge verlacht, von oben verfolgt, den Bürgern eines grossen Staates bereits Gemeingut geworden sind. Denn die Zeiten sind für Deutschland längst vorüber, wo aus der Kleinheit und Vielheit der Territorien besonderes Heil für eine mannigfaltige Volksbildung zu hoffen wäre. Die Zeit seiner Erziehung zu Sprache, Litteratur und Kunst hat das deutsche Volk hinter sich. Unverloren ist die Summe eigenartiger Schöpfungen, welche auf diesen Gebieten die Besonderheit der Stämme und Zungen in den verschiedenen Gauen unseres Vaterlandes hervorgebracht hat. Aber seit Luther mit Gründung der deutschen Kirche den Grundstein zu der freilich nur durch thränenreiche Kämpfe zu erringenden Einigung desselben gelegt hat, welcher Frühling mannigfaltiger Geistesblüthen ist denn durch die politische Zerklüftung, nicht trotz derselben gezeitigt worden?

In die ernsten, gesammelten Mannesjahre unseres nationalen Lebens nehmen wir dankbar hinüber das Capital einer Bildung, die vielfach im Kleinen angepflanzt überall kräftige Wurzeln geschlagen hat und wie ein schattiger, Jahrhunderte alter Hain die Stätte unseres praktischen Wirkens überdacht. Um seiner Entstehung willen die sich übereinanderwölbenden Zweige kappen und eine Baumschule aus gealterten Stämmen wieder herstellen zu wollen, heisst die Kinderschuhe als Mann tragen, heisst ververkennen, wie viel mächtiger, das Ganze durchglühender die gesammelten Strahlen der Flamme zum Himmel lodern, als ein einzelnes noch so treu gepflegtes Lämpchen.

Höre man doch auf, uns die Spaltung Griechenlands in so zahlreiche, nur zur Abwehr gegen den üusseren Feind zeitweise locker verbündete, autonome Gemeinden tröstend oder warnend

als die Kluft zu preisen, aus welcher die sprudelnden Quellen
seiner geistigen Schöpferkraft den Garten des griechischen Cultur-
lebens mit der bunten Menge seiner köstlichen Früchte getränkt
haben! Jede Gegenwart hat ihr eigenes Recht wie ihre eigenen
Bedürfnisse, und nur dann kann Vergangenes als Spiegel oder
Wegweiser lehrreich verwendet werden, wenn man die concreten
Unterschiede zwischen Zeiten und Völkern scharf und ehrlich ins
Auge fasst. Ob und wieweit die Vielheit und jenes lockere Auseinander der Staaten griechischen Staatsmännern wünschenswerth
erschienen sei, bleibe vorläufig unerörtert. Noch gab es kein
System ebenbürtiger Grossstaaten, in deren Rath die Geschicke
der Völker erwogen wurden, noch nicht jenes vielverschlungene
Gewebe internationaler Interessen. So gross war die geistige
Ueberlegenheit des Griechen über den Barbaren, dass, wo er auftrat, ihm Anerkennung, Ehre und Gelingen auch ohne den impo-
nirenden Schild einer festgefügten staatlichen Gesammtheit gesichert war.

Aber auch jene eigenthümlichen, in ihrer Art allerdings köstlichen Leistungen verschiedener Stämme und Gemeinden des weit
verstreuten Hellenenvolkes in Litteratur und Kunst gehören, wie
jeder des Alterthums Kundige weiss, gleich den Erzeugnissen
unseres Mittelalters, jener ritterlich romantischen Jugendzeit
Griechenlands an, als noch hereinfluthende Barbarenhorden den
Osten wie den Norden unsicher machten, als auf den Inseln und
dem westlichen Festlande wilde Parteikämpfe auf- und abwogten,
Tyrannen sich emporschwangen und wieder stürzten, als eine un-
gestüme, jugendlich unbefangene Werdelust die Bürger der einzelnen Städte durchzuckte, dass sie ganz mit sich beschäftigt das
Auge wenig über die häuslichen Geschicke erhoben. Daher zwar
eine wunderbare Spannkraft und feurige Empfindung in den Gei-
stern jener Zeit, aber eine gewisse Einseitigkeit und Subjectivi-
tät. Selbst der genialste von allen jenen kleinstaatlichen Dichtern, der Parische Archilochos, der im Dienste des Enyalios
wie der Musen eine wunderbare Fülle neuer Weisen seinem Saiten-
spiel entlockte, hat es doch, soviel wir sehen können, immer nur
mit den Erlebnissen des eigenen, abenteuernden Lebens, mit den
Ausbrüchen einer elementarisch kochenden, von ungestümer Liebe
und trotziger Bosheit zerrissenen Natur zu thun: wir sehen einen
„stürmischen Wolkenhimmel, den grelle Sonnenblitze durch-

leuchten". Auch der andere fahrende Ritter, Alkaios von Lesbos, geht auf in den politischen Parteikämpfen seiner Insel und in den Wallungen einer heissen Sinnlichkeit. Und ganz versenkt in die zauberhaften Tiefen ihres echt weiblichen Gemüthes, dessen wechselnde Stimmen ihr die Wunder der Natur wiederspiegeln, ist seine romantische Genossin Sappho. Aber schon wurde es den Sängern in ihrer Heimath zu eng. Terpandros von Lesbos und Thaletas von Kreta ziehen gen Sparta, und finden hier in der Hauptstadt des dorischen Stammes an den vereinigenden Festen des Nationalgottes Apollon schon ein weiteres Feld für ihre Kunst; Terpandros namentlich, der Begründer der dorischen Musik und Melik, vereinigt die bis dahin gesonderten Sangweisen des dorischen und des äolischen Stammes und erhebt sie zu einer universal hellenischen Tonart. Aber mehr lockten die glänzenden Hofhaltungen und Feste der Tyrannen: Polykrates von Samos, Theron und Gelon von Agrigent, Hieron von Syrakus, die Aleuaden in Thessalien, nicht am wenigsten Peisistratos und seine Söhne in Athen fanden eine Ehre darin, weltliche und geistliche Dichter ersten Ranges, den lebenslustigen Jonier Anakreon von Teos, die Chormeister Ibykos von Rhegium, vor Allen den geschmeidigen Simonides von Keos, und seinen Landsmann Bakchylides, auch den Thebanischen Pindar um sich zu versammeln. So von Ort zu Ort, von Fest zu Fest ziehend schlangen diese Wanderpoeten ein geistiges Band über Land und Meer, hellenische Sangeskunst und Weisheit in und mit sich tragend als Gemeingut, auf die Gastfreunde und die Leitung der Gemeinden oft mit priesterlicher Lehre und Warnung bedeutenden Einfluss übend, und selbst an den mannigfachen Interessen und Beziehungen derselben den Blick erweiternd Aber sie dienten doch im Grunde nur der Verherrlichung adliger oder mächtiger Geschlechter und ihrer Ahnen, wenn es hoch kam, dem particularen Ruhme einzelner Gemeinden oder Stämme. Sie selber erscheinen inmitten dieser Local- und Familieninteressen, die sie mit gleicher Hingebung bei gegebener Gelegenheit feiern, wie heimathlos. Um Lohn ist ihr Genius feil und auch zu unwürdigeren Aufgaben bereit. Denn als Anaxilas von Rhegion mit einem Gespann von Maulthieren gesiegt hatte und um geringes Honorar ein Siegeslied bei Simonides bestellte, schlug dieser es zwar ab, weil er auf Maulesel kein Siegeslied dichten wolle. Als aber Anaxilas das Honorar angemessen vergrösserte, that er es doch und begann: „seid gegrüsst, ihr Töchter der windesfüssigen Rosse". Und wie manchen dunkelen Fleck auf dem Ehrenschilde eines Siegers, wie des verhassten Tyrannen Skopas, galt es durch feine bedingte Wendungen zu umkleiden!

Erst als die Perserkriege die gesammte Kraft der Hellenen wach gerufen, und die Hingebung der Athener zum erstenmal ein Beispiel grossherzigen Gemeinsinnes gegeben hatte, da wurde auch jener Simonides, obwohl den Siebzigen nahe, nachdem er schon durch den Aufenthalt in Athen und den Verkehr mit Männern wie Themistokles eine höhere Richtung bekommen, wie verjüngt, und eine glänzende Reihe jener grossartig einfachen, gedrungenen Denksprüche, deren gesuchter Meister er war, verkündigte der Nachwelt die glorreichen Thaten der Freiheitskämpfer. Aber dem Pindar, als er nach den Siegen von Salamis, Mykale, Platää rühmend, dass die Söhne der Athener bei Artemision den leuchtenden Grundstein der Freiheit gelegt hätten, die glänzende, veilchenbekränzte, sangreiche, gottberufene Stadt die Säule von Hellas genannt hatte, trug dieses kurze Lob von Seiten seiner medisch gesinnten und stets eifersüchtigen Heimathstadt eine Busse von 1000 Drachmen wegen landesverrätherischer Sympathieen mit Attika ein: zehnfach ersetzten sie ihm die Athener.

Denn in der That war schon damals Hellas in Athen. Seitdem auf der Akropolis neben dem Dreizack des Poseidon die hellblickende Pallas Athene ihren Oelbaum gepflanzt und die milde Göttin der Ueberredung erst unter des Königs Theseus Scepter die zwölf ehemals selbständigen, zum Theil durch die Heiligkeit gottesdienstlicher Traditionen hochehrwürdigen Cantone Attika's vereinigt, dann durch die Solonische Gesetzgebung Frieden unter den sich bekämpfenden Ständen gestiftet hatte, war hier aus Autochthonen und zahlreichen Einwanderern der edelsten und tüchtigsten Geschlechter vom Binnenlande wie von den Inseln und der jenseitigen Küste ein Volksstamm erwachsen, der zur harmonischen Sammlung und Verklärung aller besten Gaben des reichen Hellenengeistes wunderbar berufen war, dem die Verbindung des Landbaues mit regem Seeverkehr zu der innigen Anhänglichkeit an die theure Heimath den offenen Blick in die Weite und den freien Herzschlag für Ehre und Wohlfahrt des gesammten, weit verstreuten Brudervolkes verlieh. So trug denn Alles, was hier zur Hebung und Verschönerung des Daseins geschah, von jeher den reineren Stempel eines auf Grosses und Zusammenhängendes gerichteten Systems.

Selbst der Athenische Tyrann, Peisistratos, suchte nicht sowohl, wie seine gleichzeitigen Standesgenossen, in egoistischer Vergrösserung seiner Hausmacht oder in dem blendenden Glanze einer fürstlichen Hofhaltung Stütze und Ruhm seiner Herrschaft, als in weiser und kräftiger Fürsorge für allgemein nationale Interessen auf politisch-religiösem wie auf litterarischem Gebiet. Denn wie er den Schutz des amphiktyonischen Heiligthums im Archipelagus übernahm, so sicherte er durch officielle Sammlung und Redaction der verstreuten und schwankend überlieferten Homerischen Gesänge (auch der Hesiodischen Gedichte) allen Hellenen den nun erst unvergänglichen Besitz ihres kostbarsten poetischen Schatzes; ja er legte, als nun der neu zusammengefügte Homer überall abgeschrieben, gelesen und zum Schulbuch gemacht wurde, den Grund für die Schulbildung nicht nur seiner Athener, sondern der gesammten Hellas, ja der ganzen Welt, so lange sie das unverwüstlich Schöne und Grosse zu schätzen wissen wird.

Auch den Athenischen Dichtern lag von jeher fern, ihre Muse auf die Stimmungen und Erlebnisse des eigenen Ich zu beschränken. Der Attiker Tyrtäos geht nach Sparta, um in gefahrvoller Zeit dort den gesunkenen Muth und die Achtung vor dem Gesetz aufzurichten. Solon macht den Besitz von Salamis, jener Schwelle der Athenischen Seeherrschaft, und die von ihm neu geschaffene staatliche Ordnung zum Gegenstand seiner Elegieen. An den Dionysosfesten entwickelte sich aus dem freier bewegten Dithyrambos gar bald lebendig dargestellte Handlung, die über den engeren Kreis des Dionysischen Mythos hinausschreitend gleich in erschütterndster Weise das erst vor Jahresfrist erlittene tragische Schicksal der Jonischen Brüder von Milet den an dem unglücklichen Aufstande nicht unbetheiligten Athenern vorführte. Der Dichter, Phrynichos, hatte zwar diese das Maass der Kunst verletzende, den reinen Genuss trübende Erinnerung an Leiden und Schrecken der unmittelbaren Gegenwart zu büssen. Aber achtzehn Jahre später trug derselbe den ersten Siegespreis davon, als er in einer anderen Tragödie, deren Chor der Sieger von Salamis, Themistokles selbst ausgerüstet hatte,

den Jammer der Perser über die erlittene Niederlage darstellte.
Es ist nicht nöthig auszuführen, wie nun weiter der Marathonskämpfer Aeschylos den griechischen Kothurn auf seine Höhe
führte und die Tragödie zu einem universalen Kunstwerk erhob,
zu dessen Vollendung sich alle Künste in unvergleichlicher Harmonie die Hände boten; und wie die muthwillige Schwester derselben das bäurische Possenspiel aus Megara nicht nur mit Attischer Grazie umkleidete, mit Attischem Salz würzte, sondern auch
durch den tiefen sittlichen Ernst treuer und einsichtiger Vater-
landsliebe adelte.

Und wie die Persertrilogie des Aeschylos in grossartigem
Zusammenhange den siegreichen Kampf zwischen Hellenen- und
Barbarenthum tausenden von Zuschauern vor Augen führte, so
schmückte der Samier Polygnot, der, von Kimon nach Athen
gezogen, hier die erste Malerschule gründete, die dortige Markt-
halle mit einem dreifachen Gemälde, dem ersten dieser Gattung,
welches denselben weltgeschichtlichen Vorgang an der Amazonen-
schlacht, der Zerstörung Ilions und dem Siege von Marathon ver-
anschaulichte.

Ebenso hat die Plastik nach sehr erheblichen Leistungen für
einzelne Städte, Tempel und Tyrannen, die endlich in Folge der
Perserkriege in der Schule des Onatas von Aegina zu bedeutenden,
höchst lebensvollen Compositionen historischer Gruppen gereift
waren, erst in der Stadt des Perikles und zwar auf der Akropolis,
der Veste des Hellenischen Bundes, ihren wahren Schauplatz, erst
in Pheidias den ersten universalen Schöpfer gefunden, der auch
in geistiger Bildung auf der Höhe seiner Zeit stehend, die bildenden Künste in ihrer Gesammtheit wie Raphael und Michel-
angelo beherrschend, gleich ihnen an der Spitze einer Schaar
von rüstigen Gehülfen den staatsmännischen Gedanken seines
grossen Freundes in Marmor, Gold und Elfenbein einen fast
göttlichen Ausdruck verlieh. Und wie ein verklärender Hauch
seliger, über die Kleinigkeiten des irdischen Lebens erhabener
Ruhe, eine harmonische Abtönung aller Theile gegen das Ganze,
ein selbstloses Zurücktreten der Persönlichkeit in den erhabensten
Schöpfungen Attischer Kunst herrscht, so geht eine edle Beschränkung auf das Wesentliche, die unnachahmliche Grazie des
Idealen auch durch unscheinbare Grabstelen und Thongefässe,
die in Attischem Boden gefunden sind.

Allbekannt ist auch, wie in die gastliche Stadt neben be-
güterten, hochgebildeten Fremden, die ihr Haus wiederum einer
edlen, angeregten Geselligkeit öffneten, Talente jeder Art einzogen,
sich inmitten eines freien, lohnenden Verkehrs in Kurzem heimisch fühlten, in ihrer eigenen Kraft wunderbar wuchsen und
Athen zum Mittelpunkt Hellenischer Wissenschaft machten:
wie schon durch die Bibliothek des Peisistratos angezogen bedeutende Forscher hier ihren Studien über die Vorzeit oblagen,
wie unter ihnen der vielgereiste Jonier Herodot unter dem Eindruck Athenischer Thatkraft und Seelengrösse seinen Beruf zur
nationalen Geschichtschreibung nach weittragenden Gesichtspunkten und in künstlerischer Form erkannte; wie die Philosophie, nachdem sie bei den sinnlichen Joniern mit den Fragen
nach der Entstehung der sichtbaren Welt begonnen hatte, die sie
nach den ersten Versuchen mechanischer Erklärung immer tiefer
durch die Begriffe des ewigen Seins, dann des lebendigen Wer-
dens zu lösen versuchte, bis durch Anaxagoras der Geist als ord-
nendes Princip in das Weltall gerufen wurde, wie diese Tochter
Joniens, von Parmenides, Zenon und Anaxagoras nach Athen geführt, den Blick freier aufschlug einerseits nach dem praktischen Leben und den ihm dienenden einzelnen Wissenschaften,
andererseits nach dem höchsten, wissenswürdigsten Object aller
Forschung, dem Menschen selbst und seiner sittlichen Lebens-
aufgabe.

Und wie in der Attischen Zunge sich ein Idiom bildete,
welches die Besonderheiten der Dialekte ausglich und zur künstlerischen Form der Prosa für Beredsamkeit, Geschichtschreibung,
philosophische Darstellung, wie zur höheren Umgangs- und
Schriftsprache für ganz Hellas ausgeprägt wurde, so strahlt nunmehr von jenem Centrum griechischen Geistes das Licht desselben
nach allen Richtungen wieder aus und giebt hundertfältig zurück
was es von Einzelnen empfangen hatte.

Der wechselseitige Zusammenhang dieses unbestrittenen Prin-
cipates im Reiche der Cultur mit der Hegemonie des Athenischen Volkes im griechischen Staatenbunde ist längst erkannt,
und so fest war es gegründet, dass es auch die Zeiten des politischen Verfalles bis in die Römerherrschaft hinein überdauert
hat. Aber nicht an einem Uebermaass herrschsüchtiger Con-
centration ist die Blüthe des Perikleischen Staates zu Grunde

der Schwachen, als die Vertheidiger ihrer Freiheit auszugeben.
Schlau benutzten sie die Stammesantipathie der Dorier gegen
Jonische Art, die Parteileidenschaft der Aristokraten gegen die
Demokraten, den instinktmässigen Widerwillen geistiger Be-
schränktheit gegen überlegene Naturen, den autonomen Freiheits-
schwindel mancher selbstgenügsamen Gemeinde, die auf einmal
alles Misstrauen gegen die engherzige, despotische, aller freien
Entwickelung geradezu feindselige Politik Sparta's vergessen hatte.
Wie grossherzig und edel klang jenes unter den versöhnlichsten
Versicherungen aufrichtiger Friedensliebe abgefasste Ultimatum,
welches die Spartanischen Gesandten nach vielen Scheinverhand-
lungen, um Zeit zur Vollendung ihrer Rüstungen zu gewinnen,
und wo möglich dem Gegner die Schuld des Angriffs zuzuschieben,
abgaben: Friede werde sein, wenn Athen seinen Bundesgenossen
ihre Selbständigkeit wiedergebe! Das hiess Griechenland wieder
wehrlos machen, Athen zumuthen, zum zweitenmale um seine
und seiner Stammesgenossen Existenz zu fechten, die eigne ruhm-
reiche Geschichte ausstreichen und Griechenlands Geschicke der
kalten bleiernen Hand des egoistischen Gegners überantworten.

Leider fand derselbe auch im Lager seines Feindes Bundesgenossen, deren leidenschaftliches Gebahren ihm Muth machte:
die Ultra's unter den Conservativen wie unter den Demokraten,
Pfaffen und scandalliebende Komödiendichter arbeiteten gemeinsam an dem Sturze des grossen Perikles. Aber das Volk in
seinem Kern war noch gesund und liess sich in seiner Verehrung
gegen den hochgesinnten Führer nicht wankend machen, so dass
zu hoffen war, das Kriegsgewitter, erst ausgebrochen, werde die
schwüle Luft reinigen und die gemeinsame Gefahr auch die selbstsüchtigen Gelüste der Parteien beschwichtigen. Obwohl zu Lande
von Feinden umstellt, deren Furchtbarkeit er nicht unterschätzte,
konnte Perikles doch mit der Zuversicht eines guten Gewissens
und einer grossen gerechten Sache in den Krieg gehen; ihn unterstützte der blühende Zustand der Finanzen gegenüber dem per-
manenten Geldmangel auf Seiten der Spartaner, die trefflich aus-
gerüstete Flotte, und vor Allem der elastische Geist seiner Bürger,
von denen selbst die Gegner staunend sagten: „mit ihren Kör-
pern gehen sie für das Wohl des Vaterlandes um, als gehörten
sie ihnen nicht; aber in ihrem Kopf sind sie desto besser zu
Hause, um auf Dienste für dasselbe zu sinnen; und was sie im

Angriffe gewonnen haben, das dünkt ihnen ein kleiner Erfolg im Vergleich zu dem, was noch zu erreichen übrig bleibt."

Aber um dem Bilde treu zu bleiben, das ihnen in der Perikleischen Leichenrede mit leiser Mahnung als ihr ideales Selbst entgegengehalten wird, um den Ruhm zu bewahren, dass sie „zugleich das Kühnste wagten, und am sorgfältigsten ihre Unternehmungen überlegten", bedurften sie der dauernden Führung jenes eben so besonnenen als entschlossenen Staatsmannes. Wäre ihm beschieden gewesen, die Zügel straff in der Hand haltend den blutigen Wettkampf nach seinem weise angelegten Plan durchzuführen, so wäre der Sieg wohl schliesslich auf Athens Seite gewesen, und manches souveräne Hellenenvölkchen würde den Nacken unter ein strengeres Bundesjoch haben beugen müssen. Aber es kam anders. Die gleich im zweiten Kriegsjahr ausbrechende Pest brachte Verzagtheit und Missmuth in die Menge, beraubte den Staat vieler wohldenkender, tüchtiger Männer, und als sie endlich auch Perikles dahingerafft hatte, war Niemand da, der in seinem Geiste das Schiff durch die Wogen steuern konnte. Nur allzusehr lernten jetzt die Bürger jene „tugendhafte Wirksamkeit" des Selbstregimentes üben, in der ihnen doch die Herrschaft über sich selbst wie über die Dinge entschlüpfte. Ein selbstsüchtiges, im Geheimen schleichendes Coteriewesen unterwühlte die Grundlagen des Gemeinsinns, die Herrschaft der Partei wurde das rücksichtslos verfolgte Ziel. Durch einzelne Erfolge über die Sophrosyne hinausgehoben verscherzte der Demos mehrfach die Gelegenheit einen ehrenvollen Frieden zu schliessen, liess sich in abenteuerliche Bahnen eines maasslosen Ehrgeizes verlocken, und trieb den talentvollsten seiner Führer, dessen tyrannische Löwennatur allein den Gefahren gewachsen war, in das Lager des Feindes. Zu spät, nachdem lange gräuelvolle Kriegsjahre der sittlichen Bildung des griechischen Volkes die tiefsten Wunden geschlagen und die gegen Ehre und Freiheit der hellenischen Brüder stets gleichgültige, landesverrätherische Politik der Spartaner dem Erbfeinde der Nation, dem persischen Grosskönig, das Protectorat über den dorischen Staatenbund und die Entscheidung des Krieges in die Hände gelegt hatte, kam man in Athen zur Besonnenheit zurück. Aber wie früher die demokratischen Führer um ihrer Herrschaft willen jeden Frieden vereitelt hatten, so entblödete sich jetzt die oligarchische Faction nicht, zu

gleichem Zwecke durch Verfassungsbruch und verrätherisches
Einverständniss mit den Spartanern einen schmählichen Frieden
um jeden Preis durchzusetzen.

So hat nicht die Herrschsucht des Athenischen Staates nach
aussen, sondern die der Parteien im Innern das begabteste aller
Völker um den Preis seiner Anstrengungen gebracht. Es kam
eine Zeit tiefer Demüthigung, harter Busse. Dann musste man
bei gebrochenem Ansehen und erschüttertem Vertrauen in der
Gründung eines neuen Athenischen Bundes gleichsam wieder von
vorn anfangen; und da doch auch die nachhaltige Energie der
Bürger dahinschwand, als vollends geworbene Söldner im Heer
und in der Flotte an ihre Stelle traten, da konnte selbst die hinreissende Beredsamkeit eines Demosthenes, deren Wirkung
obenein von Parteieifersucht und Verrath im eignen Lager nur
zu oft paralysirt wurde, die Selbständigkeit seines zerrissenen
Vaterlandes gegen die gesammelte Kraft und den einheitlichen
Willen des Makedonischen Königs nicht mehr retten, auch wenn
der Hellenische Bundestag, der Schatten von Delphi, ihm nicht
das Thor Griechenlands geöffnet hätte. Seiner Einsicht fehlte
eben, wie die Inschrift an seiner Bildsäule klagte, die Macht,
welche ausführend dahinter stehen musste.

Uns aber kann der Rückblick auf das tragische Geschick
Athens und namentlich auf den 27jährigen, mit Recht so zu
nennenden Bruderkampf mit seinem unseligen Ausgange nur froh
und dankbar stimmen. Denn der preussischen Nation war in
der jüngsten, so ähnlichen Krisis zu der jugendlich frischen Gesundheit ihrer selbst ein König von unerschütterlichem Willen,
ihm aber zur Seite ein Rathgeber beschieden, der über den Parteien stehend die Bahn des Sieges mit feiner Hand ebnete, und
heldenmüthige Feldherren, denen die Göttin des Gelingens wunderbar voranschritt. Auch für uns gilt, aber in höherem Sinne, was
Perikles bei Thukydides zu den Athenern spricht: „möget ihr die
Macht des Staates euch täglich lebendig vor Augen stellen und
ihn lieb gewinnen, und scheint sie euch gross zu sein, erwägen,
dass das erworben ist durch Männer, welche kühn, ihre Pflicht
erkennend, im Handeln von Ehrgefühl getrieben, den schönsten
Beitrag für das gemeinsame Werk darbrachten". Und das vor
Allem ist die Mitgift unseres Fürstenhauses, welche die Zukunft
Preussens und Deutschlands verbürgt, dass seine Herrscher nicht

selbstsüchtige Zwecke ihrer Hausmacht wie jene griechischen Tyrannen verfolgen, sondern dass das Gefühl ihrer hohen Pflicht sie mit ihrem Volke unzertrennlich zum Wohl des Vaterlandes verknüpft. Darum thuen auch wir die unsrige im rechten Geist: pflegen und schüren wir die Flamme eines der Ehre und Grösse unseres Volkes selbstlos hingegebenen, idealen Sinnes, und einigen wir uns Alle heut und immerdar in patriotischer Liebe zu dem Bürgen und Träger unserer Wohlfahrt, in dem begeisterten Rufe: es lebe Se. Majestät der König Wilhelm I!

3. Dämon und Genius

(akad. Rede; Kiel, 22. März 1868).

So einmüthig das Gefühl ist, welches uns zu dieser Stunde in diesem Saale vereinigt hat, so verschieden ist doch die Denk- und Redeweise, welche dem, was Jeden im Herzen bewegt, den eigenartigen Ausdruck verleiht. Darum mag auch mir gestattet sein, die Grundlagen der Wünsche, welche wir, wenn auch von Weitem, heute an unseres Königs Thron niederzulegen gedenken, aus demjenigen Ideenkreise zu entlehnen, in welchem ich mich meinem Berufe gemäss am heimischsten fühle.

Tief im Gemüthe auch des griechischen Volkes wurzelte das Bedürfniss, die unermessliche Weite zwischen Menschen und den im Aether thronenden Göttern auszufüllen und zu überbrücken durch ein Zwischenreich überirdischer Mittelwesen, die den Ver-kehr mit den Söhnen der Erde zu vermitteln schienen. Indem man den Olympiern gleichsam die oberste Leitung der Welt-angelegenheiten nach festen Satzungen überliess, galt eine zahl-lose, meist auch namen- und gestaltlose Schaar von Dämonen, d. h. Austheilern, als Vollstrecker der göttlichen Macht im Einzelnen.

Besonders wo ein überraschendes, übergewaltiges Eingreifen in das Schicksal oder ein verhängnissvoller, unwiderstehlicher Ein-fluss auf Haltung und Entschluss des Einzelnen oder einer Ge-sammtheit, sei es zum Glück oder zum Unglück, bemerkt wurde, schien ein Dämon im Spiel. Ein dämonischer Mann hiess, in wem dauernd oder momentan ein solches Wesen wirksam erschien. Aber die Phantasie der Dichter und Künstler hat diesen Wesen, die auch im Cultus nur sehr spärlich bedacht waren, keine Per-sönlichkeit und keine Geschichte verliehen. Bei Homer und Sophokles schweben sie in nebelhaftem Hintergrunde, von den leuchtenden Gestalten der aus lebendiger Naturanschauung, nach dem Bilde des Menschen naiv geschaffenen Götter verdunkelt. Der dem gemeinen Manne näher stehende Hesiodos dagegen in seinem Bauernkalender weist ihnen in eigenthümlich seelenvoller Dichtung ihren Wirkungskreis an und kennt ihre Herkunft: es sind die Abgeschiedenen des goldenen, jenes allerersten göttergleichen, glückseligen und unschuldigen Geschlechtes der Sterblichen, welche nach des Zeus Rathschluss mit dem königlichen Ehrenamt betraut sind, als Hüter der Sterblichen auf Erden zu walten; in Nebel gehüllt fliegen sie überall hin, Segen spendend, über Recht und Frevel, auch über die Sprüche der Könige wachend, drei Myriaden an der Zahl.

Er kennt also nur gute Dämonen, welche dem durch eigene Schwäche und die verderbliche Gabe der Pandora herabgekommenen Menschengeschlecht in seinem Jammer und Elend beistehen. Aber der nachdenkliche Phokylides aus Milet, wo die ionische Philosophie bereits in Blüthe stand, ist nicht der erste gewesen, der zwischen wohl- und übelwollenden Dämonen unterschied; schwerlich hat auch sein Zeitgenosse, der durch politische Umwälzungen verbitterte Theognis von Megara, zuerst über ihre Launen geklagt, dass so Vielen wider Verdienst ein trefflicher Dämon zur Seite stehe, der thörichtes Beginnen zum Guten lenke anderen dagegen mit trefflichem Rathschluss Begabten ein nichtsnutziger Dämon alle Mühe vereitele. Um das zu finden bedurfte es weder des besonderen Einflusses orientalischer Lehre, noch der Weisheit griechischer Philosophen, soviel auch diese seit Thales und Pythagoras mit jenen geheimnissvollen Wesen sich beschäftigten.

Der Tragödie, zumal des Aeschylos, war die Vorstellung von einem finsteren Geist, der durch uralte Schuld geweckt und durch immer neue genährt einzelne Häuser bis zur Vernichtung heimsucht, geläufig. Eines freundlichen Familiendämons gedenkt Niemand deutlich, soviele sich dessen unbewusst erfreuen mochten. Aber schon früher sprach es der tiefsinnige Herakleitos aus, dass des Menschen Charakter sein persönlicher Dämon sei. Damit verwandt, aber etwas mystischerer Natur war das Dämonion des Sokrates, das ihn, wie er rühmte, seit seiner Kindheit mit unfehlbarer Sicherheit von falschen Wegen abmahnte. Und in der That hat in keinem Griechen die Stimme des sittlichen Gefühls,

3*

welches auch die Wege zur wahren Zufriedenheit lenkt, so vernehmlich das ganze Leben hindurch gesprochen. Seit ihm ist in
der Philosophie diese ethische Auffassung des Dämon hervor-
getreten, wie denn auch Platon die Vernunft, insofern sie ein
Ausfluss der göttlichen Vernunft sei, als den wahren Schutzgeist
des Menschen erkannte, den zu pflegen, dem zu gehorchen Jeder
sich schuldig sei. Aber der populäre Glaube, je mehr das Vertrauen zu den Olympiern, durch schwere Schicksalsschläge erschüttert, welche über das Vaterland nicht ohne eigene Schuld der
Bürger hereingebrochen vielen Einzelnen ihren Wohlstand zer-
trümmert hatten, zu frösteln begann, je mehr ihm die väterliche
Obhut des Zeus und das Walten der Dike, einst von den Dichtern so ergreifend besungen, hinter den Wolken verschwand und
der sittliche Halt des Charakters gebrochen war, desto näher zog
er jene unmittelbar eingreifenden Zwischenwesen an sich heran
und mochte am liebsten in der mehr oder weniger phantastisch
ausgeführten Vorstellung Beruhigung finden, dass jedem einzelnen
Menschen von seiner Geburt an bis zum Tode ein besonderer
Dämon als leitender Mystagog durch das Leben zugeloost sei.

Weit mehr noch als der im Ganzen leichtgesinnte, sich selbst
vertrauende Grieche bedurfte der ängstlich bedächtige Bauern-
charakter des Römers, um des Erfolges sicher zu gehn, auf
Schritt und Tritt eines behütenden und fördernden Blickes von
oben. Wie er jeden Akt des irdischen Lebens vom ersten Keime
der Existenz bis zum letzten Odem unter die Obhut eines besondern höheren Wesens zu stellen beflissen war, so vertraute er das
gesammte Leben des Einzelnen seinem individuellen Genius an,
den vom Zeugen und Schaffen so benannten Lebensprincip, welches schöpferisch und beseelend den ihm zugewiesenen Menschen
aus dem Schooss der Mutter einführt in die Welt, seine Kraft
weckt und auf allen Wegen als treuer Pädagog bis zum Erlöschen
begleitet. Immer ist er gut, die Quelle aller guten Gaben, vor
Allem der Gesundheit des Geistes wie des Körpers. Die Stirn,
des Geistes Schwelle, ist ihm geweiht; zu ihm betend berührt
man sie. Bei ihm schwört, den Andern beschwört man bei dem
seinigen. Wie den eigenen verehrt man den Genius eines geliebten Freundes, eines Gönners und Wohlthäters, zumal an dem
Tage, da er das Leben des Einzelnen schuf: ihm opfert man dann
unblutige Gaben, Blumen, Salben und eine Spende ungemischten

Weines, wie sie auch an griechischen Gelagen dem guten Dämon
zu Theil ward; denn dem Lebenspender darf nichts Lebendiges
zum Opfer fallen. Willkommen ist ihm Alles, was Kraft und
Schwung des Lebens nährt und erhöht. Den Genius pflegt, wer
sich's leiblich und geistig wohl sein lässt, ihn betrügt um sein
Recht, wer kärglich lebt und sich die Bissen vom Munde spart.
Genial ist alles Lebenweckende, alle heitere Fülle, der freigebige
Gastfreund, der Winter wegen des geselligen Wohllebens, das er
mit sich führt, genial sind Bacchus und Ceres, Feste und Kränze,
alle vier Elemente wegen ihrer Schöpfungskraft, Sonne, Mond und
die zwölf Himmelszeichen, an denen das Leben hängt.

Unzertrennlich von seinem Schutzbefohlenen ist er, der Göttersohn, dessen eigenstes Ich, seine Individualität, aber nur den Männern zugesellt. Die Weiber haben jede ihre Juno, das Princip
des ewig Weiblichen. Im gewöhnlichen normalen Leben sieht
den Genius kein sterbliches Auge, so wenig wie der Gesunde,
Unbefangene sein Herz schlagen hört. Nur als Vorbote verhängnissvoller Schicksale erscheint er wohl bedeutenden Männern,
dem Brutus, wie dem Cassius, auch dem Kaiser Julian, der an den
gestürzten Göttern noch hing, in düstrer, entsetzter Gestalt kurz
vor ihrem Tode, letzterem auch verschleiert mit dem Füllhorn
vor seiner Erhebung auf den Thron.

Da aber keine Gemeinschaft der Menschen des frischen zu-
strömenden Lebens entrathen kann, so hat jedes Haus, jede
Familie ihren Genius, der unter dem Symbol der erdverwandten
Schlange, eines darum in Rom beliebten Hausthieres, gepflegt,
als dämonischer Vater des Geschlechts dessen Erhaltung und Fort-
pflanzung, den Segen der Ehe unter seinem Schutze hegt; so haben
ferner Collegien, Zünfte, Corporationen, Bürgergemeinden und
Legionen, Städte, zumal lebhafte Hafen- und Handelsstädte, Provinzen und Völker ihren Genius; ja selbst Locale, in denen ein
reger Verkehr wogte, wie Strassen, Märkte, Thore, Bäder, Theater
und andre, die durch idyllischen Reiz und landschaftliche Stimmung
zum Verweilen einluden, oder wohlbestellte Aecker, üppige Triften
waren durch das Symbol der Schlange ihrem Genius empfohlen
und vor störendem Frevel geschützt.

Je blühender und reicher das Leben, desto angesehener der
Genius. Daher vor Allen geehrt der Genius der Stadt Rom und
des Römischen Volkes. Er besass einen Tempel und hat auch

auf Münzen eine typische, Majestät und üppige Kraft ausdrückende Gestalt angenommen, die eines bärtigen Mannes mit Diadem, in der Rechten ein Füllhorn, in der Linken das Scepter tragend; später ein Jüngling mit dem Fruchtmaass auf dem Kopf, eine Schaale in der Rechten, das Füllhorn in der Linken.

Allen Affecten des menschlichen Herzens sind diese Genien mitunterworfen: sie zürnen dem, der sie verletzt, lieben sich gegenseitig oder lehnen sich gegeneinander auf, denn einer ist mächtiger als der andre. Von dem Genius Octavian's fühlte sich der des Antonius gedrückt, in seiner Gegenwart wurde er unwillkürlich kleiner. Darum rieth jener aegyptische Priester dem Antonius, die Nähe Cäsars zu meiden und bei der Kleopatra seinen Genius zu pflegen. Und als die italischen Bundesgenossen sich trotzig gegen die Zwingherrin Roma erhoben, da stellten Münzen der empörten Italia ihren Genius gepanzert mit Schwert und Lanze dar, den Fuss auf ein am Boden liegendes Römisches Feldzeichen setzend.

Als nun aber durch Augustus die Alleinherrschaft in Rom begründet war und man sich beeiferte, auf ihn, als den Erretter und zweiten Begründer des Reichs, alle Bürgschaften der öffentlichen Wohlfahrt zu vereinigen, erhob sich sein Genius so weit über alle anderen, dass er an allen Ecken der Römischen Strassenquartiere neben den Laren, und bald über die Stadt hinaus in den Provinzen als gemeinsamer Hort verehrt wurde, auch nach dem Tode des Kaisers, da er ja ein verklärtes Leben bei den Oberen weiterführte. Und diesem Beispiel folgend machten auch die Genien seiner Nachfolger, nur zu oft zum Hohn des gemisshandelten Volkes, den gleichen Anspruch, besonders an den kaiserlichen Geburtstagen, deren Feier durch Opfer, Spiele und Festmahl eine regelmässige wurde.

So wimmelte Rom und die Römische Welt von Genien, mächtigen wie schwachen; und der gelehrte Varro, der den populären Glauben seiner Landsleute mit der philosophischen Lehre von den Dämonen verband, erklärte, obwohl nicht ganz im Einklange mit dem ursprünglichen Begriff, auch den Genius für die vernünftige Seele, die Intelligenz jedes Einzelnen und jeder Gesammtheit, und über Alle setzte er einen Universalgenius, die Weltseele. Und so dürfen auch wir, ohne in das Heidenthum zurückzufallen, was immer Leben und Gedeihen im Kleinen wie im Grossen schafft, als Ausfluss oder Abglanz jener himmlischen, im Geiste geborenen und zeugenden Kraft verehren. Es ist derselbe Geist, den unser Dichter in sich fühlte, als er sang: „den du nicht verlässest, Genius, Wirst ihn heben übern Schlammpfad Mit den Feuerflügeln; Wandeln wird er wie mit Blumenfüssen Ueber Deukalions Fluthschlamm, Python tödtend, leicht, gross, Pythius Apollo." Desselben Geistes gedenkend dürfen wir auch, ohne der Unwürdigkeit orientalischen Knechtsinnes geziehen zu werden, an unseres Königs Geburtstage in das Gebet für sein Heil alle unsere Wünsche für die Wohlfahrt sowohl des gesammten Staates als auch aller einzelnen Glieder desselben, soweit sie zur Gesundheit des Ganzen beitragen, bedeutungsvoll einschliessen.

So möge denn, um mit dem Nächsten zu beginnen, der Genius unserer Universität, der sich in Kämpfen bewährt und Jahrhunderte, ein wackrer Drache, die geistigen Schätze des Landes gehütet hat, kräftig in unserer Körperschaft fortleben und immer neu sich erzeugen, der Geist treuer, klarer, unerschrockener und uneigennütziger Wissenschaft, der Geist einträchtigen, mannhaften Zusammenwirkens, der immer das Ganze und die höchsten Ziele im Auge jedem Theile gönnt, was ihm zukommt.

Möge auch unter unseren Commilitonen der Genius sich fruchtbar erweisen durch Vermehrung ihrer Anzahl, wie durch ein erfolgreiches Wachsthum der Studien. Und wie wir uns schon im vergangenen Jahre einer genialen, d. h. wohlwollenden und freigebigen Fürsorge für unsere Bedürfnisse zu erfreuen gehabt haben, so möge es bleiben, und aus dem Füllhorn des öffentlichen Genius mögen reich und reicher die Gaben fliessen, die so manchem gedrückten Genius loci, vor allen dem, in dessen allzu bescheidenen Gelassen wir uns heute wieder versammelt haben, gestatten, sich eine wohnlichere Stätte zu gründen.

Und blicken wir hinaus über diese Mauern, so liegt uns nicht minder am Herzen, dass unsere aufblühende Hafen- und Handelsstadt, welche wie keine andere in Deutschland die Geister der Wissenschaft und des Marktes, ja auch die leitenden Genien des Krieges wie des Friedens nebeneinander an ihrer gastlichen, Leben weckenden Bucht beherbergt, dass sie eben so allseitig in thätiger und weiser Pflege aller Lebensgüter, der ewigen wie der vergänglichen, sich entwickle, nicht wie Tyrus oder Karthago,

sondern ein Athen oder wenigstens doch im guten Sinne ein
Alexandria an der Ostsee werde.

Aus fremder Gemeinschaft und drückenden Banden, die ihm
zu Zeiten fast den Schlaf über die Wimpern pressten, ist seit
wenigen Jahren erst der vielumworbene Genius Schleswig-Hol-
steins erlöst. Von den Schwingen des preussischen Adlers, der
vom Fels zum Meere flog, mit emporgetragen wird er auf hei-
mischem Boden seine gesammelte Kraft neu entfalten, im Wetteifer mit den Brüdern vom Niemen bis zum Rhein dem grossen
Vaterland dienen und dazu beitragen, dass auch der Geist Alt-
preussens verjüngt und gehoben fort und fort aus sich heraus
einen freieren, dem Ideale irdischer Vollendung und Grösse ver-
wandteren Genius aus sich gebäre. Was aber ist es denn, was
Preussens wundervolles, noch in den letzten Siegen dämonisch
zum Durchbruch gefördertes Geschick bis hierher gegründet hat
und seine Zukunft verbürgt? Nicht der staatengründende Geist
strenger Ordnung und gesetzlicher Zucht allein, nicht die Kraft
des Arms oder kluge Berechnung, sondern der elastische Schwung
eines im fruchtbaren Boden der Ideen wurzelnden Wesens, das in
rauhen Stürmen abgehärtet Nahrung und frisches Leben zu saugen
weiss aus allen Elementen, mit denen es in Berührung kommt,
kein Geist der Unterdrückung oder der Schablone, sondern jener
maassvollen und bescheidenen Besonnenheit, die selbstbewusst
und ausdauernd, aber entgegenkommend und versöhnlich, das
Gute anerkennend und sich aneignend, Eigenartiges, wo es in
sich gesund ist und dem Ganzen nicht schadet, schonend, ja
pflegend, des Gelingens sicher ist, eine Fülle mannigfaltigen, fröh-
lichen Lebens zu wecken, innerhalb deren Jedem das Seine wird
und Jeder das Seine leistet.

Und an der Spitze all dieser guten Geister, die ein dämonischer Mann mit wunderbarer Kraft zusammenfasst, steht gleichsam als Chorführer der Genius unseres gütigen, entschlossenen,
weisen und edlen Königs und des gesegneten Hohenzollern-Hauses.
Ihm für alle übrigen bringen wir am heutigen Geburtstage des
hohen Herrn unsere Huldigung dar, ausgedrückt in den treuesten,
innigsten Wünschen und Gebeten: dass dem grossen Vaterlande
noch lange Jahre, soweit menschliche Kraft reicht, der Besitz des
theuren Landes- und Schirmherrn erhalten bleibe, dass unter seinem
ruhmreichen Scepter auch jener zersprengte Halbchor des Südens,

der schon jetzt mit dem Norden zum erstenmal sich die Hände
reicht, uns näher und näher komme, bis es keine Scheidelinien
unserer Nation mehr giebt, als welche die freie, harmonische Bewegung ihrer Theile kunstgemäss wie in der Athenischen Orchestra
regeln; und dass uns Schleswig-Holsteinern endlich in diesem Jahr,
recht bald beschieden sei, unsern König in unserer Mitte zu be-
grüssen, in der unmittelbaren Sonne seiner Huld uns zu erwärmen
und in den lebendigen Zügen des königlichen Antlitzes, wie in
dem gewinnenden Zauber seiner gütigen Rede die schönste Bürgschaft unserer Hoffnungen zu finden; dass er auch aus unserem
Munde einmal jenen Ruf vernehme, den wir heut und immerdar
aus treuer Brust erschallen lassen: Se. Majestät der König, er
lebe hoch!

4. Majestät

(akad. Rede; Kiel, 22. März 1869).

Es ist das Vorrecht dieses Tages, an welchem alle Freunde
des Vaterlandes im Geist ihre Blicke mit Hochgefühl nach der
irdischen Burg richten, unter deren Schutz sie ihren friedlichen
Geschäften im Thal nachgehen können, die Fragen und Sorgen
der unmittelbaren Gegenwart zurückzudrängen hinter allgemeinere
Betrachtungen, wie sie der Weihe des Festes geziemen. In dieser
Absicht soll es versucht werden, Ihre Gedanken auf die genauere
Erwägung eines Wortes zu richten, welches grade heut uns Allen
gleichsam am Saume der Lippen schwebt, dessen Bedeutung von
Allen lebhaft empfunden und doch vielleicht in dem vollen Umfange, welcher einer historischen Forschung sich eröffnet, nicht
gleichmässig durchschaut wird. Es ist der Begriff der Majestät,
dessen mannigfache Beziehungen, wie sie sich in Sitte und Recht
des römischen Alterthums gebildet haben, in kurzen Zügen angedeutet Ihnen vergegenwärtigen sollen, wie tief derselbe, weit
entfernt, von der kalten Sprache höfischen Ceremoniells geschaffen
zu sein, vielmehr in den zarten Empfindungen des Gemüthes
wurzelt, und in wie vielen Verhältnissen des Lebens er seine Anwendung fand.

Höchst durchsichtig in seiner Bildung bezeichnet das Wort
maiestas zunächst einfach die überlegene Grösse des Einen gegen
den oder die Anderen, und doch fehlt dem Griechen, in dessen
Charakter der Begriff der Unterordnung überhaupt nicht eben
mächtig war, ein ganz gleichartiger Ausdruck. Denn so viele
und fein unterscheidende Namen er für den Begriff des Grossen,
Hohen, Würdevollen hat, so geht doch allen die Andeutung des
Messens, des Vergleichs ab und damit die lebendige Beziehung
auf den, welcher diesen Vergleich anstellt. Und eben hierin zum

Theil liegt die eigenthümliche Schärfe des Wortes. Es ist recht
eigentlich aus dem persönlichen Verkehr der Menschen untereinander entstanden, in dessen naturgemässer Entwickelung nach
gegenseitiger Prüfung der Kraft das Nächste sein musste die
Ausübung und Anerkennung der erprobten Stärke. Aber nicht
die Ueberlegenheit physischer oder materieller Gewalt ist durch
maiestas ausgedrückt, sondern ein moralisches Uebergewicht,
welches auch ohne jede Zurüstung äusserer Mittel sich unmittelbar von innen heraus geltend macht und auch von dem rohen
Gemüth instinktmässig empfunden wird.

Es ist am angemessensten, zunächt den Dichter darüber zu
hören, der ihre Entstehung und Wirkung in folgender Allegorie,
freilich nicht ganz ohne seine gewohnte Schalkheit, umschreibt.
Nach der Scheidung der drei Elemente der Erde, des Wassers,
der Luft aus dem Chaos war zunächst noch Alles im Weltall
an Ehre gleichgestellt, die Erde dem Himmel, die Sterne dem
Phöbus: oft sass ein Gott von geringer Herkunft, mitten aus
der Plebs, auf dem Thron, oft nahm die ehrwürdige Themis den
untersten Platz ein. Endlich vermählten sich Honos und Reve-
rentia: ihre Tochter ist Maiestas. Gross seit dem Tage ihrer
Geburt, mit Gold und Purpur geschmückt, nahm sie alsbald
mitten im Olymp ihren erhabenen Sitz ein und mit ihr Scham
und Furcht, Pudor und Metus. So übt sie ihren stillen Einfluss auf die ganze Welt: Alle sehen auf sie, Verdienst und
Würdigkeit werden nun erst geschätzt. Auch als die wilden
Söhne der Erde, die Giganten, Berge bis an die Gestirne thürmten
und den König der Götter bekriegten, blieb Maiestas, durch die
Blitze desselben geschützt, auf ihrem Platze. Dem Jupiter sitzt
sie als treueste Hüterin zur Seite und macht ihm möglich, sein
Scepter ohne Gewalt zu führen. Auch zur Erde ist sie hinab-
gestiegen: Romulus und Numa haben sie verehrt und noch Andre
zu ihrer Zeit. Sie schützt Väter und Mütter in ehrfürchtiger
Liebe der Kinder; sie ist Begleiterin den Knaben und Jung-
frauen; sie verhilft den Beilen des Lictor und dem elfenbeinernen
Amtsstuhl zur Achtung; sie feiert hoch zu Wagen mit bekränzten
Rossen Triumphe.

Also eine hehre Jungfrau ohne Wehr und Waffen, an den
Beginn aller Weltordnung gestellt. Die Elemente, der äussere
Bau der Welt, die Götter, unter ihnen die Mutter des ewigen

Weltgesetzes selbst, sind gegeben, aber jene stille Kraft fehlt,
welche den Gestirnen in ihren Bahnen, den Göttern in ihrem
Walten, jedem Wirkenden in seinem Kreise Geltung und Achtung
schafft: ohne sie kein Kosmos, keine Weltregierung, kein ge-
ordnetes Menschenleben. Ohne sie jene öde Gleichheit, die keine
Sitte, kein Recht als das des Stärkeren, überhaupt nichts Edles
kennt, in Stumpfheit verkommt oder in Willkür sich selbst zerstört. Sie ist ein Weib, weil sie im Einzelnen hervortretend
nicht giebt, sondern empfängt; die Wurzeln ihres wunderbaren
Wesens sind der innere, thätig sich bewährende Werth und der
eingeborene Sinn für sittliche Würde: zauberartig, man weiss
nicht wie, erweckt sie als unzertrennliche Gesellen hier (in
edleren Gemüthern) den Geist der Pietät und freiwilliger Ehrerbietung, dort (in roheren Naturen) den Blitz des Schreckens,
der den Trotz zerschmettert. Aber keine Gewalt von aussen,
auch keine Fessel der Satzung: Leidenschaft, herrisches Poltern,
Anmassung, alles Rohe und Hohle sind jener gediegenen Hoheit
zuwider. Auch des Glanzes und überhaupt jeder Hülfe kann
sie entbehren. Im Knaben, im Mädchen tritt sie auf als Unschuld: grade die Ohnmacht des Kindes ist sein Schutz. Der
Purpursaum seines Kleides ist die spielende Andeutung dieser
maiestas.

Sehr verwandt mit dieser keuschen Ehrerbietung, die unge-
fordert dem Kinde gezollt wird und das sittliche Fundament der
römischen Erziehungsmethode bildet, ist die Achtung, auf welche
die Matrone Anspruch hat, die in rechtmässiger Ehe lebende
Frau und Mutter. Wie sie Herrin ist neben dem Herrn, dem
Hauswesen vorsteht, die Mägde regiert, die Kinder nährt und
erzieht, so strahlt sie als solche einen gewissen Glanz stiller
Hoheit aus, dem selbst der Gatte sich beugen muss. Eine Anerkennung dieser maiestas, nicht jene gezierte Höflichkeit romantischer Galanterie, sondern echte Ehrfurcht vor der Grösse voll-
endeter Weiblichkeit war es, welche in der Gegenwart der „Herrin"
etwas Ungeziemliches zu thun, ein unschickliches Wort fallen zu
lassen, sie mit barscher Rede anzufahren oder gar, sei es auch
bei gerichtlicher Vorladung, körperlich zu berühren unbedingt
verbot. Ohnehin freilich verscheuchte die zusammengenommene,
etwas herbe Miene, die ernste Haltung einer Römerin echten
Schlages jede Vertraulichkeit. Erschien sie auf der Strasse, über

die zu den Füssen hinabwallende faltige Stola den weiten Mantel geworfen, das Haupt verhüllt, in Begleitung bejahrter Diener, die schon durch ihr Alter jede freche Annäherung fern hielten, gemessen einherschreitend, so musste ihr Jedermann ausweichen: selbst der Lictor, welcher den eignen Vater des Consuls aus dem Wege räumen durfte, wagte nicht ihr entgegenzutreten. Das war die maiestas jener Mütter des Coriolan, der Gracchen und andrer edler Frauen, aber keineswegs an Vornehmheit des Standes oder Reichthum geknüpft.

Aber dass die Matrone sich innerhalb der Schranken hielt, durch welche eben dieser ihr Zauber bedingt und begrenzt war, dass sie auf ihn vertrauend nicht die Pflicht des Gehorsams gegen den Eheherrn und die strenge Sitte der Vorfahren überschritt, dafür hatte der Mann als ihr väterlicher Hüter und Gebieter seine maiestas einzusetzen; das ist nicht etwa jene rechtliche Gewalt, welche zum Aeussersten treibt und bereits Verbrochenes ahndet, sondern der vorbeugende, imponirende Ernst seiner ganzen Persönlichkeit. Nicht Jedem natürlich gelang dies: je mehr die kernige Gesundheit im Charakter des römischen Mannes anbrüchig wurde, desto matter wurde zuerst seine moralische Gewalt in der Ehe, und aus jener unnahbaren Würde der Frau entwickelte sich eine gewisse gebieterische Strenge und die Neigung, mit der maiestas das imperium zu vereinigen.

Schon damals begannen diese Schranken ihren Dienst zu versagen, als es galt jenen Gesetzesantrag durchzusetzen, welcher den Frauen wiederum das Tragen von Goldschmuck und schillernden Purpurgewändern, sowie das Fahren zu Wagen innerhalb der Stadt gewähren sollte. Taub gegen alle Vorstellungen, Bitten, Befehle ihrer Gatten sammelten sich die Matronen, selbst von den Landstädten her, zu hellen Haufen, füllten alle Strassen und Zugänge zum Forum und bestürmten die des Weges gehenden Männer, selbst Consuln und Prätoren, einen günstigen Beschluss zu fassen. Sie hatten ja nicht Unrecht hervorzuheben, dass jenes Gesetz, welches ihnen so grausam Schmuck und Pomp versagte, im Augenblick höchster Noth und Trauer, als Hannibal vor den Thoren Roms stand, gegeben, jetzt in Zeiten der Macht und des Wohlstandes nicht mehr billig war. Aber der alte Cato, damals Consul, hatte gewiss nicht weniger Recht, wenn er über diese ungewöhnliche Form einer weiblichen Sturmpetition sehr ernst-

haft entrüstet war. Mit Mühe hatte er, während er die Schaaren
durchschritt, aus Achtung vor der ihm immer noch heiligen
maiestas der Einzelnen, welche sie in ihrer Gesammtheit fast
verscherzt hatten, sich der Scheltworte enthalten. In der Volksversammlung aber brach er, wie Livius erzählt, mit folgenden
Worten seiner Strafrede los: „wenn jeder von uns, ihr Quiriten,
gegenüber seiner eigenen Hausfrau Recht und Majestät des Mannes
zu behaupten verstanden hätte, so würden wir weniger mit allen
Frauen zusammen zu schaffen haben.“

Unterworfen sind dieser Hoheit des Hausherrn alle Zu-
gehörigen desselben, der weite Kreis der Clienten, vor Allen
aber die Kinder, auch wenn sie erwachsen sind und selber bereits
einer Familie vorstehen. Sie alle beugt das Gefühl der Pietät
unter die maiestas des Vaters. Bewundert wurde, mit welcher
Festigkeit sie der blinde Appius Claudius noch im hohen Alter
ausübte, derselbe, dessen flammende Senatsrede gegen den schimpf-
lichen Frieden mit Pyrrhus Niebuhr nachgedichtet hat: vier er-
wachsene Söhne, fünf Töchter, ein grosses Haus und zahlreiche
Clienten regierte er, die Sclaven fürchteten, die Kinder ehrten
ihn, Allen war er theuer. Während die Gewalt des Vaters (wie
des Gatten) in ihrer gesetzlichen Härte gemildert und überwacht
wurde durch Familienrath und öffentliche Meinung, so konnte
die väterliche maiestas, durch keinen Buchstaben des Rechts geschützt noch beschränkt, ganz auf freiwillige Unterwerfung vertrauend, selbst im öffentlichen Leben mit höchster Wirkung sich
geltend machen. Der Senat hat beschlossen, zwei von den Militär-
tribunen mit consularischer Gewalt sollen ins Feld rücken, einer
in Rom zur Verwaltung der Stadt zurückbleiben. Ueber die
Frage, wer von den Dreien dieses ruhmlose, aber nothwendige
Amt verwalten soll, entbrennt ein peinlicher Streit zwischen den
Betheiligten, dem die Senatoren missbilligend zusehen. Dem Zufall des Looses mag man die wichtige Entscheidung nicht anheim-
geben. Da erhebt sich einer der Väter und erklärt: „da nicht
die Ehrfurcht vor dem Senat noch vor dem Vaterlande den Ausschlag giebt, so soll die Majestät des Vaters den Streit ent-
scheiden. Mein Sohn wird ohne Bestimmung durch das Loos die
Stadt verwalten; mögen die, welche in den Krieg ziehen, ihn mit
mehr Besonnenheit und Eintracht führen, als sie ihn begehren.“
Und so geschah es. Aber so mächtigen Eindruck vermag nur

ein unmittelbarer Wetterstrahl gleichsam der moralischen Uebermacht auf das überraschte Gemüth zu bewirken. Ohne den
herrschenden Blick, die schneidige Stimme, ohne die würdevolle
Gestalt des Vaters zu sehen hätte der Sohn sich schwerlich
unterworfen. Auch auf die Gewalt der entgegenwirkenden Motive
kommt es an. Wo ein überwältigendes Pathos, eine hohe sittliche Idee, eine erhabene Pflicht den Ansprüchen väterlicher
maiestas entgegentritt, kann ein tragischer Conflict entstehen,
wie durch die That des jungen Manlius, welcher gegen den
weisen Befehl der Consuln, deren einer sein Vater war, eine
Herausforderung zum Zweikampf vom Feinde angenommen und
den latinischen Reiterobersten erschlagen hatte. Als er frohlockend mit den Spolien vor den Vater trat, kehrte ihm dieser
den Rücken, berief das Heer und verurtheilte in harter Anrede
den Sohn, welcher weder den Befehl der Consuln noch die
maiestas des Vaters geehrt habe, zur Todesstrafe, die alsbald
vollzogen wurde.

So reicht dieser heilige Bann der väterlichen Persönlichkeit
weit über die Schranken des Hauses hinaus in das öffentliche
Leben. Aber er zerrinnt, wo eine höhere Macht als die Familie,
in ältester Zeit der König, später die Würdenträger des
Volkes, ihre Ansprüche dagegen setzen. Angedeutet wird ihre
maiestas durch die königlichen Insignien des Elfenbeinstuhls und
des Purpurstreifens der Toga, anerkannt auch im täglichen Leben
durch Aufstehen, Ausweichen auf der Strasse, Entblössung des
Hauptes. Bezeichnend ist jener Versuch des Vaters, das Amts-
bewusstsein des Sohnes auf die Probe zu stellen. Zum Consul
Fabius wird einst der greise Vater als Legat ins Lager geschickt.
Der Sohn schreitet ihm entgegen, der Alte reitet ungestört an
den Lictoren desselben vorüber, welche einer hinter dem andern
vor dem Consul hermarschierend in stummer Ehrfurcht den Le-
gaten passieren lassen. Als er aber zum zwölften, dem letzten
Träger der Ruthenbündel mit dem Beile und so in die unmittelbare Nähe des Consuls kommt, giebt endlich dieser dem Lictor
mit zwei kurzen Worten den Wink, seines Amtes wahrzunehmen.
Erst nun, auf den Befehl vom Pferde zu steigen, springt der
Vater ab mit der Erklärung: „ich wollte sehen, mein Sohn, ob
du wüsstest, dass du Consul seiest." In der That ist die Würde
des öffentlichen Amtes nirgends geachteter gewesen als in Rom:

indem man der Obrigkeit als dem Betrauten des Volkes Ehrerbietung erwies, ehrte man das Volk und im Volke sich selbst.
Am idealsten bewährt sich dieser Geist dem höchst persönlichen
Walten des Censors gegenüber. Ohne wie die Consuln und
andre höhere Magistrate mit der militärischen Strafgewalt, dem
imperium, und seinen Vollstreckern ausgerüstet zu sein, übte der
Censor durch die Ehrenstrafen, welche er verhängte, gleichsam
eine väterliche maiestas oder, wenn man will, eine der Oberauf-
sicht der Geschlechtsgenossen vergleichbare Gewalt im Namen
des Volkes aus. Indem seiner Hut die Aufrechterhaltung der
guten Sitte der Vorfahren im häuslichen und bürgerlichen Verhalten jedes Einzelnen, und seiner Rüge vorzugsweise solche Ver-
gehungen anheimgestellt waren, welche der Ahndung eines bestimmten Gesetzes nicht unterlagen: wurde die Censur zu dem
wichtigsten Organ der öffentlichen Meinung, und die sonst so
windige vox populi erhielt durch ihren Mund eine patriarchalische
Weihe, die, wenn sie auch ohne nachhaltige rechtliche Wirkung
blieb, doch auf den allgemeinen Geist der Nation ihren Einfluss
nicht leicht verfehlte.

Freilich hing hier wie bei der Ausübung aller Aemter im
römischen Staat das Beste von der Persönlichkeit des Beamten
ab. Sehr treffend hat ein berühmter Rechtslehrer, der einst auch
dieser Universität angehörte, auf die weite elastische Form der
meisten Gewaltverhältnisse des öffentlichen wie des Privatrechts
hingewiesen, dass sie der Person die freieste Regung verstatten
und erst mit und an der Persönlichkeit ihres Trägers ihren
eigentlichen Inhalt bekommen. In der That machte der Mann
das Amt, und wie im Familienleben die Stellung des Hausherrn
erst durch die Art, wie er selbst sie geltend machte, eigentlich
geschaffen wurde, wie die maiestas des Gatten und des Vaters
aus der maiestas des Mannes hervorgehen musste, so hing auch
im Staat von dem individuellen Auftreten des jedesmaligen Consuls oder sonstigen Magistrats, von der natürlichen Hoheit seines
Wesens, von der Energie und Weisheit seines Willens die Bedeutung seiner Wirksamkeit und die Anerkennung seiner maiestas
ab. Verscherzt wird sie namentlich durch schlaffes Regiment,
durch charakterloses, zaghaftes Schwanken zwischen den Parteien,
auch durch launische Willkür: das entfesselt die Menge, verführt sie zu offner Widersetzlichkeit, lockert selbst die eiserne

Disciplin des Heeres, wenn nicht ein zum Herrschen geborener College oder Dictator in die Bresche tritt und die gefährdete Würde durch Einsetzung des eignen Uebergewichtes zu retten weiss. Mehrer der maiestas im Amt zu sein ist das Ziel, welches kraftvolle Charaktere sich am liebsten stecken, nicht immer unbedingt zum Heil des Gemeinwesens, wenn sie die Hoheit des einzelnen Amtes über den Zweck und die Harmonie des Ganzen setzen. Nicht nur den Umständen klug angemessen, sondern durchaus correct handelte Valerius, der erste der nach Abschaffung des Königthums eingesetzten Consuln, wenn er mit gesenkten Lictorenbündeln in die Volksversammlung einzog; oder vielmehr jenes gute Beispiel des Poplicola drückt nur den für die ganze republicanische Zeit gültigen Grundsatz aus, dass die maiestas wie die Gewalt des Volkes eine grössere sei als die seines erwählten Consuls.

Während aber anfänglich solche Hoheit ausschliesslich von den alt angesessenen Geschlechtern ausgeübt worden war, entstand mit der Zeit in der Mitte der Bürgerschaft ein Kampf zwischen jenen Patriciern und den nach und nach von aussen Hinzugezogenen, den Plebejern, ein berechtigtes Drängen der letzteren zur Theilnahme an der von den ersteren in Beschlag genommenen socialen und politischen Stellung, und ein zäher Widerstand der in ihren Vorrechten Bedrohten. Auf dieser Seite ein schroffes Standesbewusstsein, die Erinnerung an die Ahnen, welche seit Anbeginn den Staat, dann auch die Regierung gebildet, selbst den Dienst der Götter allein verstanden und besorgt hatten, das Gefühl oder der Vorwand der Pflicht, diesen von den Vorfahren ererbten Glanz unversehrt den Nachkommen zu hinterlassen: auf der andren das trotzige Gefühl der Unentbehrlichkeit, saurer Arbeit im Dienst des Gemeinwesens, frischester Thatkraft. Alles, wozu der Werth des eignen Standes zu berechtigen schien, fasste man auf beiden Seiten in das Wort maiestas zusammen. Aber die der Patricier war älter, mit ihrer Geschichte und Gewöhnung recht eigentlich verknüpft. Die Plebejer hatten die ihrige erst zu schaffen: durch beharrliche Agitation und kluge Benutzung der Umstände musste sich ihr Verdienst Bahn brechen. Noch gelang es in einzelnen Fällen durch Aufwendung persönlicher maiestas, durch milde und doch imponirende Beredsamkeit einflussreicher Männer die Aufständischen zum Gehorsam zurückzu-

bringen, zugleich mit der maiestas der „Väter" die Eintracht der
Stände zu retten. Nachdem endlich die beiden bewaffneten Auszüge der Plebs auf den Aventin, Drohungen eine Gemeinschaft
aufzugeben, bei der sie zu ewiger Unterordnung bestimmt sein
sollte, zu bestimmten Zugeständnissen geführt hatten, bildete der
Besitz dieser durch heiligen Vertrag besiegelten Rechte ihre
maiestas, welche in der unverletzlichen Person der Volkstribunen
verkörpert war. Jetzt war die Aufgabe, die beiden Ständen eigenthümliche Hoheit gegen wechselseitige Uebergriffe zu wahren.
Der Kampf der verfassungsmässigen Gewalten um das Uebergewicht, oder, wie man gesagt hat, die Friction dieser zwei aufeinander gefügten Mühlsteine rief jenes sprühende politische
Leben des republicanischen Roms hervor, bis die dauernde Militär-
dictatur Cäsars und das Principat des Augustus die viel um-
strittene maiestas in die Person des einen Herrschers zurücknahm.

Als ein Ganzes, Einiges dagegen fühlte sich das römische
Volk dem Auslande gegenüber: nach aussen hin strahlte in vollem
Glanze, ungetrübt von den Schatten kleinlicher Begierden und
Affecte, die echte maiestas des römischen Reiches und Namens.
Sicherheit und Unabhängigkeit des Vaterlandes, Vertrauen und
Ansehen, Ehre und Grösse unter andren Nationen war darin be-
griffen. Ihr vornehmster Vertreter und Verherrlicher ist der
siegreiche Feldherr auf dem Triumphwagen, mit den vollen Insignien königlichen Pomps, dem goldenen Kranz, dem Elfenbein-
stab, der Purpurtoga angethan. Aber auch das erlauchte Geschlecht der Fabier zum Beispiel, welches allein den Krieg gegen
die Vejenter auf seine Schultern nahm, hat, wie der Consul beim
Auszug versprach, des römischen Namens Majestät sicher bewahrt,
obwohl die ganze Schaar, 306 Patricier, vom Feinde niedergemetzelt
wurde. Und nicht weniger durfte der gemeine Soldat, der mit Auf-
opferung seine Pflicht that, derselben eingedenk heissen.

Ausser in Kampf und Sieg erweist sie sich gegen andre
Nationen beschützend, vorausgesetzt, dass sie von ihnen zuvor
anerkannt worden ist. Daher in Friedens- und Bündnissverträgen
mit Völkern, zu denen der Staat auf freundlichem Fusse stehen
will, die Bedingung, die maiestas des römischen Volkes ehrlich
und aufrichtig zu erhalten.

Seltsam: je mehr im letzten Jahrhundert der Republik unter
den Bürgern selbst die Ehrfurcht vor ihr schwindet, desto mehr

ist auch im innern politischen Leben die Rede von ihr. Im
Wogen der Parteikämpfe, in der Erschlaffung des sittlichen Ge-
fühles scheint man ganz zu vergessen, was man ihr schuldig ist,
und gegenseitig wirft man sich Verletzung derselben vor. Indem
sich Gesetze und Processe über Minderung der Volksmaje-
stät häufen, streiten sich Juristen und Advocaten, was unter
diesem bisher unbekannten Verbrechen eigentlich zu verstehen
sei, bis Cäsar auch diese trübe Frage durch ein langes Gesetz,
die Norm für die ganze widerliche Reihe der späteren Majestäts-
processe, endgültig löst. Was früher schlicht und klar Verrath
oder Friedensbruch hiess, wurde in jene weit unklarere, noch
vieles Andre umfassende, abstracte Bezeichnung zusammengefasst.
Ein Beispiel. Zur Würde des Staates gehört unstreitig, dass
sich der Einzelne jeder Gewaltthat enthalte, nur auf gesetzlichem
Wege seine Ziele zu erreichen suche: aber auf Erhaltung der
Macht und Gerechtsame des Volkes beruht wiederum dessen
Grösse und Ansehen. Hat nun der Tribun, welcher zu diesem
Zweck und mit Willen des Volkes die Menge zusammengerottet
und mit Gewalt einen dem Volke gefälligen Zweck durchgesetzt
hat, die Majestät des Volkes gemehrt oder gemindert? Wir
durchschauen die Sophistik oder die Begriffsverwirrung, welche
dieser Frage zu Grunde liegt. Indem die Volkspartei ihren
Gegnern gegenüber sich als Staat geberdete, ihr Interesse für des
gesammten Vaterlandes Würde ausgab, zog sie die wahre Majestät des römischen Volkes, die leidenschaftslos und unbehelligt
über den Parteien schweben sollte, in die schlammige Tiefe des
politischen Treibens hinab. Ja auch die Würde des väterlichen
Ansehens wird in diesen Strudel mit hineingerissen. Ein Tribun
bringt gegen den Willen des Senats und aller Optimaten ein
Ackergesetz an die Volksversammlung. Während er auf den
Stufen eines Tempels stehend zur Menge redet, kommt sein
Vater, ergreift seine Hand und führt ihn hinunter. Der Vater
wird verklagt, die Majestät des Volkes in der geheiligten Person
seines Vertreters verletzt zu haben. Er aber beruft sich auf
seine väterliche Gewalt. Eingewendet wird, wer durch Ausübung
einer ihm als Privatmann zustehenden rechtlichen Befugniss die
eines Tribuns, d. h. des Volkes ohnmächtig mache, verletze eben
damit die Majestät des Volkes. Gewiss ein berechtigter Ein-
wand: nur wird wiederum durch Verwechselung der Plebs mit

dem Volke der Theil für das Ganze gesetzt. Aber wie erfrischend
tritt uns in der kühnen Handlung des Vaters der unmittelbare
Zauber einer gebietenden Persönlichkeit vor Augen im Gegensatz
zu jenem nebelhaften Schattenbilde des abstracten Begriffs!

Die Unbestimmtheit und Dehnbarkeit desselben machte ihn
zur Grundlage politischer Verfolgung ganz besonders bequem.
Massenhafte Hochverrathsprocesse unter dem Titel verletzter
Majestät wurden bei mehreren Gelegenheiten gegen die Optimaten
von Seiten ihrer Gegner gerichtet, oft nur zu verdient, wenn
auch aus unlauterer Rachsucht. Am gehässigsten für unser Gefühl sind die Untersuchungen gegen den Geheimbund des Marcus
Drusus, welcher die politische Emancipation der hart bedrückten
italischen Unterthanen bezweckt und den Aufstand derselben
gegen die römische Regierung zur Folge gehabt hatte. Mit entschiedener Majestät schlug der hochbetagte Aemilius Scaurus,
der sonst nicht unbedingt zu rühmen ist, die Anklage gegen
sich nieder: „Varius der Spanier sagt, M. Scaurus, der Erste im
Senat, habe die Unterthanen zu den Waffen gerufen. M. Scaurus leugnet: kein Zeuge ist da. Wem von beiden glaubt ihr,
Quiriten?"

Ich vermeide weiter auszuführen, wie aus der keuschen
maiestas des Dichters und der guten Zeit schon unter den ersten
Kaisern der niedrige Eifer der Angeber das widerliche Zerrbild
einer bis zum Wahnwitz rachsüchtigen, spitzfindigen, aller echten
Würde entkleideten, zu den schändlichsten Zwecken gemiss-
brauchten Dirne gemacht hat. Nach der reinen, historisch be-
gründeten Auffassung des Begriffs der maiestas als einer durch
und aus sich selbst mit Nothwendigkeit herauswirkenden, rein
moralischen Ueberlegenheit ist der Fall einer Minderung von
aussen überhaupt undenkbar. Sie ist durch ihre innerste Natur
unverletzlich: nur durch des Trägers Schuld kann sie ihm
schwinden.

Wohl der Familie, der Körperschaft, dem Stande, der Nation,
in welcher jene Hoheit, der Abglanz der inneren Reinheit, in
ungetrübter Kraft strahlt; wohl dem Staate, in welchem ihre
gesammelten Strahlen, deren Kern der nämliche ist, in schönem
Farbenspiel das Ganze erleuchten! Denn die echte maiestas, von
Ueberhebung wie von Unterschätzung gleich weit entfernt, kennt
die Grenzen jedes Gebietes, ordnet bescheiden Niedres dem

Höheren unter, soweit der Zweck harmonischer Ordnung es erheischt, wie auch die höchste Majestät auf Erden sich unterthan fühlt jenem unerforschlichen Weltgeist, dessen Grösse so wenig durch Lästerung erniedrigt als durch reichliche Anrufung seines Namens erhöht wird. Auch in menschlichen Dingen zeigt sich die wahre Verehrung des Hohen nicht in Worten und äusseren Geberden, nicht in täglicher Erneuerung von Gefühlsäusserungen, deren verschlossenes Heiligthum das Gemüth ist. Aber an dem Geburtsfest unseres Königs geziemte es sich der Idee zu gedenken, deren Träger in unserem Staate er ist. Er hat dem Vaterlande neuen Glanz unter den Völkern gegeben, hat durch eine freie, aber feste, wohlgegliederte Vereinigung norddeutscher Kraft noch in höherem Grade wahr gemacht, was vor mehr als 50 Jahren der Holsteiner Niebuhr schrieb: „der Staat in Norddeutschland, der sich freut, jeden Deutschen aufzunehmen, und jeden, der in ihn eintritt, als einen gebornen Bürger betrachtet, der ist das wahre Deutschland, und da kann nicht davon die Rede sein, ob er andre Nebenstaaten, die Gott und dem allgemeinen Heil zum Hohn in ihren Isolirungen fortexistiren wollen, genirt, ja nicht einmal, ob in seiner augenblicklichen Administration Mängel sind. Unsere Nation möchte ich nicht mit dem alten Rom vertauschen.“

Unsere Provinz, unter ihren Schwestern zu Füssen des Thrones eine der jüngsten, hat während des verflossenen Jahres den erhabenen Landesherrn, das mächtige Haupt eines weiten Bundesgebietes, in seiner Mitte gesehen und im Anblick seiner fürstlichen Person den Eindruck echter Majestät freudig empfunden: jene einfache, aus dem Bewusstsein heiligster Pflicht, gesicherter Kraft, entschlossenen Willens entsprungene ruhige Grösse, die mit herzgewinnender Huld Hand in Hand ging. Vertrauen wir ihr mit aufrichtigem, bescheidenem Herzen, und erflehen wir vom Himmel die Erhaltung dieses Segens. Lang lebe Se. Majestät der König Wilhelm I!

5. Gesundheit des Staates

(akad. Rede; Kiel, 22. März 1871).

Wenn das Kriegsheer der Römer heimgekehrt war und sein auf die Dauer nie fehlender Sieg wieder einmal dem Frieden auf dem beherrschten Erdkreise die Stätte bereitet hatte, zwei oder dreimal im Ganzen bis zum Untergang der Republik, so schlossen sie den Tempel des uralten Quirinischen Janus, des lichten Himmelspförtners, unter dessen Hut wie alle Wege des Lebens so insbesondere die des Krieges standen. War Alles friedlich daheim, so ruhte sein Amt, dann mochte das rückwärtsgewandte Antlitz seines Doppelkopfes die zurückgelegte Bahn überschauen. So wenden auch unsere Gedanken, gleichsam um den Glanz des heutigen Tages ertragen zu können, sich zunächst der Erinnerung an die Lage der Dinge zu, wie sie vor Jahresfrist in dieser selbigen Stunde uns vor Augen stand.

Schon damals durften wir uns erheben an dem Blick auf ein grosses, starkes, geeinigtes Bundesland, welches den Norden umfasste, nach aussen von fester Hand geführt, im Innern ein rüstiges Schaffen und Ordnen fast ohne Gleichen, wenn es auch Mancher noch rascher und tiefer greifend gewünscht hätte. Unser Name seit lange wieder angesehen unter den Völkern. Aber noch stand der Süden, in sich getheilt, grollend uns gegenüber, durch Verträge, an denen widerwillig gerüttelt und gedeutet wurde, mehr gebunden an uns als mit uns verbunden. Von den beiden Göttinnen, die einst den Themistokles bei seinen Verhandlungen mit den athenischen Bundesgenossen begleiteten, Ueberredung und Gewalt, hatte unseren südlichen Brüdern gegenüber die eine gar keine, die andre nur eine leise und zurückhaltende Rolle zu spielen. Dazu ein eifersüchtiger Nachbar, Entschädigung verlangend für den Umbau, den wir auf unserem Grund und Boden vollzogen, auf jene Entzweiung rechnend und den Moment zum Ueberfall erlauernd.

Und heute? Dank seiner Verblendung vom Belt bis zu den Alpen, vom Wasgau und der Mosel bis zu den Karpathen und über die Weichsel und den Memel hinaus ein festgefügtes deutsches Reich, stark wie nie; unsere Fahne wehend vom Münster zu Strassburg und den Wällen von Metz; die Köpfe der Hydra zertreten, vom heiligen Bande treuer Kriegsgenossenschaft alle Stämme unauflöslich umschlungen, unsere Waffen strahlend im Siegesglanz, fast erdrückt unsere Helden unter des Lorbeers Last; — die Deutschen das erste Volk in der Welt, und an ihrer Spitze nach langen Jahrhunderten zum erstenmal wieder ein echter Kaiser, und dieser Kaiser der erste aus dem Hohenzollerngeschlecht, Preussens König, unser über Alles geliebter, väterlicher Fürst und Herr, dessen Geburtsfest wir heute begehen.

Nicht mühelos wahrlich ist uns dieser Preis in den Schooss gefallen. Wir sassen nicht die Arme gekreuzt, fremden Kämpfen zusehend, die Beute schlau in Sicherheit zu bringen, die ein Anderer im Schweisse seines Angesichts nebenbei uns gewonnen hätte. Mit Blut und heissen Thränen, mit schweren Opfern an Leben, Glück und Gut haben wir erkauft, was unser lange vorenthaltenes Recht und unseres Gedeihens Bedingung ist, haben wir erstritten, was wir uns zu sichern durch den räuberischen Feind gezwungen wurden, wenn wir nicht uns selbst verlieren wollten. Und doch war es eine reife Frucht, langsam und sicher gezeitigt im Hesperidengarten, die unser Herakles heimgebracht hat. Legen wir den Lorbeer in stiller Wehmuth auf das Grab unserer gefallenen Helden, unverwelklichen Dank dem Gedächtniss Aller, die für uns in den Tod gingen. Geben wir Gott die Ehre, ohne dessen gnädige Fügung unser Arm und Kopf ohnmächtig gewesen wären. Suchen wir unseren Gewinn auch für die Zukunft in der Erkenntniss der geistigen Grundlagen, auf denen unseres Volkes Heil und Grösse beruht.

Keine eitle Selbstbespiegelung soll es sein, wenn wir versuchen, über die Eigenthümlichkeit unseres Wesens, die Wurzeln und Bedingungen unserer Gesundheit uns klar zu werden. Es gefällt jede Nation auf ihre Weise: ja Züge, die dem Antlitz der unsrigen gut stehen, könnten leicht die Schönheit einer fremden beeinträchtigen. Werth und Charakter eines Volkes wie jedes Ein-

zelnen bestimmt sich auch nicht nach dem Vollbesitz gewisser
Tugenden, sondern nach den Idealen, die es im Herzen trägt, die
seine Dichter und Denker dargestellt und entwickelt haben, die in
seinen Sitten und Einrichtungen ausgeprägt sind. Dieser in ihrer
Reinheit ewig unerreichten Vorbilder darf man sich rühmen, wie
man sich seines gesunden Auges erfreut. In diesem Sinne zeichnet
Perikles seinen Athenern, denen er zu schmeicheln nicht gewohnt
war, in der Grabrede auf die gefallenen Krieger des Jahres das
Bild ihrer Sinnesart, um ihre Gemüther durch den Einblick in
das Beste, was ihnen selbst unbewusst im Busen lebt, zu reinigen,
zu erheben und für neue Thaten zu kräftigen.

Auf der Akropolis zu Athen trug die Schutzgöttin der Stadt,
Athene Parthenos, von Phidias aus Gold und Elfenbein gebildet,
auf ihrer einen Hand Nike, die Siegesgöttin: denn der Besonnenheit und Intelligenz, die mit Entschlossenheit und elastischer
Thatkraft gepaart war, der Helligkeit und Freiheit seines Wesens
verdankte das athenische Volk seine Erfolge. Der attische Demos
der frommen Rhamnusier feierte den Marathonischen Sieg durch
eine Statue der Nemesis, welche die göttliche Züchtigung der
barbarischen Hybris zum Dank wie zur Warnung im Gedächtniss erhielt. Alkman, der in Sparta eine Heimath gefunden hatte
und in einer Zeit friedlichen Behagens nach schweren Kämpfen
und Zerwürfnissen die Feste daselbst mit lydischer Anmuth verklärte, gab in einem Liede der Tyche, der Göttin des Gelingens,
zur Tochter Prometheia, die Voraussicht, zu Schwestern Eunomia
und Peitho, Gesetzlichkeit und die Eintracht schaffende Ueberredung, die Grundpfeiler des spartanischen Staates. Dem Honos
und der Virtus, echt kriegerischen Gottheiten der Ehre und der
Tapferkeit, haben römische Feldherrn mehrfach im Felde Tempel
gelobt und später geweiht. Inmitten des punischen Schreckens,
nach der Niederlage am Trasimenischen See, fand sich der Senat
bewogen, der ruhigen Besinnung (Mens), deren Hülfe er so dringend
bedurfte, ein Heiligthum zu stiften.

Alle diese Mächte haben auch an Sieg und Gedeihen der
deutschen Nation ihren bedeutenden Antheil: aber unwiderstehlich hat uns die Wahrheit gemacht, jene Alles bezwingende,
die Pindar der hohen Tugend Anfang nennt, die für Götter wie
Menschen allen Gütern vorangeht, der nie ein Chor von Uebeln
folgt, wie Plato sagt. Die Erziehung durch Wissen zur Ein-

sicht und damit zum Guten ist längst als die Bedingung des nationalen Gedeihens bei uns erkannt worden. Sie allein ist des freien Bürgers würdig, sie befreit und läutert den Geist; sie nur berechtigt und befähigt ihn, bei der Anbahnung und Pflege bürgerlicher Freiheit mit Hand anzulegen. Wir sind freilich weit von dem Platonischen Ideal des Philosophenstaates entfernt, aber Natur und Uebung haben doch auch in der Menge der gesunden Vernunft ein Uebergewicht über das Gewirr fieberhafter Einbildungen und das Toben thierischer Leidenschaft gegeben. So weit doch sind wir in der Selbsterkenntniss, der ersten Bedingung des Guten, gekommen, dass wir nicht unser Genüge darin finden, uns unablässig selbst zu betrügen und dem Sophisten in der eignen Seele beständig das Wort zu lassen. Wir verachten die Lüge, weil sie erniedrigt; wir sehen auch der bittern Wahrheit scharf in ihr strenges Gesicht, weil sie doch nicht zu unterdrücken ist; wir lachen der Prahlerei, deren aufgeblühte Gebilde von selbst zerfallen. Im Sonnenschein des Ruhms wandeln wir gern, aber der Flitterstaat der Eitelkeit und der Kothurn der Ueberhebung gehören nicht zu unserer täglichen Nationaltracht.

„Einfach und grad' ist immerdar der Wahrheit Wort" heisst es in der Tragödie. Sie überlässt die Künste und Floskeln der Rhetorik ihrer Gegnerin, die ohne dieselben nicht einmal den Versuch wagen könnte sich zu behaupten. Das ist die Rüstkammer des selbstsüchtigen Sophisten, der selbst unwissend sich zum Lehrer des unwissenden Volkes aufwirft, indem er wie ein Koch in der Maske des Arztes ihren schlechten und krankhaften Gelüsten schmeichelt.

Wer sich selbst kennt und die Wahrheit gesteht, wird über die Grenzen seiner Natur und seines Könnens nicht hinausstreben. Das Seinige thun und sich nicht mit vielerlei fremdartigen Dingen befassen, das giebt der Seele Ruhe und Harmonie, das ist nach Plato der Begriff der Gerechtigkeit, das macht auch den Staat gerecht und gesund. Allzu eng oder vielmehr stumpf gefasst möchte daraus freilich ein Kastengeist entstehen, der einem lebendigen Ineinandergreifen der einzelnen Kräfte schädlich wäre. Aber wie nothwendig es ist, dass Jeder nur betreibe, was er kann und gelernt hat, wozu er berufen und geschult ist, wie heilsam der strenge Ernst ist, den unser Staat mit diesem Grundsatze macht, was geniale Meister und meisterliche Arbeit ausrichten,

davon hat Preussen der bewundernden Welt unübertreffliche Beispiele geliefert. Die Geschichte der athenischen Demokratie,
welche Dilettanten der Staats- und Kriegskunst die Bahn nur zu
frei liess, lieferte Sokrates und seinem grossen Schüler die Erfahrung, welche aus den noch heute anwendbaren Worten spricht:
„wenn ein Zimmermann die Arbeit eines Schusters oder ein
Schuster die eines Zimmermanns zu verrichten unternimmt oder
auch Einer Beides, so möchte dem Staate damit noch kein grosser
Schade geschehen. Aber wenn ein Handwerker, meine ich, oder
ein Andrer, der von Natur zur Erwerbsthätigkeit berufen ist, auf
einmal durch Reichthum oder die Menge oder durch Gewalt oder
etwas Andres der Art in die Höhe gehoben es unternimmt
sich auf das Kriegsfach einzulassen oder einer von den Kriegs-
leuten auf das Amt des Staatsrathes, ohne dessen würdig zu sein,
und wenn sie so ihre Werkzeuge und Befugnisse unter einander
vertauschen, oder wenn Einer dies Alles zugleich zu thun unternimmt, dann wirst du zugeben, dass dieser Umtausch und diese
Vielgeschäftigkeit ein Verderben für den Staat ist."

Nur die bescheidene Beschränkung auf den Kreis des wirklichen Könnens, der gediegenen Einsicht, die hierdurch bedingte
Erkenntniss der eignen Verantwortung kann auch jenes nachhaltige, ehrliche Pflichtgefühl erzeugen, welches alle Glieder des
gesunden Staates selbst in Zeiten der Ruhe vom Haupt bis zur
Zehe straff und zuverlässig erhält, um dann im Kampf der Entscheidung mit zäher, besonnener Kraft unwiderstehlich den Sieg
zu erringen. Denn so wenig die Tugend aus der blossen Begeisterung erwächst oder ein Zustand der Ekstase ist, so kann
auch das Flackerfeuer eines leidenschaftlichen Aufschwungs für
den Augenblick die eiserne Mauer des überlegten Willens und
heiliger Treue nimmermehr durchbrechen. Schon Cäsar bemerkte,
wie dem überstürzenden Anlauf der Gallier im Fall des Miss-
lingens weichliche Verzagtheit folge.

Und noch eine andre Frucht ergiebt sich mit Nothwendigkeit, wo Jeder das Seine thut: das Vertrauen — des Einzelnen
auf sich selbst, auf sein Werkzeug und seine Waffen, wie Aller
unter einander, von oben nach unten wie umgekehrt. Wie fest
hielt in den überstandenen Stürmen dieser Anker unsere oft bang
gespannten Gemüther aufrecht! Mit wie freudiger Zuversicht
durften wir darauf rechnen, dass, wie es auch kommen werde,

Alles, was Staats- und Kriegskunst, was Umsicht und Energie, Tapferkeit und Ausdauer, was überhaupt Menschenkraft vermöge, von den Unsrigen aller Orten freudig und gewissenhaft geleistet werde. Wie noch viel mehr hat dieser Segen des wechselseitigen Vertrauens die Handelnden selbst gehoben und gestärkt! Wie unwürdig dagegen auf der andern Seite jenes thörichte Geschrei über Verrath, welches die Schmach jeder neuen Niederlage aus-löschen sollte. Als wenn es nicht eine viel schlimmere Schande für ein Volk wäre, sich von den eignen Führern verkaufen zu lassen als vom Feinde besiegt zu werden. Jeder für sich und Alle insgesammt beanspruchten den Namen von Heroen: den Bruder an der Seite, den General, ihren selbst gewählten Herr-scher an der Spitze für einen Feigling und Schuft zu erklären nahmen sie keinen Anstand. Aberglaube an die eigne unantast-bare Grösse, Leichtgläubigkeit gegen Verläumdung, Misstrauen, der Widerschein selbstsüchtiger Gedanken, lauter lichtscheue Ge-spenster, wie sie den Kranken heimsuchen.

Wenn die Aufgabe des echten Demagogen, des vollendeten Staatslenkers darin besteht, das Volk zu erziehen, und die auf-richtige Dankbarkeit des Schülers gegen den Lehrer das beste Zeugniss für Beide ist, so haben unsre Stein und Scharnhorst nicht umsonst gearbeitet. Unvergesslich ist dem preussischen Volk ins Herz geschrieben, was es der weisen, wohlwollenden Zucht seiner Herrscher verdankt. Und so ist es nicht sowohl die Furcht als die Achtung und Ehrfurcht vor den Oberen, welche die berühmte Mannszucht unserer Heere begründet und gepflegt hat. Wenn bei den alten Germanen „die Fürsten für den Sieg kämpften, das Gefolge für den Fürsten", so kämpfen wir heute freilich Mann für Mann vollbewusst um Sieg und Heil des Vaterlandes; aber jener urwüchsige Zug der Treue bis in den Tod, welche Feldherrn und Heer unauflöslich verknüpft, wie rüh-rend und mächtig hat er sich auch in unseren Schlachten wieder bewährt! Wo aber Geringschätzung und Hass gegen Führer und Herrscher zur Schau getragen und Wohlthaten eben so schnöde verleugnet als würdelos gesucht werden, da kann es weder um Regierte noch um Regierer zum Besten stehen. Die sittliche Scham ist in den Abgrund der Lüge verschlungen, Eid und Treue sind leere Worte, die der Wind verweht, der ruhelose Kranke, den die wüsten Träume seiner Selbstsucht plagen, greift nach

dem Wahngebilde einer Freiheit, die ihn bald nur um so sichrer
wieder in die gesetz- und gewissenlose Gewalt eines Tyrannen
liefert. Den Rauch des Gehorsams gegen Freie fliehend sind sie
dann in das Feuer der Herrschaft von Knechten gerathen. Denn
es gehört zum System des Tyrannen, dass er alle Rechtschaffenen
um sich herum als seine Feinde aus dem Wege schafft, um sich
mit feilen Dienern zu umgeben; wie er auch, um sich zu behaupten und unentbehrlich zu machen, immer neue Kriege auf-
rührt, sich selbst und dem willenlosen Volk zum Verderben.

Wenn der tiefsinnige Philosoph, in dessen Gedankenkreisen
sich unsere Worte, zum Theil seine eigenen, bewegen, zu dem
Schlusse kommt, dass es keinen jammervolleren Staat gebe als
den von einem Tyrannen beherrschten, keinen glückseligeren dagegen als den königlichen: so waren ihm die Leiden des ersteren
aus der Geschichte der griechischen Gemeinwesen nur zu wohl,
ja zum Theil aus eigner Anschauung bekannt, während ihm das
Ideal des andren nur als ein Bild der Sehnsucht in Gedanken vor-
schwebte. Der vollkommene Staat, meinte er, müsse die Idee des
sittlich Guten darstellen und die Bürger durch Einsicht und Wissen
zu ihr erziehen, ihnen jenen himmlischen Eros, das Streben nach
Wahrheit, in die Seele geben. Das schwierigste von allen Geschäften aber, Menschen zu beherrschen, wollte er nur dem wahrhaft königlichen Manne anvertraut wissen, dem besten und
gerechtesten, der im Besitz wahrhafter Erkenntniss sei und vor
Allen sich selbst beherrsche. Ueber den einzelnen Verrichtungen
stehend übt er die königliche Webekunst, welche alle Fäden des
Staatslebens in ein harmonisches Ganzes verflicht und besonders
die schwer vereinbaren Tugenden maassvoller Besonnenheit
und feuriger Tapferkeit durch Erziehung der Bürger in der
wahren Vorstellung von dem Gerechten und Guten mit einander
versöhnt, so dass weder die Maassvollen, welche zur Langsamkeit
und Stille neigen, in schlaffe Gleichgültigkeit verfallen, sich ganz
in ihr häusliches Stillleben versenken und aus lauter Friedfertig-
keit ihre eigne, ihrer Kinder, des ganzen Staates Unabhängigkeit preisgeben, noch die Beweglichen und Tapferen von tollem
Uebermuth hingerissen werden, sich und den Staat leichtsinnig in Händel stürzen und so gleichfalls ihr Vaterland entweder ganz zu Grunde richten oder in die Gewalt der Feinde
liefern.

Dass dieses kunstvollste und prächtigste aller Gewebe unser gesammtes Staatsleben und aller Bürger Sinnesart bereits so durchdrungen habe, wie der griechische Denker verlangt, dessen wollen wir uns nicht rühmen. Keineswegs fehlt es auf unserer Bühne an jenem Chor von Kentauren und Satyrn, die der Bildung durch Wahrheit unzugänglich ein wüstes Schwärmen und die Befriedigung ihrer Leidenschaft der bürgerlichen Ordnung und der Herrschaft der Vernunft vorziehen. Auch der scharfe Spott über die Fanatiker der athenischen Demokratie und die bornirte Gesetzesgerechtigkeit, als gäbe es keine höheren Interessen als die des Regierens und Regiertwerdens, trifft manchen wunden Fleck des heutigen Parteitreibens.

Grosses haben wir erreicht, Grösseres bleibt uns zu thun. Wenn der Friede aus seinem Füllhorn die Schäden des Krieges ausgleicht und auch dem Staat reichlicher hoffentlich als bisher die Mittel gewährt, des Friedens Zwecke und Künste zu fördern, so werden wir nach dem preussischen Wahlspruch „immer auf der Wacht“ zu sein darüber nicht versäumen. An Feinden und Neidern ringsum fehlt es uns nicht: diese Ehre soll uns weder übermüthig noch verzagt treffen. Aber nicht nach aussen allein seien wir gewaffnet und umsichtig! „Zum Sehen geboren, zum Schauen bestellt“ wie Goethes Lynceus, werden wir auf freier Warte spähend Nichts uns entgehen lassen, was die geistige Gesundheit der Einzelnen und des Ganzen, woran Alles gelegen ist, pflegen kann; werden auch den Gefahren für dieselbe vorbeugen, wenn sie sich von ferne zeigen. Mehr als je sind die Bedingungen unseres Glückes uns in die Hand gegeben. Den Römern schmeichelt ein später Grieche, Fortuna, auf rollender Kugel schwebend, sei, nachdem sie zu den Weltherrschern gelangt, von dieser niedergestiegen, habe auch die Flügel abgelegt, um sich dauernd bei ihnen niederzulassen. Die üppige, ihrer selbst vergessene Roma hat sie dennoch wieder verjagt. Nach unergründlichem Schicksalsbeschluss steigen die Sterne der Völker auf und nieder. Ihre Bahnen sind ihnen nach ewigen Gesetzen vorgeschrieben. Und doch — wie im Leben des Einzelnen — hält der sterbliche Wille die Zügel und büsst mit dem Sturz nur seine eigne Schuld.

Unser Wagen ist im Aufsteigen und Dank einem gnädigen Geschick haben wir zum Lenker einen königlichen Mann, dem die Wahrheit aus dem Antlitz strahlt, der jene Platonische

Mischung von Besonnenheit und Tapferkeit durch Natur und Erkenntniss an sich verwirklicht und durch die weise Wahl seiner
Rathgeber und Gehülfen bekräftigt hat. Gebe denn Gott unserem
erhabenen und geliebten Herrn noch lange Tage in frischer Gesundheit und gönne ihm von der Ernte unsterblicher Thaten
reichsten Genuss. Se. Majestät der Kaiser von Deutschland, unser
König Wilhelm I., er lebe hoch!

6. Politische Anweisungen
(akad. Rede; Kiel, 22. März 1872).

An einem Tage, welcher der Geburtsfeier des Landesherrn gewidmet ist, bietet sich nächst den heiligen Gefühlen für Leben und Wohlfahrt des Gefeierten selbst und den hiervon unzertrennlichen Wünschen für Heil und Gedeihen des Vaterlandes der ernsten weihevollen Betrachtung Nichts natürlicher dar, als die unerschöpfliche Frage nach den allgemeinen Grundbedingungen politischen Wohlseins und den Pflichten Aller, auf deren Verhalten dasselbe beruht. Als ich vor Jahresfrist die Ehre hatte, in dieser Versammlung den Empfindungen andächtigen Dankes Ausdruck zu geben, welche nach beispiellosen Erfolgen unser Gemüth zugleich hoben und durchbebten, versuchte ich die Gesundheit unseres Staates an dem Platonischen Ideal zu messen und in dem von dem ahnungsvollen Philosophen entworfenen Bilde eines echt königlichen Mannes die hohe Aehnlichkeit mit den uns so theuren Zügen nachzuweisen.

Es sei mir heute, nachdem der Strom unserer Geschichte wieder in sein breites Bett zurückgetreten ist, gestattet, gleichfalls in das Geleise mehr bürgerlich-praktischer Gedanken einbiegend, einige Sätze über Wesen und Verhalten des Staatsmannes und Staatsbürgers mitzutheilen, welche freilich weder neu noch erschöpfend sind, aber indem sie dem classischen Alterthum angehören, vielleicht den Reiz einer sich von selbst bietenden Vergleichung mit Anschauungen und Verhältnissen der Gegenwart besitzen. Denn „nicht mein ist die Rede", muss ich mit jener Philosophin bei Euripides vorausschicken, sondern eines Griechen, der unter Nero's und noch unter Trajan's Scepter in dem unscheinbaren, aber an ehrwürdigen historischen Erinnerungen reichen Städtchen Chäroneia beschaulich und erbaulich lebte, des trefflichen Plutarch. Wie unter sanft bewegtem Wasserspiegel in der Abenddämmerung schimmern aus seinen mannigfachen Schriften zauberhaft die Bilder von Griechenlands versunkener Grösse entgegen. Obwohl ganz versöhnt mit der römischen Herrschaft, die seinem Vaterlande friedliches Behagen und ruhigen Wohlstand sicherte, lebt und webt er doch in den Erinnerungen der klassischen Vorzeit; und aus dem unermesslichen Garten der heimischen Litteratur, deren üppige Fluren noch unverwüstet vor ihm lagen, bricht er mit feiner Auswahl eine Fülle duftiger Blüthen, welche die Tafel seiner gedanken- und stoffreichen Mittheilungen auf das anmuthigste zieren. Trotz seiner ausgebreiteten Studien dem Leben keineswegs abgewendet, hat er sich mit rührender Gewissenhaftigkeit seinen Bürgerpflichten in verschiedenen Aemtern gewidmet, hat auf ausgedehnten Reisen die Welt gesehen, Rom kennen gelernt, dessen Grösse er bewundert, und heimgekehrt den geselligen Mittelpunkt eines hochgebildeten, geistig angeregten Kreises gebildet, auch in freier Weise eine wenn nicht umfangreiche, doch fruchtbare Lehrthätigkeit als Philosoph und Humanist an einer erlesenen Schaar strebsamer Jünglinge geübt, mit denen er auch über die Lehrzeit hinaus in freundschaftlich vertraulichem Verkehr verharrte. So hat er einem jungen Manne, der sich den Staatsgeschäften widmen wollte und ihn um seinen Rath gebeten hatte, jene liebenswürdige Schrift gewidmet, die er anspruchslos als „politische Anweisungen" bezeichnete. Sie stehen nicht auf der Höhe philosophischer Speculation, behandeln auch ihren Gegenstand durchaus nicht in systematischer Vollständigkeit, halten sich an die gegebenen Verhältnisse, welche eine politische Thätigkeit in jenem freien, grossen Stil der Vorzeit überhaupt ausschlossen, und beschränken sich obendrein auf die untergeordnete Stellung einer Provinzialgemeinde, über welcher der Proconsul seinen Commandostab schwingt und in unabsehbarer Ferne des Kaisers Majestät thront. Ja ich müsste Bedenken tragen, ob so beschränkte und für den Anfänger bestimmte Aphorismen bei der Weite unseres gegenwärtigen politischen Gesichtskreises und der grossartigen Bewegung unseres kunstvoll ausgebildeten Staatslebens überhaupt der heutigen Feier und der Aufmerksamkeit einer so erleuchteten Versammlung würdig wären, wenn ich mich nicht erinnerte, dass es zunächst meines Amtes ist, zu einer akademischen Jugend zu

reden, aus welcher die Staatsdiener wie die Staatsbürger der Zukunft hervorgehen sollen. Beides aber ist für den Begriff des
Alterthums und ich denke auch für unsre Anschauung untrennbar,
so dass der Regierende und Leitende doch nie aufhört, ein die-
nendes und allen Uebrigen rechtlich gleichstehendes Glied des
Ganzen zu sein, der Regierte seinen selbständigen und thätigen
Antheil an der Gestaltung der öffentlichen Angelegenheiten nie
aufgiebt. Es wird aber angemessen sein, schon um der Er-
müdung vorzubeugen, den behaglichen Redefluss der erwähnten
Abhandlung einigermaassen einzudämmen, durch theilweise veränderte Anordnung manche Wiederholung zu vermeiden und
Andres, was unserem heutigen Interesse allzu fern liegt, auszu-
scheiden. Das Wesentliche also fasse ich in Folgendem zusammen.

Vor Allem soll sich der politischen Thätigkeit nur zuwenden,
wer den inneren Beruf dazu fühlt. Das eitle Gelüst, eine Rolle
zu spielen, oder die Langeweile aus Mangel bestimmter Talente
und Aufgaben befähigen nicht dazu. Wie Leute, die keine rechte
Häuslichkeit haben, sich die meiste Zeit auch ohne Geschäft auf
dem Markte umhertreiben, so werfen sich Manche, weil ihnen
eine besondre ernste Thätigkeit fehlt, zum Zeitvertreib in öffentliche Angelegenheiten. Vielen, die sich leichtsinnig hineinbegeben
haben und es bald satt bekommen, geht es dann so wie Kindern,
die sorglos in ein Boot gestiegen sind, um sich auf den Wellen
zu schaukeln, aber unversehens auf die hohe See getrieben nun
ängstlich und seekrank hinausblicken: die lachenden Eroten der
hellen Windstille haben sie in die Hybris des Meeres gelockt.
Andre treten in das öffentliche Leben wie Schauspieler auf die
Bühne, um sich sehen zu lassen, oder sie betreiben es wie ein
kaufmännisches Geschäft zu ihrem Erwerb und Vortheil. Manche
werden durch persönlichen Hass und Rachsucht in die verhängnissvolle Bahn gerissen, auf der sie nur zu bald Zaum und Zügel
verlieren. Das Staatsleben ist wie ein Brunnen, der einen Schatz
birgt: wer leichtfertig kopfüber hineinstürzt, hat es zu bereuen;
wer aber wohl vorbereitet in bedächtiger Ruhe hinabsteigt, ohne
einen selbstsüchtigen Zweck zu verfolgen, der findet das ewige
Kleinod des Wahren und Schönen in der Tiefe.

Zwei Wege giebt es, die zu hoher Stellung im Staate führen:
der eine schnell und glänzend, aber nicht gefahrlos, der andre

unscheinbarer und langsamer, aber sichrer. Die Einen nämlich
erheben sich wie aus dem Schaum des Meeres durch eine kühne,
Aufsehen erregende, bedeutende That, indem sie an die Spitze ihres
Werkes, mit Pindar zu reden, eine weithinstrahlende Front stellen,
sei es ein glücklicher Feldzug oder ein grosser diplomatischer
Erfolg, oder ein glänzender Process, oder sonst eine verdienstvolle
Unternehmung, oder Aufdeckung von Missbräuchen, oder auch
ein zu rechter Zeit, am rechten Orte gesprochnes, unerschrocknes
und treffendes Wort. Das Ungewöhnliche, Ueberraschende nimmt
das Urtheil der Menge gefangen. Wie schnell auflodernder Feuer
ohne Rauch ist, so drückt den plötzlich erglänzenden Ruhm kein
Neid. Wer dem Schnellläufer Ladas gleich, der die Rennbahn
durchmessen hatte, während noch das Schwirren des von der
Schranke gelösten Seiles in den Ohren klang, den Ehrenkranz
im Fluge davon trägt, der entwaffnet Missgunst und Geringschätzung. Dem leuchtend aufgehenden Gestirn wenden sich Alle
zu. Nicht wenige sind auch durch Opposition in die Höhe gekommen, indem sie auf gefürchtete und missliebige Männer einen
glücklichen Angriff ausführten: die Macht des Gestürzten fällt
dann sofort dem Sieger zu, nur besser getragen durch die öffentliche Meinung. Freilich einen anerkannt Vortrefflichen, der ver-
dientermaassen an der Spitze steht, zu bekämpfen ist weder rühmlich noch förderlich: denn wenn sich auch die Menge für den
Augenblick etwa durch dergleichen Einflüsse hinreissen lassen
sollte, so ist der Rückschlag, wenn sie wieder zur Besinnung
kommt und bereut, nur um so verderblicher für den Anstifter,
der dann als bequemes Sühnopfer zermalmt wird. Andre haben
sich Ruhm und Bedeutung erworben dadurch, dass sie die Macht
einer verhassten Behörde brachen, wie Ephialtes in Athen durch
seine Anträge gegen den oligarchischen Areopag. Milder und
friedlicher trat Solon auf, der sich die Versöhnung der drei Parteien im Staate zur Aufgabe machte und wegen dieser vermittelnden Stellung zum Gesetzgeber gewählt wurde.

Die Meisten haben den sichren, bedächtigen Weg eingeschlagen,
indem sie, wie Epheu sich um starke Bäume rankt, sich in ihrer
Jugend an ältere Männer von Ansehen anschlossen, so nach und
nach Wurzel schlugen und an ihnen hinauf wuchsen. Dabei geniesst man die Vortheile der Macht, ohne Verantwortlichkeit und
Gefahr in gleichem Maasse tragen zu müssen. Nachher haben

sich freilich manche so Emporgekommene gegen ihre Meister in
selbstsüchtigem Ehrgeiz undankbar und schnöde gezeigt, während
Andre dieselben bis zu Ende geehrt haben, wie Körper, die von
der Sonne beschienen sind, durch Rückstrahlen den Glanz derselben erst recht offenbaren und erhöhen. Alles aber kommt auf
die richtige Wahl des Führers und Beschützers an. Wie nicht
jeder Baum die Weinrebe um seinen Stamm duldet, vielmehr
manche sie ersticken und nicht aufkommen lassen, so verweigern
ehrgeizige und herrschsüchtige Staatsmänner jungen Leuten gleichsam die Nahrung, indem sie ihnen keine rechte Gelegenheit in die
Geschäfte einzutreten gewähren, sie unter ihrer Eifersucht er-
drücken und welk machen. Einem geistig Ueberlegenen, wie
Sulla dem Marius gegenüber, glückt es wohl trotzdem, den Widerstand über den Haufen zu werfen und sich geltend zu machen.
In der That erhöht vielmehr ein grosser Mann Macht und Ansehen durch Pflege eines jungen Nachwuchses, wenn er statt
allein zu stehen vorzieht inmitten einer Menge bedeutender Köpfe
der erste und bedeutendste zu sein. An einen solchen muss man
sich anschliessen, und zwar in Vertrauen und Bescheidenheit
nicht wie der Zaunkönig des Aesop, der sich auf die Schultern
des Adlers setzte und dann plötzlich ihm stolz voranflog. Wer
nicht zuerst ordentlich gedient hat, sagt Plato, vermag auch nicht
gut zu regieren.

Soll der gute Bürger sich jedem Amt, das ihm übertragen
wird, unterziehen, auch dem unbedeutenden, kleinlichen Geschäft?
Plutarch denkt demokratisch genug, um sich zu dem Wort des
Themistokles zu bekennen, nicht nur das Amt bringe den Mann
zur Geltung, sondern auch der Mann das Amt, und hat selbst,
ohne das Lächeln der Durchreisenden zu scheuen, als Polizei-
meister das Vermessen von Ziegelsteinen, Fuhren von Sand und
andrem Baumaterial beaufsichtigt. Vornehmer dachten Andre.
Wie die beiden grossen Staatsschiffe Athens nicht für jede, sondern nur für wichtige und feierliche Sendungen benutzt wurden,
so müsse auch der Staatsmann sich für Hauptactionen aufsparen.
Als verwerflich jedenfalls erscheint jene Vielgeschäftigkeit, die an
den lächerlichen Ehrgeiz des Theagenes erinnert, der unermüdlich in jedem gymnastischen Wettkampf jeder Art auftrat, keinem
neben sich einen Sieg gönnte, und so einen wirren Haufen von
1200 Kränzen zusammenbrachte. So setzen diejenigen, welche

sich zu jedem öffentlichen Geschäft drängen, sich nur dem Miss-
fallen des Publicums aus. Sie werden unbequem, erwecken Eifersucht, wenn sie Erfolg haben, Schadenfreude, wenn ihnen etwas
misslingt, und die anfängliche Bewunderung ihres Eifers geht in
geringschätzigen Spott über. Man erinnert sich der Verse des
alten Komikers gegen einen Günstling des Perikles:

> Metiochos führt das Commando, Metiochos ist Strassenvogt,
> Metiochos ist Brodinspector, Metiochos Mehlintendant,
> Metioch hat in Allem die Hände, Metioch mag zum Henker gehn.

Auch der leitende Staatsmann soll freilich Augenmerk und Interesse auf Alles gerichtet halten, aber nicht Alles mit eigenen
Reden und Gesetzesanträgen und Maassregeln allein besorgen, sondern durch sorgfältige Auswahl von gleichgesinnten zuverlässigen
Gehülfen als lebendigen, denkenden Werkzeugen seine Wirksamkeit erhöhen und vervielfältigen. Beruht doch auch die Brauch-
barkeit und Gewandtheit der Hand auf dem Eingreifen der einzelnen Finger. Er soll das Maass seiner eigenen Kräfte kennen
und die entsprechende Ergänzung suchen. Der ritterliche Diomedes
bei Homer wählt sich den schlauen Laertiaden zum Genossen.
Ist man im Sprechen weniger gewandt, so nehme man sich einen
Redner zur Seite; eine aristokratische Natur, die nicht versteht
mit der Menge umzugehen, suche sich einen vermittelnden, populären Gehülfen; der körperlich Schwache, der keine Anstrengungen
aushalten kann, bedarf einer rüstigen Arbeitskraft neben sich.
So entsteht aus der Vereinigung mannigfach begabter Glieder ein
wahrer Geryones.

Hiermit hängt zusammen das Verhältniss des Staatsmannes
zu seinen persönlichen Freunden. Es war ganz nach der schroffen,
persönliche Rücksichten gewaltsam durchschneidenden Art des
Kleon, dass er beim Eintritt in die öffentliche Thätigkeit seine
bisherigen Freunde versammelte und jede Verbindung mit ihnen
löste, um ganz selbständig seinen Weg zu gehn. Themistokles
dagegen fand es nur in der Ordnung, dass, so lange er im Amt
sei, seine Freunde den Vorzug vor den andren hätten und die
Früchte seiner Gunst genössen, war aber doch gewissenhaft genug,
dem Dichter Simonides eine ungesetzliche Bitte mit der Bemerkung
abzuschlagen, sowenig dem guten Dichter gestattet sei, den Rhythmus zu verletzen, ebensowenig dürfe ein ehrlicher Archon zu
Gunsten eines Freundes das Gesetz übertreten. Natürlich und un-

verfänglich findet doch auch Plutarch, dass, wer Aemter zu vergeben, angenehme Aufträge zu ertheilen hat, die Ehre, Gunst
oder auch Geld eintragen, zunächst an seine Freunde denkt, ihnen
überhaupt billige Vortheile zuwendet. Wir denken hierüber theoretisch vielleicht strenger: die Praxis weicht wohl kaum von jener
Auffassung ab.

Jedenfalls muss man der Freunde sicher sein, dass sie nicht
ihre Stellung missbrauchen und den Ruf dessen, der ihnen Vertrauen geschenkt hat, in schlimme Gefahr bringen. Vorsicht und
Discretion ist geboten, um peinliche Erfahrungen zu vermeiden,
wie sie selbst einem Solon nicht erspart worden sind. Er hatte
im Sinn, eine Zinserleichterung und eine Herabsetzung des Münz-
fusses zu Gunsten der tiefverschuldeten ärmeren Classen einzu-
führen und theilte diesen Plan seinen Freunden im Geheimen mit.
Diese aber waren niedrig genug, das Geheimniss zu einer ver-
werflichen Finanzspeculation zu missbrauchen. Sie nahmen im
letzten Augenblick hohe Summen auf, kauften davon glänzende
Häuser und stattliche Ländereien, und hatten so, als nun bald
darauf das Gesetz die Forderungen der Gläubiger bedeutend herab-
setzte, ein hübsches Geschäft gemacht, Solon aber war aufs
schlimmste compromittirt, als ob er gemeinschaftliche Sache mit
ihnen gemacht hätte. Ganz unbestochene Strenge von Macht-
habern gegen ihre Anhänger und Angehörigen hat freilich auch
im Alterthum immer zu den bewunderten Ausnahmen gehört.
Selbst Perikles war in der Unterstützung seiner Parteigenossen
nicht allzu ängstlich, aber doch innerhalb scharf gezogener
Grenzen: bis zum Altar ging er mit ihnen, wie er sagte. Seinen
Eid opferte er ihnen nicht.

Wer öffentlich handelnd auftritt, muss sich sagen, dass er
wie auf einer Schaubühne lebt, mit seinen persönlichen Verhältnissen den Blicken und der Kritik des Publicums ausgesetzt ist.
Daher die streng gemessene Haltung des Perikles: der ruhige
Gang, die geschlossene Festigkeit des Gesichtsausdrucks, die
maassvolle Rede, die Hand in der Busenfalte des Gewandes; nur
einen Weg ging er, den zur Rednerbühne in der Volksversammlung und zum Rathssaale. So imponirte er der Menge, wie etwa
ein Löwenbändiger seinem Thiere. Nicht nur für ihre öffentlichen
Reden und Handlungen sind Staatsmänner verantwortlich, sondern
man kümmert sich auch um ihren Tisch und ihr Bett, um jeg-

lichen Scherz und Ernst, den sie treiben. Den Alkibiades hat
die Ungebundenheit seiner Sitten gestürzt trotz seines Genies und
seines Verdienstes. Man liebt es, an bedeutenden Männern
Schwächen zu entdecken: dem Kimon sagte man nach, er trinke,
dem Scipio, er schlafe zu viel. Es war ein kühnes Wort des
Volksführers Livius Drusus, als er den Vorschlag des Baumeisters,
sein Haus durch Umbau vor den Blicken der Nachbarn zu schützen,
mit dem Wunsch zurückwies, er möchte das ganze Haus durchsichtig machen, damit alle Bürger sehen könnten, wie er lebe.
Das ist jenes gläserne Haus, in dem der Hochgestellte wohnt.

Auch der grösste Politiker erobert das Zutrauen der Bürger
nicht im Sturm. Wer Einfluss auf sie üben will, muss nicht
gleichsam mit der Thür ins Haus fallen, sondern, nachdem er mit
sich selbst ins Reine gekommen ist, die Sinnesart des Volkes
studiren und allmählig in sanftem Uebergang nach seinen Grundsätzen gestalten: wie der Wein zu Anfang dem Trinkenden gelinde eingeht, nach und nach aber ihn durchwärmend endlich
beherrscht. Man muss wissen, wie man dem Volk am besten
beikommt. So waren die leicht erregbaren Athener zu gewinnen,
wenn man sie bei ihrer Grossmuth fasste, mit fein abgewogenem
Lobe, welches den Stachel in sich trug, auch durch ein geist-
reiches Witzwort oder einen kecken Schwank: zähe Ermahnungen,
kalter Tadel wirkten nur verstimmend; vornehme Geringschätzung
vollends empfanden sie als höhnende Ueberhebung.

Unerlässlich daher neben Tüchtigkeit der Gesinnung und Einsicht ist der Zauber geschickter, überzeugender Rede. Legten
doch selbst die zeusgeborenen Könige Homers, die mit Purpur
und Scepter, mit dem Pomp ihres Gefolges und der Unfehlbarkeit von Götterorakeln die Ehrfurcht der Menge erzwangen, Werth
darauf, „Sprecher" zu sein, und riefen im Rath die Kalliope an,
welche durch sanfte Ueberredung Widersetzlichkeit und Eigen-
willen der Völker beschwichtigt. Wie viel mehr bedarf der gewöhnliche Sterbliche eines solchen Mittels, um seine Mitbürger
zu beherrschen! Denn der Staatsmann darf sich nicht auf die
Geschäfte beschränken, wie der Handwerker, der, mit Sophokles
zu reden, am Ambos mit schweren Hammerschlägen den seelen-
losen Stoff bearbeitet. Der Diener der städteschirmenden Athene
und der rathpflegenden Themis,
welche der Männer Versammlungen löst und wiederum einsetzt,

führt als einziges Werkzeug das Wort, womit er bildend und zusammenfügend, Widerstrebendes glättend und erweichend den
Schmuck des Staates schafft. In diesem Zauber des Wortes vor
Allem lag die Gewalt des Perikles, dem Namen nach Demokratie,
in der Sache Herrschaft des ersten Mannes, wie Thukydides
schreibt. Wie jener seine öffentlichen Reden mit dem Gebete
begann, es möge ihm kein unnützes Wort von den Lippen
kommen: so soll der Staatsmann das Wort beherrschen, sich
vom Augenblick weder hinreissen noch überraschen und gefangen
nehmen lassen. Wichtig ist auch die Uebung des Organs, um
in bewegter Versammlung durchzudringen und nicht von der
Stentorstimme eines Gegners überschrieen zu werden. Die Rede
selbst sei weder jugendlich theatralisch, prunkhaft und blumenreich, noch pedantisch ernst und abgezirkelt, nach der Studierlampe riechend: nicht die technisch rhetorische Vollendung gereicht ihr zum Lobe. Sie soll ungekünstelt frisch aus aufrichtiger
Gesinnung entspringen, ein unverfälschter Ausdruck wohlwollender
Offenheit, kluger und gewissenhafter Einsicht, reizvoll durch edle
Sprache und originelle, überzeugende Gedanken. Hier ist das
Feld der geflügelten Worte: Kernsprüche, Geschichten, Bilder,
mit Maass angewendet, die epigrammatisch die Spitze einer Gedankenreihe in ein anschauliches Schlagwort zusammenfassen.

Auch Spott und Witz haben hier ihre Stelle, besonders in
der Debatte bei Erwiderungen und Widerlegungen. Denn von
Anfang an, vorbereitet mit solchen Waffen aufzutreten, wie Cicero
und der ältere Cato es liebten, geziemt dem Spassmacher und
sieht nach Bosheit aus. Bei der Abwehr aber ist die Schlagfertigkeit am Platz, nur darf der Ton nicht beleidigend oder
scurril sein. Niedrige Schmähungen beschämen den Redner mehr
als den Betroffenen, trüben die sachliche Behandlung und verwirren die Hörer. Die Reden eines Solon und Perikles waren
frei davon. Auch Demosthenes, so sehr er sich nach der Sitte
des Alterthums vor Gericht gehen liess, hat seine Philippischen
Reden von allem persönlichen Spott rein gehalten. Die Erwiderung auf den Ausfall eines Gegners muss kurz sein, nicht sowohl
schwarzgallige Erregung verrathend, als überlegenen Gleichmuth,
der den Schlag mit anmuthigem Witz zurückgiebt wie ein Geschoss, das von dem Körper des Angegriffenen durch dessen Härte
und Festigkeit auf den Angreifenden zurückprallt. Auch kann

ein kurzes schneidiges Wort manchmal lange Vorträge über den
Haufen werfen, wie Demosthenes seinen sarkastischen Gegner
Phokion das Hackbeil seiner Reden nannte. Weniger empfehlens-
werth, obwohl noch in diesen Tagen mit zeitgemässer Veränderung angewandt, ist das Kunstmittel des jüngeren Cato, welcher
das Zustandekommen ihm missliebiger Gesetze dadurch zu ver-
hindern pflegte, dass er den ganzen Tag allein in der Versammlung redete und sie todtsprach.

Unentbehrlich immerhin ist eine mässige Opposition. Weil
nämlich in jedem Volk ein gewisser Zug des Uebelwollens und
Misstrauens gegen die Regierung liegt, und die Leute geneigt
sind, auch nützliche Maassregeln, wenn sie ohne allen Widerspruch durchgehen, zu beargwöhnen, als stecke geheime Ver-
schwörung und Parteiunfug dahinter, so muss für einigen Widerspruch gesorgt werden. Etwas weitgehend mag die Grossmuth
jenes Demagogen von Chios gewesen sein, die Plutarch als thörichte Gutmüthigkeit tadelt: derselbe war nämlich durch Revolution zur Macht gelangt, weigerte sich aber, seine Gegner, wie
dies Regel war, sämmtlich zu verbannen, weil er fand, man müsse
die Feinde conserviren, damit nicht in Ermangelung solcher die
Freunde sich einander in die Haare fielen. Dagegen empfiehlt
der ehrliche Verfasser, wenn die Menge sich zu einem bedeutenden, heilsamen Vorschlage schwierig verhalte, sollen nicht alle
Parteigenossen wie nach Verabredung dieselbe Ansicht vortragen,
sondern zwei oder drei sich von ihnen trennen und dem Freunde
gelinde Opposition machen, schliesslich aber sich überzeugt erklären und auf seine Seite treten: so ziehen sie das Volk nach
sich. In unwichtigeren Fragen darf auch eine wirkliche Meinungs-
verschiedenheit unter Genossen bestehen bleiben und jeder seiner
eigenen Ansicht folgen, damit ihre Uebereinstimmung in den Haupt-
sachen um so mehr als aufrichtige Ueberzeugung ins Gewicht fällt.

Zur Ausführung einer grossen Angelegenheit dagegen, die
besonderen Kampf und Anstrengung erfordert, muss man von
seinen Freunden die tüchtigsten und von den tüchtigsten die füg-
samsten wählen: sie werden am wenigsten Einspruch erheben
und am besten helfen, da sie Einsicht ohne Rechthaberei besitzen.

Wo aber das Interesse des Vaterlandes nach aussen zu vertreten ist oder seine Sicherheit auf dem Spiele steht, sollen politische Gegensätze ganz verschwinden. Themistokles und Aristeides

als Collegen in diplomatischer Sendung oder im Felde entsagten an der Grenze des Landes ihren Zwistigkeiten. Von zwei Neben- buhlern in einer Stadt, die vom Feinde hart bedroht war, ist nach gemeinsamer Uebereinkunft der Eine freiwillig mit Weib und Kind in die Verbannung gezogen, um dem Andern zur Ret- tung des Vaterlandes freie Hand zu lassen.

Am besten ist es, politische Differenzen auf persönliche Ver- hältnisse gar nicht zu übertragen, keinen Mitbürger als seinen Feind zu betrachten, ausgenommen wer wie Catalina eine Krank- heit, ein Geschwür des Staates ist. Die Geister der Anderen muss man durch sanfte Spannung oder Dämpfung zu harmonischer Stimmung führen,· den Gegnern ohne Rückhalt Beifall zollen, wenn sie einmal Recht haben, um dadurch dem Widerspruch desto leichter Eingang zu schaffen.

Ruhe und Frieden im Innern wie nach aussen gilt unserem milden Gelehrten als das höchste Glück des Staates, der nach ihm nicht dem Bienenstock gleicht, welcher am gesundesten ist, wenn es in den Zellen recht summt und lärmt. Die schlimmste Krankheit aber ist allgemeines inneres Zerwürfniss. Wie seltsam nun das Gesetz Solons, welches den der bürgerlichen Rechte ver- lustig erklärt, welcher sich in solchem Falle zu keiner der beiden streitenden Parteien bekennt! Als wenn dem kranken Körper Heilung von den erkrankten Gliedern zufliessen könnte und nicht vielmehr durch Zuführung und Beimischung gesunder Säfte! So müssten Staaten, in denen alle Elemente gegen einander aufgerührt wären, zu Grunde gehen, wenn nicht etwa ein Zwang von aussen sie mit Gewalt zur Besinnung brächte. Freilich soll der wahre Staatsmann nicht theilnahmlos inmitten der Bewegung sitzen, seine unerschütterliche Ruhe und die Behaglichkeit seiner Musse preisend, sich an dem Unverstand der Uebrigen ergötzend; son- dern dann ist es Zeit, den auf beide Füsse passenden Kothurn des Theramenes anzulegen, zwischen den Parteien zu vermitteln, ohne sich zu einer ausschliesslich zu bekennen. Das Beste aber ist Sorge zu tragen, dass überhaupt nie ein solches Zerwürfniss vorfällt: das ist die grösste und schönste Aufgabe der Politik. Wie aber grosse Feuersbrünste oft durch ein unbedeutendes Licht, einen Funken entstehen, so haben auch oft geringfügige Ursachen, kleine Reibungen zwischen Einzelnen ganze Staaten in Aufruhr gebracht. Also auch darauf muss das Augenmerk gerichtet sein, dass solcher Zündstoff bei Zeiten aus dem Wege geschafft, nicht aufgehäuft werde und um sich greife.

So ist denn auch Einigkeit der Amtsgenossen untereinander unbedingt erforderlich, schon um das Ansehen des Amtes aufrecht zu erhalten. Ihre Freundschaft, da sie wurzeln soll in der gemeinsamen Liebe zum Vaterlande, ist ehrwürdig wie eine von den Ahnen ererbte. Bezeichnend und naiv ist jenes Beispiel collegialischer Rücksicht, welches Plutarch aus seinem eigenen Leben erzählt. In meiner Jugendzeit, sagt er, wurde ich einmal mit einem Andren als Gesandter zum Proconsul geschickt, mein Gefährte aber blieb aus irgend einem Grunde unterwegs zurück, so dass ich allein dort eintraf und das Geschäft abmachte. Als ich nun heimkehrte und Bericht abstatten sollte, nahm mich mein Vater bei Seite und empfahl mir zu sagen: 'wir gingen' statt: 'ich ging'; 'wir sagten' statt: 'ich sagte', und so überhaupt in Allem den Collegen miteinzuschliessen. Dergleichen ist nicht nur billig und freundlich, sondern auch klug, da es der Eifersucht vorbeugt und die Verantwortlichkeit mildert. Schreiben doch grosse Männer ihre Erfolge einer Gottheit zu, um den Neid von sich abzuwenden. Und der Spartanerkönig Theopompos wies das Lob, dass Sparta glücklich sei durch die Regierungskunst seiner Könige, mit der Erwiderung ab: vielmehr durch den Gehorsam der Regierten.

Allerdings bedingt Eines das Andere. So gilt auch als Hauptaufgabe der bürgerlichen Erziehung die Erziehung zum Gehorsam. Giebt es doch in jedem Staat mehr Regierte als Regierende; in der Demokratie vollends regiert der Einzelne nur eine kurze Zeit, übrigens hat er zu gehorchen, wenn auch grade unansehnliche Männer im Amte sind. In Sparta standen die Könige vor den Ephoren auf, und so ehrt sich selbst und den Staat, wer dem Beamten Ehre erweist und sich nicht darin gefällt, in der Geringschätzung desselben seine Uebermacht zur Schau zu tragen, wie jene wüsten Gesellen, die beim Dionysosfeste die Choregen beschimpfen oder sich an den Festordnern vergreifen. Selbst die Abwehr einer Beleidigung schiebt man besser auf, bis der Beamte ins Privatleben zurückgetreten ist: wobei noch der Vortheil ist, dass der Zorn sich unterdessen gelegt hat.

In Eifer und Interesse für das Gemeinwohl soll man mit jedem Beamten wetteifern: ist derselbe gut, ihm mit Rath und That zur Hand gehen; ist er säumig, träge, böswillig, ihm aufpassen

und seine Fehler öffentlich zur Sprache bringen und sich nicht
etwa zurückhalten unter dem Vorwande, dass es ungeziemlich sei,
wo ein Anderer zu befehlen habe, sich in die Geschäfte zu
mischen und ins Amt zu pfuschen. Wer das Recht zur Geltung
bringt und das Zweckmässige erkennt, steht immer in der vordersten Reihe im Staat. Da war ein gewisser Xenophon im
Heere, so berichtet der Geschichtschreiber von sich selbst, der
weder Oberfeldherr noch Hauptmann war, aber durch Einsicht
und Muth sich an die Spitze stellte und so die Hellenen errettete.
Dergleichen ist freilich nur in ausserordentlichen Fällen höchster
Gefahr angebracht, so dass man sich auch einer Anklage oder
den Tadlern gegenüber auf die Noth des Augenblicks und die
Wichtigkeit der Sache berufen kann.

Es giebt ein Wort des thessalischen Herrschers Iason: wer
im Grossen Gerechtigkeit üben wolle, sei gezwungen im Kleinen
Unrecht zu üben. Ein Wort, welches den Stempel dynastischer
Gesinnung trägt. Echt bürgerlich ist der umgekehrte Grundsatz,
Kleines der Menge zu Gefallen zu thun und hingehn zu lassen,
um desto strenger auf dem Grösseren zu bestehen. Denn wer in
allen Dingen gar zu genau und stramm ist, Nichts nachlassend,
immer rauh und unerbittlich, der gewöhnt das Volk an Wider-
spänstigkeit und Unzufriedenheit. Im Wogengebrause muss man
des Segels Spannung ein wenig nachlassen, gelegentlich auch
einmal Scherz verstehn und mitmachen, Anderes wie Knaben-
streiche väterlich übersehn und überhören, damit sich die Auctorität nicht abnutzt und das Heilmittel amtlicher Zurechtweisung
nicht schaal wird.

Beim Eintritt in manche Heiligthümer lässt man das Gold
draussen, Eisen nimmt man in keins mit hinein. So ist Rednerbühne und Amtsstuhl ein gemeinsames Heiligthum des Rath- und
Stadt-schirmenden Zeus, der Themis und der Dike. Wer sie be-
tritt, soll alles Streben nach Reichthum und Erwerb wie eine
giftige Krankheit aus seiner Seele entfernen und fortschleudern
auf die Märkte der Krämer und Wechsler, sich selbst aber fernab
kehren: Gewinnst aus öffentlichem Gut suchen ist wie Plünde-
rung von Tempeln, Gräbern, Freunden, Verrath und falschem
Zeugniss gleich.

Edler zwar als Gewinnsucht ist der Ehrgeiz, aber nicht
weniger gefährlich: denn er wagt mehr, weil besonders kraftvolle

und jugendlich frische Naturen davon ergriffen werden. Auch reisst sie fort und berauscht sie das Lob der Menge. In uns vielmehr tragen wir das echte Gold, welches durch Neid und Tadel unzerstörbar und unverfälschbar ist und mit dem Bewusstsein des Geleisteten wächst. Daher bedarf es keiner besonderen Ehrenerweisungen in Schrift oder Bild. Während Rom bereits angefüllt war von Bildsäulen, verbot Cato eine von ihm zu verfertigen: man soll lieber fragen, sagte er, warum mir keine, als warum mir eine errichtet ist. Alle öffentlichen Belohnungen haben etwas Missgunsterregendes; sie sehen aus wie Tributleistungen und löschen das volle Dankgefühl aus. Am besten also, man vermeidet dergleichen ganz und schlägt sie aus; ist es aber einmal nicht thunlich, den guten Willen des Volkes schroff zurückzustossen, so gehe man davon aus, dass man für eine heilige ideale Sache, nicht für Geld und Gaben gekämpft hat, und lasse es bei einer Inschrift, einem Ehrendecret, einem Oelzweige bewenden, wie ihn Epimenides von der Akropolis erhielt, als er die Stadt gesühnt hatte. Anaxagoras bat sich als einzige Gunst aus, dass an seinem Todestage die Schulknaben Ferien erhalten möchten zum Spielen. Den Pittakos baten die Bürger, soviel von dem Lande, welches er für sie erobert hatte, zum Eigenthum zu nehmen, als er wolle: er nahm so viel als sein Speer, von ihm geworfen, durchflog. Ein Römer begnügte sich mit so viel als er bei lahmem Bein an einem Tage umpflügen konnte. Nicht Lohn für die That, sondern ein Symbol soll die Ehrenbezeugung sein.

Die wahre Auszeichnung und Belohnung indessen, welche in der wohlwollenden Gesinnung dankbarer Mitbürger begründet ist, wird der Staatsmann natürlich nicht verschmähen. Wenn Demosthenes mit Recht gesagt hat, dass Tyrannen gegenüber das sicherste Bollwerk für die Staaten Misstrauen sei, so besitzt der, welcher das Vertrauen seiner Bürger geniesst, die eigentliche Burg im Staatswesen. Selbst die Sehergabe einer Kassandra ist unfruchtbar, wenn sie verurtheilt ist Ungläubigen und Misstrauischen zu weissagen. Ein Zweites ist die Liebe der Bürger, eine mächtige Waffe gegen tückische, boshafte Widersacher.

Gleichwie die Mutter
Wehrt von dem Kinde die Fliege, das ruht in lieblichem Schlummer,

so hält das Volk seinem Liebling Missgunst fern, stellt ihn den Adligen gleich, wenn er von niederer Geburt, den Reichen, wenn

er arm, den Regierenden, wenn er auch Privatmann ist. Noch
über das Grab hinaus erhält sich diese Liebe oft in rührenden
Zügen, wie der Hass gegen den Tyrannen erst nach seinem Tode
recht ausbricht. Die Asche des Königs Menandros von Baktra
musste unter die trauernden Unterthanen vertheilt werden: jeder
wollte ein Andenken haben. Die Perser lieben für alle Zeit die
Krummnasigen und halten sie für die Schönsten, weil ihr grosser
Kyros eine krumme Nase hatte.

So ist von allen Eroten der stärkste und göttlichste der,
welcher Staaten und Völker für einen der ihrigen um seiner Trefflichkeit willen einnimmt; während jene trügerischen Huldigungen
für flache Popularität buhlerische Schmeicheleien eines wüsten
Haufens sind, welcher Jedem, der ihn beschenkt und sich ihm
gefällig erweist, zulächelt und für einen Tag seinen Namen im
Munde führt. Immer sei daher der Staatsmann neben seiner
eigenen Würde auch der Würde seines Volkes eingedenk, wie
Perikles, als er das Feldherrnkleid anlegte, zu sich sprach: be-
denke, Perikles, Freigeborenen gebietest du, Hellenen gebietest
du, athenischen Bürgern. Plutarch freilich findet für nöthig, diese
stolzen Worte zeitgemäss durch das demüthige Bekenntniss zu
ersetzen: als Unterthan regierst du; dem Statthalter des Kaisers
ist die Stadt untergeben; du hast wie ein Schauspieler auf den
Souffleur zu hören und darfst Rhythmus und Maass der dir zugewiesenen Befugniss nicht überschreiten: sonst wirst du nicht
etwa durch Auszischen bestraft, sondern durch Beil oder Depor-
tation auf eine Insel.

In unserem Deutschland giebt es keine Unterworfenen nach
römischem Begriff: das nämliche Gesetz und Recht schirmt und
regiert alle Glieder unseres Staates; die Selbständigkeit des Handelns ist nicht in sclavische Fesseln geschlagen und wird allmählig
noch freier gelöst. Aber neben jener heilsamen Bewegung der
Geister, ohne welche das Leben erstürbe, ist doch nach Gründung
des Reichs und Niederwerfung des Feindes auch unser sehnlicher
Wunsch auf Frieden nach aussen und Einigkeit im Innern gerichtet.
Wenn aber gerade jetzt in unserer Mitte Widersacher der Eintracht, die durch eigene Schuld sich als Fremdlinge und Unter-
drückte fühlen, die schwarzen Nebel der Unwissenheit und des
Misstrauens dämonisch ballen und mit gewaltigem Getöse den

hellen Tag bekämpfen: so sichert, was unseren Waffen nach aussen
den Sieg verliehen, die Wahrheit und des Geistes Ueberlegenheit,
auch dem Kampf des Lichtes gegen die Finsterniss den endlichen
Erfolg. Auch der Drache am Felsen von Pytho erlag den fern
treffenden Pfeilen Apollo's. Von grimmen Schmerzen, wie der
Homeride singt, zerrissen lag er am Boden sich windend, schwer
keuchend, und unter entsetzlichem Geschrei wälzte er sich hierhin
und dorthin, bis er die blutige Seele aushauchte. Phöbos, der
Hochschreitende, aber sprach über ihm:

> Faule nunmehr du hier auf dem männernährenden Boden.
> Lebend wirst du nicht mehr den Sterblichen böses Verderben
> Sein: verzehrend die Frucht der reichlich nährenden Erde
> Werden sie hier hinfort darbringen Festhekatomben.
> Dir jedoch wehret den Tod, den langhinstreckenden, weder
> Ab Typhoeus der Riese noch seine Tochter Chimära,
> Sondern verwesen sollst du im hellen Strahl Hyperions.

Da gründete der Pythier sein delphisches Heiligthum, welches der
Mittelpunkt des hellenischen Geisteslebens, eine wahre hohe Schule
griechischer Cultur geworden ist. Und von günstiger Vorbedeu-
tung sei uns jener schöne Mythus, der den Apollo auf seinem
Schwanengespann erst zu den Hyperboreern ziehen und bei ihnen
weilen lässt, um von dort in des Sommers Pracht mit der vollen
Aehre in seinem Delphi einzukehren. Die frische Kühle grade
des deutschen Nordens ist es, welche jene nachtdurchleuchtende
Helligkeit ausströmt und den staatenbildenden Geist nährt.

Also freuen wir uns des Lichtes, so lange uns in der Sonne
des Himmels zu wandeln beschieden ist. Segnen wir aber vor
Allem den Tag, welcher unseren unaussprechlich geliebten Herrscher, von dessen Thron Glanz und Klarheit über uns Alle ausströmt, an das Licht geboren hat, und vereinigen wir auch heute
unsere heissen Wünsche für Sein und Seines Reiches Wohl in dem
Ruf: Se. Majestät, der Kaiser und König Wilhelm I, Er lebe hoch!

—— -·· ··

II.

Aus der Literatur der Griechen und Römer.

1. Aufgaben und Ziele einer antiken Literaturgeschichte

(akad. Rede; Leipzig, 31. October 1887).

Wenn die Geschichte überhaupt den Anspruch machen darf, mit der Fackel der Vergangenheit die Gegenwart zu beleuchten, so ist der Erforschung des Griechen- und Römerthums in erster Linie seit Beginn unseres wissenschaftlichen Lebens eine belehrende und erziehende Wirkung zuerkannt worden und wird ihr hoffentlich zugestanden werden, so lange der historische Sinn über banausische Verächter oder in die Luft bauende Weltverbesserer die Oberhand behalten wird. Denn die griechisch-römische Geistescultur ist die Grundlage und das Ferment aller späteren Bildung geworden. Ohne auf jene zurückzublicken können wir diese, können wir uns selbst nicht verstehen.

Beide Völker haben in einem abgeschlossenen Entwicklungsgange die ihnen verliehene Kraft vollkommen ausgebildet, so dass das Ergebniss ihrer welthistorischen Mission klar vor unseren Augen liegt; sie haben ewige Ideen, zu deren Verwirklichung sie berufen waren, in reinen, scharfen Zügen ausgeprägt, haben leuchtende Vorbilder und Normen geschaffen, welche nicht binden, sondern befreien und begeistern. Um ihre Hinterlassenschaft auszunützen, suchen wir uns bis ins Einzelne zu vergegenwärtigen, wie jene höchstbegabten Vorfahren, denen wir uns stammverwandt fühlen, gelebt, gedacht, empfunden, was sie gewollt und geschaffen haben. Aber wir graben auf einem Trümmerfeld, und weil wir von der alten Herrlichkeit soviel als möglich wieder aufbauen möchten, so dürfen wir das Einzelne und Kleine nicht verwerfen, weil wir nicht wissen können, welche Lücke auch das unscheinbarste Steinchen einmal auszufüllen vermöchte. Die Philologie darf sich der bescheidenen Sorgfalt einer sparsamen Verwalterin nicht schämen, welche nichts umkommen lässt, ohne deshalb im Kehricht zu versinken.

Von allen Denkmälern jener überreichen Vorwelt sind und bleiben aber die Schriften die beredtesten Zeugnisse des antiken Geistes: sie müssen fort und fort als der unverrückbare Mittelpunkt für das philologische Studium gelten. Mag es mehr und mehr gelingen, die Ruinen ganzer Städte wieder aufzufinden, Nekropolen aufzudecken, Goldschätze und herrliche Bildwerke ans Licht zu schaffen: Alles wird doch erst recht geniessbar und lehrreich durch die Erläuterungen, welche die literarischen Quellen bieten; ja wenn auch kein einziger, greifbarer Ueberrest des Alterthums unserer Anschauung zu Hülfe käme, so würde doch sein hehres Bild vor unserem inneren Auge zwar minder ausgeführt und in vielen Einzelheiten unklarer dastehn, aber in den wesentlichen Umrissen nicht unvollständiger. Die Literatur allein trägt uns in den vollen Strom der geistigen Bewegung, in ihr schlägt das Herz der Nation. Diesen Strom von seiner Quelle aus zu verfolgen, seine Zuflüsse zu verzeichnen, jede Welle zu betrachten, die genialen Menschen, welche ihn geleitet und gespeist haben, neu zu beleben, ihre Schöpfungen zur Anschauung zu bringen, ist eine reizvolle und noch lange nicht erschöpfte Aufgabe. Sie wird für den klassischen Philologen überaus erschwert durch die schon berührte Unvollständigkeit der Ueberlieferung. Während der Literaturhistoriker neuerer Zeiten gewöhnlich nur ins Volle zu greifen braucht, um seine Bilder saftig und plastisch zu gestalten, Thatsachen festzustellen und Beziehungen aufzudecken, hat der des Alterthums nur zu oft die einzelnen Stifte zu einem mühseligen Mosaikgemälde von allen Enden her zusammenzusuchen; das gebotene dürftige und oft unzuverlässige Material erfordert die sorgfältigste Prüfung, und zur Ergänzung der Lücken ist manche Hülfslinie nöthig. Aber die Noth hat zur Tugend der kritischen Methode geführt und die klassische Philologie darf sich rühmen, hierin der gesammten Geschichtswissenschaft wegweisend vorangeschritten zu sein.

Ich will es versuchen, unser Geschäft und dessen Ziele in seinen einzelnen Stadien kurz andeutend zu schildern.

Vorgearbeitet haben uns ja die Alten selbst, aber ihre mannigfaltigen, einst sehr umfangreichen Aufzeichnungen besitzen wir nur zum allerkleinsten Theil, meist in verstreuten Brocken und Excerpten aus zweiter und dritter Hand. Gewiss wäre zu wünschen, dass die Bruchstücke der literarhistorischen Schriften der

Griechen und Römer in einer kritischen Sammlung bequem vereinigt würden. Aber besässen wir auch den ganzen Schatz unversehrt, so würde doch diese Quelle der Belehrung unserem
Bedürfniss nur mässig genügen; denn die Kunst der Forschung
war noch unentwickelt, und viele Fragen, die wir zu stellen haben,
lagen dem Gesichtskreise der Alten fern oder wurden grade durch
die Nähe der Gegenstände von selbst erledigt. Für chorische
Lyrik und Dramen könnten uns amtliche Aufzeichnungen, Sieger-
listen u. dgl., wenn sie vollständig erhalten wären, ein unschätz-
bares, chronologisch gesichertes Gerüst bieten, aber nicht mehr.
Auf dieser Grundlage hat nach dem Abschluss der klassischen
Periode Aristoteles sein berühmtes Urkundenbuch der Didaskalien
aufgebaut, dessen leider zu spärliche Reste die festen Stützen für
combinatorische Schlüsse bieten. In geselliger Unterhaltung
spielten von Alters her literarische Fragen eine grosse Rolle:
natürlich war die Beantwortung oft mehr witzig und sinnreich
improvisirt als gründlich. Die Wissbegierde über Schriftsteller
war vor Allem auf das Persönliche gerichtet, ihre Herkunft, ihre
Lehrer, Schüler, Freunde, Widersacher. Welche Männer gleichzeitig auf verschiedenen Gebieten gewirkt oder in demselben
Kreise vereinigt gewesen seien, vergegenwärtigte man sich gern,
nicht ohne den Zahlen etwas nachzuhelfen, um die gewünschte
Gruppirung, den Synchronismos zu erzielen. Solche Improvisa-
tionen wurden aufgezeichnet oder Mittheilungen ähnlichen Charakters in dieses anspruchslose Gewand gekleidet. Da sicher beglaubigte Nachrichten über Verhältnisse von Privatleuten, die erst
nach und nach zu Namen und Ansehen gelangt waren, in der
Regel fehlten und durch mündliche Mittheilungen von Hören-
sagen ersetzt werden mussten, so wurde in sorglosem Spiel oder
bewusster Freude an phantastischer Erfindung, an Klatsch, Spott,
Verleumdung oder Vergötterung das Andenken berühmter Männer
mit einem Gewebe unverbürgter, oft unmöglicher Fabeleien um-
sponnen. Die ungezügelte Laune der Komödie, die öffentliche
Redefreiheit, Neid und Eifersucht des Nebenbuhlers, die Galle
des Satirikers und Pamphletisten ergoss eine Fluth von gut- und
bösartigen Lügen grade über die hervorragendsten Persönlichkeiten; auch Lob und Schmeichelei in Poesie und Prosa, Grab-
reden und Epigramme trugen das ihrige bei. Aus diesem Born
von Dichtung und Wahrheit wurden mit entschiedener Vorliebe

6*

für das Pikante jene alten Biographien zusammengebraut, nicht
zum Zweck ernster Belehrung, sondern zur Unterhaltung, deren
beliebteste Würze Anekdoten und Apophthegmen bildeten. Nicht
einmal der Dialog des Aristoteles über Dichter, ein Jugendwerk
in freier Form, verschmähte sie, wenn auch allen Nachrichten,
welche auf einen solchen Gewährsmann zurückgeführt werden
können, die relativ höchste Glaubwürdigkeit zugeschrieben werden darf.

Auch die Entstehung und die Entwickelungsgeschichte einzelner Literargattungen, besonders der Tragödie und der Komödie,
beschäftigte die Wissbegier: die Anfänge und die allmäligen
Neuerungen suchte man zu ermitteln. Aber viel Unkraut von
thörichten Einfällen, missverstandenen Legenden, verworrenen
Combinationen hat den Boden glaubhafter Thatsachen über-
wuchert. Ganze Literaturgruppen wurden zur Ausfüllung von
Lücken erfunden: Mythos und Roman beherrscht besonders die
prähistorische Periode. Localer Patriotismus sucht die Ehre sogenannter Erfindung dem Einen streitig zu machen, dem Andern
zuzuwenden.

Früh erwachte durch die musischen Wettkämpfe die ästhetische Kritik. Eine offene Stätte fand sie auf der komischen
Bühne: natürlich muss man die Einseitigkeiten und Uebertrei-
bungen der Caricatur in Rechnung ziehen. Objective Maasstäbe der
formalen Technik wurden in den Schulen der Rhetoren, Sophisten
und Philosophen ausgebildet und eine Kunstsprache von unüber-
troffenem Reichthum und bewundernswerther Feinheit geschaffen.

Den mächtigsten Anstoss zu literarischen Studien in grossem
Stil und weitem Zusammenhange hat bekanntlich die Gründung
der alexandrinischen Bibliothek gegeben. Schon die Sichtung und
Bezeichnung der angehäuften Schätze, dann die Anfertigung der
berühmten Kataloge war eine Arbeit, welche Wissen, Umsicht,
Scharfsinn und Genauigkeit in bisher unerhörtem Grade forderte,
eben deshalb aber auf den ersten Wurf unmöglich vollkommen
gelingen konnte. Ohne klaffende Lücken und vielfache Versehen
konnte dieses Werk des Kallimachos nicht zu Stande kommen:
für Nachfolger musste sich durch neue Erwerbungen wie durch
erneute Prüfung reichlicher Stoff zu Ergänzungen und Verbesserungen bieten. Keiner unter den alexandrinischen Bibliothekaren
hat sich durch literarhistorische Forschung in weitem Umfang

so verdient gemacht als Aristophanes von Byzanz. Besonders
werthvoll waren die Einleitungen, welche er zu den einzelnen
Dramen der Klassiker lieferte, wenn sie auch nur das Nöthigste
zur Orientirung enthielten: ausser den amtlichen Angaben über
die Aufführung eine Skizze des Mythos, dessen Behandlung bei
Vorgängern und das Verhältniss zu ihnen, kurze Bemerkungen
über Scenisches, über Charakter und Werth des Stückes. Auch
in systematisch angelegten Monographien wurden einzelne Gattungen und Perioden, wie durch Eratosthenes die alte Komödie,
gelehrter und umsichtiger als früher durchgearbeitet. Der von
den Alexandrinern vernachlässigten prosaischen Literatur, namentlich den Rednern, wandten die pergamenischen Gelehrten ein
gründlicheres Studium zu. Nach solchen Vorbereitungen waren
zusammenfassende Werke möglich, wie die Theatergeschichte des
Juba oder die Geschichte der musischen Künste von dem jüngeren
Dionysius aus Halikarnass oder die Schrift des Caecilius aus
Kalakte über die zehn attischen Redner.

Aber der Stoffreichthum und das Ansehen dieser wie anderer
Repertorien ist grade ihr Verderben geworden, denn sie wurden
zusammengezogen und geplündert, dann geriethen sie in Vergessenheit: nur Uebersichten und entlehnte Fetzen sind leider erhalten,
mag auch aus den Trödelkammern späterer Compilatoren noch
mancher werthvolle Lappen zu retten sein.

Die Römer sind bei den Griechen in die Schule gegangen.
Auch bei ihnen hat die früh von dem pergamenischen Schulhaupt
unmittelbar empfangene Anregung zunächst zu dilettantischen,
mehr schöngeistigen als gründlichen Versuchen geführt, bis Varro's
universale Arbeitskraft sich auch diesem Gebiete des Wissens zu-
wandte. Mit richtigem Takt griff er die beiden populärsten
Gattungen der heimischen Poesie zu monographischer Erörterung
heraus: die Satire, um sie als originale Schöpfung seiner Nation
in Anspruch zu nehmen, und die Bühnendichtung, welche gewisser-
maassen abgeschlossen vor ihm lag, aus ihr aber vorzugsweise
die Komödie mit ihren mannigfachen Spielarten, und zu besonderer
Untersuchung wiederum die plautinischen Komödien, deren bunte
Masse der höheren Kritik eine bedeutende, zwar schon von früheren
angerührte, aber noch nicht befriedigend gelöste Aufgabe bot.
Wie Aristoteles hat er ferner in umfassenderen Werken über
Dichter und über Dichtungsarten dort das biographische, hier das

Material zur Beschreibung der Gattungen und ihrer Entwickelung zusammengestellt. Aus diesen Schatzkammern vornehmlich haben Spätere ihre beste Weisheit geschöpft, namentlich auch Sueton wenigstens in dem einen Abschnitt seines nach den Kategorien der Dichter, Redner, Geschichtschreiber, Philosophen, Gramma-tiker und Rhetoren gegliederten Werkes über berühmte Männer, welches neben ausgiebigen Biographien auch zu den einzelnen Büchern der allgemeinen Einleitungen über Anfänge, Fortschritte, Spielarten jeder Gattung nicht entbehrte. Man sieht durch die Anlage noch die Erinnerung an die kallimacheischen Pinakes hindurchschimmern. Wäre das Ganze erhalten, so besässen wir einen brauchbaren Leitfaden durch alle Gebiete der römischen Literatur mit Ausschluss der Fachgelehrsamkeit bis auf Domitian. Aber nur vom letzten Theil ist in authentischer Fassung eine grössere zusammenhängende Partie gerettet, und zwar durch die Hand desselben deutschen Klosterbruders, dem wir das geistvolle Gespräch von den Rednern, ein Kleinod für den Literarhistoriker, verdanken. Denn grade hier sind, was sonst vermisst wird, die Wandlungen des Geschmackes und der stilistischen Darstellung in Beziehung zu den gesellschaftlichen und politischen Zuständen gesetzt. Man spürt den Blick des echten Historikers und ist von der feinen Charakteristik der geistigen Strömungen um so mehr überrascht, als die alten Geschichtschreiber es sonst in der Regel unter ihrer Würde gefunden haben, der schönen Literatur Er-wähnung zu thun.

Auch nach dem Wiedererwachen der humanistischen Studien ist man lange Zeit über die Sammlung von Material und Notizen nicht hinausgekommen. Erst Richard Bentley hat die schöpfe-risch kritische Methode der Forschung gelehrt, welche zunächst in der Schule der holländischen Hellenisten des vorigen Jahrhun-derts, dann in Wolfs Prolegomenen zum Homer so edle Frucht getragen; aber erst seit der klassischen Periode unserer eigenen Literatur ist der jetzt so geläufige Begriff einer antiken Literatur-geschichte als einer der wichtigsten Aufgaben der Philologie fester ins Auge gefasst und mit wachsendem Verständniss ge-pflegt worden.

Wenn ich mich nunmehr anschicke, die Fragen, welche sich der Arbeiter auf diesem Gebiete zu stellen hat, flüchtig zu über-schauen, so darf ich, um nicht den Blick zu verwirren, erläuternde

Beispiele wohl auf die Poesie beschränken, da die Blüthe der schönen Literatur auch an ihren Erforscher und Darsteller die feinsten Anforderungen stellt.

Die unentbehrlichste Grundlage für alle literarhistorische Arbeit sind natürlich die Schriften selbst. Hier stösst der klassische Philolog sofort auf das bedenklichste Hinderniss: denn was er beschreiben und beurtheilen soll, ist zum grossen Theil entweder ganz verloren, nur durch das eine oder andere Zeugniss bekannt, oder in zerstreuten Anführungen, vielleicht nur in einzelnen Wörtern erhalten, oder doch lückenhaft überliefert, durch den Zahn der Zeit, durch die Schuld nachlässiger oder unwissender Abschreiber oder willkürlicher Schlimmbesserer mannigfach verstümmelt, entstellt, verwahrlost. Im günstigeren Fall hat vor Allem die Wortkritik, die diplomatische im Verein mit der divinatorischen, ihr subtiles Geschäft zu verrichten, und gleich hier macht sich geltend, was aller philologischen Thätigkeit eigenthümlich ist, dass alle ihre Operationen ineinander greifen und einander bedingen, so dass es den Fernerstehenden scheinen kann, als bewegten wir uns im Kreise. Denn dem Textkritiker muss bereits durch Beobachtung und unmittelbare Anschauung nicht nur ein Bild der schriftstellerischen Individualität und Manier, sondern auch eine bestimmende Ansicht von dem Werth der handschriftlichen Ueberlieferung bis ins Einzelne ausgeführt und im Ganzen erfasst vorschweben, damit er im Stande sei, dem Verfasser das Seine gleichsam wiederzugeben. Der Text des Plautus z. B. und das Urtheil über seine Kunst gestaltet sich ganz verschieden je nach dem Vertrauen, welches der Kritiker den Handschriften schenkt. Aber vorurtheilsloses Studium der Textgeschichte, die Macht des inductiven Beweises aus einer Fülle von Einzelfällen, die Erwägung schwerwiegender Zeugnisse und die Vergegenwärtigung der allgemeinen Grundsätze antiker Formgebung befreit von dem todten Glauben an schwankende Buchstaben wie von leichtfertiger Skepsis. Wir wissen ferner, dass erklärende Bemerkungen und Zusätze eines Lesers, Variationen, Ausführungen und Erweiterungen von der umarbeitenden Hand des Verfassers oder eines Redactors in den Text gerathen, dass bei Gelegenheit wiederholter Aufführung ganze Scenen hinzugetreten sind. Ohne Ausscheidung solcher Elemente ist eine zutreffende Würdigung des Zusammenhanges und der Composition nicht denkbar.

Fordert man mit Recht von dem feineren Textkritiker eine gewisse Congenialität mit seinem Autor, so bedingt die Ergänzung grösserer Lücken oder gar die Behandlung von Bruchstücken einen gewissen Grad schöpferischer Begabung. Schon die Entdeckung dichterischer Reste, wenn sie stillschweigend in eine Prosaschrift verwebt sind, ihre Ausscheidung und Neugestaltung setzt einigen künstlerischen Sinn voraus. Dann der Wiederaufbau eines poetischen Kunstwerkes aus gegebenen Elementen: auch in den bescheidensten Linien wird er dem nüchternen Scharfsinn ohne nachdichtende Phantasie noch weniger gelingen, als dem höchsten Dichtergenius ohne die 'sichere Technik des Philologen. So hat auch Goethe's schöne Herstellung des euripideischen Phaethon, wobei ihm Göttlings Rath zur Seite stand, noch Manches zu überlegen und zu bessern gelassen, wenn auch die Textgrundlage sich nicht durch neue Prüfung, die wieder neue Räthsel bietet, bedeutend erweitert hätte. Mancher haltbare Aufbau aus Trümmern ist uns doch mit der Zeit gelungen. Die Philologie würde auf einen ihrer höchsten Genüsse und auf weite Strecken ihres Gebietes verzichten, wenn sie Versuche solcher Art vornehm verschmähen oder kleinlaut an ihrem Gelingen verzagen wollte.

Die wetteifernde Durcharbeitung, welche der gleiche Sagenstoff in verschiedenen Gattungen und Perioden der griechisch-römischen Poesie und der bildenden Kunst erfahren hat, lehrt uns die mannigfachen Gestalten und Motive kennen, die nacheinander geschaffen sind. Auf dem Wege vergleichender Analyse suchen wir Entlehntes auf die Quelle zurückzuführen, und indem wir den gesammten Stoff in seiner reichen Entfaltung vor uns ausbreiten, sein Werden und Wachsen überblicken, vermögen wir zu sagen, welche Gestalt ihm in einer bestimmten Phase seiner Geschichte eigen oder in einer bestimmten Dichtung gegeben sein mag. Von der im Alterthum hochgeschätzten ovidischen Tragödie Medea sind nur zwei einzelne Verse erhalten, welche über den Inhalt nicht mehr verrathen, als dass er der euripideischen ähnlich gewesen sein mag. Das Drama hat dem Dichter schon in seiner Jugendperiode im Sinn gelegen, er hat mit Unterbrechungen schon früh daran gearbeitet. Nun befindet sich unter seinen Jugendgedichten, den elegischen Heroinenbriefen, eine Epistel der Medea an Jason, im Ganzen gleichfalls der euripideischen Situa-

tion entsprechend, aber mit eigenthümlichen, sehr dramatischen
Zügen, welche als Erfindung des Ovid um so mehr gelten dürfen,
als derselbe sich zu wiederholen keineswegs vermieden hat. Es
ist eine rhetorische Vorstudie zu seiner Tragödie. Dazu kommt,
dass Seneca, welcher soviel aus Ovid entlehnt hat, in seiner Tragödie Medea zum Theil die gleichen Motive bringt, so dass durch
Combination beider Quellen ein Bild des verlorenen Werkes zum
Vorschein kommt.

Ovid hat nämlich die Leidenschaft der Medea noch über das
euripideische Maass hinaus gesteigert. Wie eine Bacchantin rast
sie nach eigenem Geständniss: „hierhin und dorthin werde ich gerissen wie eine gotterfüllte." Und ganz entsprechend schildert
die Amme bei Seneca ihr Gebahren: wie eine Mänade auf dem
Gipfel des Pindus oder auf den Bergjochen von Nysa schwärmt,
so läuft sie in wilder Bewegung hin und her, die Zeichen rasender
Wuth im Antlitz tragend. Die ovidische Epistel nimmt an (was
auch zur Begründung der schriftlichen Ansprache dient), dass
Jason die gefährliche Kolchierin bereits aus seinem Hause verbannt hat, noch ehe diese von der beabsichtigten zweiten Ehe
wusste. Sie hat aber ihre beiden Söhne mitnehmen dürfen und
hängt noch an ihrem Gatten. Da plötzlich klingen die Töne des
Hymenaeus an ihr Ohr, sie hört Flötenmelodien, sieht Fackel-
schein; näher und näher kommen die Hochzeitsrufe; die Diener
sind verlegen, weinen verstohlen, keiner wagt der Herrin Bescheid
zu geben, bis endlich der jüngere ihrer Knaben, der draussen vor
der Thür gestanden, hereinkommt und der Mutter meldet, dass es
Jason ist, der den Festzug führt. Da zerreisst sie ihr Gewand,
schlägt ihre Brust: kaum hält sie sich hinauszustürzen und ihre
Hand auf den Treulosen zu legen, der ihr gehöre. Dieser ganze
Vorgang ist hochdramatisch und konnte sehr wohl die Tragödie
eröffnen. Auch Seneca hat ihn benutzt, aber verdorben. Denn
bei ihm ist Medea von Anfang an von der bevorstehenden Vermählung unterrichtet: gleich im Prolog schwelgt sie in Rache-
plänen. Als dann der Chor korinthischer Frauen mit seinem Hoch-
zeitslied einzieht, macht der neue Wuthausbruch der Gekränkten
keine Wirkung mehr. Auch den Inhalt und Gang der unvermeid-
lichen Auseinandersetzung zwischen Jason und Medea können wir
aus dem Briefe errathen, und wenn die Schreiberin am Schluss
desselben andeutet, dass sie die grause That, mit der sie droht,

vielleicht bereuen werde, so darf man fragen, ob sie etwa auch
im Drama nach vollzogener Rache solcher Stimmung verfallen sei;
wodurch dann freilich die dämonische Grösse ihres Charakters zu
Gunsten des einfach menschlichen etwas eingebüsst haben würde.

Schwieriger wird das Verfahren, wo der gesammte Stoff eines
Buches aus den Bruchstücken allein errathen werden kann und
diese selbst der Verbesserung und Erklärung bedürfen. Aber der
Gattungscharakter wenigstens ist bekannt und der Gedankenkreis,
in welchem sich der Verfasser zu bewegen pflegt. So erhalten
die höchst verdorbenen Reste der Satiren des Lucilius zum Theil
aus der attischen Komödie, die nicht weniger schwierigen Fragmente der menippeischen Satiren Varro's unter Anderm aus der
Literatur der Kyniker, den Schriften des Lucian und ähnlichen
Quellen mehrfach Heil und Aufklärung. In einem anderen Fall,
wie bei der sogenannten theognideischen Spruchsammlung, handelt es sich darum, aus einem bunten Conglomerat zerstreuter
Versgruppen von Elegien verschiedener Dichter die fremden Be-
standtheile ihren Verfassern zurückzugeben, den echt theognideischen Kern aber herauszuschälen, die verschiedenen Schichten
desselben zu sondern und die stimmungsvolle Poesie des megarischen Ritters sowie seine markige Persönlichkeit zur Anschauung
zu bringen. Hier kommt uns ausser bestimmten Zeugnissen, auf
Grund deren wir das Fremde ausscheiden, die allgemeine Kenntniss der Lebensverhältnisse des Theognis, der Parteikämpfe, in
die er verwickelt war, und seiner Grundsätze zu Hülfe.

In der That beruht der Werth aller persönlichen und bio-
graphischen Nachrichten über den einzelnen Autor in dem Beitrag, welchen sie zum Verständniss seiner Werke und seiner geistigen Eigenart liefern, während Anekdoten und Legenden höchstens
lehren können, wie das Andenken an eine berühmte Persönlichkeit in der Vorstellung der Menge gelebt hat, die, wie bei der
Sappho, eine sehr schiefe und verworrene gewesen sein kann.
Was vollends über mythische Gestalten wie Linos, Orpheus, auch
Homer erzählt wird, hat den Werth selbständiger Dichtung, in
der alte Traditionen über die Urgeschichte des Liedes, das Epos
der Sängerschulen und den Stand der Rhapsoden nachklingen.
Aber je leibhaftiger die Gestalt des Autors aus der Mitte einer
reichen Umgebung Mitlebender uns entgegentritt, desto klarer und
eindrucksvoller müssen uns die Schöpfungen seines Geistes werden.

Daher ist eine Hauptpflicht des Literarhistorikers nicht nur ein anschauliches Gesammtbild jeder einzelnen Culturperiode vor Augen zu stellen, sondern auch die in ihr wirkenden, in Eintracht oder Streit miteinander verkehrenden Menschen, die Haupt- und Nebenpersonen der Zeitbühne möglichst zum Leben zu erwecken. So vertraut sollten uns z. B. alle Beziehungen der aristophanischen Komödie, der horazischen Gedichte sein: aber wie oft werden wir mit dünnem Scholiastenbrei abgespeist! Und wir müssen noch für jedes Körnchen glaubhafter Belehrung dankbar sein und eins zum andern tragen, auf einen günstigen Sonnenstrahl hoffend, der plötzlich einmal aus entlegenem Winkel die todte Stelle beleuchtet und den Keim des Verständnisses befruchtet.

Auch den Herzensgeheimnissen des lyrischen Dichters möchten wir auf die Spur kommen: scheint er uns doch selbst durch seine Geständnisse den Schlüssel zu bieten. Wir suchen die Liebesgedichte an Lesbia, Delia, Cynthia auf eine Schnur zu reihen, die Andeutungen und Voraussetzungen derselben in Zusammenhang zu bringen. Aber es wäre pedantisch, den Poeten wie ein Verhörrichter zu scharf beim Worte zu nehmen: mit gutem Recht und absichtlich hat er Dichtung und Wahrheit gemischt, die einzelnen Nummern nicht nach der Zeitfolge, sondern nach ästhetischen Gesichtspunkten geordnet. Auch die Züge derselben Gestalt verwandeln sich unter der Hand. Besonders muss man Conventionelles von Individuellem zu unterscheiden wissen.

Von hohem Interesse bleibt der Entwickelungsgang des Autors, die Abfassungszeit und Reihenfolge seiner Schriften, die daraus zu erschliessende Geschichte seines Geistes. Für diese chronologische Daten zu gewinnen wäre an sich wichtiger als die haarscharfe Bestimmung des Geburts- und Todesjahres, wenn nicht an diesen beiden Polen so viele Entscheidungen eingreifender Art hingen. Desto mehr sind die Lücken unserer Ueberlieferung gerade in diesen Punkten zu beklagen. Nur zu oft, wenn sie nicht ganz versagt, beruht sie auf ungefährer, willkürlicher Schätzung und voreiligen Schlüssen nicht ohne die gröbsten Irrthümer und Verwechselungen. Man wusste allenfalls, in welchem Jahr oder welcher Olympiade Einer gestorben, in welchem Lebensalter er abgeschieden, dass er Zeitgenosse eines Andern gewesen sei, oder um welche Zeit ungefähr er in Ansehen gestanden habe. Von dergleichen Anhaltspunkten aus rechnete man mit conven-

tionellen Zahlen vor- und rückwärts. Kam dann noch ein Unwissender, der gleichnamige Autoren (das Capitel von den Homo-
nymen hat ja schon die Alten beschäftigt) oder ein späterer
Compilator, welcher die zur Zeitbestimmung dienenden, oft ähnlichen oder gar identischen Archonten- oder Consulnamen ver-
wechselte, oder vertauschte ein Abschreiber ähnliche Namens- oder
Zahlzeichen, so konnte heillose Verwirrung entstehen. Daher ist
die Controle und Berichtigung der überlieferten chronologischen
Angaben eines der mühseligsten und verdriesslichsten Geschäfte
des Philologen. Wie häufig nöthigt ihn die Bestimmung eines
Hülfsfactors für seine Rechnung zu weiten Ausflügen auf dornige
Nebenpfade, die selbst erst gangbar gemacht werden müssen!
Nur wenn man die ganze Zeittafel klar übersieht, kann durch
umsichtige Combination die Einreihung vermisster Daten erfolgen.
Was aber die Abfassungszeit der einzelnen Schriften eines Autors
betrifft, so kommen uns ausser amtlichen Aufzeichnungen über
die Aufführung von Dramen, wenn sie unversehrt überliefert sind,
und mancherlei beiläufigen Mittheilungen oder ausdrücklichen Angaben aus gelehrten Quellen in besonders günstigen Fällen auch
die eigenen Aussagen des Verfassers zu Hülfe; aber selbst diese
sind bei der gern nur andeutenden oder umschreibenden Ausdrucksweise der Alten, zumal der Dichter, manchen Zweifeln der
Auslegung unterworfen. Zum Glück pflegen noch andere Momente
in die Entscheidung einzugreifen: Beziehungen auf Zeitverhältnisse
und Personen, auf andere Schriften, und zwar gewollte und un-
absichtliche, Beobachtungen der stilistischen und metrischen Form.
Wenn man nur die Beweiskraft solcher Eigenheiten immer vor-
sichtig erwöge, nicht gewissen Besonderheiten, die sich aus der
Richtung und Anlage der vorliegenden Schrift, aus dem Charakter
einer Stelle natürlich ergeben oder auch auf eine zufällige, vorübergehende Laune, eine augenblickliche Nachlässigkeit geschoben
werden können, das Gewicht entscheidender Kriterien beimässe!
Wenn man sich überhaupt beschiede nur beweisen zu wollen,
was sich wirklich zur Ueberzeugung bringen lässt, und nicht
mit ziellosen Discussionen gar zu viel Zeit und Kraft ver-
schwendete!

Der Dichter des Alterthums, in fester Schultradition gebildet,
schafft seine Werke in bewusstem Anschluss an seine Vorgänger.
Aus gegebenem Sagenkreise schöpft der griechische Tragiker

seine Stoffe, welche im Epos und in der Lyrik bereits mannigfach durchgearbeitet, im Drama zu höherer psychologischer Entwickelung und ethischer Vertiefung gelangen, und wetteifernd
sucht der Nachfolger dem Problem eine neue Seite abzugewinnen,
Schwächen der älteren Auffassung, der Charakteristik, der Moti-
virung, der Handlung (nicht ohne verdeckten Hinweis darauf) zu
verbessern. In jeder Gattung und Spielart waltet das Streben
nach stetiger Kunstentwickelung, wobei das Gelungene ohne Bedenken angenommen, nachgeahmt, für den Verstehenden anerkannt
wird. Eine feine Musik leiser Anklänge durchzieht die alte Literatur. Wer diese Harmonien und Dissonanzen zu deuten versteht, dem erschliesst sich erst das Concert der Autoren und
Schriften untereinander. Die Römer haben Selbständigkeit des
Geschmackes zunächst nur durch freie Auswahl aus den Schätzen
ihrer griechischen Meister bewährt. Aus hier und da entlehnten
Edelsteinen haben sie in neuer Zusammensetzung und Fassung
eigenthümliche Kunstwerke geschaffen. Bald machte auch bei
ihnen die Schule ihre bindende und bildende Macht geltend, so
dass wir in römischer Poesie der doppelten Quelle griechischen
und nationalen Bodens nachzugehen haben. Nichts ist lehr- und
genussreicher als dieses vergleichende Studium gleichartiger Dichtungen, welches auch für die Zeitbestimmung von Wichtigkeit
sein kann. Da kann es denn vorkommen, dass Einer die Sachen
auf den Kopf stellt und ein Hysteron proteron schafft, wie bei
der Frage, ob die sophokleische Elektra älter sei als die euripideische oder umgekehrt.

Ein eigenthümliches Problem stellt uns die kritisch-histo-
rische Betrachtung der homerischen Gedichte. Sie sind der Abschluss einer lange in Sängerschulen gepflegten, höchst mannigfaltigen Kunstübung. Auszüge, Theile, Andeutungen älterer
Heldenlieder, verschiedenartiger Behandlung des gleichen Stoffes
sucht man herauszuschälen: man glaubt eine Ilias, eine Odyssee
oder mehrere vor Homer hinter der abschliessenden Fassung,
die uns vorliegt, zu entdecken, und sucht so zu den Anfängen
der epischen Poesie durchzudringen. Dass die Pfade in diesem
Dickicht, welche von verschiedenen Seiten eingeschlagen werden,
sich noch kreuzen und gelegentlich in die Irre dürfen, darf doch
vor erneuerten Entdeckungszügen, welche Neuland zu erobern
trachten, nicht abschrecken.

Noch einen dunklen Wald hat der Durchforscher der alten
Literatur zu bewältigen: die Menge untergeschobener, pseudo-
nymer und anonymer Schriften, welche auf üppigem Boden wild
aufgeschossen ist. Die eigenthümliche Organisation öffentlicher
Aufführungen, die Art des Buchhandels, die Leichtgläubigkeit des
Publicums, Eitelkeit, Uebermuth und Bescheidenheit, Bosheit und
Laune der Schriftsteller, mannigfache Zufälle der Ueberlieferung
haben dazu beigetragen. Zur Warnung vor blindem Vertrauen
wäre es nützlich, einmal die lange Liste ausdrücklich bezeugter
oder sicher gestellter Pseudepigrapha aller Art in kritischer Beleuchtung vorzulegen. Wenn die Mittel unserer ausgebildeten
Methode uns meist in den Stand setzen das Urtheil der Unecht-
heit scharf zu begründen, auch Zeit und Verwandtschaft zu bestimmen, so wird sie auf Nennung eines Verfassers verständiger-
weise verzichten, wo ihr nicht durch sichtbare Spuren der Weg
gewiesen wird.

Alle bisher genannten Aufgaben betreffen eigentlich den un-
entbehrlichen Unterbau, die äusseren Voraussetzungen geschicht-
licher Betrachtung, aber zu ihrer Lösung muss die Anschauung
des Ganzen und die eingehende Kenntniss der Theile beständig
zu Hülfe genommen werden. Was aber das eine Mal Mittel der
Forschung, ist das andere Mal ein Ziel derselben. Nachdem der
Boden nach Möglichkeit geebnet, der Ausblick geöffnet ist, wollen
wir nun ein ausgeführtes Gesammtbild vor uns entrollt sehen,
dem Luft, Horizont, Perspective, Rundung und Farbe nicht fehle,
soweit eben die Mittel der Darstellung reichen. In gesonderten
und doch nicht auseinanderfallenden Gruppen sollen die Meister
mit ihren Gehülfen und Schülern nicht nur fertig hingestellt,
sondern es soll erzählt werden, wie sie geworden sind, woran sie
angeknüpft, was sie erlebt und erlitten, gewollt und erreicht, wie
sie auf Zeitgenossen und Nachkommen gewirkt, welchen Beitrag
sie zu dem grossen Geisteskapital der Menschheit hinzugebracht
haben. Den Schatz ihrer Ideen, die Bilderreihe ihrer Phantasie
wollen wir überblicken, die Wärme und Tiefe ihrer Empfindung,
den Grad ihrer künstlerischen Gestaltungskraft und ihrer formalen
Meisterschaft ermessen, auch ihren Schwächen und Verirrungen
nachgehen, die Mittel ihrer Kunst begreifen und die Grenzen derselben bestimmen. Wir wollen ihre einzelnen Werke, wie sie im
Geiste des Verfassers geboren sind, der Reihe nach entstehen

sehen und in ihr Verständniss eingeführt werden. Nur dazu soll
die unentbehrliche Analyse des Inhaltes dienen, dass wir angeregt
werden näher zu treten und durch eigenes Studium den allgemeinen
Eindruck zu vertiefen, nicht etwa, dass die genauere Kenntniss
durch ein Excerpt erspart bleibe. Auch der Betrachter von Grund-
und Umrissen herrlicher Bauten und Bildwerke glaubt nicht auf
die Anschauung dieser selbst verzichten zu müssen.

Aber über die einzelnen Schriftsteller und Schriften hinaus
haben wir den geistigen Stempel, welcher jeder Periode des Völkerlebens aufgeprägt ist, aus der Summe ihrer literarischen Leistungen, und deren Verhältniss zu den allgemeinen Zuständen zu
ermitteln, wenn es auch nicht gerade erforderlich oder thunlich
ist, die Fülle der Gestalten in eine starre Formel zu zwängen.
Ergiebiger ist der Längendurchschnitt, welcher, wie schon berührt,
die Geschichte der Stoffe, oder die Geschichte einer Literaturgat-
tung durch die Perioden hindurch von ihren Anfängen bis zu den
letzten Ausläufern verfolgt. So lohnt es sich, die mannigfaltigen
Formen und Gesetze des Erzählens von der Ilias bis auf die rauschenden Dionysiaka des Nonnos zu verfolgen, die Entwickelung
des mythisch-heroischen und des historischen Epos, des erzählenden
Hymnus, des zierlichen Epyllions und des genrehaften Idylls: der
Gang und Aufbau der Erzählung, die Elemente und Beiwerke,
deren Verwendung und Behandlung, die Mitwirkung der Götter
und Dämonen, die Episoden, die Schilderungen, Gleichnisse, Reden,
Gedanken und Affecte, die reiche Rüstkammer der rhetorischen
Mittel, die Eigenheiten des Stils und des Versbaues, — welche
Fülle des Stoffes für den feinen Beobachter, der es versteht die
gesammelten Thatsachen mit historischem Blick zu durchdringen
und die rechten Schlüsse daraus zu ziehen! Aehnliche, zum Theil
andere Momente der Vergleichung bietet die Geschichte des
Dramas: ausser den Mythen die tragischen und komischen Motive, die Charaktertypen, die Leidenschaften, Thorheiten und
Schwächen, die ethischen und religiösen Anschauungen, Composition, Haltung des Chors, Behandlung der lyrischen Theile und
des Dialogs, die Mittel der tragischen und komischen Wirkung, —
ich will nicht ermüden durch weitere Aufzählungen von Fragen,
die sich jedem Kenner ungesucht aufdrängen. Ich gedenke noch
der Elegie, deren Geschichte eine besonders wechsel- und bedeutungsvolle ist. Wo man sich in dieser Richtung auch hinwende,

überall öffnen sich gleichsam auf Schritt und Tritt einladende und reizvolle Wege der Untersuchung. Diese Weise literar-historischer Betrachtung leistet der Geschichte des Geschmackes und der schriftstellerischen Kunst, insbesondere der Poetik, nicht minder der Ethik und Religionsgeschichte, ja der gesammten Culturgeschichte die erheblichsten Dienste. So verjüngt sich die altersgraue Philologie, indem sie voller und voller gleichsam Athem schöpft und ihre Kreise zugleich immer weiter zieht.

2. Lobpreis von Fürsten und Helden bei Griechen und Römern

(akad. Rede; Leipzig, 30. April 1889).

Unsre Universität begeht heute die Geburtsfeier ihres in Ehrfurcht geliebten Rector magnificentissimus, Sr. Majestät des Königs. Unsre Wünsche für das dauernde Wohlergehen des theuren Hauptes, die Gefühle unsres Dankes für den unschätzbaren Segen, welchen des Himmels Gnade durch das Geschenk eines solchen Herrschers unsrem Lande verliehen hat, für alle erneuten Beweise königlicher Huld und Fürsorge, deren wir uns auch in dem verflossenen Lebensjahre wieder zu erfreuen hatten, diese Gefühle leben heute nicht weniger mächtig in unsren Herzen, wenn auch der Ausdruck derselben durch die Umstände um wenige Tage verzögert worden ist.

Je weiter die Jahre im Leben des Einzelnen wie der Nation vorrücken, desto reicher wird dasselbe an Erinnerungen, desto häufiger wird der Anlass auf Geschehenes, Vollbrachtes zurückzublicken. Wohl dem, welchem ein Kranz froher und stolzer Erinnerungen um das Bild seiner Vergangenheit geschlungen, dem zugleich Kraft und Muth zu neuen Thaten noch nicht erlahmt ist, der auf die Gegenwart mit Befriedigung, in die Zukunft mit Vertrauen auf sich und die Seinigen blicken darf! Erst neulich durften wir Deutschen des Tages gedenken, an welchem vor 40 Jahren das Bundesheer zum ersten Mal die Düppeler Schanzen erstürmte. Es war derselbe Tag, an welchem auch der damalige Kronprinz des sächsischen Königshauses sein erstes Lorbeerreis pflückte. Freilich musste diese That nach 15 Jahren in demselben Monat noch einmal mit weit härterem Kampfe wiederholt werden, damit endlich der Grund zur Wiederaufrichtung deutscher Herrlichkeit gelegt werde. Man muss selbst zu jener Zeit in den befreiten Herzogthümern gelebt und noch inmitten des kriegerischen Getümmels von jenen Höhen auf das im jungen Frühling grünende, von Hoffnung schwellende Land hinabgeschaut haben, um die Begeisterung, welche damals in allen guten deutschen Herzen schlug, in sich nachklingen zu lassen.

Familienhafter, aber desto ehrwürdiger, von der Romantik grauer Vorzeit umglänzt ist das nahe bevorstehende Jubelfest, zu welchem sich soeben unser Land rüstet. Der Redner des heutigen Tages ist nicht berufen, den Gedanken und Empfindungen vorzugreifen, welche in wenigen Wochen sich in Wort und Lied Bahn brechen, in farbenreichen Bildern Gestalt gewinnen werden. Dem stillen Arbeiter in einer vom Leben der Gegenwart nicht abgekehrten, aber unabhängigen Wissenschaft kommt es eher zu, betrachtend und vergleichend aus der eigenen, wenn auch fremdartigen Gedankenwelt Maass und Licht für die Würdigung zeitgenössischer Anschauungen und Bestrebungen zu gewinnen. Pflegt doch bei festlichen Gelegenheiten auch der Urväter ehrwürdiger Hausrath aus alten Truhen und Schränken hervorgeholt und zum Schmucke der Tafel ausgestellt zu werden.

Gestatten Sie mir, da wir in einer Zeit leben, welche Stoff und Lust zum Feiern und Rühmen hat, einen kurzen Ueberblick, wie Griechen und Römer diese Kunst — denn das war es für sie und soll es immer sein — geübt haben. Es wird sich ergeben, wie tief dieselbe schon im Alterthum aus der reinen Höhe herabgesunken ist, auf der sie einst gethront hat. Natürlich werde ich nicht sprechen von der prosaischen Lobrede, dem flauen Handwerkserzeugniss aus der Schule der Sophisten, sondern von dem Lobgedicht, denn nur der Muse kommt es nach der ursprünglichen tiefen Auffassung des Alterthums zu, wie die Herrlichkeit der Götter, so hervorragende Trefflichkeit der Sterblichen im Gedächtniss der Nachwelt zu verewigen, und nur Ausserordentliches, weithin Leuchtendes, nicht das Alltägliche, vom flackernden Lämpchen der Tagesgunst beschienene ist solches Geschenkes würdig.

So waren seit alten Zeiten an den Höfen hellenischer Fürstengeschlechter Sänger willkommen, welche das Mahl durch Lieder von den Thaten grosser Ahnen zu würzen verstanden. Natürlich, dass sie erzählten, was die Hörer gern vernahmen, dass sie den Helden des Hauses, der Heimath in den Vordergrund schoben und den Stoff zweckmässig um den Mittelgrund gruppirten, aber

stets in leidenschaftsloser Ruhe, als ergebene Organe ihrer göttlichen Lehrerin, welche Glauben beanspruchte.

Der epischen Breite solcher Heldenlieder steht als knappster
Auszug die metrische Grabinschrift gegenüber. Das Wesentliche des Mannes, was ihn unvergesslich macht, klingt in dem·
wehmüthig bescheidenen Rhythmus des elegischen Distichons
dem Vorübergehenden entgegen wie ein Hauch des Vergangenen.
Wir bewundern die Meisterschaft eines Simonides, der es wie
kein Anderer verstanden hat, der schlichten Wahrheit, wie sie
dem Ernst des Grabes gebührt, den edelsten und tiefsten Ausdruck zu geben. „Für die Hellenen kämpfend haben wir Athener
zu Marathon der goldtragenden Meder Macht daniedergestreckt"
so lautet in unübersetzbarer Prägnanz das Distichon, welches an
einem einfachen Pfeiler auf dem Schlachtfelde zu lesen stand.

Den stolzesten Päan auf das Volk der Hellenen als Besieger
der Barbaren hat Aischylos gesungen in seiner Persertragödie.
Es war seiner und attischer Geisteshoheit würdig, dass er den
Besiegten allein als Zeugen des nationalen Heldenkampfes das
Wort gab. Aus den Schreck- und Jammerrufen vor dem Königspalast in Susa hören wir den Jubel der Griechen heraus; der
persische Krieger, welcher heimkehrend als Augenzeuge von der
Niederlage bei Salamis, dem Blutbade auf Psyttaleia und von
den furchtbaren Erlebnissen des Rückzuges berichtet, wird zum
begeisterten Herold griechischer Geistesmacht, ohne dass er einen
einzigen der Sieger mit Namen nennt; der Schatten des Dareios,
des guten Genius der Perser, steigt empor, um die Gerechtigkeit
des göttlichen Strafgerichtes den Zerkmirschten vorzuhalten, denn
„die Hybris, wenn sie aufblüht, lässt eine Saat der Ate reifen,
aus der ein thränenreicher Herbst geerntet wird". Durch den
Mund des Feindes predigt der gedankentiefe Dichter auch den
Seinigen massvolle und bescheidene Besonnenheit.

Nike ist dem Griechen unzertrennlich von der geisteshellen
Pallas Athene; oft und aller Orten vertheilte sie im Lauf des
Jahres ihre Kränze bei den nationalen und localen Spielen, welche
der Pflege der Musen und der körperlichen Gewandtheit gewidmet waren. Wer vom pythischen Wettkampf, vom Isthmus,
von Nemea oder gar von Olympia als Sieger heimkehrte, oder
nur seinen Wagenlenker heimkehren sah, in dessen Glanz sonnte
sich Familie, Gemeinde und Stamm. Beim Einzuge in das

heimathliche Haus oder beim Tempelgang zur Kranzweihe, bei
oder nach dem Festschmause, zum abendlichen Komos oder auch
am wiederkehrenden Jahrestage trug ein Chor geübter Sänger
und Tänzer unter Begleitung der Phorminx oder der Clarinetten
das kunstvoll gefügte Enkomion vor. · Wir müssen uns in dieses
jugendlich naive Frohgefühl für wirklich verdiente Auszeichnung
hineindenken, welche eine körperlich oder geistig begabte Persönlichkeit auf frischer That hoch über die Häupter der Uebrigen
erhob. „Wer unterlegen ist," sagt Pindar, „wird bei der Heimkehr zur Mutter nicht mit frohem Lachen empfangen: in Neben-
gassen ducken sie sich, gebissen von ihrem Missgeschick. Aber
der Knabe, der einen Preis errungen hat, den trägt die Hoffnung
in beflügelten Gedanken: sein Sinn steht nach Höherem als
Reichthum." Die rein ideale Anerkennung der bewiesenen Ueberlegenheit ohne jeden Beisatz eines materiellen Gewinnes ist das
Vornehmste. „Andere Thaten finden anderen Lohn: der Heerden-
züchter und der Pflüger und der Vogelfänger und wen das
Meer nährt. Jeder strengt sich an, seinem Bauch den schnöden
Hunger abzuwehren. Wer aber in Wettkämpfen oder Kriegen
stolzen Ruhm davonträgt, der empfängt, indem er gelobt wird,
den höchsten Lohn, die Blüthe der Zunge von Heimischen und
Fremden." Dass derselbe aber ein dauernder sei, dafür hatte die
Kunst des Sängers zu sorgen, die sich freilich nur dem Bemit-
telten in Dienst stellte, Fürsten wie Hieron, Theron, Skopas,
oder Sprossen edelster Familien. Und die Dichter hatten dessen
kein Hehl, dass sie bezahlte Waare lieferten.

„Vor Zeiten," sagt Pindar, „war die Muse noch nicht gewinn-
liebend und keine Lohnarbeiterin, da trugen die sanftstimmigen
Gesänge noch kein versilbertes Antlitz; aber jetzt gilt das Wort
jenes Argivers, der sich von Habe zugleich und Freunden verlassen sah: Geld, Geld ist der Mann"; und er selbst gedenkt
gelegentlich unverhohlen des Vertrages, welcher seine Stimme
für Geldeslohn in Dienst genommen habe. Die Berufung der
ersten Meister zu solchem Werk würde allein den hohen Geist
verbürgen, mit welchem die Aufgabe erfasst wurde, wenn uns
auch keine Proben vorlägen. Hat doch den jungen Alkibiades,
als er beim Wagenrennen den ersten, zweiten und dritten Preis
auf einmal davongetragen hatte, kein Geringerer als Euripides
gefeiert. Haben doch Pindar und Simonides geradezu einen

Beruf aus der Anfertigung von Siegesliedern gemacht. Nach allen
Richtungen der hellenischen Welt reichten die Verbindungen
dieser Dichter. Für Theben, Argos, Korinth und Athen, für
Opus, Lokri und Orchomenos, für Aegina, Tenedos, Rhodos und
verschiedene Städte Siciliens, für Thessalien und Kyrene hat
Pindar seine Oden gedichtet, die er theils schickte, theils selbst
überbrachte, alle verschieden von einander in rhythmisch-musika-
lischer Form wie im geistigen Ton und Gehalt, wahrlich keine
Schablonenarbeiten und doch nach einer gewissen Kunstsatzung
frei gestaltet. Was seine Arbeit werth war, wusste der Dichter
wohl ins Licht zu setzen. „Der beste Arzt nach geprüften
Mühen ist Frohsinn," so beginnt ein Festlied für einen Knaben,
der im Ringen gesiegt hat. „Die klugen Töchter der Musen,
die Gesänge, bereiten ihn mit streichelnden Händen. Nicht laues
Wasser schmeidigt so die Glieder, wie rühmende Rede gesellt
zur Phorminx. Das Wort lebt länger als Thaten, wenn es mit
glücklicher Hilfe der Charitinnen die Zunge aus tiefem Geist
hervorgeholt hat." Und weiterhin: „Das geläuterte Gold zeigt
vollen Glanz, aber ein Lied von guten Thaten macht den Mann
Königen gleich an Glück."

So waren es keine geringen Erwartungen, welche an den
Festsänger gestellt wurden. Sollte er im vollen Maasse dem Tage
gerecht werden, so konnte er gründlicher Vorarbeiten nicht entrathen. Nicht nur mit der Eigenart und den Verdiensten seines
Helden musste er vertraut sein, sondern auch mit den Ueber-
lieferungen und Verhältnissen des Hauses, mit der Geschichte
der Stadt und des Landes, mit den politischen und persönlichen
Beziehungen zu Vergangenheit und Gegenwart. Aus all diesen
Fäden wird ein feines Gespinnst sinnreicher Gedanken gewoben,
deren Verständniss freilich neben poetischer Empfänglichkeit
einen ausserordentlichen Grad combinatorischen Scharfsinnes bei
den Hörern voraussetzte. Wer die wunderbare Begabung und
den feinen Geist der Griechen, nicht nur der Athener, in der
Zeit des Aischylos und Pindar richtig schätzen will, muss neben
den Tragödien die Siegeslieder des letzteren in der unmittelbaren
Wirkung ihrer Zeit sich vor Augen stellen. Sie fordern durch
ihre ganze Anlage die tiefere Deutung heraus. Gerade dahin
geht das Bestreben, Aufmerksamkeit zu wecken, Räthsel aufzugeben. In den Schleier des Gleichnisses, der Gnome hüllt der

Dichter Lob und Tadel, Aufmunterung, Trost und Warnung,
den ganzen Schatz seiner Weisheit. Er spricht daher von den
Falten seiner Gesänge, von den schnellen Pfeilen in seinem
Köcher, welche für Verstehende reden, aber der Ausleger bedürfen, von dem Ziel, welches sein Bogen oder sein Speerwurf
nicht verfehlen dürfe. Scheinbar im Sprung, ohne Brücken
schreitet das Lied vorwärts. Bald gleicht es einem Bau, dessen
Quadern ohne Mörtel und Klammern durch ihr eignes Gewicht
aufeinanderruhen (goldne Säulen stützen eine prächtige Vorhalle),
bald einer überschäumenden Schale edlen Weines oder einem
Mischkessel wohl bemessenen Trankes.

Das Lob des Siegers ist nur gleichsam der in den Boden
gesenkte Keim, aus welchem die Blüthen des duftigen Kranzes
hervorwachsen. Mit fast geschäftsmässiger Kürze wird des er-
rungenen Sieges selbst gedacht, bisweilen erst gegen den Schluss,
als wäre beinahe Vergessenes nachzuholen. Frühere Erfolge
werden in statistischer Trockenheit aufgezählt: die spärlich auf-
gesetzten Lichter mögen durch begleitende Musik und Tanz-
bewegung gehoben worden sein. Nicht verschwiegen werden die
Siege der Vorfahren: die ganze agonistische Ruhmeshalle des
Hauses wird geöffnet. Ein äginetischer Knabe hat vom Ring-
kampf in Nemea den ersten Eppichkranz und damit seinem Geschlecht den 25. Siegerpreis heimgebracht. Wie ein Jäger wan-
delt er in den Spuren seines Grossvaters, der zuerst den Aeakiden
den olympischen Lorbeer gewonnen hat, fünfmal auf dem Isthmos,
dreimal in Nemea bekränzt ist. Und noch weiter hinauf wird
siegreicher Ahnen gedacht. Weil aber Vater und Urgrossvater
leer ausgegangen sind, wird sinnreich, jedoch ohne ausgesprochene
Anwendung, das Geschlecht des Knaben mit fruchttragenden
Aeckern verglichen, welche in einem Jahr Ertrag liefern, im
andern rasten und Kraft sammeln. Wem die höchste Ehre, der
olympische Lorbeer, noch fehlt, für den wird des Zeus Gnade
erfleht, oder es wird auf die Zaghaftigkeit der Eltern geschoben,
welche die angestammte Kraft nicht erkannt und den vorwärts
Strebenden an der Hand zurückgeführt haben.

Kürze ist die Seele des Lobes. „Wer von Erfolg redet, soll
vieler Verdienste Enden zusammenfassen, so folgt weniger Tadel
von den Menschen, denn Sättigung stumpft die schnellen Erwartungen ab, und im Geheimen fühlt sich das Gemüth der

Bürger beschwert beim Anhören fremder Trefflichkeit. Freilich ist Neid besser als Mitleid; wer von Menschen beneidet wird, bei dem verweilt das Glück."

Das schönste Ziel des Lebens, der werthvollste Besitz, den Einer seinem Geschlechte hinterlassen kann, ist das dankbare Gedächtniss, die Huld der Bürger. Je schöner und ehrenvoller aber das Erreichte ist, desto dringender warnt der Sänger vor dem Streben nach Unerreichbarem, vor den Folgen der Hybris. „Das letzte Ziel der Grösse gipfelt sich den Königen: strebe nicht weiter!" ruft er Hieron zu. „Wir sind Sterbliche: über die Säulen des Herakles dringen wir nimmer hinaus," heisst es an einer andern Stelle, und wieder: „den ehernen Himmel können wir nicht erklimmen; unser Schicksal wechselt mit dem Tage; an das Vorliegende sollen wir denken."

Am höchsten schätzt der aristokratische Sänger angeborene Gaben, die Gunst einer bevorzugten Natur: „wer Angelerntes besitzt, steht als ein dunkler Mann, bald dahin, dald dorthin strebend, auf schwankendem Fuss." Er selbst blickt mit stolzem Bewusstsein herab auf unbegabte Handwerksgenossen und Schüler, gewandte Schwätzer: „wie Raben krüchzen sie wirkungslos gegen den göttlichen Vogel des Zeus." Zwar sind gefahrlose Proben der Tüchtigkeit nicht geschätzt, während einer schönen That, die mit Mühe geleistet ist, Viele gedenken. Aber die Gottheit ist es, welche bald den Einen, bald den Anderen in die Höhe hebt oder zu Boden wirft. „Tagesgeschöpfe! was ist Einer? was ist Einer nicht? eines Schatten Traum ist der Mensch. Aber wenn ein gottverliehener Lichtstrahl kommt, dann waltet ein leuchtender Glanz über dem Menschen und wonniges Lebensgefühl."

So ist von der Person des Gefeierten viel weniger die Rede als von seinen Vorfahren, von den Heroen seiner Heimath, von den Gründern seiner Stadt oder ihren Schutzgöttern; denn das sind die Quellen, welchen der blühende Spross seine Kraft verdankt. Die Sage bot dem Kundigen so reichen Stoff, dass er nur auszuwühlen brauchte, was für seinen Zweck am geeignetsten schien. Nicht in epischer Breite, sondern die Spitzen pflückend stellt er den Mythus dar, hervorhebend oder leise andeutend, was ihm als Beispiel eines vorschwebenden Gedankens dienen kann. Hier besonders wurde die Feinheit der Auffassung auf die Probe gestellt; hier muss der heutige Erklärer, dem die

vorausgesetzten Thatsachen und Verhältnisse kaum in den äussersten
Umrissen überliefert sind, nur zu oft die Unsicherheit oder Unzu-
länglichkeit seiner Bemühungen beschämt eingestehen. In dem
an sich löblichen Bestreben, alle Schleier zu lüften, haben sich
selbst die geistvollsten und gelehrtesten Forscher zu Spitzfindig-
keiten verleiten lassen, deren Haltlosigkeit der unbefangene Blick
sofort erkennt. Schon die Menge einander widersprechender
Deutungen beweist, wie gross die Versuchung zu Irrwegen ist.
Einige Beispiele mögen diese Gefahr und die Weise des Dichters
erläutern.

Den Mittelpunkt eines Liedes auf den König Hieron von
Syracus, dessen Wagengespann in Delphi gesiegt hatte, bildet
die Sage von Ixion, dem schnöden Verräther, der erst seinen
Schwiegervater tückisch in eine Mordgrube gelockt und dann
die Wohlthaten des Zeus durch freche Zumuthungen an Here
gelohnt hat. Kaum sollte man es glauben, dass selbst der ver-
dienteste Erklärer Pindar's auf den Einfall kommen konnte, mit
Schuld und Strafe dieses Frevlers solle dem König selbst ein
warnendes Spiegelbild vorgehalten werden, weil er mit seinem
Bruder um die Herrschaft stritt und vielleicht (eine Vermuthung,
die rein in der Luft schwebt) dessen Frau begehrte. Und doch
hat der Dichter ausdrücklich gesagt, Ixion, der auf das Rad Ge-
flochtene, rufe auf Götterbefehl den Sterblichen die Lehre zu,
den Wohlthäter mit freundlicher Vergeltung zu ehren. Und
soeben war Hieron gerühmt worden, dass er der Stadt Lokroi
gegen Anaxilas von Rhegion Schutz gewährt habe: „Dich preist
die Lokrische Jungfrau, welche Dank deiner Macht nach Kriegs-
noth nunmehr sicher und sorglos blickt." Was liegt näher, als
dass eben den Lokrern auch für die Zukunft die Pflicht der
Dankbarkeit eingeprägt werden sollte? Welche weiteren Ver-
gleichungspunkte aber zwischen ihrem und Ixions Verhalten vorlagen oder nicht vorlagen, müssen wir uns bescheiden nicht zu
zu wissen. Wie schon das einfache Gleichniss in der dichterischen
Phantasie über das Verglichene hinauswächst und ein Leben
für sich gewinnt, so führen die Dichter des Alterthums auch
den Mythus, der als Beispiel dienen soll, unbekümmert um die
Anwendung im Einzelnen aus, von der Lust des Fabulirens
fortgerissen.

Der König Arkesilaos von Kyrene, der im pythischen Wagen-

rennen gesiegt hat, leitete sein Geschlecht von dem Minyer Eu-
phemos, dem Steuermann der Argonauten, her, dessen später
Nachkomme, Battos, der Gründer von Kyrene gewesen ist. Dies
giebt dem Dichter Anlass, beide Mythen, die Fahrt nach dem
goldenen Viess und die Gründung Kyrene's, in kunstvoll ver-
schlungener Erzählung zu verbinden. Es ist die prächtigste, am
reichsten ausgeführte Romanze des Alterthums: Alles greift ineinander, um die Entstehung des jetzt so blühenden Reiches vor-
zubereiten. Plötzlich aber stimmt das Lied einen andern Ton
an: „Erkenne jetzt des Oedipus Weisheit. Wenn man von einer
grossen Eiche die Zweige mit scharfem Beil abhaut und ihre
Pracht schändet, so macht sie sich doch noch geltend, wenn
auch ihre Fruchtbarkeit dahin, wenn sie im winterlichen Feuer
kracht oder mit anderen Säulen im Königspalast das Dach stützt."
Ein vornehmer Kyrenäer war wegen Betheiligung an einem Aufstande vom Könige verbannt worden und hatte sich nach Theben
zu seinem Gastfreunde Pindar begeben, der nun bei günstiger
Gelegenheit ein gutes Wort für den Verbannten einlegt. „Du
bist ein trefflicher Arzt," sagt er zu Arkesilaos; „man muss eine
weiche Hand auf die Wunde legen. Es ist leicht auch für
Schwächere, eine Stadt zu erschüttern; aber sie wieder festzustellen ist eine schwere Aufgabe, wenn nicht ein Gott plötzlich
das Steuerruder ergreift. Dir aber wird solche Gunst durch die
Umstände gewoben: nimm dich der glücklichen Kyrene voll an."
Und nun nimmt er geradezu die Würde des Botschafters für
sich in Anspruch, den schon Homer geehrt wissen wollte, preist
die anerkannten Tugenden seines Schützlings, des Damophilos,
den er jetzt erst nennt: „er ist unter Knaben jung, im Rath ein
Alter von hundert Jahren, seine Zunge ist bescheiden, er hat
gelernt den Uebermüthigen zu hassen, widerstrebt nicht den
Guten und zieht kein Werk in die Länge." Gar schmerzlich
sei es, wenn man das Schöne kenne, nothgedrungen den Fuss
draussen zu halten. „Hat doch Zeus auch die Titanen begnadigt, und mit der Zeit, wenn der Wind vorüber, legt man
die Segel um. Der Arme ist krank gewesen und sehnt sich,
sein Haus wiederzusehen, daheim die harmlosen Freuden der
Bürger zu theilen, keinem zu Leide und selbst ungefährdet."
So klingt das grossartig angelegte Siegeslied in eine warme
Fürsprache aus: der Dichter und sein Schützling hat den günstigen

Zeitpunkt, den kurz verweilenden, der dem Menschen als Freund,
nicht als unterwürfiger Diener folgt, gewandt ergriffen. Aber
gesucht und verfehlt nach meiner Ansicht ist das Spüren nach
einer inneren Beziehung zwischen dem Mythus und dieser Für-
bitte. Der Versuch, Jason sei es mit Damophilos sei es mit
Arkesilaos zusammenzustellen, muss nothwendig schief ausfallen.
Aber nachdem die Kette wunderbarer Fügungen, welchen Kyrene
und dessen Herrscher Dasein und Macht verdanken, so glänzend
dargelegt, war das Gemüth für grossmüthiges Vertrauen vorbereitet, so dass ein milder Strahl von dem Glanz des Tages auf
den fernen Sehnsüchtigen gelenkt werden durfte. Zu persönlichem
Lobe des Gefeierten aber ist gar nichts gesagt.

Auch wo die Versuchung nahe lag, laut in die Posaune zu
stossen, bewährt sich die maassvolle Würde des Sängers, der
seinem Helden lieber durch Grösse der Gedanken als durch
schmeichlerische Rhetorik huldigte. Dem Wagensieg Hieron's,
welchen die erste pythische Ode feiert, waren grosse Ereignisse
vorangegangen, die Gründung der Stadt Aetna, am Fusse des
gewaltigen Vulcans, dessen jüngster Ausbruch noch in frischem
Gedächtniss war, und zuletzt die Niederwerfung der Etrusker bei
Kyme. Jetzt waltete Friede, Sicherheit, feste Ordnung in der
Natur wie im Staats- und Völkerleben; neben den Siegen von
Salamis und Plataä strahlte in nicht minderem Glanze der Sieg
von Himera: an der Befreiung des Hellenenvolkes vom übermüthigen Joch der Barbaren hatte Hieron nicht geringeren Antheil als Athen und Sparta. Diese Motive mit bedeutungsvoller
Kürze in ein harmonisches Ganzes zusammenzufassen, ist dem
Dichter wunderbar gelungen. Der herrliche Eingang, welcher
die beruhigende Macht der Musik über alle Geschöpfe, auf Erden
und im Himmel, über den Adler des Zeus und über Ares schildert, erfüllt das Gemüth mit feierlicher Ruhe. Nur der Götter-
feind Typhos, der unter dem schneeigen Aetna begraben ist,
scheut die Stimme der Musen und ergiesst brüllend seine Feuer-
bäche. Nun wird die neue Stadt, als deren Bürger Hieron soeben in Delphi ausgerufen ist, der Huld des Zeus empfohlen,
und Apollon, der durch den Siegerkranz einen glückverheissenden
Anfang geschenkt hat, wird angerufen, die Ansiedler mit geistigen
Gaben zu segnen. Möge dem Manne, welchem das Lied gilt, der
kürzlich krank wie einst Philoktet und siegreich wie er gegen

den Feind gezogen ist, eine glückliche und ruhige Zukunft beschieden sein, und seinem Sohne, dem jungen Herrn von Aetna.
In schöner Eintracht mögen Beide die Satzungen der neuge-
schaffenen altdorischen Gemeinde pflegen. Und Punier, Tyrrhener
und Meder sollen daheim bleiben, nachdem ihr Uebermuth so
schön zurückgewiesen ist. Hieron aber möge in seiner blühenden
Art verharren, er soll seiner Fürstenpflicht und Würde eingedenk
fröhlich mit vollen Segeln fahren und beherzigen, dass der Nachruhm allein verkündet, was an einem Mann gewesen ist. „Wem
beides zu Theil wird, Glück und Ruhm, der hat den höchsten
Kranz empfangen." Denken wir dieses herrliche Lied unter dem
Himmel Siciliens angesichts des Aetna auf dem Festplatz gesungen, den neuerbaute Heiligthümer und Paläste in frischer
Pracht umgaben. Kein Wort des Lobes ist zu viel gesagt; keine
zudringliche Verherrlichung von Herrschertugenden. Was erwartet
wird, ist in der Form der Aufforderung, in einer Reihe kürzester
Sätze ausgesprochen.

Auch die Schatten verleugnet der freimüthige Sänger keineswegs, aber er kleidet Lob wie Tadel oft in die Form allgemeiner
Grundsätze, die Anwendung den Hörern überlassend. Nicht einmal Simonides, der im Loben freigebiger war, brachte es über
sein Gewissen, Flecken zu verschweigen. Wir wissen nicht, was
Skopas der Aleuade begangen hatte: mit schonender Hand, aber
doch sein sittliches Urtheil wahrend, deutet der Eingang des
Enkomions auf die Wunde. „In Wahrheit ein guter Mann zu
sein," so beginnt er, „ist schwer; — — trefflich zu sein, ist
ein Vorrecht der Gottheit: wen die Götter lieben, die sind
am besten. So will ich es aufgeben das Unmögliche zu suchen,
einen ganz untadligen Mann; alle lobe und liebe ich, die
mit Willen nichts Schimpfliches thun." Vergangene Misshellig-
keiten, wie zwischen Hieron und Theron, berührt Pindar wie
Wolken und Unwetter, die vorübergezogen sind. Aber gegen
die Spione und schmeichlerischen Ohrenbläser, welche der syra-
cusische Tyrann im Solde hielt, braucht er scharfe Worte:
„Werde wer du in Wahrheit bist, und lass es dir sagen:
Kinder haben ihre Freude am Affen: wohl dem Rhadaman-
thys, der nicht an Trugreden Gefallen findet, wie die Sterblichen. Ein unbekämpfbares Uebel sind für beide Theile heim-
liche Verleumdungen, den Füchsen gleich. — — Allerwegs geht

der gradzüngige Mann voran, unter der Tyrannis, im Heer und
wenn die Weisen die Stadt behüten."

So blieb der Lobsänger, auch der bezahlte, in der Blüthe-
zeit des hellenischen Geistes der überlegene, unabhängige Lehrer,
ein würdevoller Priester, welchem auch ein ernst mahnendes
Wort gestattet war.

„Eins ist der Menschen Geschlecht, ein anderes der Götter,"
lehrt Pindar: „aus einer Mutter aber athmen wir Beide." Der
Spartaner Lysandros ist der erste gewesen, dem Altäre und Opfer
von hellenischen Städten geweiht sind, dem sogar ein besonderes
Fest an Stelle der Here auf Samos geheiligt und ein Päan gesungen ist. Er zuerst hat Poeten freilich niederen Ranges in
seinem Gefolge gehabt, welche seine Heldenthaten sogar in förm-
lichem Wettkampf zu besingen hatten. Das sind die Folgen des
peloponnesischen Krieges und der mit ihm verbundenen Umwälzungen des geistigen und religiösen Lebens. Die alten Götter
im Olymp hatten ihr Ansehen verloren, da war es kein Frevel
mehr, sie durch Erdensöhne zu ersetzen. Dass nun vollends der
Nachkomme des Herakles und Achilleus, der wie Bacchus siegreich die Welt bis Indien durchzog, seinen Soldaten in gött-
lichem Glanz erschien, war ganz natürlich. Wenn Alexander
die Anerkennung solcher Göttlichkeit auch von seiner Umgebung wie von den griechischen Städten forderte, so war
das eine bedeutungsvolle Maassregel seiner Politik; und unter
seinen Nachfolgern wurde die gleiche Ehrenbezeugung ein At-
tribut der königlichen Würde, eine Vorschrift der höfischen
Etikette.

Folgerichtig nahm nunmehr ein Loblied auf den König die
Form des Hymnus an, und in Hymnen an die Götter wurde
des Königs gedacht. Es klingt noch bescheiden und würdig,
wenn Kallimachos singt: „vom Zeus sind die Könige; du hast
ihnen dein Amt beschieden, hast ihnen Städte zu hüten gegeben
und sitzest selbst auf den Burgen als Aufseher, du hast ihnen
Reichthum und Macht gegeben, nicht allen in gleichem Maasse,
vor Allen unserem Herrscher, der am Abend vollbringt, was er
am Morgen gedacht hat." Aber weiter und über die Grenze des
guten Geschmacks geht er im Hymnus auf Delos, wenn er erzählt: wie Leto, einen Ort für ihre Niederkunft suchend, nach
Kos gekommen sei, habe das noch ungeborene Kind in ihrem

Schooss ihr abgeredet, sich dort niederzulassen, weil dieser Insel
bereits von den Moiren ein anderer Gott bestimmt sei, nämlich
Ptolemaios Philadelphos. Ihm hat Theokrit einen Hymnus
geweiht, welcher Apotheose des Vaters und Verherrlichung des
Lebenden vereinigt. Dem Vater wie dem grossen Alexander
sind Ehrensitze im Hause des Zeus angewiesen. Dem Ahnherrn
Herakles sitzen sie gegenüber. Wenn dieser von der Tafel auf-
steht, um sich zu seiner Gattin zu begeben, überlässt er dem
Einen Bogen und Köcher, dem Anderen die Keule und sie geleiten ihn. Der königliche Sohn aber wird mit Apollo ver-
glichen und seine Geburtsinsel Kos tritt neben Delos. Die
Macht des ägyptischen Herrschers wird ins Märchenhafte auf-
gethürmt. Aus einer künstlich zusammengesetzten Zahlenreihe
erwächst eine wunderbare Summe unterthäniger Städte: 33 333.
Ueber die Völkerschaften, denen er gebietet, über Flotte und
Landarmee wird Musterung gehalten. Es ist eine ungeheure
Parade in Versen. Mit dem persönlichen Lobe des Fürsten,
seiner Herrschergaben in Krieg und Frieden, der königlichen
Freigebigkeit namentlich gegen Sänger, und der Pietät gegen
die hohen Eltern klingt die pomphafte Huldigung aus, welche
gewiss nicht unbelohnt geblieben ist. Denn dass auch Theokrit
seine Saiten nicht umsonst rührte, zeigt das unmuthige Gedicht,
in welchem er klagt, dass die Musen vergeblich anklopfen, dass
sich Niemand mehr etwas aus Sängerlob mache, dass die Reichen
selbstgenügsam und geizig seien. Die Zeiten der Aleuaden und
Skopaden und der grossmüthigen Fürsten Siciliens waren vorüber. „Wer wird unsre Huldinnen, die lobsingenden, freundlich
aufnehmen und nicht unbeschenkt wieder heimsenden?" fragt er.
„Grollend gehen sie mit nackten Füssen nach Hause, viel mich
scheltend, dass sie einen vergeblichen Weg gemacht haben. — —
Wer von den jetzigen ist noch der Mann, Lobredner zu lieben?
Ich weiss es nicht, denn nicht mehr wie sonst streben die Leute
nach Lob für wackere Thaten, sondern dem Gewinn sind sie ergeben. Jeder im Busen haltend die Hand schaut aus, wie er
Geld kann kriegen, und selbst nicht einmal den Rost vom Silber
verschenkt er, sondern er sagt alsbald: das Knie ist mir näher
als das Schienbein. Hab' ich nur selbst etwas: den Sänger ehren
die Götter. Wer mag Andre noch hören? genug ist Allen Ho-
meros. Der ist der beste der Sänger, der nichts mir lockt aus

der Tasche." Die Leute sind banausisch geworden und machen
sich aus der Unsterblichkeit des Namens nichts, welchen die
Muse gewährt. Entrüstet wünscht der Dichter den Geldsäcken,
dass sie immer mehr einnehmen und nur immer gieriger werden
mögen. Da aber Krieg zwischen Hieron und den Karthagern
vor der Thür steht, so bietet er sich dem Könige zum Hof-
dichter an und spendet schon jetzt die besten Wünsche für eine
gesegnete Zukunft des Landes.

In Rom ist das Lobgedicht für Feldherren, Staatsmänner
und Herrscher fast so alt als die Poesie überhaupt. Scipio
Africanus fand bei Lebzeiten seinen Homer an Ennius, und die
Annalen desselben waren ein grosser Ruhmestempel römischer
Familien. Cicero sparte in der poetischen Verewigung seines
Consulates des Selbstlobes nicht, und sein Todfeind Antonius
führte wie jene hellenistischen und andere römische Generale
lange vor ihm seinen Leibpoeten im Lager mit sich. Der gedrückten Stellung entsprechend, welche die römischen Dichter
von jeher in der Gesellschaft eingenommen haben, ist der Ton,
in welchem sie die Grossen feiern, ein demüthiger und die Rhetorik der Schule giebt ihm das Ueberschwängliche. Selbst-
bewusstere Geister wie gerade die Führer der augusteischen
Dichtung entziehen sich den an sie herantretenden Zumuthungen
mit höflichen Wendungen, mit dem Bekenntniss der Unzuläng-
lichkeit und Versprechungen für eine unbestimmte Zukunft. Der
officielle Lobdichter des cäsarischen Hauses ist Varius: auf ihn
werden jene Aufgaben gleichsam abgeladen, und gewiss war es
ein feines Lob, wenn er in dem Panegyricus auf Augustus
schrieb: „Ob das Volk inniger dein Wohl wünscht oder du des
Volkes Wohl, das möge Juppiter, welcher für dich wie für die
Stadt sorgt, unentschieden lassen." Nur der Lyriker Horaz
kann sich den Ansprüchen nicht entziehen, welche die Förderung
des monarchischen Principes, dem er diente, mit sich brachte.
Leider ist nicht überliefert, bei welchen Gelegenheiten und in
welcher äusseren Veranstaltung seine politischen Oden vorgetragen
worden sind. Sicher waren sie zunächst nicht für den einsamen
Leser bestimmt. Wenn schon in republicanischer Zeit zum Jahres-
anfang vor dem Capitolinischen Tempel von den neuen Consuln
unter Betheiligung der Vestalinnen Wünsche für das Wohl des
Gemeinwesens dargebracht und nach der Schlacht bei Actium

nach Senatsbeschluss noch ausdrücklich Gebete für den Herrscher
in diese Feier eingeschlossen wurden: warum könnte nicht mit
einer ähnlichen gottesdienstlichen Feier, etwa mit einer öffentlichen supplicatio zur Sühne von Prodigien, jenes Lied verbunden
gewesen sein, in welchem eine endliche Versöhnung der Götter
wegen der Ermordung Cäsar's erfleht wird? „Wen soll das Volk
anrufen?" heisst es; „mit welcher Bitte sollen die heiligen Jungfrauen die strenge Vesta erweichen?" Als Götterbote in menschlicher Hülle wird der Rächer Cäsar's begrüsst: sein Verweilen
auf der Erde ist eine Bürgschaft für Gedeihen im Innern und
Sicherheit nach Aussen. Solche Vergötterung ist nicht schmeichlerische Erfindung des Dichters; er schliesst sich nur den allgemeinen Vorstellungen an, wie sie durch Gottesdienst, Gründung
religiöser Genossenschaften und Widmungen bestätigt und be-
glaubigt waren. Viel später zieht eine innige Ansprache an den
abwesenden Fürsten, gleichsam ein Gebet für seine Rückkehr,
die Summe der Wohlthaten, welche das Vaterland dem bewährten Führer dankt. Es ist der gemüthvolle Ausdruck aufrichtiger Zuneigung und Ergebenheit, wenn in schönem Bilde
das sehnsüchtige Vaterland mit der Mutter verglichen wird,
welche an der Küste stehend nach der lange erwarteten Heimkehr des über das Meer gezogenen Sohnes unverwandten Blickes
ausschaut. Erst im Jahre vorher hat sich Horaz auf ausdrücklichen Wunsch des Augustus zu zwei Siegesliedern in Pinda-
rischem Stil aufgeschwungen zu Ehren der beiden Stiefsöhne
Drusus und Tiberius. Nicht nur das prachtvolle Doppelgleichniss,
welches den einen dieser Päane in einer siebenstrophigen Periode
eröffnet, sondern mehr noch der Blick auf die Wurzeln der bewiesenen Heldenkraft zeigt das Vorbild Pindar's. Wie dieser
feiert der römische Dichter das Geschlecht, aus welchem der
Sieger hervorgegangen ist; wie jener die Gegenwart durch den
Mythus verklärt, so wird hier der grosse Ahne gefeiert, welcher
einst Hasdrubal geschlagen und dem furchtbaren Krieg die glückliche Wendung gegeben hat, welche Hannibal's stolze Hoffnungen
brach. Unverkennbar aber ist der scharf betonte Gegensatz zu
Pindarischer Anschauung, wenn zwar die Vererbung von Kraft
und Tapferkeit zugestanden wird, aber auch der Werth guter
Erziehung und Bildung zu seinem Recht kommt; denn das Verdienst der sorgfältigen Erziehung beider Prinzen unter den Augen

des Augustus durfte nicht verschwiegen werden, und überhaupt war Wiederbelebung und Veredelung der heruntergekommenen Nationalkraft durch Zucht und Sitte ein Hauptziel der kaiserlichen Regierung. In der That hat Horaz noch etwas von der Würde des geweihten Musenpriesters an sich.

Aber elende Clientenarbeit sind jene versificirten Panegyrici auf Messalla und andere Grosse, welche trügerischer Weise den Namen berühmter Dichter an der Stirn tragen. Jener hungrige Bratensänger, dessen Elegie mit der Sammlung Tibullischer Dichtungen verbunden ist, weil sie eben an Messalla gerichtet ist, durchschweift das ganze Weltall und fabelt von einem Wettkampf zahlloser Lobredner in Vers und Prosa, unter denen er der Sieger sein möchte. Vermuthlich sass er noch auf der Schulbank, denn die Eierschalen trivialer Gelehrsamkeit kleben ihm noch an. Messalla wird mit Nestor sowohl als Ulixes verglichen, und aus diesem Anlass die ganze Reihe der Irrfahrten und Abenteuer aus der Odyssee, obwohl sie gar nicht zur Sache gehören, hererzählt. Mit erschöpfender Umständlichkeit wird der Umkreis aller militärischen Künste beschrieben, in denen Messalla unerreichter Meister sei: wenn er hundert Jahre alt sei, werde er sich noch mit Leichtigkeit auf das Pferd schwingen. Die Schauplätze seiner zukünftigen Thaten werden auf dem ganzen Erdkreis gesucht. Mit nur zu deutlicher Anspielung auf das gehoffte Honorar gedenkt zuletzt der von seiner Unfähigkeit in Worten wenigstens durchdrungene Verfasser seiner heruntergekommenen Verhältnisse und versichert, wie unermüdlich er nicht nur mit seiner Muse, sondern mit Leib und Seele dem grossen Herrn zu dienen, ja für ihn durchs Feuer zu gehen bereit sei. Selbst nach dem Tode, in einem zweiten oder dritten Leben, wenn er vermöge der Seelenwanderung den Leib eines Pferdes, Ochsen oder Vogels endlich wieder mit menschlicher Gestalt vertauscht haben wird, will er sein einmal angefangenes Epos auf den Helden fortsetzen.

Ein junger unreifer Mensch war es auch, der unter Nero den hochadligen Calpurnius Piso andichtete und ihn einlud, sein Mäcenas zu werden. In wahrhaft schulmässiger Disposition entwirft er das schmeichelhafte Bild des hohen Herrn, des Staatsmannes wie des Privatmannes. Der unbemittelte Verfasser niederen Standes will mit dieser Probeleistung seine Bitte, aus der Dunkelheit hervorgehoben zu werden, unterstützen und seinen Beruf zum Hauspoeten bekräftigen.

Eine neue Form des höfischen Lobgedichtes, deren Keime auf Sicilien zurückgehen und in bescheidener Fortbildung auch von Virgil gepflegt waren, kam unter der Neronischen Herrschaft zur Blüthe, die Pastorale: Hofleute im Costüm von Hirten unterhalten sich über die neuesten Bühnenleistungen des schöngeistigen Kaisers, der als Kitharöde und als Recitator eigner Dichtung im Ornat Apollo's und als dessen Ebenbild aufgetreten ist. Da hat Homer die Dichterbinde von seiner Stirn genommen und die Nero's geschmückt, da stand Mantua beschämt von ferne und vernichtete ihre Handschrift. Ein anderes Thema dieser Hirtenpoesie ist der Lobgesang auf das nunmehr angebrochene goldene Zeitalter. Was Vergil einst ersehnt hatte, ist nunmehr endlich eingetroffen; und wer es leugnet, wird zum „blöden Vieh" geworfen. Noch unmittelbarer richtet sich ein gleichzeitiger Dichter im Kometenjahr 53 nach der Ermordung des Claudius an die Adresse des jungen Weltbeglückers. Von der Rinde einer Buche lässt er einen Hirten eine weit ausgeführtere, in die einzelnen Segnungen der gegenwärtigen Regierung eingehende Weissagung des Faunus ablesen: derselbe beschliesst, diese Huldigung für den neuen Herrscher unter Begleitung der Hirtenflöte öffentlich vorzutragen, und hofft, dass sie dem hohen Herrn zu Ohren gelangen werde. Es sind gemachte Feldblumen, welche in dieser überreizten Zeit erwünschter Abwechslung halber zum Schmuck des Herrscherhauptes verwendet werden.

Viel naiver und ehrlicher sind die Ergüsse andächtiger Unterthänigkeit des gutmüthigen Stadt- und Hofpoeten Statius, der in der Gunst Domitians stand und in dem Glanz dieser literaturfreundlichen Aera schwelgt. Er lässt das Feuerwerk seiner poetischen Rhetorik, die er in der Schule des Vaters gelernt hat, mit der Leichtigkeit des Improvisators spielen, mag er nun ein Reiterstandbild des erhabenen Kaisers feiern, dessen mildes Antlitz selbst Cäsar und Cato versöhnt haben würde, oder das Consulat des Friedensfürsten, zu dessen Antritt Janus selbst die überschwänglichsten Huldigungen und Glückwünsche darbringt, oder den Bau einer neuen Strasse nach Bajä, welcher die Cumäische Sibylle zu dem Ausspruch begeistert, wenn der solche Wunder verrichtende Bauherr den Sonnenwagen regierte, so würde

Indien Regen, Libyen Wasser, der Hämus Wärme haben, oder
mag er endlich in einem Verdauungsgedicht das Entzücken über
die Ehre beschreiben, an der kaiserlichen Tafel gesessen zu haben.
Er hat geglaubt im Olymp mit Juppiter zu schmausen. Er hat
den Beherrscher der Welt in der Nähe beim Wein am Tisch
liegend gesehen, und er selbst lag, und es war kein Frevel, nicht
aufzustehn! So ruht Mars aus, so Pollux, Bacchus, Herkules,
aber alle diese Vergleiche reichen an solche Majestät nicht heran.

Wäre der Mann nicht so harmlos, wir würden uns mit
Widerwillen von seiner Bedientenseele abwenden. Was lehrt
dieser lange Ueberblick? Je niedriger die Menschen, je nichtiger
die irdische Grösse, desto höher steigt die Säule des feilen Lobes;
je reichlicher es strömt, desto tiefer sinkt sein Preis; je edler
Person und Verdienst, desto keuscher und zurückhaltender die
Stimme der Anerkennung und Verehrung.

So preisen wir uns glücklich, zu einem Fürsten dankbar
emporblicken zu dürfen, der unseres Lobes nicht bedarf. Gott
erhalte ihn! Lange lebe Se. Majestät König Albert!

3. Die Poesie des Krieges im Epos der Griechen.

(Vortrag; Kiel, Januar 1871).

Aller Dinge Vater und König ist der Krieg nach dem Spruch eines griechischen Philosophen. Aber die Auffassungen von seinem Wesen, die Stimmungen, die er erzeugt, die Ideen, welche er im Schooss trägt, wechseln wie seine Gestalt mit dem Culturleben der Völker, ihren politischen Zielen und sittlichen Idealen. Man kann sagen, dass der Geist, welcher über den Waffen schwebt, ein Gradmesser der nationalen Bildung, eine Ausstrahlung der Gesinnungen eines Zeitalters ist. Wenn nun die Poesie in zwar verklärtem, aber doch im Wesentlichen treuem Spiegel mensch- liches Empfinden und Denken zu sehen vermag, so muss es von Interesse sein, zu untersuchen, welche Eindrücke und Aufgaben die Muse von jenen mächtigsten Erschütterungen des Völkerlebens empfängt. Keineswegs eingeschüchtert wird sie durch dieselben, sondern erweckt und befruchtet, nicht nur zu jenen Soldaten- liedern, die, Kinder des Augenblicks, oft wie lose Blätter im Winde verwehen, sondern in langhaltiger Nachwirkung zur Schöpfung edelster Denkmäler, die Marmor und Erz überleben. Denn die Kunst, welche dauern soll, bedarf meist Sammlung und Entfernung vom Schauplatz. Nicht das in die Ohren gellende Geräusch, sondern das Nachklingen in erinnerungsreicher Phan- tasie begeistert, nicht das blendende Licht des heissen Tages, sondern der Widerschein im inneren Auge erleuchtet sie. So haben die Kriege Karls des Grossen, die Kreuzzüge, der sieben- jährige Krieg, die deutschen Freiheitskämpfe mannigfache Strahlen in das Gemüth der Dichter geworfen. Vor allen Völkern aber haben die Griechen in ihrer Literatur voraus, dass die Schöpfungen derselben ganz auf eigenem Boden aus den gegebenen Cultur- verhältnissen heraus sich mit einer Art von Naturnothwendigkeit organisch entwickelten. Bei ihnen vorzüglich, wo die Geschicke

8*

des Einzelnen von denen der Gesammtheit so verschlungen wurden,
wo die Poesie sich so lebhaft an das Gemeingefühl wendete, muss
ein so gewaltiger Bahnbrecher wie der Krieg seine Physiognomie
scharf in dieselbe eingedrückt und mitbestimmend auf ihre Entwickelung eingewirkt haben.

Und in der That lässt sich sein Einfluss fast durch alle Gattungen, welche in dem Garten der griechischen Poesie nach und
nach gewachsen sind, verfolgen, einzelne derselben sind geradezu
durch ihn geschaffen, und jedes Mal sind Form und Geist dieser
Schöpfungen ein Abglanz des kriegerischen Geistes, der die Zeitgenossen und Landsleute bewegt.

In der traumhaften Erinnerung der Griechen an die älteste
Vorzeit ihrer Heimat verschmolzen sich die Eindrücke elementarer
Naturrevolutionen mit den Bildern stürmischer Umwälzungen und
Kämpfe zwischen wilden Urbewohnern und überlegenen Ankömm-
lingen, die Sturz und Erhebung von Fürstengeschlechtern und
tiefgreifende Wandelungen in der Welt religiöser und sittlicher
Ideen zur Folge hatten. Wie die Gesetze des Gleichgewichts und
harmonischer Bewegung der Weltkörper, wie Berg und Thal und
der Friede der Landschaft erst aus furchtbarem Aufruhr der
Elemente hervorgegangen waren, so war auch Sitte und Ordnung
des Menschenlebens in seinen mannigfachen Kreisen, Reinheit des
Empfindens, Klarheit des Denkens erst abgerungen einer un-
bändigen, von blinden Trieben bewegten dämonischen Naturkraft.
Gemahnte doch noch oft genug hier ein Unwetter im Gebirge,
Erdbeben und Felsensturz, Ueberschwemmung und Windsbraut,
dort ein Ausbruch roher Leidenschaft oder ungezügelter selbstischer
Kraft an die noch grollenden Mächte einer ungebändigten Vorzeit,
welche die Phantasie als ungeheuere Göttergestalten sich dachte.

Als eigentliches Schlachtfeld dieser Kämpfe galt das Thal-
becken Thessaliens, rings umschlossen von einem Gebirgskranze,
dessen Spitzen sich bis zu einer Höhe von 5—6000 Fuss erheben.
Nur zwischen den himmelanragenden Häuptern des Olympos und
Ossa bricht sich der die Ebene durchströmende Peneios durch
eine enge Felsschlucht, die heilige Tempe, eine Bahn zum Meer.
Gesetzlose Willkür in öffentlichen Dingen, Zügellosigkeit, Ver-
rätherei und ein unheimlicher Hang zu Zauberkünsten bei den
Weibern, erinnerten noch in späteren Zeiten an die wilde Sage
vom Titanenkampf.

Söhne des Uranos und der Gaia, des Himmels und der Erde,
waren sie die Herren des Wassers, der feurigen kreisenden Weltkörper, der Winde und aller bewegenden Kräfte. Aber ihnen
machte ein jüngeres Geschlecht die Herrschaft streitig, die Söhne
des jüngsten der Titanen, des Kronos, dessen geistigere Natur
durch sein Beiwort, „der Krummsinnige", angedeutet ist. Diese
heissen die „Geber des Guten": die Segnungen, nicht die Schrecken
der Natur liegen in ihrer Hand. Wie Wolken auf den Bergen
lagern, die einander zu bedrohen scheinen, so führten von zwei
gegenüberstehenden Gipfeln (Othrys und Olympos) herab Titanen
und Kronossöhne, Zeus an der Spitze, viele Jahre hindurch ihren
erbitterten Kampf, der lange unentschieden stand. Auch Zeus hat
riesige Ungeheuer derselben Abstammung wie die Titanen zu Gehülfen: Dämonen des Gewitters, die Blitz und Donner schleudernden
Kyklopen mit dem Feuerauge, und die hunderthändigen Unholde
der brausenden Meereswogen kehren aus der finstern Tiefe, wo
sie gefesselt waren, zurück, um ihm den Sieg zu erstreiten.
Ausserdem aber hat die getreue Styx, die geheimnissvolle Ur-
quelle alles Lebens, ihre Kinder, Eifer und Sieg, Kraft und Gewalt, dem vom Schicksal ausersehenen Herrscher zugeführt, dass
sie ihm auf allen Wegen folgen.

In der Schilderung des Kampfes, wie sie Hesiod im Anschluss an die Volkssage giebt, tritt das Persönliche fast gar nicht
hervor. Ungeheuere Kräfte messen sich gegen einander: kein Wort
fällt, der einzelnen Kämpfer wird fast gar nicht gedacht. Felsen
werden gegen die Titanen geschleudert, das Meer brüllt, die Erde
dröhnt, der weite Himmel kracht von der Erschütterung, der
Olympos wankt unter dem Ansturm der Unsterblichen, bis in den
nebligen Tartaros drang der Stoss der Füsse und das gellende
Getöse. Von beiden Seiten erscholl der Schlachtruf zum ge-
stirnten Himmel. Da hielt auch Zeus seinen Muth nicht länger
zurück. Beständig schritt er einher, vom Himmel und vom Olymp
herab blitzend; die Donnerkeile flogen aus seiner schweren Hand,
zündeten wirbelnd die heilige Flamme an, und nun prasselt
ringsum die Erde in Feuer, und der unendliche Wald brennt, der
Boden und die Fluthen des Okeanos sieden, die Titanen sind ein-
gehüllt in heissen Qualm, die Flamme und die Blitze blenden ihre
Augen. Es war, als ob Himmel und Erde übereinanderstürzten, die
Winde und das Kampfgewühl rührten den Staub zwischen beiden

auf. Unter den Vorkämpfern schleudern jene drei Riesen, die
hunderthändigen, dreihundert Felsen und beschatten die Titanen
mit ihren Geschossen. Endlich werden die Besiegten gefesselt und unter die Erde gebannt, so tief, als der Himmel über
ihr ist.

So kommt Zeus auf den Thron, der Herr des harmonisch
geordneten Weltalls, der nach den ewigen Satzungen einer sittlichen Weltordnung regiert und den übrigen Göttern ihre
Würden und Machtgebiete zutheilt, während freilich die Ueber-
wundenen, im Finstern grollend, noch vielfach hier und da sich
geltend machen.

Es ist freilich nur eine schwächere Copie dieses grossartigen
Naturgemäldes, wenn gegen das neue Götterreich die übermüthigen
Giganten in's Feld geführt werden, gleichfalls Kinder des Himmels und der Erde, vulcanische Kräfte, die das Gleichgewicht des
Weltenbaues gewaltsam durchbrechen. Auch sie schleudern Felsen
und Eichen, thürmen den Pelion auf den Ossa, um den Himmel
zu erstürmen. Jetzt betheiligt sich die ganze Schaar der mit Zeus
verbundenen Olympier an der Schlacht, besonders Athene, die
Göttin des klaren Aethers und des hellen Geistes. Dem Einen,
der schon flieht, wirft sie Sicilien über den Kopf und begräbt
ihn unter der Masse. Einen Andern verfolgt Poseidon durch das
Meer, reisst ein Stück der Insel Kos ab und bedeckt ihn damit.
Andere trifft Apollo, der Lichtgott, mit seinem Bogen. Den Ausschlag aber giebt nach dem Schicksalsspruch ein Sterblicher, des
Zeus Sohn Herakles, die unermüdliche Arbeit menschlicher
Cultur, die mit zähester Ausdauer und unwiderstehlichem Willen
Herr über die Erde und ihre wüsten, trotzigen Ausgeburten wird.
Seine Pfeile machen den schon verwundeten Rebellen vollends
den Garaus.

Und noch enger beschränkt, schon in die Anfänge menschlicher Staatenbildung hineinragend, ist der Kampf der Lapithen
und Kentauren. Die Steinmänner in ihren Felsenburgen, gleichsam selbst noch umwetterte Felskuppen in der Ebene wurzelnd,
und der mit seinem Ross verwachsene, das Gebirge durchziehende
Raubritter, der wie ein tosender Gebirgsstrom in Horden zu Thale
stürzt, gerathen aneinander. Sie kämpfen wie Thiere des Waldes
gegeneinander: entwurzelte Fichtenstämme und riesige Felsblöcke,
wie Erdbeben und Ueberschwemmung sie fordern, sind auch ihre

Waffen, bis Theseus, der Heros des staatenbildenden Geistes, Frieden und Ordnung schafft.

So hatten nach einiger Beruhigung der elementarischen Mächte Menschen von dämonischer Leidenschaft und Kraft miteinander um den Besitz der für das ganze Geschlecht besiegten Erde gestritten. Völkermassen hatten sich über andere gestürzt, von Norden nach Süden, von Osten nach Westen und wieder zurück. Raub- und Rachezüge grösseren und kleineren Umfangs hatten Bestehendes umgewühlt und verschoben, Burgen und Städte waren gegründet und zerstört, Geschlechter erstanden und versunken, Schichten fortschreitender Cultur hatten sich übereinander gelagert; allmälig stellten sich mildere Empfindungen und freundlichere Bilder der Gegenwart ein, vor der die stürmische Vergangenheit nun eben in den Nebel jener märchenhaften Vorstellungen zurücktrat.

Ansiedler von mannigfachen Landschaften des jenseitigen Festlandes bevölkerten die Inseln des Meeres und die Küste Asiens: ein munteres, kampflustiges, aber noch lebensfroheres Volk, das gern der verlassenen Heimat, des Ruhmes der Ahnen gedachte. In den gastlichen Sälen der Herren war der göttliche Sänger gern gesehen, dessen von der Muse begeistertes Gedächtniss die Thaten der Helden in einem Schatz von Liedern bewahrte, die, in strengen Kunstschulen nacheinander geschaffen, allmälig Zusammenhang und inneren Bezug gewannen. Immer das Neueste war am willkommensten; sonst wählte der gefällige Rhapsode gern aus, was seine Zuhörer nach ihren Erinnerungen und Beziehungen am herzlichsten bewegen konnte.

Da lag vor den Augen des ionischen Sängers das in die Wolken ragende Idagebirge, an seinem Fuss eine längst zerstörte Stadt, Ilion; weiterhin am Meere die Grabhügel der Helden Achilleus, Hektor, Patroklos. Man wusste, dass adelige Geschlechter von drüben, geführt von Argivischen Königssöhnen, den Atriden, herübergekommen waren und sich neue Wohnsitze erkämpft hatten. So gestaltete sich in der Phantasie das Bild eines gewaltigen nationalen Kriegszuges der gesammten Blüthe Griechenlands gegen ein mächtiges Barbarenreich, dessen Abkömmlinge ja noch immer die Abhänge des Ida bewohnten. In dieses grosse Gemälde des Zusammenstosses zweier an Kraft und Bildung ebenbürtiger Völker wurde nach und nach wie in eine umfassende

Urkunde fast der ganze Schatz heldenhafter Erinnerungen in künstlerischer Perspective aufgenommen.

Wir können die beiden dornigen Fragen nach dem mythisch-historischen Kern der Troischen Sage sowie nach der Einheit und Zusammensetzung der unter dem Namen Ilias verbundenen Gesänge hier bei Seite lassen und uns einfach auf den naiven Standpunkt stellen, welchen Thukydides, Aristoteles, Alexander der Grosse, die ganze griechische Nation ihnen gegenüber eingenommen hat, indem wir sie als ehrwürdige Monumente und beredte Zeugen von den Anschauungen und Empfindungen betrachten, welche die Menschen des homerischen Zeitalters, etwa im neunten Jahrhundert vor unserer Zeitrechnung bewegten.

Wenn es sich auch buchstäblich nur um die Genugthuung für einen beleidigten königlichen Gemahl und die Auslieferung seiner entführten Gattin handelt, so hatte doch das Unternehmen Dimensionen, welche ihm den Charakter eines Entscheidungskampfes um die Existenz zweier Nationen aufprägt, deren eine den Westen, die andere den Osten der gesitteten Welt beherrschte. Die Vorkämpfer aber sind nicht gewöhnliche Sterbliche, sondern göttlicher Abkunft, zum Theil noch menschliche Gestaltungen dämonischer Naturkräfte, wie Achilleus, der thessalische Dämon des reissenden Gebirgsstromes. Noch einmal greifen auch die Olympier zu den Waffen und theilen sich in beide Feldlager, aber es handelt sich nicht mehr um ihre eigene Existenz. Die Entscheidung ist vom unentrinnbaren Geschick vorherbestimmt, nur zu gelegentlicher Unterstützung desselben oder in augenblicklicher Laune, gleichsam zum Spiel und Zeitvertreib mischen sich die Unsterblichen hinein, schlagen mit gewaltigem Getöse aufeinander, ermuntern, schützen, unterstützen ihre Lieblinge, werden sogar hier und da zur Belustigung der Uebrigen von den Waffen eines Sterblichen geritzt oder niedergestreckt. Ganz an den Titanenkampf erinnert jene Götterschlacht der Ilias: hier bei den Griechen Athene, dort von der Veste der Stadt herab Ares, dem dunkeln Sturmwinde gleich eilend und den Schlachtruf erhebend, wie zwei Feldherren. Ueber Allen die gewaltigen Donner des Zeus. Poseidon erschüttert Erde und Berggipfel, der Ida, die Stadt der Troer und die Schiffe der Achäer schwanken, und Aidoneus in der Tiefe springt erschrocken vom Throne, schreit auf in Besorgniss, Poseidon möchte die Erde aufreissen und die

Wohnungen der Unterirdischen Sterblichen und Unsterblichen sichtbar machen. Aber nur einmal, als der göttergleiche Achilleus die Waffen wieder ergriffen hat, da die Sterblichen zu schwach wären, ihm auch nur kurze Zeit zu widerstehen, entsendet Zeus das Heer der Olympier nach beiden Seiten, entfesselt er auch die Elemente, um die übermenschliche Kraft des Helden zugleich zu dämpfen und auf die glänzendste Probe zu stellen. Auch dies ist nur ein mächtiges Waffenspiel, eine Mahnung für den Sterblichen, sich seiner Grenzen nicht zu überheben.

Denn Zeus ist der Verwalter des Krieges, ihm ist der vom Schicksal bestimmte Ausgang desselben bekannt, er hat die rechtzeitige Erfüllung des Geschicks zu überwachen, zu verhüten, dass es nicht etwa durch einen unvorhergesehenen Zufall vereitelt werde. In entscheidenden Augenblicken, wo sich's um Sieg und Niederlage beider Heere, um Tod und Leben zweier gegenüberstehender Helden handelt, nimmt er die goldene Waage zur Hand, legt in beide Schalen zwei Keren, Loose des Todes, und prüft, wessen Schicksalstag die Schale niederzieht. Dann folgt unmittelbar die Entscheidung. Innerhalb der von Ewigkeit gezogenen Grenzen jedoch kann er Gunst und Ungunst nach Belieben vertheilen. Er sendet tröstliche Zeichen oder breitet düstern Nebel über die, denen er Uebles will; aber ein kräftiges Gebet des Ajax, der verzweifelt in Thränen ausruft: vernichte uns wenigstens im Licht, wenn es dir so gefüllt, rührt ihn. Er lässt die Sonne wieder scheinen und giebt den bedrängten Achäern neuen Muth.

Leicht erkennbar ist des Zeus Hülfe in der Schlacht: die Begünstigten treffen mit allen Geschossen, den Anderen fallen sie wirkungslos zu Boden. Den übrigen Göttern erlaubt oder verbietet er, je nach seinen eigenen Absichten und wie es der Vollzug des Geschickes fordert, in den Kampf einzugreifen, er sendet die Botin Iris aus, um Poseidon aus der Schlacht abzuberufen, ihm zu gebieten, sich in das Meer zurückzuziehen — grollend gehorcht derselbe —, oder um dem Apollo zu befehlen, dass er die Achäer in die Flucht schlage, was dieser eifrigst thut, gleich einem taubenmordenden Habicht vom Ida herabstürzend. In seiner Hand ruht die nie alternde, leuchtende, stürmische Aegis (die Wetterwolke), die Hephästos für ihn gemacht hat zum Schrecken der Menschen. Sie ist kostbar, mit hundert goldenen Quasten versehen, jede

100 Rinder werth. Ringsum ist sie bekränzt von Furcht, drinnen
ist Streit, Abwehr, schauriges Heulen und das schreckliche Gor-
gonenhaupt. Hält er sie still, so treffen die Geschosse auf beiden
Seiten. Schüttelt er sie aber und sieht die Troer an und ruft laut
dazu, — der Ida verhüllt sich, es blitzt und donnert, — so werden
die Achäer wie eine Heerde Lämmer in die Flucht geschlagen.
Athene oder Apollo vertraut er, je nachdem es ihm gefällt, die
furchtbare Aegis an, jener, wenn die Troer, diesem, wenn die
Achäer geschlagen werden sollen. Einmal sogar wirft sie Athene
dem Achill um die Schultern.

   Zeus giebt das Zeichen zum Beginn des Kampfes. Während
aber die Uebrigen den Olymp verlassen und sich in die Reihen
der Streitenden mischen, sitzt er behaglich auf wolkigem Gipfel,
hört das Getöse an, und das Herz lacht ihm vor Freude, wie er
Sterbliche und Unsterbliche sich tapfer durcheinander tummeln
sieht. Bisweilen jedoch wendet der Weltbeherrscher seinen Blick
ab nach einer anderen Gegend seines weiten Reiches, oder der
gefällige Schlaf berückt ihn: dann nimmt Einer und der Andere
die Gelegenheit wahr, um den Seinen eine schnelle, wenn auch
vorübergehende Hülfe zu bringen. Sogar Mitleiden und Schmerz
kann ihn anwandeln und in Versuchung führen, dem Geschick
entgegen zu handeln. Wie gern möchte er den wackern Hektor
retten, der ihm so manche Rinderschenkel auf den Gipfeln des
schluchtenreichen Ida und auf der Burg verbrannt hat! Er giebt
dem Götterrath zur Erwägung: wollen wir ihn noch einmal vom
Tode retten, oder, so trefflich er ist, schon jetzt dem Peliden
überantworten? Athene, die ihres Opfers harrt, erwidert gereizt:

> Vater mit blendendem Blitz, Schwarzwolkiger, welcherlei Rede!
> Einen sterblichen Mann, der längst dem Verhängniss bestimmt ist,
> Willst von dem traurig tönenden Tod du wieder erlösen?
> Thu's, doch können wir anderen Götter es nimmermehr loben.

Da antwortet Zeus begütigend und lässt sie gehen, den verhängnissvollen Ausschlag zu geben. Ein ander Mal schreitet die eigene
Gemahlin Here mit denselben Worten protestirend ein, als er
schwankt, ob er seinen geliebten Sohn aus der Schlacht in seine
lykische Heimat entrücken oder, wie es die Moira beschlossen,
dem Patroklos preisgeben soll. Blutige Tropfen vergiesst er zur
Erde, indem er sich dem Schicksal fügt.

   Der Vater der Götter und Menschen selbst kann sich bisweilen noch nicht in die ewigen Gesetze der Vergänglichkeit alles Irdischen, das er zu hüten hat, finden.

Die Sympathieen der übrigen Olympier sind zwischen beide Lager getheilt, Jeder aber hält sich zu den Seinigen: zu den Achäern ihre alten angestammten Nationalgötter, die engere Familie des Zeus: die Gemahlin und Schwester Here, der Bruder Poseidon, der ja selbst die Schiffe hinübergetragen, die Kinder Athene, Hephästos und Hermes; den Troern sind Gottheiten orientalischen und barbarischen Ursprungs hold: der thrakische Ares, Leto mit ihren Kindern Apollo und Artemis, Aphrodite, die orientalische Liebesgöttin. Bei jedem entscheidenden Wendepunkt greift diese oder jene Gottheit ein: ruhen die Sterblichen, so ruhen auch die Götter. Thatsächlich fügen sie sich, wenn auch bisweilen unwillig, dem Belieben des Zeus; denn harte Strafen bedrohen ihren Ungehorsam. Aber bisweilen werden sie doch von ihren Empfindungen hingerissen und wagen hinter dem Rücken des strengen Gebieters einen Ausfall, werden aber bald genug, wie Kinder gescholten, zum Gehorsam zurückgerufen. Am meisten nehmen sich Here und Athene heraus, jene als die Göttin von Argos, der Atridenheimat, und die Beschützerin eines würdigen ehelichen Familienlebens nach guter altgriechischer Sitte, das sie gegen Aphrodites verderblichen Einfluss zu schützen hat, diese als der allgemeine Hort des Hellenenthums. Einmal verschwören sich beide, den bedrängten Achäern zu Hülfe zu eilen. Die Himmelskönigin legt den Rossen das goldene Geschirr an, während die Tochter ·des Zeus sich mit des Vaters eigenem Untergewande zum Kampf rüstet. So steigt sie auf den flammenden Wagen, die wuchtige Lanze in der Hand, Here treibt mit der Peitsche die Rosse an, von selbst öffnen sich weit die Thore des Himmels, von den Horen gehütet, und hindurch jagt das Gespann. Aber alsbald gewahrt es Zeus vom Ida her, und sehr unwillig sendet er Iris mit dem Befehl umzukehren, sonst werde er die Pferde lähmen und den Wagen zerbrechen und die Göttinnen hinabschleudern, dass sie zehn Jahre lang an ihren Wunden zu curiren haben sollen. Und so müssen sie kleinmüthig noch dicht vor den Thoren wieder heimwärts lenken.

Ihre Günstlinge, wenn deren Schicksalstag noch nicht vollendet ist, wunderbar aus der Gefahr zu retten, ist den Olympiern vergönnt. Sie offenbaren dann, wie sehr der Sterbliche sich auf

Treue und Eifer seines göttlichen Beschützers verlassen kann,
soweit eben dessen Macht reicht. Wie eine Mutter ihrem schla-
fenden Kinde die Fliege abwehrt, so lenkt Athene den tückischen
Pfeil des Pandaros, den sie freilich selbst herausgefordert hat,
von der blossen Haut des Menelaos ab, dass er nur durch den
Gürtel dringt und die Kraft verliert. Ihren Paris entrückt Aphrodite aus dem gefährlichen Zweikampf, und um ihren verwundeten
Sohn Aeneas legt sie schützend die weissen Arme und breitet
die Falte ihre Gewandes vor ihm aus als Deckung gegen die
feindlichen Geschosse. Auch Apollo entzieht den Agenor Achills
Händen und für eine Zeit lang auch den Hektor. Ueberhaupt
sind die Beschützer der Troer mehr geneigt oder genöthigt, den
Ihrigen in dieser Weise beizuspringen.

Die Majestät des Zeus allein hält sich von allem persönlichen Verkehr mit den Menschen zurück. Die übrigen Götter
treten ermuthigend, meist in der Gestalt befreundeter, einflussreicher Gefährten zum Einzelnen oder durcheilen die Reihen.
Seltener greifen sie unsichtbar ein. Unerkannt hört es der Beschützer gern, wenn der Held sich vor allen an ihn vertrauens-
voll im Gebet wendet; wie dieser umgekehrt nur der Uebermacht
oder Tücke einer feindlichen Gottheit unterliegt, wenn er sonst
bedeutend ist. So als des Patroklos Stunde gekommen, tritt Apollo
hinter ihn, schlägt ihm Rücken und Schulter, wirft ihm den
Helm ab, macht ihn schwindlig und windet die Waffen aus seiner
Hand. Arglistig überliefert Athene den Hektor seinem Rächer.

Also eine verhängnissvolle Ohnmacht in plötzlicher Todes-
ahnung, sowie siegreiche Stärke, das Unheil einer falschen Nachricht, eines Irrthums, schnell aufleuchtende Gedanken, leidenschaftliche Regungen der Seele, unverdientes Misslingen sowohl,
als glänzender Erfolg und wunderbare Rettung, besonders auch
die wechselnden Launen des Wetters und der Elemente, die so
tief in den Lauf des Krieges eingreifen, — alle bedeutenderen
Wendungen desselben wie des Menschenlebens überhaupt sind
Wirkungen einer freundlichen oder feindseligen Gottheit.

Von allen der unliebenswürdigste, obwohl nicht der mächtigste, ist der mit zahlreichen Beinamen seiner Ungeberdigkeit
gezierte Ares. Kein Grieche von Hause aus, sondern im Gebirge
Thrakiens heimisch, ein Gott des Winters, von barbarischen Raub-
horden gepflegt, mit den Nordstürmen südwärts in griechische

Landschaften getragen, hat er zu den Olympiern, obwohl in ihre Gemeinschaft als Sohn der Here aufgenommen, doch kein innerliches, wahlverwandtes Verhältniss. Ein unholder Gesell, der wenig von griechischer Art angenommen hat. Nicht Herr des Krieges, sondern der Krieg selber in seiner ganzer ungeschlachten Gestalt, ist er dem Zeus als dem Herrscher einer geordneten Welt der verhassteste unter allen Göttern des Olymps. Ungeheuer, Wütherich, Mann gegen Mann, blutbesudelt, menschenvertilgend, städtebelagernd, thränenreich, des Kampfes und Blutes unersättlich wird er genannt. Ihn wecken heisst die Schlacht beginnen, ihm ist sie ein Tanz. Er ist es, der die Wunden gefährlich macht. Flucht und Schrecken sind seine Kinder, sie spannen ihm den Wagen an, wenn er auszieht, und begleiten ihn. Der Athene ist er freilich in keiner Weise gewachsen. Sie lenkt des Diomedes Lanze, dass sie ihm in den Bauch fährt. Da brüllt der eherne Flegel wie 9000 oder 10,000 streitende Männer, dass Achäer und Troer erzittern. Und ein anderes Mal streckt ihn ein Steinwurf aus Athenes Hand zu Boden, dass er sieben Klaftern mit seinem Leibe deckt. Ja als er ausziehen will, um den Tod seines Sohnes Askalaphos zu rächen, nimmt sie ihm ohne Weiteres Helm und Schild wieder ab, stellt die Lanze aus seiner Hand und schilt ihn wie einen Knaben, ob er keine Ohren und keinen Verstand habe, dem Verbot des Zeus zu gehorchen. So kann ihn Niemand im Olymp leiden und Jeder freut sich, wenn ihm eine Beschämung bereitet wird. Befreundet und zugethan ist ihm nur eine Schaar verwandter Dämonen, unter Andern die städtestürmende Enyo, die Mörderische, und vor Allen seine Schwester und Gefährtin Eris, die selber dem Kampfe nur mit Behagen zusieht, aber ihn entzündet, Stimmung macht und unermüdlich in den Gemüthern wühlt. Erst klein, wenn sie auftritt, wächst sie unaufhaltsam, bis sie auf der Erde schreitend das Haupt an den Himmel stemmt.

Unter solchen Einflüssen und Gewalten bewegt sich der homerische Krieger. Dass Wille und Kraft nicht nur von einer dunkeln Nothwendigkeit des Schicksals, sondern von unberechenbaren Einfällen der Himmlischen regiert werden, weiss er und giebt doch sein naives freudiges Selbstvertrauen selten auf. Den Göttern fühlt er sich verwandt. Viele der Helden sind von Unsterblichen gezeugt oder geboren, oder können doch ihren Stammbaum als

Enkel oder Urenkel in gerader Linie auf sie zurückführen. Ihre dämonische, wenn auch endliche Natur fühlt sich der göttlichen noch nahe genug, um das Band eines herzlichen Verkehrs und Vertrauens mit dem unsterblichen Anverwandten trotz der Schranke festzuhalten. Noch ragen Gestalten und Erinnerungen aus jener ringenden Dämmerzeit in das fröhliche Morgenlicht der homerischen Sage hinein. Zwei Lapithensöhne halten am Lagerthor der Griechen Wacht wie hochstämmige Eichen auf den Bergen, die mit starken Wurzeln Wind und Wetter trotzen. Der greise Nestor, der drei Geschlechter gesehen, weiss von Kämpfen zu erzählen, die er in seiner Jugend mit den gewaltigsten jener Riesen bestanden hat, denen nach seiner Meinung schon von den Helden vor Troja keiner gewachsen sein würde. Und doch wie gewaltig ist noch dieses Geschlecht, wie unendlich überlegen den Zeitgenossen des Sängers, dessen wehmüthige Formel „wie nunmehr die Sterblichen sind", an dieses stufenweise Herabsinken der Kraft gemahnt. Hektor wirft noch einen Felsblock, den zur Zeit des Sängers nicht zwei der stärksten Männer aus dem Volke mit Hebeln so leicht auf den Wagen zu schaffen vermöchten, behend wie eine Flocke Schaafwolle mit einer Hand gegen das Thor der Achäer, dass die Riegel zerspringen.

Auch äusserlich noch sind sie ja den Göttern ähnlich. Agamemnon, von Zeus selbst in gerader Linie abstammend, ist zwar weder im Kampf noch im Rathe der beste. Bittere Dingen sagen ihm die Fürsten, nur seiner Hausmacht verdankt er die Herrschergewalt. Aber sein Aussehen ist des Führers solcher Helden würdig: an Augen und Haupt dem donnerfrohen Zeus gleich, an Brust dem Poseidon, an Gürtel dem Ares, jeder Zoll ein König. Dass die Helden im Kampf vorzugsweise dem Ares als dem Krieger mit Leib und Seele verglichen werden, ist natürlich. Patroklos, Achill, Hektor rasen und stürmen wie er. Lächelnd mit grimmigem Antlitz (man denke an die Aegineten), die Lanze schwingend schreitet Ajas, der Thurm der Achäer, weit aus wie der ungeheure Ares, wenn er in den Kampf unter Männer geht; wie wenn er und sein lieber Sohn Phobos von Thrakien zu den räuberischen Phlegyern ziehen, so schreiten die beiden Waffengefährten Meriones und Idomeneus zusammen.

Selbst die Rosse in beiden Lagern sind zum Theil göttlichen Ursprungs. Xanthos und Balios, Fuchs und Scheck, von der

Harpyie Podarge, Schnellfuss, dem Zephyros geboren, von Zeus einst dem Peleus geschenkt, ziehen den Wagen Achills. Und auch den Troern hat jener zur Entschädigung für Ganymedes Pferde verehrt, die besten von allen, soweit Eos und Helios reichen. Aus dieser Race besitzt Aeneas ein Paar, die zu erbeuten des Diomedes Herzenswunsch ist. Apollo selbst hat die Stuten des Eumelos aufgezogen; sie sind schnellfüssig wie Vögel und über dem Rücken gleich als wären sie mit der Bleiwage gemessen.

Dem entspricht der durchaus aristokratische Geist der Kriegführung. Könige oder in deren Vertretung Königssöhne führen die einzelnen Völker an, die vor dem strahlenden Lichte, welches ihren Vorkämpfer umgiebt, in tiefen Schatten zurücktreten: 'numerus fruges consumere nati'. Auf den „Brücken des Krieges", zwischen den einander gegenüberstehenden Heerschaaren wird meist die Entscheidung errungen durch die Heldenkraft Einzelner; ja dem Zweikampf im Namen Aller kann der Ausschlag des ganzen Krieges anheimgestellt werden. Bogen und Schleudern, die aus der Ferne wirken, sind wenig geachtet. Würdig des Edlen ist nur der Nahkampf mit dem Speer, vom Streitwagen herab, zu Fuss mit Schwert und mächtigem Steinwurf. In voller Plastik hebt sich die heroische Persönlichkeit vom kriegerischen Hintergrunde ab.

Wie sehr aber die Phantasie des Sängers noch in überwältigenden Naturerscheinungen lebt, zeigen die Gleichnisse, welche die übermenschliche Kraft und Herrlichkeit seiner Helden veranschaulichen. Wie ein vom Regen angeschwollener Waldstrom, der vom Berge herabstürzt: viel Eichen und Fichten führt er mit sich fort, viel Gras spült er ins Meer, so wogt Ajas in der Ebene Rosse und Männer tödtend. Und Hektor. Wie ein Steinblock, den ein Waldstrom vom Berggipfel herabgespült hat, hochspringend fliegt durch den dröhnenden Wald bis in die Ebene, wo er Halt macht, so stand Hektor still, als er auf die festgefügten Reihen der Griechen stiess. Derselbe springt auf ein Schiff der Achäer und erregt ihr Entsetzen wie eine Meereswoge im Sturm, die Alles in Schaum begräbt. Oder er rast wie ein Waldbrand, der in tiefen Schluchten des Gebirges vom Winde überall hin geweht wird. Mit strahlendem Erz gepanzert leuchtet er wie die Flamme des Hephäst, seine Augen flammen, er selbst gleicht der stürmenden Nacht. Und besonders Achills

leuchtende Erscheinung wird oft gepriesen. Seine Lanze blitzt
wie der Abendstern. Und er selbst erscheint dem Priamos wie
Orion, der hellste von allen Sternen, der aber den Leuten Unglück und Fieber bringt. Aber tröstlich ist es für die bedrängten
Achäer, als Athene von seinem Haupt wie einen Feuerschein
anzündet, der aus einer belagerten Stadt Abends aufsteigt, den
Umwohnenden zum Zeichen, dass sie zum Entsatz kommen sollen.
So, mit der Aegis um die Schultern, tritt er zum Graben und
jagt durch seine Stimme die Troer davon. Von seinem Schilde
dringt ein Glanz in die Luft, wie wenn die Schiffer auf dem
Meere aus einsamem Gehöft in den Bergen eine Flamme er-
glänzen sehen.

Näher der Menschennatur treten die Vergleiche mit Thieren
aus den Anschauungen des Jäger-, Hirten- und Landlebens geschöpft, die nicht mehr allein die elementare, gleichsam blinde
Naturkraft ins Auge fassen, sondern zugleich die Gemüthsstim-
mung und dauernde Charakterzüge veranschaulichen. Eben hier
knüpft ja auch die Fabel an.

Am nächsten lagen Gleichnisse von Raubthieren, deren
Sinnesart und Benehmen etwas Grossartiges hat. Vor allen hat
der Löwe, der im Idagebirge noch heimisch war, reichen Stoff
geboten: nur die Haupthelden, Achill, Hektor, Patroklos, die Ajas,
Menelaos, Diomedes werden mit ihm verglichen, in mannigfachen
Situationen. Da ist der hungerige Löwe, der unvermuthet auf
eine gute Beute stösst: so freut sich Menelaos, als er Paris allein
vor der Schlachtreihe einherstolziren sieht. Eine Rinderheerde
weidet in der Niederung unter einem unerfahrenen Hirten. Plötzlich stürzt ein Löwe mitten hinein, zerreisst eins, die übrigen
stieben auseinander: so Hektor unter die Achäer. Den Diomedes
hat ein Pfeil in die Schulter getroffen, aber auf sein Gebet
tritt Athene zu ihm, macht ihm die Glieder wieder behende und
spricht ihm zu. Da ergreift ihn dreifacher Muth wie den Löwen,
der über das Gehöft gesprungen, vom Hirten verwundet, aber
nicht bewältigt ist. Nun würgt er die Schafe im Stall, dass sie
in Reihen übereinander liegen, und dann springt er ungestüm
aus der Hürde davon. Menelaos hat den Euphorbos getödtet und
zieht ihm behaglich die Rüstung aus. Wie wenn ein Löwe den
besten Stier aus der Heerde geraubt hat, sein Blut und Ein-
geweide schleckt, Hunde und Hirten schreien aus der Ferne,

wagen aber nicht nahe zu kommen: so wagt keiner von den
Troern dem Menelaos entgegen zu treten. Ajas von Zeus ge-
schreckt, nach langem Kampf gegen die Uebermacht, weicht
zögernd wider Willen zurück, wie der Löwe aus dem Gehöft. Die
ganze Nacht hindurch hat er den Braten liebend sich gegen Hunde
und Männer, die ihm das Fett der Stiere missgönnen, zur Wehr
gesetzt. Endlich am Morgen zieht er langsam, Schritt um Schritt
bekümmerten Gemüthes ab. Hektors Wiedererscheinen in der
Schlacht setzt die Griechen, die sorglos den Feind verfolgen, in
einen Schreck, wie wenn Hunde und Hirten einen Hirsch hetzen,
der ins Dickicht entkommt, und plötzlich vom Lärm aufgescheucht
tritt ein Löwe ihnen entgegen. Nun aber Achilleus im Angriff.
Er ist der Löwe, dem eine grosse Schaar von Männern zu Leibe
will. Erst kommt er nicht achtend einher. Wenn ihn aber Einer
mit einem Speer wirft, so reckt er sich und gähnt, Schaum um
die Zähne; das Herz brüllt ihm, mit dem Schweif peitscht er die
Seiten, mit funkelndem Blick greift er an. So trieb den Achill
sein Muth gegen Aineias. Auch das Gemüthliche fehlt nicht. Mit
seinem Schilde schützt Ajas die Leiche des Patroklos wie ein
Löwe sein Junges, wenn ihm unversehens Jäger im Walde begegnen. Von Muth strotzend zieht er die Augenbrauen nieder,
den Blick verdeckend. Endlich dem Kampfe zweier Löwen um
den todten Hirsch gleicht der des Hektor und Patroklos um die
Leiche des Kebriones. Als aber Letzterer endlich erliegen soll,
ist es wie wenn ein Löwe einen Eber bezwingt: beide ringen im
Gebirge um einen Quell, aus dem sie beide trinken wollen.

Gegen die Fülle und Prägnanz dieser Anschauungen treten
andere Bilder des Jagdlebens wie schwächere Wiederholungen in
Schatten. Helden zweiten Ranges wie Idomeneus und Odysseus
werden dem Eber verglichen, und dem verwundeten die beiden Ajas,
welche die schwere Aufgabe haben, die Träger der Patroklosleiche
vor dem gierigen Nachdringen der siegreichen Troer zu schützen.
Wie Hunde laufen sie voran, umstellen ihn, möchten ihn zerreissen.
Kehrt er aber um, so laufen sie davon. Noch seltener tritt das
Pardel auf.

Ebenbürtig dem Löwen ist nur noch der Adler: Achill und
Hektor allein gleichen ihm. Wie diesen aber der Pelide um die
Mauern Trojas jagt, ist es, als wenn ein Habicht im Gebirge
sich hinter der schüchternen Taube herschwingt. Als Hektor

dann Stand hält, den Verfolger vor der Mauer erwartend, gleicht
er der giftgeschwollenen Schlange, die grimmig, mit drohendem
Blick vor ihrer Höhle sich windet, dem Angriffe des Mannes Trotz
bietend.

Wo der Gesang weniger erhaben ansteigt, werden auch zahmer
und niederer Thiere Naturen mit einer gewissen Unschuld, ausnahmsweise mit einem Anflug von Humor zur Charakteristik verwendet.
Der kurze gedrungene Odysseus, der die Reihen der Seinigen
durchschreitet, gemahnt den Priamos an den wolligen Widder
inmitten der Schafheerde.   Im Waffenputz, stolzen, schnellen
Schrittes kommt Paris von der Burg herab wie ein Parade-
pferd, das mit wehender Mähne, seiner Schönheit bewusst, durch
die Ebene galoppirt.   Dagegen dort die beiden Ajas, die im müh-
selig langsam vorschreitenden Kampfe als gute Kameraden un-
verdrossen dicht neben einander aushalten wie zwei weinfarbige
Stiere auf dem Blachfelde, die einmüthig den Pflug ziehen, während ihnen reichlich der Schweiss um die Hörner quillt. Und das
wackere Trägerpaar Menelaos und Meriones, die mitten durch das
Schlachtgedränge die Leiche des Patroklos zu den Schiffen tragen.
Es soll ihnen wahrlich nicht zur Unehre gereichen, dass sie
zwei starken Mauleseln gleichen, die vom Gebirge her auf steilem
Pfad einen Mast thalwärts tragen.   Nicht ohne Lächeln freilich
lesen wir von der zähen Widerstandskraft des Ajas, der auf dem
Rückzuge dem überlegenen Feinde jeden Fuss breit streitig macht,
wie ein fauler Esel, der ungestört den Rand des Saatfeldes ab-
grast, so viel Stöcke auch die Burschen auf seinem Rücken zer-
schlagen.   Auch das endlich scheint dem Dichter nicht ehrenrührig, dass zu beharrlichem Schutze der Patroklosleiche gegen
die überlegene Kraft Hektors und so vieler Troer Athene dem
Menelaos die Kühnheit der Fliege in die Brust giebt: wie oft
auch verscheucht von der Haut, besteht sie doch darauf zu beissen,
weil ihr das Blut des Menschen so lecker ist.

Blicken wir von den Einzelnen auf die Massen, so wird
schon ihre Zusammensetzung und Bewegung unter dem Bilde von
Naturerscheinungen aufgestellt.

Griechen und Troer stehen sich vor dem Kampfe einander
gegenüber wie zwei Wolken, die Kronion bei Windstille, so
lange Boreas und die übrigen Winde noch schlafen, regungslos
auf den Bergesgipfel gestellt hat.   Ein anderes Mal sind beide

Heere zur Ruhe verwiesen, damit ein Zweikampf zwischen Hektor und einem der Achäer entscheide. Auch Athene und Apollo haben sich unterdessen in Gestalt von Geiern auf einer hohen Buche niedergelassen und geniessen des Anblicks. Die Schlacht-reihen aber sitzen dichtgedrängt, von Schilden und Helmen und Speeren starrend, in der Ebene: sie wogen wie wenn sich ein Schauer des eben aufsteigenden Zephyros (des Nordwestwindes) über das Meer ergiesst, das unter ihm sich schwarz färbt. Als sich aber ein drittes Mal die eng geschlossenen Phalangen der beiden Ajas in die Schlacht bewegen, erscheinen sie wie eine Wolke, die ein Ziegenhirt von seiner Höhle aus über das Meer unter dem Wehen des Zephyros kommen sieht, von Weitem schwarz wie Pech, denn sie führt ein heftiges Unwetter mit sich: er schaudert und treibt seine Heerde in die Grotte. Und das unablässige Heranstürmen immer neuer Schlachtreihen ist wie die Brandung am Meeresufer. Von der hohen See her kommt sie mit dem Helm von Schaum, dann aber am Strande sich brechend, erdröhnt sie laut, gipfelt sich im Bogen um die Klippen und speit die Spreu der Salzfluth davon. Durch die Mauer der Griechen stürmen die Troer wie eine Welle, die im Sturm über Bord geht, jene wiederum an einer andern Stelle halten Stand wie ein Fels im Meere.

Der Marsch des gesammten Griechenheeres mit seinen blitzenden Waffen sieht aus, wie wenn ein Feuermeer sich über das Land ergösse, und der Boden erbebt wie vor dem Zorn des donnerfrohen Zeus, wenn er die Erde geisselt bei den Arimern, wo das Lager des feuerspeienden Riesen Typhoeus ist. Auch die Troer marschieren wie ein Sturmwind, der unter Donner von Zeus in die Ebne kommt, sich unter Getöse mit dem Meere mischt und schäumende Wellen treibt. Unter den Füssen erhebt sich Staub, wie wenn der Notos (Südwind) Nebel über die Berge giesst, dass der Hirt nur auf Steinwurfsweite sehen kann. Gar herrlich aber ist das Bild der Bivouaksfeuer der Troer in der Nacht: 1000 Heerde, jeder zu 50 Flammen, leuchten wie der klare Sternenhimmel, wenn die Luft still ist, dem Hirten eine Freude.

Löst sich die festgefügte Masse in lockere Schwärme auf, beherrscht nicht der Eindruck einer unwiderstehlichen Macht, sondern vielmehr der zahllosen wimmelnden Menge das Gemüth,

so kommen Insecten und Vogelschaaren an die Reihe. Wie
ein Bienenschwarm, der sich aus hohlem Felsen immer frisch
nachströmend ergiesst — traubenweise fliegen sie über die Früh-
lingsblumen hier und da —, so zogen die Griechen von den
Schiffen und Zelten am Ufer zur Heerversammlung. Und wie
Schwärme von Gänsen, Kranichen, Schwänen lustig einher flat-
ternd mit vollem Geschrei sich auf der Au niederlassen, so strömen die Griechen von Schiffen und Zelten in die Ebne des Ska-
mander. Da stehen sie auf blumiger Au zu vielen Tausenden
wie Blätter und Blüthen im Frühling. Um aber den Gegensatz
zwischen den prahlerischen Barbaren und den geistgefassten
Griechen zu bezeichnen, berichtet der Sänger, dass jene mit
tollem Geschrei angreifen, wie Kraniche am Himmel krächzen,
die dem Winter entflohen über die Fluthen des Okeanos fliegen,
den Pygmäen Tod und Kampf bringend. Die augenrollenden
Achäer dagegen schreiten einher in Stille, Muth athmend, im
Herzen begierig einander treulich beizustehen. Freilich später
von Aineias und Hektor in die Flucht gejagt, schreien auch sie
wie eine Wolke von Spatzen oder Krähen, wenn sie einen Habicht
sehen. Achill dagegen treibt die Troer in den Fluss wie Heu-
schrecken, die vor dem Feuer unter das Wasser tauchen; und
wie vor dem gewaltigen Delphin die übrigen Fische angstvoll
in die Winkel des Hafens flüchten, so ducken sich die Troer vor
ihm unter den Abhängen des Ufers.

Das Aggressive wird besonders an den furchtbaren Myrmidonen Achills hervorgehoben. Mit Patroklos ziehen sie aus,
wie sich Wespen, von Knaben geneckt, über den Weg ergiessen.
Ihre Führer sind in hastiger Bewegung, kampflechzend wie
Wölfe, die gefrässig und trotzig einen grossen gehörnten Hirsch
im Gebirge geschmaust haben. Mit vollem Bauch, noch blutig
an der Backe, ziehen sie heerdenweise, um mit den schmalen
Zungen das dunkle Quellwasser zu schlürfen, unerzitternden Muth
in der Brust. Myrmidonen und Lykier greifen einander an wie
Geier auf einem Felsen, mit lautem Geschrei.

Die allgemeine Schlacht stellt sich am häufigsten dar
als eine Feuersbrunst, vom Sturm angefacht. Der Kranz des
Krieges ist entbrannt, heisst es dann. Sie kämpften wie das
flammende Feuer. Nicht das Brüllen des Meeres ist so gewaltig,
nicht das Krachen des Waldbrandes, nicht das Rauschen des

Sturms in den Eichen wie der Schlachtlärm. Wie in Berg-
strömen fliesst das Blut, wie die Schaumköpfe der sturm-
gepeitschten Wellen, so fallen die Griechenhäupter unter Hektors
Hand; wie dichtes Schneegestöber, in das Zeus bei ruhiger
Luft Alles weit und breit einhüllt, fliegen die Steine zwischen
Troern und Achäern bei Vertheidigung des Thors; wie ein Staub-
wirbel im Winde dreht sich der Kampf bei den Schiffen; wie
Euros und Notos (Ost- und Südwind) kämpfen sie gegen einander. Als aber Patroklos die Troer über den Graben zurück-
wirft und nach der Stadt zu verfolgt in wildem Getümmel, die
Wagen der Troer übereinanderstürzen, die Lenker jählings unter
die Räder geschleudert werden, die geängstigten Pferde laut im
Laufe schreien: da ist es wie wenn das ganze Land an einem
herbstlichen Tage von Zeus mit einem dröhnenden Ungewitter
und Platzregen heimgesucht wird zur Strafe für krumme Richter-
sprüche. Alle Flüsse treten aus, die Bäche stürzen sich viel
Bäume entwurzelnd von den Bergen hinab und verwüsten die
Werke der Menschen. Oft in heissem Ringen verfinstert sich die
Luft, dass man nicht Sonne noch Mond mehr unversehrt glauben
möchte. Ist endlich der Feind vertrieben und für den Augenblick wenigstens das Schlimmste abgewendet, so athmet man auf,
wie wenn Zeus den Nebel vom Berggipfel scheucht und Kuppen
und Schluchten sichtbar werden. Auch der Sänger erholt sich,
wenn auch sparsam, an idyllischen Bildern, wenigstens da, wo
die Entscheidung sich hinzieht und der Kampf ins Stehen kommt.
Da tritt der Zuschauer eine Weile zurück und betrachtet die
Scene mit ruhigerem Gemüthe aus der Entfernung. Lange wird
um die Leiche des Sarpedon gestritten. Vom Anprall der ehernen
Waffen und der Schilde erhebt sich ein Getöse wie aus der
Ferne von Holzhauern in Schluchten des Waldes. Wie Fliegen
im Viehstall um gefüllte Milchtröge surren, wenn eben gemolken
ist, so das Handgemenge um jene Leiche. Die des Patroklos zerren
sie von beiden Seiten wie Gerber eine Rindshaut. Auf grösserem
Raume erscheinen beide Heere in ihrer gleichmässigen blutigen
Arbeit wie Schnitter, die auf üppigem Weizenfeld von entgegen-
gesetzten Seiten auf einander zuschreitend dichte Halme nieder-
mähen und eine Furche nach der andern ziehen. Und am fried-
lichsten stellt sich das volle Gleichgewicht der Schlacht vor
die Phantasie. So genau wie eine redliche Wittwe, um ihre

Kinder zu ernähren, den Kunden Wolle abwägt, oder wie in der Hand eines wohlgelernten Zimmermanns die Schnur den Schiffs- balken richtet, so haarscharf stand die Wage der Entscheidung auf beiden Seiten gleich.

Waren doch die Griechen, welche der ionische Rhapsode mit seinen Schlachtbeschreibungen entzückte, keine rohen Natur- menschen mehr, die von dem Ungeheuren allein erhoben wurden, nur in den Kraftäusserungen elementarer oder thierischer Natur würdigen Stoff poetischer Verherrlichung erkannten. Sie wohnten in wohlgeordneten Gemeinden und Städten, unter dem Schutze von Obrigkeit und Gesetz, vom Band der Familie warm um- schlungen, der Segnungen friedlicher Cultur, anmuthiger Kunst und gefälliger Geselligkeit froh geniessend, von starken sittlichen Ueberzeugungen gehalten und von feinen Empfindungen des Ge- müthes bewegt. Die edle Menschlichkeit, welche dem home- rischen Epos seinen unvergänglichen Werth gibt, verklärt auch die Schrecken des Krieges, pulsirt durch das Uebergewaltige hin- durch und versöhnt mit den Resten wilderer Denkungsart, die auch eine ausgleichende Ueberarbeitung nicht weggeglättet hat.

Gleich der allgemeine Ausspruch des greisen Nestor über den Krieg zeigt wie man über ihn dachte:

ohne Geschlecht und Gesetz, ohn' eigenen Heerd ist jener,
welcher des Kriegs sich erfreut, der des Volkes Blüthe dahinrafft.

Hier die Ehre der Nation, dort des Vaterlandes und selbst des geraubten Besitzthumes mannhafte Vertheidigung sind die beiden durchschlagenden Motive des langen Kampfes. Während das Recht und die Zukunft auf Seiten der Angreifer ist, fühlt der Sänger edel genug, das Mitleid dem tragischen Geschick der Feinde zuzuwenden, die um des Frevels eines Einzelnen willen dem sicheren Untergange geweiht ihre Selbständigkeit so hart- näckig vertheidigen. Auch in ihre Seele hinein empfindet er: werden sie schnöde und treulos, des Krieges unersättlich ge- scholten, so heissen sie doch auch wacker, stolz und grossherzig; diese Anerkennung gerade adelt den Kampf. Beiderseits sind Ehre, Ruhm, gute Nachrede im Leben und nach dem Tode, Treue und Unterwerfung unter die Zwecke der Gesammtheit die mäch- tigen Triebfedern des einzelnen Kämpfers. Für Weiber und Kinder, für Haus und Hof kämpfend zu sterben, bezeichnet Hektor

als rühmlich, dem „ein Vorzeichen nur gilt: das Vaterland zu
erretten." Und mitten in höchster Bedrängniss ist es das Ehrgefühl, welches den wankenden Helden von Neuem spornt. Diomedes, dessen herrlicher Wahlspruch „nicht lässt mich fürchten
Pallas Athene" der Helligkeit seines Sinnes entspricht, denkt mit
Entsetzen daran, dass Hektor künftig einmal unter den Troern
sagen könne: der Tydide ist vor mir zu den Schiffen geflohn:
„dann klaffe mir weit die Erde auf", fügt er hinzu. Agamemnons
lässiger Ausspruch, der an Heimkehr denkt:

> nicht ja Tadel verdients der Gefahr zu entrinnen, bei Nacht auch:
> besser wer fliehend entrann der Gefahr, als wen sie ereilet,

empört selbst den Odysseus, der den Gedanken an so unrühm-
lichen Rückzug eines Königs ganz unwürdig findet. Der Lykier
Sarpedon, der übrigens in Sehnsucht nach seiner schönen behaglichen Heimath dem Kriege auch nicht hold ist, weiss besser, was
er seiner Stellung schuldig ist. „Wir dürfen nicht umsonst die
ersten in Lykien sein", sagt er zu Glaukos, „bevorzugt mit Ehren-
sitzen, Braten und mehreren Bechern, von allen wie Götter geehrt.
Man soll von uns sagen: nicht ruhmlos herrschen unsere Könige
in Lykien. Sie essen fette Schafe und trinken süssen Wein, aber
ihre Kraft ist auch herrlich, denn sie kämpfen unter den ersten".
Dem gemeinen Mann aber ruft Ajas zu:

> von ehrliebenden Männern sind mehre gerettet als fallen,
> aber von fliehenden hebt nicht Ruhm sich empor noch Abwehr.

Es ist ein treuherziger kameradschaftlicher Ton unter
den Helden wie unter Gleichen. Durch freies Gelöbniss zu dem
gemeinsamen Rachekrieg verbunden, nur für die Dauer desselben
dem erwählten Feldherrn untergeordnet, kennen sie vor der Hand
keine Eifersucht und keinen Sondergeist, bis die Selbstsucht und
Ungerechtigkeit Agamemnons das Zerwürfniss mit Achill verschuldet. Beide erkennen zu spät ihre Ate und die verhängnissvolle Wirkung der bittren Eris, die anfangs wie Honig sich dem
erregten Gemüth einschleicht. Hier berühren wir den eigentlichen Lebensnerv des Gedichtes. Weitere Spaltungen fügt erst
das spätere Epos hinzu.

Dem einzelnen Fürsten haben die Landsleute bei Vermeidung
schwerer Busse und Schande Heeresfolge zu leisten gehabt,

doch hat ein Sikyonier es vorgezogen, sich durch das Geschenk einer schönen Stute von Agamemnon loszukaufen, und Hermes gibt sich einmal als den jüngsten von sieben Brüdern aus, den das Loos getroffen habe in den Krieg zu ziehen.

Herzhaft sagt man sich die Wahrheit; kränkende Worte auch des Oberfeldherrn, wenn sie unverdient sind, werden lebhaft abgewiesen und gern zurückgenommen. Ganz gutmüthig lässt der liebenswürdige Diomedes eine lange überflüssige Ermahnung Agamemnons über sich ergehen, ohne doch dem Freimuth etwas zu vergeben, der den Tyrannengelüsten des Atriden gegenüber auf seiner Hut ist.

Einsichtiger, erfindungsreicher Rath, wie ihn Odysseus gibt, Erfahrung und milde Weisheit, wie sie Nestor vertritt, auch in taktischen Anweisungen, macht sich neben tapfrem Sinn und heldenhafter Kraft geltend. Es herrscht ein fröhliches buntes Lagerleben, wenn die Schlacht nicht eben tobt. Hat doch die Länge der Zeit genöthigt, sich behaglich in geräumigen, hausähnlichen Zelten einzurichten. Die Myrmidonen, während Achill sich zürnend vom Kampf zurückhält, üben sich am Ufer mit Diskos, Speer und Bogen. Er selbst ergötzt sein Gemüth im Zelte, zur Phorminx Ruhmeslieder der Ahnen singend, und Patroklos sitzt ihm gegenüber, ihn abzulösen, wenn er aufhört. Auch Paris spielt die Kithara. Im nöchtlichen Bivouak der Troer hört man lustige Musik von Pfeifen und Syringen. Der entscheidende Sieg, Hektors Fall, wird durch einen Pään gefeiert, den die Achäer singen, aus der Schlacht zu den Schiffen zurückkehrend.

Auf beiden Seiten ist die Verpflegung reichlich. Trotz zehnjähriger Belagerung, obwohl viele Orte an der Küste und im Binnenlande zerstört, zahlreiche Heerden vom Ida weggetrieben sind, und die Belagerten ihre Ausfälle nicht weit hin mehr auszudehnen vermögen, fehlt es den Troern an Nichts. Die Griechen sind von Lemnos aus durch den König Euenos mit Wein auf zahlreichen Schiffen versehen. Zur gründlichen Vorbereitung, wie zur Stärkung während des Kampfes und zur Erholung nach demselben, auch zur Feier der Todten, wird innerhalb und ausserhalb der Mauern reichlich, häufig und gut gegessen und getrunken, sowohl in allgemeinen Mahlzeiten, als auch in engerem Kreise befreundeter Gefährten. Besonders Odysseus ermahnt gern, die Leute mit Brod und Wein zu speisen, denn das sei Kraft und

Muth des Mannes. Nicht den ganzen Tag ja bis Sonnenuntergang kann man nüchtern kämpfen. Wenn Einer auch kriegerisch
gesonnen ist, so werden ihm doch unvermerkt die Glieder schwer,
die Kniee wanken beim Gehen, wenn ihn Hunger und Durst
fasst. Wer aber satt gegessen und getrunken hat, der behält
Muth, wenn er auch den ganzen Tag kämpft, und die Glieder
werden ihm nicht schwach. So ist er auch nicht dafür, die Gefallenen mit dem Bauche zu bedauern, wie er sagt. Als Achill
das Ansinnen stellt, vor vollzogener Rache für Patroklos zu
fasten, stellt er ihm deutlich vor, wie dergleichen nicht durch-
führbar sei. Gar zu viele fallen alle Tage: wann soll man auf-
athmen? Dafür wird denn aber auch darauf gehalten, dass Jeder
in der Schlacht seine Schuldigkeit thue, und nicht selten wird
auch der Heerführer daran erinnert, dass die Zahl der von ihm
geleerten Becher und ihre Freude am Braten zu besseren Hoffnungen berechtigte.

Ist die Begierde nach Speise und Trank gestillt, sind die
Pferde gefüttert, die Wagen gemustert, die Waffen bereitet, ist
Opfer und Gebet durch den Priester vollzogen, so treten die
Heerschaaren an, von ihren Führern geordnet und ermahnt, und
der König hält Musterung über alle. Dann der **Angriff**: die
Reiter und Wagen voran, eng zusammenhaltend, und hinter ihnen
das Fussvolk, die Schwachen und Feigen in der Mitte. So wenigstens will es Nestor nach der Sitte der Väter. Aber der Sänger,
ohne den Ueberblick zu verlieren und dem Gesammteindruck sich
zu entziehen, ist allgegenwärtig, im dichten Handgemenge und
auf den entferntesten Plätzen des Schlachtfeldes: er sieht den
Pfeil des verachteten Schützen so gut aus der Ferne heranfliegen
wie Schilde und Speere der Nahekämpfer auf einander schlagen.
An den strahlenden Rüstungen und der stattlich blühenden
Heldengestalt hat er seine herzliche Freude und versagt sich
nicht, wenn er einen der Hervorragendsten in seiner vollen Glorie,
sei es zum einmaligen Zweikampfe, sei es zu einer umfassenden
Waffenthat in den Vordergrund stellen will, unmittelbar vor
seinem Auftreten die prächtige Wehr, die Beinschienen, Panzer,
Schwert, Schild und den Helm mit dem wallenden Busch, Alles
kunstvoll, zum Theil in edlen Metallen gearbeitet, mit sinnigen
Bildwerken verziert, ihm Stück für Stück anzulegen, bis der Göttersohn dasteht, ein Wunder zu schauen. Aber der blutigen Arbeit

zuschauend verfolgt er die Wege der Speere und Pfeile, Steinwürfe und Schwerthiebe mit wachsamster Genauigkeit. Dem
Kriegsmann, der so oft die Launen und Zufälle der Todesge-
schosse jeder Art, die Windungen gleichsam des Arestanzes er-
probt und mit Gefährten plaudernd ausgetauscht hat, macht es
ein eignes Behagen, frei von Sentimentalität und zärtlicher Scheu
mit sachverständlicher Gründlichkeit die Mannigfaltigkeit der
Wunden zu verfolgen, mit der augenblicklichen Bewegung und
Stellung der Kämpfenden kunstvoll zu combiniren, Gefahr und
glückliches Entkommen zu vertheilen. Bei kräftiger Revanche
empfindet er eine gesunde Genugthuung; und manchem seiner
Zuhörer wird zu Muthe gewesen sein wie jenem bei Shakespeare:

> Wenn auf dreibein'gem Stuhl ich sitz', erzählend
> Von Kriegerthat, durch mich vollbracht, fliegt seine
> Begeistrung in mein Reden; sprech ich:
> So fiel mein Feind, so setzt' ich meinen Fuss
> Auf seinen Nacken! alsbald steiget dann
> Sein Fürstenblut ihm in die Wang', er schwitzt,
> Und spannt die jungen Muskeln in der Stellung,
> Die meine Schildrung malt.

Für ärztliche Pflege ist gesorgt, selbst die Olympier haben
einen Arzt, Paieon. Die beiden hervorragendsten Aerzte der
Griechen, Podaleirios und Machaon, sind Söhne des berühmten
Heilkünstlers Asklepios. Mit 30 Schiffen sind sie von Oichalia
gekommen und kämpfen selbst mit. Auch Achill hat von seinem
Erzieher, dem kräuterkundigen Kentauren Cheiron, etwas Chirurgie
gelernt, und Patroklos von jenem. Aber es geht etwas langsam
mit der Hülfe. Als dem Menelaos der Pfeil des Pandaros eine
freilich unschuldige Fleischwunde geritzt hat, muss der Herold
Talthybios, von Agamemnon geschickt, den Machaon erst weit
im Schlachtgewühl aufsuchen. Doch weiss man ihn zu schätzen.
Als ihn selbst ein Pfeil getroffen hat, wird er schleunigst auf
dem Wagen Nestors zu den Schiffen zurückgeschickt: „ist doch
ein Arzt soviel werth, als viele Männer zusammen".

Es verdient Anerkennung, dass Troer so wenig als Achäer
erlittene Niederlagen zu bemänteln oder gar als Siege darzustellen
suchen, so zuversichtlich auch vor der Entscheidung oft die Sprache
klingt. Eid und Verträge stehen, wie Agamemnon sagt, unter
dem Schutze des Zeus, und ihre Verletzung rügt er, wenn nicht

sofort, doch mit der Zeit an den Treulosen sammt ihren Weibern und Kindern. Die Ehrlichkeit der Troer ist freilich sonst nicht aufs beste bestellt. Nur des greisen Priamos Wort gilt den Achäern für zuverlässig, seine Söhne heissen schnöde und treulos. Des Pandaros tückischer Pfeil verletzt den eben beschworenen Waffenstillstand, dass der Krieg aufs Neue entbrennt. Freilich haben es die Olympier selbst so gewollt. Damit der Krieg keinen friedlichen Ausgang finde, sondern Troja's Schicksal sich erfülle, muss Zeus gestatten, dass Athene selbst den Bogenschützen zu der verhängnissvollen That verführe.

Ein festes Band treuer Waffengenossenschaft hält die Kämpfer zusammen. Je zwei Freunde oder Brüder führt ein Gespann, das der eine von ihnen lenkt, doch tauschen sie gelegentlich die Rollen. Auch die Leiche des gefallenen Gefährten zu beschützen und zur Bestattung zu den Schiffen zurückzuschaffen ist höchster Ehrenpunkt; wer sie dem Feinde preisgibt, trägt ewige Schande davon. Denn vor dem Gegner im Kriege herrscht freilich noch das wilde schnöde Recht des Hasses, der Rache und Leidenschaft. Wehe der eroberten Stadt: die Männer werden getödtet, die Häuser verbrannt, Kinder und Weiber fortgeführt. Als Achill die hochthorige Stadt der Kilikier, Theben, Andromache's Heimath, zerstörte, hat er an einem Tage ihren königlichen Vater und ihre drei Brüder, die bei der Heerde weilten, getödtet. Schonung genug, dass er die Leiche des Königs mit den Waffen verbrannte, ihm einen Grabhügel schüttete und die Gattin um Lösegeld freigab. Auch Briseis hat sehen müssen, wie dieselben Hände ihren Gemahl und drei Brüder von einer Mutter vor ihrer Vaterstadt mordeten und diese zerstörten. Da tröstete freilich der milde Patroklos die junge schöne Wittwe; denn er verhiess ihr, Achill selbst werde sie als eheliche Gattin heimführen und ihr unter den Myrmidonen das Hochzeitsmahl anrichten. Kein Pardon in der Schlacht. Da plaudert man nicht gemüthlich wie Mädchen und Bursche zusammen, vom Eichbaum und vom Felsen herab. Vergebens umfassen sie die Kniee, bieten Lösegeld, suchen für ihre Jugend, ihre Aeltern und Angehörigen Mitleid zu erwecken. Einmal ist der sanfte Menelaos fast gerührt, da ruft ihm Agamemnon zu: „guter Menelaos, was bist du so zärtlich? wahrlich, die Troer haben es um dich verdient. Keiner von denen entfliehe jähem Verderben und unseren

Händen, auch nicht das Kind im Mutterleibe, sondern alle zusammen in Ilios sollen zu Grunde gehen unbeklagt und spurlos."
Noch gilt der Hohn über den fallenden und getödteten Feind
nicht für unziemlich. Hektor höhnt den Patroklos und Achill den
Hektor. Zu letzterem, als er eben geendet hat, kommen die
Achüer gelaufen; keiner, der ihm nicht noch eine Wunde versetzte,
und einer sprach zum andern: „o wie viel sanfter ist Hektor jetzt
anzufassen als da er die Schiffe anzündete." Dem erlegten Feinde
Rüstung und Waffen abzunehmen ist das Geringste und gehört
zur Ehre des Siegs. Aber dem Patroklos will Hektor den Kopf
abschneiden und auf einen Pfahl stecken, den Körper aber den
Hunden vorwerfen. Dem entspricht Achills furchtbare Rache.
der, nicht zufrieden mit der grausamen Misshandlung der Leiche,
noch 12 gefangene Jünglinge auf dem Grabe des Freundes
schlachtet. Auch anderer Troer schont er nicht. Wenn er vorher manchem das Leben schenkte und ihn gegen Lösegeld in
seine Heimath entliess, so lässt er nun keinen, den ein Gott in
seine Hand giebt, entfliehen. Die Leiche des Lykaon packt er
am Fuss, schleudert sie in den Fluss und ruft: „da liege unter
den Fischen, die deine Wunden lecken werden. Deine Mutter
wird dich nicht auf die Bahre legen und beweinen, der Skamandros
wird dich zum weiten Busen des Meeres tragen. Aufspringend
wird da ein Fisch die schwarze Welle kräuseln, der das weisse
Fett Lykaons gegessen hat." Dieser dämonischen Wildheit, die
durch einen Zug melancholischer Ironie veredelt wird, ist die
Roheit des Oileussohnes Ajas nicht gewachsen: er wirft den ab-
geschnittenen Kopf seines Gegners wie einen Ball durch die
Menge, dass er dem Hektor vor die Füsse fällt. Das ist der
grimmige, ruchlose Ares.

Gedenken wir aber daneben so mancher Züge edler Menschlichkeit, deren milde Wärme auch die schneidende Luft des
Krieges bisweilen versöhnend durchbricht: vor Allem jener Begegnung des Diomedes mit dem Lykier Glaukos, die sich als
Gastfreunde von den Grossvätern her erkennen, einander herzlich
die Hände reichen, ihre Rüstungen und Waffen (goldene um
eherne) austauschen und sich verabreden, einander im Handgemenge auszuweichen. Hier trägt die ritterliche Sitte, nicht
stumm und unbekannt auf einander loszuschlagen, sondern Namen,
Geschlecht und Heimath, oft auch die weitere Lebensgeschichte

einander zu berichten, gleichsam die Ebenbürtigkeit festzustellen, ehe man sich mit den Waffen misst, ihre lieblichste Frucht. Diomedes, von einer Ahnung bewegt, dass des Gegners Person ihm heilig sein könne, wirft die Frage auf, ob der Unbekannte vielleicht einer der Unsterblichen sei, mit denen zu streiten sich nicht geziemt; und mit ungewohnter Feierlichkeit und Ausführlichkeit erzählt dann Glaukos von seinen Ahnen. Es ist ein Augenblick andächtiger Besinnung auf die natürliche Gemeinschaft, welche Menschen an Menschen knüpft, ein Sonnenstrahl aus dem Gewölk, der über das Schlachtfeld hinstreicht. Und nicht minder wohlthuend ist der Abschluss, den der unentschiedene Zweikampf zwischen Ajas und Hektor nach heissem Schlachttage findet. Die Lanzen und mächtige Steinwürfe haben sie an einander versucht. Hektor zwar blutet vom Speer am Halse, und ein Stein hat ihn zu Boden geworfen. Aber Apollon richtet ihn wieder auf, und nun hätten sie zu den Schwertern gegriffen, wenn nicht von beiden Seiten die Herolde, Talthybios und Idaios, gekommen wären, beides verständige Männer. Zwischen die Kümpfenden hielten sie ihre Stäbe, und Idaios, der Troer, sprach:

> nicht mehr weiter, ihr lieben Söhn', im Streit und Gefechte.
> Seid ihr beide doch lieb dem Herrscher im Donnergewölk Zeus,
> beide auch tapfere Helden: das wissen nunmehr wir alle.
> Aber es wird nun Nacht: auch der Nacht ists gut zu gehorchen.

Da giebt zuerst Ajas, der herausgeforderte, der im Vortheil ist, nach. Hektor stimmt mit herzlicher Anerkennung des Gegners bei, und schlägt vor, Geschenke unter einander auszutauschen, damit man unter Achäern und Troern sage:

> erst zwar kämpften sie über die herzverzehrende Zwietracht,
> und dann schieden sie beid' in Freundschaft wieder versöhnet.

Und die Troer freuten sich, als sie ihren Hektor lebendig und unversehrt den unnahbaren Händen des Ajas entronnen wiedersahen, und geleiteten ihn zur Stadt; den Ajas von der andern Seite, der sich des Sieges freut, führen die Achäer zum Agamemnon, der dem Zeus einen Stier opfert, und dann schmausen sie den Braten und Ajas wird mit langen Rückenstücken geehrt.

So werden die Gemüther vorbereitet für den Waffenstillstand des folgenden Tages, der zur Bestattung der Todten dient: warme Thränen vergiessend heben sie die Theuern auf die

Wagen. Zu formeller Todtenklage und ausführlicher Leichenfeier,
wie sie für Patroklos und Hektor angestellt wird, fehlt die Zeit.
In Schweigen werden die Leichen den Scheiterhaufen übergeben.

Aber des Sängers Gemüth stimmt der Anblick des fallenden
Kriegers mannigfach. Bei dem Unbedeutenden interessirt ihn
nur die Situation, weckt wohl auch seinen Humor. Dem ver-
blüfften Thestor, dem die Zügel entfallen sind, jagt Patroklos
seinen Speer durch Kinnbacken und Zähne und zieht den
Schnappenden daran über den Wagenrand zu Boden, wie Einer
auf hohem Felsen einen Fisch aus dem Meer angelt. Kebriones,
den Wagenlenker Hektors, trifft er mit einem Steinwurf, dass
derselbe kopfüber wie ein Taucher vom Wagen stürzt. Er
spottet des behenden Mannes. Wenn er so gelenk vom Schiffe
in das fischreiche Meer spränge, so könnte er auch bei stürmischer See Austern suchend viele Menschen sättigen. In sich zu-
sammengekrümmt wie ein Wurm liegt Einer am Boden. Der
Kraftvolle dröhnt im Sturz, die Waffen rasseln über ihm. Eben
vorwärts springend wird dieser vom Speer getroffen: er fällt
rücklings wie ein Stier, der vom scharfen Beil hinter die Hörner
geschlagen, mit einem Sprunge nach vorwärts niederstürzt. Jener
brüllt wie der Opferstier, dessen sich Poseidon erfreut. Der
Hochragende, Stämmige bricht zusammen wie ein Thurm, der
Lebensfrische wie eine Pappel, in der Niederung gewachsen,
vom Zimmermann gefällt, nun trocknend am Flussufer, oder wie
eine Eiche vom Blitz getroffen. Die Wehmuth über des Patroklos Ende schiebt der Dichter des Helden eigener Seele zu, als
sie aus den edlen Gliedern entfliegend znm Hades geht, ihr Geschick beklagend, dass sie Kraft und Jugend verlassen muss.
Mit wehmütiger Ironie wird der Fall des etwas eitlen Euphorbos
ausgeschmückt. Er hat sich eben gegen Menelaos vermessen,
dessen Kopf und Waffen sammt denen des Patroklos den Eltern
als Beute heimzubringen. Da wirft ihn die feindliche Lanze zu
Boden. Von Blut werden ihm die den Chariten gleichenden Haare
benetzt und die Locken, die mit Gold und Silber durchringelt
sind. Und wie ein junger schöner Oelbaum, im Garten sorglich gepflegt, reichlich getränkt, in weisser Blüte prangt, —
plötzlich kommt ein Sturmwind, entwurzelt und wirft ihn zu
Boden —, so streckte Menelaos den Euphorbos nieder. Zart und
rührend wird die tödtliche Wirkung des Pfeiles auf einen der

Priamossöhne beschrieben: er neigte sein Haupt, das vom Helm beschwert war, zur Seite wie eine Mohnstaude, die im Garten von Frucht und Thautropfen des Frühlings belastet ist.

Ja wie ein Sturmwind, gewaltsam, verheerend braust der Krieg über die Fluren des Lebens dahin. Wie den Kriegsmann oder den Arzt die Mannigfaltigkeit der körperlichen Wunden und Todesarten beschäftigt, so gibt die Fülle der Lebensschicksale und Verhältnisse, in welche die unerbittlichen Keren eingreifen, der dichterischen Natur einen unendlichen Stoff gemüthvoller Betrachtung. Darum gedenkt er so gern, wenn einer im Kampfe erliegt, der Eltern und Angehörigen, der fernen Heimath, entwirft ein freundliches Landschafts- oder Familienbild, wie es dem Sterbenden vorschweben mag. Die Umstände bei seiner Geburt, die Hoffnungen, die er auf das Leben, die Seinigen auf ihn setzten, Gaben der Natur, Kräfte und Geschicklichkeiten, das Glück, das er noch gesucht oder schon genossen, die Schicksale, die er überstanden, Ehre und Ruhm, die er sich erworben hatte, bald dies bald jenes wird hervorgekehrt, was dem einzelnen Schicksal sein eignes Gepräge gibt. Jugendlich blühende Knaben, die zu früh sterben, um den Eltern Pflege und Erziehung zu vergelten; spätgeborene Söhne eines bejahrten Vaters, die, zwei auf einmal fallend, den Greis ohne Erben zurücklassen; Zwillingsbrüder, von demselben Gegner nebeneinander getödtet wie zwei Löwen, die lange mit einander im Gebirge auf Raub ausgezogen sind, bis sie selbst dem Beil der Männer erliegen. Protesilaos, der eben vermählte, dessen junge Gattin von allen Griechenfrauen zuerst Wittwe wurde. Als er vor den übrigen Achäern vom Schiff ans Land sprang, tödtete ihn ein dardanischer Mann, und seitdem deckte ihn schon lange die schwarze Erde. Einen gastlichen Mann, der an der Landstrasse sein Haus hatte, erlegt Diomedes, und Keiner von allen, die er je aufgenommen, ist zur Hand ihm das Verderben abzuwehren. Hier ein reicher Milesier, der wie ein Mädchen in den Krieg ging, der thörichte, und doch half ihm sein Gold Nichts, sondern Achill erschlug ihn im Fluss und erbeutete sein Gold. Dort schläft ein Thrakier den ehernen Schlaf, fern von der noch ungenossenen Gattin, die er doch so theuer erkauft hatte: erst 100 Rinder gab er und dann versprach er noch 1000 Ziegen und Schafe, die ihm in zahlloser Menge auf der Weide waren. Nun aber hat ihm Agamemnon die Waffen

abgezogen und trägt sie von dannen. An die tragische Spitze
des Ganzen, Achills Schmerz um seinen Patroklos, an den namen-
losen Jammer des Priamos, an Andromache's Klage brauch' ich
nicht zu erinnern. Der göttliche Pelide, der unter allen Helden
von Troja am nächsten an die Herrlichkeit der Unsterblichen
heranreicht und des Kriegs dämonischen Zauber am glänzendsten
ausstrahlt, fühlt zugleich das Weh des vergänglichen Lebens am
tiefsten. Die Schatten der Schwermuth liegen über seiner
leuchtenden Gestalt. Dem Lykaon, der, schon einmal von ihm
gefangen und begnadigt, von Neuem in seine unnahbaren Hände
gefallen ist und um sein Leben fleht, erwidert er düster: „was
jammerst du? auch Patroklos ist gestorben und war mehr als du.
Siehst du nicht wie schön und gross ich bin? Sohn eines herrlichen Vaters und einer unsterblichen Mutter. Aber doch erwartet mich Tod und Moira. Es wird eine Eos, ein Mittag oder
ein Abend kommen, wo auch mein Leben Einer im Ares raubt
mit dem Speer oder mit dem Pfeil."

So tief fühlt der Sänger die Melancholie unsres flüchtigen,
schmerzvollen Daseins, dass selbst die ätherische Heiterkeit der
Götterwelt für einen Augenblick getrübt wird an jener unendlich
rührenden und erhabenen Stelle, wo Achills unsterbliche Rosse
um den Tod des Patroklos auf dem Schlachtfelde trauern. Soviel
auch der Wagenlenker Automedon sie ermuntert, bald mit der
Peitsche, bald mit sanften Worten und Drohungen: sie wollen
weder zurück zu den Schiffen noch in den Kampf, sondern stehen
unbeweglich wie eine Säule auf dem Grabe eines Mannes oder
einer Frau, die Köpfe zur Erde gebeugt, und über das Joch fällt
zu beiden Seiten die Mähne herab, von heissen Thränen benetzt.
Das bewegt selbst Kronion zum Mitleid. Er schüttelt das Haupt
und sagt bei sich: ihr Armen, warum habe ich euch dem Peleus,
einem sterblichen Manne, gegeben, ihr aber seid nicht alternd
und unsterblich!

> Etwa, dass Leid ihr tragt mit den unglückseligen Menschen?
> Gibts doch nimmer wahrhaftig was Jammervollres auf Erden
> Als der Mensch von Allem was Odem hat und sich reget.

Und damit gibt er ihnen neuen Muth in die Brust, dass
sie leicht mit dem Wagen unter Troer und Achäer fliegen.
Denn das ist die Wohlthat des Krieges wie des Lebens, dass

unter immer neuen Eindrücken und Regungen die elastische
Federkraft der Seele wiederum aufschnellt, dass sie Verlorenem
den Rücken kehrt und über die fallenden Blätter hinweg, die
der winterliche Ares zu unsern Füssen häuft, dem treibenden
Frühling mit Jauchzen entgegen geht.

4. Euripides und seine Zeit.

(Vortrag; Bern, 1860.)

Mit vollem Recht hat man für die Reihe welthistorischer Gemälde, mit denen Kaulbach's Meisterhand das Treppenhaus des neuen Berliner Museums schmückt, auch die Schlacht von Salamis auserwählt, den glorreichen Kampf, in Folge dessen Asiens Barbarei und Despotismus von jenem Boden zurückgeschlagen wurden, der für die ewigen Ideen geistiger Freiheit und Schönheit im vollsten Sinne geweiht war. Wäre damals Athen selbstsüchtig genug gewesen, nach dem Vorgange der Nachbarstaaten nur auf seine momentane Sicherheit zu sehen und seinen immerhin günstigen Frieden mit dem Perserkönige zu schliessen, so hätte der griechische Genius unstreitig noch manche üppig schöne Blüthe in Kunst und Literatur getrieben, aber jener alle Zukunft entflammende Herd eines geistig verklärten nationalen Lebens wäre für immer erloschen gewesen. Aber auch für Athens besonderes Schicksal war jener Tag der bedeutsamste Wendepunkt. Er entschied seinen Beruf als hellenische Grossmacht zur See und war eben desshalb der Geburtstag der Athenischen Demokratie. Das Bewusstsein, dass die gleichmässige aufopfernde Begeisterung Aller es gewesen war, welche das Vaterland gerettet, hatte in jedem Einzelnen der heimkehrenden Sieger den Anspruch geweckt, nun auch ferner unter seinen Mitkämpfern als Mitbürger einen gleichberechtigten Platz einzunehmen, und der unbeschränkte Blick auf das unendliche Meer, das ihnen zur neuen, viel verheissenden Heimath geworden war, trug auch ihre beweglichen Gedanken fast unwillkührlich über die Scholle der Tradition hinaus ins Weite und Grosse, freilich auch manchen Stürmen entgegen, die den friedlichen, genügsamen Landbauern unbekannt gewesen waren.

Es ist nun für die Entwicklungsgeschichte der griechischen Tragödie nichts bezeichnender als jene, wie auch immer be-

glaubigte, Tradition, dass am Tage von Salamis Aeschylos als
fünfundvierzigjähriger Mann sich unter den Kämpfern tummelte,
während Euripides auf eben dieser Insel, wohin seine Eltern geflüchtet waren, geboren wurde, Sophokles aber ein eben er-
blühender Jüngling von sechszehn Jahren war, der bald am
Siegesfest den Reigen der Sänger leitete. In so kurzen Zeitraum,
d. h. gerade in die Epoche der höchsten Entwicklung des Athenischen Staates, sind die drei Phasen der griechischen Tragödie
zusammengedrängt. Dieselben Leute, die zu Alkibiades' und
Sokrates' Zeit zu ihrem Entsetzen erleben mussten, wie eine
neuerungssüchtige Jugend für Euripides schwärmte, konnten noch
Zeugen jenes Tages gewesen sein, an dem Themistokles durch
Phrynichos, den grossen Vorgänger des Aeschylos, seinen eigenen
Sieg über die Perser in den Phönizierinnen feiern liess.

Wer an jene ältesten, in feierlichem Prozessionsschritt lang
dahinwallenden Chorlieder zurückdachte, die nur mit eben so
langen Erzählungen abwechselten, zu eigentlich dramatischem
Leben aber kaum die ersten Keime enthielten, und nun die
künstlich verschlungene Handlung, die leidenschaftlich bewegten
Charaktere, den mit allen Mitteln der Dialektik und Rhetorik zu-
gespitzten und gewürzten Dialog entgegenhielt, dem gegenüber
die Lyrik in üppig rührenden Glanzarien einzelner Schauspieler
ihre Effekte suchte, den Chor aber mit sehr beiläufigem dünnem
Liederschaum abfand: der musste in seinem Kunstgefühl einen
Ruck erleiden, wie etwa Einer, der an geistliche Oratorien strengsten
und ältesten Stils gewöhnt, an deren Stelle eine Prunkoper von
Bellini oder Meyerbeer oder vielleicht gar eines Zukunftsmusikers
aufgeführt sähe.

Die guten alten Marathonskämpfer, deren schlichte Ehrbar-
keit und Unschuld Aristophanes so wehmüthig schildert, fanden
natürlich wenig Geschmack an dieser modernsten Metamorphose des
altheiligen Dionysischen Festspiels, und eben so wenig jene kleine,
aber nie ganz ohnmächtige Partei, die auf eben jene vorsalaminische
Zeit als auf das verlorne Paradies sehnsüchtig zurückschaute.
Jeder weiss, mit welch unversöhnlichem Hass Aristophanes die
Kunst des Euripides zu verfolgen nicht müde wird, mit einem
Hass, der in demselben Masse nur noch Einem zu Gute gekommen ist, jenem Gerber und Paphlagonier Kleon, dessen
praktischer Radicalismus (kürzlich von dem Engländer Grote so

vortrefflich in Schutz genommen) ganz ähnliche Antipathien bei den Altconservativen erweckte, als Euripides durch seine poetischen Wühlereien.

Auch muss man es durch die Verschiedenheit der Naturen gerechtfertigt finden, dass der geniale Reactionär, dem warmes, übermüthiges Lebensgefühl aus allen Poren sprüht, ein kräftiges Missbehagen empfand an der etwas engbrüstigen, halb von Buchgelehrsamkeit, halb von ungesunder Leidenschaft angekränkelten Art seines tragischen Collegen, der mit einer sentimentalen Thräne über die entartete Gegenwart doch in ihrem Strome mitschwamm, ja sogar der Hauptsprecher einer mit Gott und der Welt zerfallenen Denkart wurde. Der ästhetischen Gebrechen gar nicht zu gedenken, die so auf der Hand liegen, dass man fast glauben muss, der attische Romantiker selbst habe zu ihrer Erkenntniss weder der blitzenden Streiflichter Aristophanischen Witzes noch Schlegelscher Oberflächlichkeit bedurft, sei aber viel zu tief in seine Tendenz versenkt gewesen, um jene Flecken, die eben auch das Gepräge seiner Richtung trugen, verschönern und dadurch vielleicht die Aehnlichkeit des Zeitbilds, um das ihm vor Allem zu thun war, verwischen zu wollen. Denn dass er den Erleuchtetsten seiner und noch mehr der ganzen kommenden Zeit aus der Seele und zum Herzen gesprochen hat, das bezeugen, ausser dem eben deshalb so erbitterten, aber wirkungslosen Widerspruch der Komödie, nicht nur die empfänglichen Siculer, in deren Dienst kriegsgefangene, vor deren Thür flüchtige und bettelnde Athenische Soldaten durch Recitation Euripideischer Verse sich Freiheit oder Obdach erwirkten, nicht nur die Lucianischen Abderiten, die von der Euripideischen Andromeda sammt und sonders das Fieber bekamen, und von Eros, dem Tyrannen der Götter und Menschen, phantasirten: sondern das gesammte Alterthum, in dessen Theilnahme sich kein Dramatiker, ja fast kein Schriftsteller dauernder erhalten hat, als Euripides. Sokrates selbst, der freilich dem Anhänger jener viereckig einfältigen Marathonszeit auch als Karrikatur der Gegenwart galt, versäumte keine Aufführung eines neuen Euripideischen Stückes; Aristoteles entnahm seine Maassstäbe für Wesen und Wirkung der Tragödie vorzugsweise Euripideischen Dramen, und erkannte an, dass sie bei allen technischen Mängeln jene enthusiastische, für den Augenblick so wohlthätige Entladung (nicht Reinigung) des von Mitleid

und Furcht bedrängten und beklommenen Herzens am wirksamsten
bewerkstelligen. Sein grosser Schüler Alexander, der kosmo-
politische Missionär des hellenischen Geistes, erwählte ausser den
homerischen Gesängen, ausser Aeschylos und Sophokles, auch den
Vorläufer und Propheten seiner Mission, den weisen Euripides,
zum Begleiter, und liebte es, sich auf den Philosophen der Bühne
zu berufen. Das hinreissende, dem Leben abgelauschte individuelle
Pathos Euripideischer Gestalten und Scenen begeisterte den
Meissel und den Pinsel aller spätern griechischen Kunst, ja beherrschte sogar jene überaus anmuthige und bis nach Etrurien
hin blühende Industrie bemalter Thongefässe, die nichts häufiger
darstellen, als Euripideische Scenen und Figuren. Die kunstreich
und spannend verflochtene Handlung, deren Erfinder und Meister
Euripides war, hat ferner der gesammten neuern attischen
Komödie Richtung und Methode geliefert; auf Euripides ist ·Alles,
was die Römer und ihre romanischen Nachkommen im Trauer-
und im Lustspiel geleistet haben, gepfropft; und wenn auch der
deutschen Literatur der Genius Shakespeare's gleichsam ein neues
Evangelium dramatischer Poesie verkündigt hat, so führt uns
doch, um von den zahllosen eigentlichen Bühnenfabrikaten ab-
zusehen, die sämmtlich, wenn auch unbewusst, der Euripideischen
Muse ihre besten Effekte verdanken, jenes edelste Werk unsres
Göthe, Iphigenie, auf griechischen, und zwar Euripideischen Boden
zurück. Endlich hat keiner der alten Tragiker der modernen
Oper so viele und wirksame Stoffe geboten, als Euripides. Gluck
allein verdankt ihm drei: Alkestis und die beiden Iphigenien;
Cherubini seine Medea.

Es ist nun nicht meine Absicht, Sie mit einer umfassenden
Untersuchung über dieses Phänomen der griechischen Literatur-
geschichte aufzuhalten, die, um einigermassen erschöpfend zu sein,
nicht ohne gründliche Analyse der einzelnen Stücke und manchen
ermüdenden Abweg zu bewerkstelligen wäre. Vielleicht aber ist
es den vorausgeschickten Bemerkungen gelungen, Ihre Aufmerksamkeit für eine kurze Skizze zu gewinnen, die von den
technischen Mängeln oder Vorzügen des Dichters mehr absehend,
darauf ausgeht, das Gepräge der Zeit, deren Kind und Wortführer Euripides war, Ihrem Auge näher zu bringen.

Aeschylos, der in den Schlachten von Marathon, Artemision,
Salamis, Plataä ruhmvoll mitgefochten hatte, war grollend in

Sicilien gestorben, kurz, nachdem Perikles und mit ihm die Partei des demokratischen Fortschritts durch Beseitigung des in exclusiv aristokratischem Sinne Grossinquisition übenden Areopags ans Ruder gekommen war. Seine Dramen waren wie er selbst des Ares voll und athmeten ganz den heroischen Geist jener Freiheits-kämpfe: begeisterte, von Dionysischem Festrausch zeugende Kühn-heit der Gedanken neben andachtsvoll gottesfürchtiger Demuth; glühenden, bis zu titanischem Trotz sich vermessenden Tyrannen-hass neben ehrfurchtsvoller Scheu vor geheiligten Satzungen der Väter; eine das Höchste einsetzende und in riesenhaften Sätzen springende Leidenschaft neben strenger Gebundenheit und bis-weilen fast maskenartiger Starrheit der einmal zum Ausdruck der Idee geprägten Typen; die grossartigste Conception im Ganzen neben einer rührenden Unbeholfenheit so zu sagen der Gelenke; eine auf schwindligen Höhen wandelnde Einbildungskraft bei fast mathematisch abgegrenztem Ebenmaass der Formen. Seine Stücke gleichen erhaben angelegten, durch die Hoheit des Gedankens und die Weihe der Empfindung zur Andacht und Begeisterung stimmenden Statuen, denen aber Gesichtsausdruck, Glieder und Gewandung noch nicht zu völlig freier Bewegung und Anmuth gelöst sind. Nur in letzterer Beziehung bieten sich zum Ver-gleich die berühmten Aeginetischen Bildwerke in der Münchner Glyptothek, welche gleichzeitig den Sieg über die Perser in Marmor verewigten. Der conventionelle Parallelismus in Falten und Löckchen entspricht den symmetrischen Verhältnissen des Aeschyleischen Dialogs, der Mangel an lebendigem Fluss in Mienen und Haltung, an innig ineinander greifender Gruppirung der Figuren erinnert an Aeschylos; aber die Grösse und Göttlich-keit seiner künstlerischen Erfindung erkennt nur in Michel Angelo's übermenschlichen Gestalten ebenbürtige Genossen an.

Ein Mann der Kämpfe war Sophokles nicht, weder der kriegerischen wie Aeschylos, noch der politischen, in denen sein Freund Perikles, der Olympier, die Phalanx seiner conservativen Gegner niederschmetterte. Aber ein ganzer echter Dichter seiner und desshalb aller Zeit war er: die edelsten Strahlen des Lichtes, welches die zu wundervollem Leben erwachte Welt um ihn aus-strömte, sammelten sich in seinem sonnenhellen Geist zu jener verklärten Weltanschauung, die seine Gebilde zu unsterblichen Offenbarungen der Schönheit macht. Das ist derselbe Genius,

der uns in den Gestalten aus der Werkstatt des Pheidias, vor allen
in den Giebelgruppen des Parthenon, (von denen der Berner
Kunstsaal leider so wenig als von den Aegineten Gypsabgüsse
enthält), so wunderbar ergreift: jene stille, sich selbst genügende
Grösse, die Majestät des Gedankens gegossen in Formen und in
Bewegungen gegliedert, die dem idealsten Leben abgelauscht, Sinn
und Gemüth weit über die Anschauung sterblicher Natur erheben.

Mit Recht gilt Antigone als die vollendetste Gestalt der
Sophokleischen Muse. Sie griff auch den Athenern so ans Herz,
dass sie meinten, wer so im Dionysischen Wettkampf zu siegen
verstehe, werde auch andere Lorbeeren zu gewinnen wissen. Sie
wählten ihn in's Collegium der Feldherrn, wo ihm Perikles als
College mit gutmüthiger Ironie zur Seite stand. Und eigenthümlich ergreifend ist es, von Sophokleischen Gedanken und Anschauungen einen fast überraschenden Wiederhall zu finden in
der herrlichen Leichenrede des Perikles, welche Thukydides unstreitig aus sicherer Erinnerung aufgezeichnet hat. Die un-
geschriebenen Gesetze des frommen Gewissens, von denen Niemand
weiss, wann und von wem sie offenbart sind, auf deren unerschütterlichem Grund Antigone's goldner Ehre würdige, über
alle Anfechtung menschlicher Satzungen erhabne That beruht,
sie sind es, von denen auch der Redner bei Thukydides rühmt,
dass sie in Athen vor allen andern in Ehrfurcht hoch gehalten
werden. Und wenn er ferner das Wesen der Athenischen Demokratie als eine Aristokratie der Einsicht und Tugend, ohne Rücksicht auf Herkunft und Vermögen, darstellt; wenn es heisst: „wir
lieben das Schöne mit Einfachheit und das Wissen ohne in
weichliche Unthätigkeit zu versinken"; wenn als Bürgerpflicht
die warme redliche Theilnahme Aller an den öffentlichen Angelegenheiten gerühmt wird, die doch der Sorge für Haus, Hof
und Gewerbe nicht die geschäftigen Hände entziehe; wenn über-
legte Kühnheit, Grossmuth und Treue gegen Freunde, welche in
dem furchtlosen Selbstgefühl der Freiheit wurzelt, als charakteristische Eigenschaften der Athener hervorgehoben werden; wenn
Athen die Bildungsstätte von ganz Hellas genannt wird: so entrollt sich uns ein Bild harmonischen, von männlich hohem Ernst,
echt sittlicher Freiheit und heiterer Geistesanmuth durchwobenen
Lebens, in dem der Genius des Sophokles wie in seinem Element
sich selig ergehen musste.

Jene Rede ward bekanntlich im Beginn des Peloponnesischen Kriegs gehalten. Sein weiterer 27jähriger Verlauf hat dem blühenden Athenischen Leben tiefe Wunden geschlagen und jene geistig-sittliche Schönheit durch manche hässliche Narbe entstellt. Denn von der düsteren Schilderung des politischen Sündenfalls der Griechen, wenn ich so sagen darf, die Thukydides bei Gelegenheit der blutigen Parteikämpfe auf Korkyra, vier Jahre später (III 82 ff.), entwirft, fallen doch auch auf Athen selbst schwarze Schatten. „Die ganze hellenische Welt", sagt er, „gerieth so zu sagen in Aufruhr, überall entstanden Spaltungen: die Führer des Volks suchten die Athener, die Aristokratie die Lakedämonier für sich zu gewinnen, und so diente der Krieg allen Revolutionsgelüsten zum Vorwand und willkommnen Anlass. Und es stürzte viel harte Drangsal in dieser Zeit des Aufstandes über die Staaten, wie sie eben kommt und immer kommen wird, so lange die Natur des Menschen dieselbige ist, nur nach Umständen bald gewaltsamer, bald ruhiger, und in der Erscheinung verschieden. Denn im Frieden und im Glück sind Staaten wie Einzelne besser gesinnt, weil die Noth des Augenblicks ihrem Willen keine Gewalt anthut; der Krieg aber entzieht dem täglichen Leben die gewohnte Behaglichkeit, und macht, ein gewaltsamer Lehrer, Alle gleich in der Leidenschaft, wie sie der Moment eingiebt und fordert. So waren denn die Staaten in Aufruhr, und wo etwa noch einer und der andere sich verspätete, den stachelte die Kunde des Geschehenen vollends auf, durch ränkevolle Anschläge und unerhörte Proben grausamer Rachsucht es den andern zuvorzuthun und zu beweisen, dass man auch mit dem Zeitgeist fortzuschreiten wisse. Wie die Thaten, so änderte man auch die gewohnte Bedeutung der Worte nach ihm um. Der Tollkühne galt für einen tapfern Kamerad; bedächtige Zögerung für beschönigte Feigheit; Mässigung als Vorwand der Unmännlichkeit; Verständigkeit in allen Dingen für Trägheit zu allen Dingen; wahnsinnige Hitze gereichte dem Manne zur Ehre, sicher gehn bei Berathungen hiess einen Vorwand zum Rückzuge suchen. Dem Ingrimmigen traute man am liebsten; wer ihm widersprach, war verdächtig. Wem eine Intrigue glückte, hiess verständig; wer sie merkte, noch geschickter; wer aber Sorge trug, in keinen von beiden Fällen zu kommen, war ein geheimer Verräther, der mit der eignen Partei brechen wolle und mit den Gegnern liebäugle.

Kurz, man fand Beifall, wenn man dem drohenden Widersacher selbst mit einem schlimmen Streich zuvorkam und den Arglosen dazu aufmunterte. Das Band der politischen Partei war enger als das der Blutsverwandtschaft, weil da widerspruchslose Bereitschaft zur verwegensten That Gesetz war. Denn nicht für Interessen innerhalb der gesetzlichen Schranken traten jene Vereine zusammen, sondern um der bestehenden Ordnung entgegen eigennützige, böswillige Zwecke zu verfolgen. Ihren gegenseitigen Zusicherungen gab nicht die Berufung auf die Gottheit Festigkeit, sondern das Bewusstsein der Gemeinschaft im Verbrechen. Schön klingende Reden des Gegners schrieb man nicht einer aufrichtigen Gesinnung, sondern der Absicht zu, hinterlistigen Thaten damit zu besserem Gelingen ein Bollwerk vorzubauen. Rache zu nehmen war mehr werth, als ungefährdet zu bleiben. Wo etwa Versöhnung geschlossen und mit Eidschwüren bekräftigt worden war, da blieben sie, wie sie eben in augenblicklicher Noth dem Andern geleistet waren, auch nur so lange in Kraft, als man anderweitiger Macht entbehrte. Unversehens aber hatte der Eine sich wieder ein Herz gefasst und seine Freude daran, an dem ungedeckten arglosen Gegner Rache zu nehmen. Gerade diese Ueberraschung freute ihn mehr als offene Gewalt; denn ausserdem dass sie sicherer gelang, trug er noch den Siegespreis der Klugheit davon, dass er mit Trug seines Feindes Herr geworden. Denn eher lassen sich die Leute gewandte Schelme nennen als gute Narren: des einen schämen sie sich, auf jenes sind sie stolz. An Allem aber war Schuld das Gelüste zu herrschen, das aus Habgier und Ehrsucht entsprang: so gerieth man aneinander und in Leidenschaft. Auf beiden Seiten erfanden die politischen Wortführer ehrbare Namen für ihre Absichten, die einen bürgerliche Gleichberechtigung der Menge, die anderen massvolle Herrschaft der Besten, aber während sie dem Gemeinwohl mit dem Munde huldigten, machten sie es vielmehr zur Zielscheibe ihres Eigennutzes, und während sie auf alle Weise wetteiferten, einander niederzuwerfen, verstiegen sie sich zu immer wilderen Excessen, wobei nicht Gerechtigkeit und das Interesse des Staates ihnen vorschwebten, sondern ihr freches Belieben ihnen den Maassstab lieferte; und jederzeit waren sie bereit, ihrer Wuth durch ungerechte Verurtheilung vor Gericht oder mit bewaffneter Hand Genüge zu thun. So hielt denn von frommer Gesinnung keine

Partei mehr etwas; mehr Ehre brachte es ein, wenn man mit heuchlerischen Worten dem Andern zum Aerger etwas durchzusetzen gewusst hatte. Die Männer der Mitte aber wurden von beiden Seiten verfolgt, theils weil sie sich an den Kämpfen nicht betheiligten, theils weil man ihnen nicht gönnte, heil davon zu kommen. So fasste in Folge der Revolutionen im Hellenenvolke jede Art von Schlechtigkeit Fuss: gutmüthige Schlichtheit, eine Zierde edler Gesinnung, verschwand, weil sie verlacht wurde, aber misstrauisch gegen einander gerüstet zu stehen, wurde Mode. Denn Versöhnung gab es nicht, da weder ein Wort fest, noch ein Eidschwur furchtbar genug war, und Alle sich besser auf argwöhnisches Misstrauen als auf Vertrauen verstanden. Die weniger Gescheidten behielten gewöhnlich die Oberhand; weil sie nämlich im Bewusstsein ihrer eignen Schwäche und der überlegnen Klugheit der Gegner fürchteten, sie möchten im Reden unterliegen und deren gewandte Schlauheit möchte ihnen unversehens ein Bein stellen, so schritten sie desto kühner zu Thaten. Die Selbstbewussten hingegen, welche sich vor jeder Ueberrumpelung sicher glaubten und es unter ihrer Würde hielten, Gewalt anzuwenden, wo man mit Klugheit seinen Zweck erreichen könne, fanden, unverschanzt, wie sie waren, desto sicherer ihren Untergang."

Das war aus jener einmüthigen brüderlichen Begeisterung der Marathonisch-Salaminischen Zeit geworden: die Sonne des nationalen Lebens, die so rein und ruhig aufgegangen war, brannte nun heiss vom Zenith auf die im Tagesgewühl schaffende und jagende Menge herab, und manche düstere Gewitterwolke zog sich in der mittäglichen Schwüle zusammen. Der hohe ernste Mann, der so wunderbar verstand, mit Freiheit die Menge im Zaum zu halten, dass nicht er von ihr, sondern sie von ihm geführt wurde und doch zu herrschen glaubte, während eigentlich Wille und Einsicht des ersten ihrer Mitbürger regierte, der Mann, aus dessen Munde Niemand ein Lachen gehört hat, sah mitten im heitern Glanz seiner besten Tage jene finstern Stürme herankommen, deren erste Stösse zwar nicht seinen auf lauterstem Gewissen felsenfest gegründeten Geist, aber doch sein Ansehen bei der beweglichen Menge zu erschüttern drohten. Ein Steuermann, fest und rein wie Perikles, um, wo es noth that, des Volkes Uebermuth zu demüthigen und seine Zaghaftigkeit aufzurichten, erschien nicht wieder. Man mag von der historischen Wahrheit der tendenziösen Aristophanischen Zerrbilder denken, wie man will, man mag selbst einräumen, dass der grosse Geschichtschreiber des Peloponnesischen Krieges nicht ganz frei war von menschlicher Bitterkeit gegen den Urheber seiner 20jährigen Verbannung: ein Beschwörer politischer Leidenschaft und ein Vorbild selbstlos edelmüthiger Charaktergrösse war der höherer Geistesbildung baare, plebejisch derbe und rücksichtslose Lederfabrikant nicht, mit all seiner imposanten tyrannischen Gewalt über den Volkshaufen und praktischen Einsicht im Debattiren der politischen Tagesfragen. Er und die andern Demagogen mit und nach ihm waren in den Strudel und Drang der Gegenwart mitten hineingerissen, „sie glaubten zu schieben, doch sie wurden geschoben." Fanatische Verfolgungssucht, Heuchelei und frivole Gesinnungslosigkeit knüpften ausserdem damals ihren stets unzertrennlichen Bund, und das einst so strahlende Gesicht des seiner Unschuld entwachsenen Demos wurde durch manche Furchen trüber Leidenschaft entstellt.

Dazu kam, dass er auch von dem Baum wissenschaftlicher Erkenntniss gar eifrig zu pflücken begonnen hatte. Der einfältige Glaube an die Homerische Götterwelt, die gar zu viele Menschlichkeiten an sich trug, war gerade in streng sittlichen, tiefen Naturen längst erschüttert worden: die edelsten Dichter wie Pindar, Simonides, Aeschylos hatten es sich angelegen sein lassen, die Mythen, die ihren poetischen Offenbarungen den Text boten, von ihren Schlacken möglichst zu säubern, und die Götter, an deren Sein sie von Herzen glaubten, durch reinere ethische Auffassung zu verklären. Aber sie erlebten noch die atheistischen Spöttereien des Athenischen Voltaire, des Meliers Diagoras, der, durch herbe Schicksale verbittert, selbst die religiösen Geheimbünde, das Allerheiligste des griechischen Glaubens, dem Gelächter preisgab. Vergebens suchte ihm im Tempel von Samothrake ein gläubiger Freund die Existenz einer göttlichen Vorsehung anzudemonstriren, indem er ihm die zahlreichen Votivbilder-wies, die für Rettung aus Wind und Wellen dort geweiht waren. Recht schön, antwortete er, aber von den Ertrunkenen hängen keine Tafeln da. Damals war freilich die Entrüstung noch gross, und weil man ihn nicht zu widerlegen wusste, so ächteten ihn die Athener, setzten ein Talent Silbers auf seinen Kopf, das Doppelte

für den, der ihn lebend bringe, gruben den Beschluss auf eine
eherne Säule und liessen denselben alljährlich zum warnenden
Schrecken für Jedermann öffentlich proclamiren.

Aber da lebte in Athen ein strenger ernster Mann, gleich-
gültig gegen Tand und Reize des Lebens, mild und hoch gefasst
auch im Unglück, ganz nach oben und nach innen mit seinem
Denken gewendet, der Haus und Güter in seiner ionischen Heimath
verlassen hatte, um in Athen der Wissenschaft zu leben, Anaxagoras genannt, der erste Philosoph in Athen. Schon mancher
Hellene vor ihm im weitverstreuten Griechenland, namentlich im
ionischen Asien, in Milet, Ephesos, Kolophon, und dann in der
unteritalischen Pflanzstadt Elea, hatte die Schöpfung und ihre
Wunder durch naturphilosophische Speculation zu begreifen gesucht; aber ihre Hypothesen waren innerhalb einer engen Schule
verklungen, und des dunklen Herakleitos tiefsinnige Ahnungen
waren unverstanden geblieben. Da kam Anaxagoras, der inmitten
einer Weltstadt, wie Athen war, wie ein Nüchterner, um mit
Aristoteles zu reden, jenen Frühern gegenüber, die in's Blaue ge-
schwärmt hatten, seine Stimme erhob, und den geheimnissvollen
Schleier, der die Himmelserscheinungen wie Sterne, Sonnen- und
Mondfinsternisse, Meteorsteine bedeckte, durch Beobachtung und
Berechnung lüftete. Und wie er hier dem bangen Aberglauben
des täglichen Lebens durch natürliche Aufklärung der Räthsel
entgegentrat, so setzte er zum Herrn der Schöpfung — nicht
die Götter des Volksglaubens, die er durch allegorische Deutung
mediatisirte, auch nicht die dunkeln Mächte des Zufalls oder des
Schicksals, wie Andere vor ihm, sondern den klar erkennenden,
von aller Materie reinen Geist, der das uranfängliche Durcheinander
der Dinge bewusst und planvoll schied und ordnete. Freilich
fehlte viel, dass er das Walten dieses glücklich entdeckten deus
ex machina befriedigend und folgerichtig in seinem System durch-
geführt hätte: zu der Menge drang einstweilen nur die dunkle und
verworrene Kunde von einem vermessenen Luftwissenschaftsdüftler,
der die alten Götter leugne, der an des höchsten Zeus Stelle den
„ätherischen Schwindel" regnen lasse, und der Volkswitz fand
sich mit dem Spitznamen Νοῦς oder „Geist" ab, den er dem Erfinder dies neuen Weltwesens anhing. Da er aber ganz im Stillen
gerade unter den ersten Köpfen in Athen Anhänger fand, da
ausser Euripides, Thukydides u. A. Perikles sein dankbarer Schüler

und warmer Freund war, so klagte die von Sparta inspirirte Partei der altconservativen Aristokraten, die in der kritischen Zeit unmittelbar vor Ausbruch des Krieges Alles aufbot, um den grossen Volksführer direkt oder indirekt in seinen Freunden zu vernichten, eines schönen Tages auch jenen guten und stillen Mann des Atheismus an und liess ihn zum Tode verurtheilen. Anaxagoras aber war durch seinen Freund bereits nach Asien in Sicherheit gebracht worden und nahm die Nachricht von dem Todesurtheil sehr gleichmüthig auf: soviel er wisse, seien sämmtliche Athener schon seit ihrer Geburt zum Tode verurtheilt.

Doch zunächst nur in engeren Kreisen der gebildetsten Gesellschaft wurde die sublime Lehre des Anaxagoras gepflegt und wie ein Mysterium vor dem Misstrauen der abergläubischen Menge gehütet. Schon mehr Anklang bei dem zu witzigen Paradoxieen allzeit aufgelegten Athenischen Publikum werden die dialektischen Vorträge gefunden haben, welche als Gast ebenfalls noch zu Perikles' Zeit und auch in seiner Gegenwart der Eleat Zenon hielt. Seine neckenden Syllogismen, welche eigentlich in sehr conservativem Sinne, um das unveränderliche Sein des Einen zu beweisen, die ganze bunte Welt der einzelnen Dinge und die Möglichkeit der Bewegung in Zeit und Raum in Abrede stellten, und jene ausbündigen Beweise, dass z. B. der schnellfüssige Achilleus nie die schleichende Schildkröte, wenn sie einmal einen Vorsprung habe, einholen könne, werden in den Bade- und Barbierstuben, in den Palästren und Gymnasien, in Wechslerbuden und Hallen reichlichen Stoff zur Unterhaltung geliefert haben.

Ueberhaupt aber führte der rege Fremdenverkehr Athens, den Perikles in der vorhin angeführten Leichenrede im Gegensatz zu dem Spartanischen Absperrungssystem rühmt, zahlreiche Männer der Wissenschaft an jenen Brennpunkt des hellenischen Lebens zusammen. Gelehrte Gastreisen mussten damals zum grossen Theil noch den Buchhandel, Zeitungen und Flugschriften ersetzen, und in Athen gab es genug Wissensdurstige, die nach Absolvirung ihres Schulcursus in Lesen, Schreiben, Rechnen, Musik, Poesie, Gymnastik, den öffentlichen und Privatvorlesungen jener Reiselehrer zuströmten, die in verschiedenen Abstufungen der Vielseitigkeit und Gründlichkeit einen reichen Cyclus der Belehrung von Logik und Physik bis zur Fecht- und Ringkunst herab darboten.

Die Professoren dieser ambulanten Universität, sehr löbliche und unentbehrliche Verbreiter der Wissenschaft in ihrer ganzen damaligen Ausdehnung, wurden, wie alle durch Bildung und Einsicht über die Menge Hervorragenden, selbst Homer und Solon einbegriffen, mit dem damals nichts weniger als despectirlichen Namen der Sophisten, d. h. eben Gelehrte, bezeichnet. Ihren schlechten Ruf als hohle Scheinwisser und Klopffechter verdanken sie bekanntlich erst der wissenschaftlichen Polemik Platon's, der freilich von den Höhen seiner idealen Speculation nicht anders als mit Geringschätzung herabblicken konnte auf die breite Heerstrasse traditioneller und praktischer Wissenschaft, welche seine von der sogenannten geistreichen Welt hochverehrten Collegen wandelten. Der Kampf, den sein Sokrates (im Alterthum übrigens auch schlechtweg Sophist genannt) so glänzend gegen sie führt, ist eben der Kampf des einsamen Genius gegen die Propheten und Götzen des Tages. Wenn sie sich z. B. anheischig machten, die Tugend zu lehren, und unter diesem vielverheissenden Programm ein eben so zahlreiches als andächtiges Auditorium zusammenbrachten, das ihnen ein schönes Honorar (Liebeserweis nannten es die feinen Athener) bezahlte, so mussten Sokrates und die Seinigen, die wussten, wie wenig das Wesen der Tugend von jenen Tugendlehrern untersucht sei, freilich über solchen marktschreierischen Hokuspokus unwillig oder spöttisch den Kopf schütteln. Indessen — war denn das vornehme Sokratische Nichtwissen eine Speise, welche die Menge sättigte? Mancher ehrliche Durchschnittsmensch mag doch aus jenen immer wohlstilisirten, durchaus wohlanständigen und erbaulichen Homilien nützliche Erweckung und praktische Anleitung zu einem Gott und den Menschen wohlgefälligen Leben davongetragen haben.

Da predigte z. B. der tugendsamste unter diesen Tugendlehrern, der schmächtige, kränkliche Prodikos, von der tugendhaften Insel Keos, wo Jünglinge und Mädchen bis zu ihrer Verheirathung nur Wasser tranken, mit tiefer Grabesstimme gar erbaulich über Herakles am Scheidewege zwischen Tugend und Laster, oder wie das Leben von Anfang bis zu Ende ein Jammerthal, dagegen das Wohnen im Aether nach dem Tode ewige Seligkeit sei, und die Leute konnten sich an seiner mit Synonymen reichlich durchspickten, salbungsvollen Rede nicht satt hören. Auch unser Euripides sass zu seinen Füssen.

Viel weniger unschuldiger Art als der positive Theil dieser Vorlesungen waren freilich die theoretischen Negationen des Glaubens und Wissens, zu denen sich Protagoras verstieg. Im Hause des Euripides, vor einem vornehmen und intelligenten Publikum, zu dem wiederum Perikles gehörte, las er seine be-rühmte Schrift über die Götter vor, Wahrheit oder die Nieder-Boxer betitelt, deren berüchtigter Anfang lautete: „von den Göttern kann ich nichts wissen, weder dass sie sind noch dass sie nicht sind", was dann aus der Natur des menschlichen Er-kennens überhaupt erklärt wurde. Denn nur durch eine gewisse Reibung zwischen dem subjectiven Geist und dem einzelnen, an sich eigenschaftslosen, weil in beständiger Bewegung und Ver-änderung begriffenen Object entstehe wie eine Art Funken das Urtheil, das aber in jedem einzelnen Falle bei veränderten Um-ständen verschieden ausfalle, so dass von objectiver Wahrheit und festem Wissen überhaupt nicht, sondern nur von subjectivem Meinen die Rede sein könne. Woraus dann freilich der bedenk-liche Fundamentalsatz seiner Eristik oder Streitkunst folgte: jeder Behauptung lasse sich das Gegentheil als gleichberechtigt ent-gegenstellen. Sache der Kunst, nämlich der Rhetorik, sei es, den schwächern Satz zum stärkern zu machen. Diese Kunst haben demnach er und seine Genossen sowohl in systematischer Anleitung gelehrt, als durch eigenes Beispiel in meisterhafter Vollendung geübt. Durch die vollkommenste Herrschaft über alle Gattungen des Stils und die erste wissenschaftliche Einsicht in Gesetze und Mittel der Sprache haben sie sich um die Aus-bildung der attischen Prosa bleibende Verdienste erworben. Das junge Athen aber säumte nicht, aus jenen theoretischen Prämissen seine praktischen Consequenzen zu ziehen. War der Mensch mit seiner Subjektivität das Maass aller Dinge, so hatte keine objective Auctorität mehr eine Berechtigung, so galt nur noch das Naturrecht des Stärkeren, ein Satz, der auch von den streitenden Parteien bei Thukydides auf das Unverholenste ausgesprochen und anerkannt wird.

Auch diesem Ketzer machte eine oligarchische, leider auch hochverrätherische Regierung am Abend seines Lebens den Prozess, die berüchtigten Vierhundert, welchen es durch Organisirung des politischen Meuchelmordes, durch terroristische Unterdrückung der Redefreiheit und der öffentlichen Meinung für wenige Monate gelang, die hundertjährige Demokratie Athen's zu verdrängen:

die Schriften des Protagoras wurden öffentlich verbrannt, er selbst
aus Stadt und Land verjagt.

Aber die blendende Kunst der Ueberredung, denn so definirten
die Sophisten das Wesen der Beredtsamkeit, hatte längst tausend
gelehrige Schüler in Athen gefunden, die im Rath, in der Volksversammlung und in den seit der Perikleischen Reform namentlich
in allen politischen Prozessen die einzige Instanz bildenden Ge-
schwornengerichten die eigentlichen Tummelplätze ihrer Geschick-
lichkeit erkannten. Nimmt man nun zu diesen Einflüssen auf
Glauben und Erkenntniss, die auf der anderen Seite einer desto
fanatischeren Reaction religiöser Ausschweifungen die Thür öffneten,
noch die unzähligen Schmerzen, Spannungen, Enttäuschungen und
Aufregungen jeder Art hinzu, welche die Wechselfälle des Krieges
mit sich führten, denkt man nicht nur an alle Maasslosigkeiten,
welche neben manchem Grossen und Edeln in dieser wilden Zeit
verübt wurden, sondern an all' das giftige und feile Geschmeiss
von Sykophanten, Schwanzwedlern, Bettelpfaffen, Lügenpropheten
und hungrigen Literaten, welche die schwüle Atmosphäre wie
Pilze erzeugte, so wird man zugeben, dass das Reich harmonischer
Schönheit gestürzt war und in die zerschellten Reste Leidenschaft
und wühlende Reflexion sich getheilt hatten.

Alles das hat Sophokles so gut mitgesehn und mitempfunden,
wie Euripides, denn jener überlebte seinen jüngern Genossen
sogar noch kurze Zeit; aber nicht nur, dass Sophokles, als Perikles
starb, bereits fast ein volles Menschenleben von siebzig Jahren
hinter sich hatte und in seinen Grundvesten kaum mehr von der
wüsten Jugend berührt werden mochte, während Euripides am
Beginn des Krieges fast noch auf der Höhe des Lebens stand, so
wäre es auch unter andern Umständen der seligen, in sich heitern
und fest gegründeten Natur des Sophokles gelungen, wie jener
Geisterchor im Faust räth, die zertrümmerte Welt in seinem
Busen wieder aufzubauen. Euripides hingegen, ohne sich praktisch
an den kriegerischen oder politischen Kämpfen der Gegenwart zu
betheiligen, durchlitt in einsamem Studierzimmer, bei nächtlichem
Wachen über seinen Büchern (er war der erste Privatmann in
Athen, der eine Bibliothek besass), wohl schon vor dem Einbruch
des Peloponnesischen Unwetters alles Weh der Conflicte, die wie
Aequinoctialstürme sein Volk zu durchbrausen drohten. Wenn
in dem frühsten der erhaltenen Stücke, der kurze Zeit nach der

Sophokleischen Antigone aufgeführten Alkestis, noch keine Symptome dieser Stimmung bemerklich sind, und uns nur ein weiches, in derben, fast humoristischen Contrasten der Gefühle sich gefallendes Dichtergemüth entgegentritt, so liegt die Erklärung davon wesentlich mit in dem Umstande, dass dieses Drama bestimmt war, das heitere Schlussstück zu drei unmittelbar vorher aufgeführten Trauerspielen desselben Verfassers zu bilden. Daher kann es nicht befremden, wenn der frisch — frei — fröhliche, noch dazu weinselige Herakles dem über den Tod der geliebten Herrin betrübten Diener eine wenig sentimentale Trostrede hält, deren resoluter Schluss so lautet (799 ff.):

> Wir sind mal irdisch, irdisch sei man d'rum gesinnt.
> Denn jenen Ernsten mit gezognen Augenbraun
> Ist allen, wenn ich meinem Urtheil trauen darf,
> Das Leben gar nicht Leben, sondern Jammerloos.

Und so genirt sich denn auch der alte Vater Admet's nicht, seine Anhänglichkeit an das Leben zu bekennen, und alle Opferzumuthungen seines bei aller Trauer nicht weniger lebenslustigen Sohnes sehr unumwunden zurückzuweisen.

Aber schon in der Medea, die hart an der Schwelle des Krieges geschrieben ist, ertönt die melancholische Klage des Chors:

> Aufwärts ziehen der heiligen Ströme Quellen,
> Und Recht und Alles wird kopfüber gekehrt.
> Männer hegen tückischen Rath,
> Und der Götter Bürgschaft ist gelockert. (410.)

und weiter:

> Verschwunden ist der Schwüre Kraft,
> Und des Gewissens fromme Scheu
> Weilt nicht mehr in der grossen Hellas:
> Zum Aether ist sie entflogen. (439.)

Wie mahnt das an die vorhin verlesene Schilderung des Thukydides! Und als am Schluss der verwaiste Jason die Erinys der Kinder und die mordrächende Dike gegen Medea anruft, so schleudert ihm diese von ihrem Flammenwagen die wohlverdienten Worte zurück:

> Wo ist denn der Gott oder Geist, der dich
> Meineidigen, Gästebetrüger erhört? (1391.)

Nun tobten bald die Dämonen des Krieges weit und breit. Dazu die furchtbare Pest, die unter der eng zusammengedrängten Volksmenge Athen's grausam aufräumte, in die beängstigten Ge-

müther der Ueberlebenden aber Misstrauen säte gegen das Heiligste
und Grösste, gegen Zeus' Weltregierung wie gegen des Donnerers
Perikles einsichtsvolle und treue Führung.

Tadellos in Wandel und Charakter, und persönlich unberührt
von den trüben Elementen, welche aus dem Grunde des zum
erstenmal wild wogenden Lebens auf die Oberfläche socialer und
politischer Sitte emporgewirbelt waren, suchte auch unsres Dichters
düstres Gemüth nur zu oft vergebens nach Beweisen göttlicher
Gerechtigkeit, jener Zeustochter, von der es heisse, dass sie den
Sünden der Menschen nahe wohne (Fr. 150 N.), die von den übrigen
Sängern so ergreifend gepriesen worden war. Vergebens flehte
er um ein Licht der Seele, zu erfahren, was die Wurzel alles
Uebels in der Welt sei und wen der Seligen man zu versöhnen
habe, um ein Ende der Plagen zu finden. (Fr. 905.) Sein
grüblerischer Verstand hatte sich längst in den Widersprüchen
und Räthseln des überlieferten Götterglaubens verloren, an deren
befriedigender Lösung er verzweifeln musste. Da eröffnete ihm
die Philosophie jene neuen Erkenntnissquellen, an die er mit
aller Leidenschaft seines wissensdurstigen Geistes sich stürzte.
Er brach mit dem Glauben, berauschte sich in jenen Speculationen
vom Aether und weltordnenden Geist, der aber nach einmaligem
Anstoss das Weitere dem blinden Wirbel überlässt, sog die
sophistische Skepsis tief in sich hinein und konnte es nicht
lassen, diese trostlosen und wenig abgeklärten Resultate von der
Bühne herab der Menge zu verkündigen.

So wurde er zum Propheten des Weltschmerzes. Wenn
Einer geboren ist, sagt er, so sollten wir uns versammeln und
Klage anstimmen über all' das Leid, dem er entgegengeht; den
Todten aber, der von aller Noth erlöst ist, sollten wir unter
Jauchzen und Segnungen aus dem Hause geleiten. (Fr. 452:
vgl. 900.) Dann formulirt er diesen Gedanken in seiner den
Sophisten abgelauschten pointirten Weise so:

> Wer weiss, ob Leben nicht etwa gestorben ist,
> Gestorben aber unten erst für Leben gilt. (Fr. 369, vgl. 830.)

Daher lässt er so gern unschuldige Jungfrauen und Kinder eines
vorzeitigen Todes sterben. Aber seine Makaria in den Herakliden
(594 ff.), die für die Ihrigen sich dem Opfertode weiht, wünscht,
dass es lieber kein Jenseits geben möge; denn wenn die Sterblichen auch nach dem Tode noch dort Kummer haben sollen,

so sei ja keine Zuflucht mehr, da der Tod für die beste Medicin gegen Unglück gelte (vgl. Fr. 908). Und ein Anderer weiss sich den thörichten Wunsch der Menschen, trotz aller unsäglichen Noth noch den kommenden Tag zu erleben, nur so zu erklären, dass man eben nicht wisse, ob nicht der Tod gar noch schlimmer sei als das Leben. (Fr. 813.)

An die Existenz von Göttern kann Bellerophon (Fr. 288) nicht glauben, da er sehen muss, wie Mord und Raub, Eidbruch und schnöde Gewalt siegen über Gottesfurcht und Tugend; und Angesichts der zahllosen Sünden spottet die weise Melanippe unter Anspielung auf eine Aeschyleische Vorstellung über die, welche sich einbilden, jedes Unrecht fliege zu den Göttern auf und werde dort in einem grossen Schuldbuch verzeichnet, nach dessen Einsicht Zeus Gericht halte: denn der ganze Himmel würde die Liste der menschlichen Sünden nicht fassen können und Zeus vom blossen Sehen so in Anspruch genommen werden, dass er zum Strafen keine Zeit erübrige. (Fr. 508.)

Alle in den übrigen Dichtungen zerstreute Skepsis und Zerfallenheit scheint aber verkörpert gewesen zu sein in dem schon genannten Helden der in nicht unbedeutenden Bruchstücken erhaltenen Tragödie 'Bellerophontes'. Dieser edle Pegasosritter von der traurigen Gestalt ist durch unablässige Nachstellungen seiner bösen Stiefmutter und mannigfaches Familienunglück nach wundervollen Heldenthaten verbittert und in ein Faust-Manfred'sches Grübeln versunken, das ihm endlich den verhängnissvollen Gedanken eingiebt, auf seinem Flügelross den Himmel zu ersteigen und sich dort entweder von der Nichtexistenz der Götter durch den Augenschein zu überzeugen oder den Vater Zeus persönlich über seine irdische Missregierung zur Rede zu stellen. Er schilt über Alles: über die Unterschiede der menschlichen Gesellschaft, die es als das Beste erscheinen lassen, gar nicht geboren zu sein (Fr. 287); über die allen Menschen eingepflanzte Bosheit, die sich mit ihrem Sündensold leicht tröste über tadelnde Nachrede (299); über List und finstre Ränke, die der Feigheit zum Ziel verhelfen (290); über Ares, der Lügen begünstigt und der Wahrheit ihren Weg sauer macht (291); über die vermeintlichen Götter, die selbst den Menschen schmählich in Laster locken (294) und Böse gegen Gute auf's Schnödeste bevorzugen (288), so dass er sich in tiefem Abscheu über diese Wirthschaft den

Tod wünscht (295), den Göttern aber mit folgenden Worten die
Existenz abspricht:

> Sagt Einer etwa, dass im Himmel Götter sind?
> Nein, nein erwidr' ich Jedem, der im Unverstand
> An alte Ammenmärchen noch sich halten will. (288, 1—3.)

Ob er eines bessern belehrt sei durch seinen kühnen Wolkenritt,
muss dahingestellt bleiben. Gesehen hat er die Wohnung der
Himmlischen nicht: denn auf halbem Wege warf der ambrosische
Gaul, durch eine von Zeus gesandte Bremse scheu gemacht, seinen
sterblichen Herrn ab, der nun lahm mit beschmutzten und zerrissenen Gewändern auf die Bühne getragen, seinem Ende mit
Fassung und Würde entgegensieht (302). Wenn er aber seiner
sterbenden Seele das Zeugniss giebt (313):

> Du warst, so lang du warest, vor den Göttern fromm,
> Den Fremden hülfreich und ein unverdrossner Freund,

so scheint er seine Blasphemien keineswegs als solche anzuerkennen
oder gar zu bereuen, vielmehr als das Wesentliche hervorheben
zu wollen die Reinheit seiner Gesinnung und seines Handelns,
die auch durch herbe Erfahrungen und Anwandlungen verzweifelten
Unmuths niemals getrübt sei. Wohl ihm, wenn er schliesslich
seinen Lohn im eignen Gewissen gefunden hat und so in seinem
Sinne auch auf sich beziehen konnte, was in der ersten Redaction
des Hippolytos dem unschuldig gestorbenen, nun zum Heros verklärten Jüngling nachgesungen wurde (Fr. 449):

> Den Sterblichen ward
> Nie grössere Macht als Tugend;
> Denn früh oder spät kommt herrlicher Lohn
> Für Reine des Herzens. (Vgl. 734.)

Es hängt mit diesem Gefühl des Dichters, dass die gegen-
wärtige Welt aus den Fugen und er doch nicht berufen sei, sie
einzurichten, zusammen, dass seine Muse, wie Hamlet, oft gleichsam
mit schlotterndem Kothurn und herabhängenden Strümpfen über
die Bühne wankt und sich wenig darum zu kümmern scheint,
durch welchen Mund und in welcher Situation sie ihrem gepressten
Herzen Luft macht. Weib und Sclave, Herr und Jungfrau, und
alte Mütterchen, spottet Aristophanes mit vollem Recht, lassen
ihren Betrachtungen gleich ungenirt und gleich beredt den Lauf.
Das erschütterndste Gesammtbild aber von des Dichters trost-

losem Schmerz über den Zusammensturz der alten Welt scheinen
mir trotz zahlreich eingestreuter Geschmacklosigkeiten die beiden
Stücke zu geben, welche Troja's Fall darstellen, Hekabe und
besonders die Troerinnen. Man thut der Intention des Dichters
Unrecht, wenn man die einförmige Composition und den Mangel
an dramatischer Entwicklung hier tadelt. Das Leben hat eben
nach Troja's Sturz kein Recht mehr, nur der Tod hält noch seine
Ernte. Es ist wie ein letztes Gericht. Leid stürzt auf Leid; die
alte Hekabe, von Jahren und Jammer schon tief gebeugt, muss
den Kelch des Unglücks Tropfen für Tropfen bis zur Neige
leeren: ihr Gemahl, ihre Söhne erschlagen, der letzte, heimlich
aufgespart, vom falschen Gastfreund ermordet, Polyxena an
Achill's Grabe geopfert, die übrigen Töchter von den Siegern
als Sclavinnen fortgeschleppt, sie selbst desselben Schicksals ge-
wärtig, windet und krümmt sie sich unter den Trümmern des
einbrechenden Hauses, bald in haltungslosem Jammer in sich zu-
sammenstürzend, dann plötzlich sich in wunderbarer Haltung
aufraffend, um ihre bestialische Rache an dem habgierigen, treulosen Mörder ihres Sohns zu nehmen. Bald waffnet sich ihre
Zunge mit verzweifelter Beredtsamkeit, um vergeblich Schonung
von den erbarmungslosen Feinden zu erflehen, dann bricht sie
in grimmige Verwünschungen gegen die Grausamen los. Ihren
stumpf brütenden Gram unterbricht in den Troerinnen Kassandra,
mit der Brautfackel hervorstürzend in bacchantisch höhnendem
Jubel über den nahen Tod, der rächend ihren Gemahl und sie
als Erlöser erwarte. Die Griechen erscheinen als seelenlose Vollstrecker eines blinden Geschicks, das (so klagt Hekabe) wie eine
Wahnsinnige hin und her taumle. So tobt, schluchzt und höhnt
von Anfang bis zu Ende ergebungs- und hoffnungslose Ver-
zweiflung. Nur einmal, als Menelaos den Befehl giebt, Helena,
die Anstifterin alles Unheils, an den Haaren aus dem Zelt zu
schleifen, und eine Aussicht auf Vergeltung sich öffnet, betet
Hekabe, scheinbar ihre Klagen widerrufend, die andachtsvoll
tiefsinnigen Worte:

> O Erden-Halter und auf Erden Thronender,
> Wer du auch bist, dem Wissen Unerforschlicher,
> Zeus, ob Gesetz der Schöpfung oder Menschengeist,
> Dich bet' ich an! denn schreitend auf lautloser Bahn
> Führst Alles du, was sterblich, nach Gerechtigkeit. (877.)

Aber auch an Helena sieht sie diese Gerechtigkeit nicht vollzogen. Menelaos, der Schwächling, schon fast gerührt von den Bitten der schönen Sünderin, nimmt sie mit in die Heimath, vorgebend, dort wolle er ein Exempel an ihr statuiren. Aber wer glaubt ihm das?

Wie nun am Schluss die Veste Priams in Rauch und Flammen aufgeht, während die Sieger selbst ungeahntem Unheil, Schiffbruch und Tod entgegen zur Heimath segeln, scheint die Welt selbst und alle Zukunft in Trümmer zu sinken.

Erwägt man, dass die Troerinnen gerade in dem Jahre aufgeführt wurden, in dem die prächtige Flotte zu Sicilien's Eroberung vom Stapel lief, so scheint es fast, als habe den Dichter eine düstere Vorahnung von dem unheilvollen Ausgang dieser Expedition geängstigt.

Als Trost für alle Wehmuth des Lebens preist der Dichter am liebsten den idyllischen Frieden seines Studierzimmers. „Glücklich der Wissenschaft Schüler, der nicht auf der Mitbürger Schädigung, nicht auf ungerechtes Thun in Leidenschaft sich stürzt, sondern der unsterblichen Natur nie alternde schöne Ordnung tief eindringend betrachtet. Solche befällt nie ein Gedanke an schmähliche Werke." (Fr. 902.) Noch in späten Jahren führt wie zur Rechtfertigung seiner Zurückgezogenheit die berühmte Disputation der beiden ungleichen Brüder in der Antiope den Gegensatz eines praktischen Lebensberufs und beschaulicher Pflege der Musen aus. Und die quietistische Richtung des Dichters, die Amphion vertrat, kam dabei wahrlich nicht zu kurz. Ihr entsprechen unter den zahlreichen Bruchstücken besonders folgende beiden Verse (Fr. 201):

> Mir nun gefällt's zu singen und ein kluges Wort
> Zu sagen, nicht mich mengend in des Staats Tumult.

So schwelgt er denn auch darin, die Weisheit seines Lehrers Anaxagoras, dessen in allem Unglück unangefochtene Seelenstärke er wiederholt mit unverkennbarer Anspielung bewundernd preist, zu verkünden. Den heiligen Aether, des Zeus Wohnung (fr. 491), oder vielmehr der Menschen Zeus selber (fr. 869. 903. 911. 935), der Götter und Menschen Erzeuger, aus dessen Vermählung mit der Erde alles Lebende geboren wird (488. 1012), das dann in ewigem Wechsel wieder zurückkehre, von wo es gekommen sei, das Irdische zur Erde, Aetherisches zum Himmel (836); ferner

den aus sich selbst gebornen Geist, der im ätherischen Um-
schwung das All ineinanderflechte, um den das Licht und die
trügerisch schimmernde Nacht und der Gestirne unzählbare
Schaaren den Reigen aufführen (596), und der auch in der Brust
des Einzelnen als sein Gott wohne (1007). Zum überlieferten
Mythos, dessen Dolmetscher er sein sollte, gerieth er dadurch
freilich in eine schiefe Stellung. Man sollte aber aufhören, sich,
als wäre man Athenischer Oberkirchenrath, zu ereifern über
seinen Unglauben und die Ketzereien, die er mit der heiligen
Tradition getrieben. Nur zweierlei blieb ihm übrig: entweder
auf alle dramatische und poetische Wirksamkeit zu verzichten,
denn anderen Stoff als den Mythos bot ihm die Sitte nicht dar,
oder mit diesem Thon nach freier Ueberzeugung und seinen
Zwecken zu hantieren. Das Erste können wir in unserm Interesse
wahrlich nicht wünschen, denn trotz seiner wunderlich engbrüstigen Pedanterie ist er ein Dichter und ein hochbegabter
Jünger Melpomene's gewesen. Was das Zweite betrifft, so hätte
allerdings der künstlerische Gesammt-Eindruck seiner Dichtungen
an Ruhe und Würde beträchtlich gewonnen, wenn er sich jener
gelegentlichen Kritiken der Göttersage enthalten hätte, die ihm
oft schon an der Schwelle seiner Dramen wie Reservationen seines
philosophisch-ethischen Gewissens entschlüpfen. Dem Publikum
zu Gefallen that er es wahrlich nicht. Er hatte gerade um dieser
seiner Richtung willen manchen harten Strauss zu bestehen, und
ist bei Lebzeiten, wenigstens im Vergleich zu Sophokles, mit
Anerkennung nicht eben verwöhnt worden.

So erntete in einem derjenigen Stücke, die er zu ausdrücklichen Documenten seines philosophischen Glaubensbekenntnisses
ausersehen hatte, in der „weisen Melanippe“, gleich der erste Vers

> Zeus, wer er sein mag: nur vom Reden kenn' ich ihn,

Gepolter und missfälliges Geschrei, das er schwerlich zu versöhnen gedachte mit der ironischen Palinodie bei der zweiten
Aufführung:

> Zeus, wie uns aus der Wahrheit Mund versichert wird,
> Gebar den Hellen.

Er ist kein lucianisch frivoler Spötter, sondern wie ein freiwillig Verbannter, der sich von seinem Vaterland um schmerzlicher
Ueberzeugungen willen losgesagt hat, kann er es nicht lassen,

gleichsam um sein Heimweh zu beschwichtigen und seine Los-
reissung von dem Boden seiner Väter gegen die eignen Vorwürfe
zu rechtfertigen, jenen Gestalten des naiven, und einst auch seines
Glaubens ihr ungöttliches Verhalten, den Widerspruch zwischen
dem was sie sind und was sie sein sollten, immer und immer
wieder vorzuwerfen. Mit Spott und Grimm tritt er nur gegen
den frechen und feilen Obscurantismus der Lügen- und Bettel-
propheten auf, von denen schon Griechenland wimmelte. Hier
hat er die ersten Geister seiner Zeit, Perikles, Thukydides, Aeschylos,
selbst Aristophanes, auf seiner Seite. Wie Noth es aber that,
dem Aberglauben nicht nur der Menge immer wieder das Band
von den Augen zu reissen, wird Einem klar, wenn man bei
Thukydides (VII, 50) liest, wie in höchst kritischer Lage einer
Sonnenfinsterniss zu Ehren der Athenische Commandeur der Flotte
in Sicilien, der Pfaffenfreund Nikias, sich dem priesterlichen
Gebot fügte, dreimal neun Tage lang die Hände in den Schooss
zu legen, ehe er Anstalten zur Rettung der ihm anvertrauten
Heeresmacht traf. Da war es doch wahrlich an der Zeit, ein-
zuschärfen, wie Euripides thut:

> Geist ist der beste Seher und Besonnenheit. (Helena 744—57.)

Alle seine Angriffe aber auf „die unseligen Reden der Sänger",
wie nicht er allein jene unwürdigen Göttermärchen nennt, be-
ruhen auf ethischen Anstössen; denn seinem rigoristisch ernsten
Gefühl ist der Gedanke an Götter, die „Schmähliches thun" und
doch für Ideale der Menschheit gelten sollen, unerträglich. Von
der sittlichen Tiefe seiner männlichen Gesinnung zeugt mehr
noch als der Schatz warmer und edler Gedanken über alle Beziehungen des Lebens, an denen Sokrates sich erbaute, das in Zusammenhang und Absicht wenig verstandene Stück vom rasenden
Herakles.

Der Erlöser der Menschheit von allen Unholden wüster
Vorzeit kommt von seinem letzten, gefährlichsten Abenteuer,
aus dem Hades siegreich und wohlgemuth zu den Seinigen heim,
denen er gleichfalls noch in der zwölften Stunde als Erretter
aus des Usurpators blutigem Arm erscheint. Aber kaum ist er
in recht behaglich hausväterlicher Stimmung, umgeben von Weib
und Kindern, die an ihren Beschützer wie „Lasten an ein Schlepp-
schiff" sich hangen, in den Hafen des heimathlichen Hauses ein-
gezogen, kaum hat der Chor Thebanischer Greise in jubelndem

Tanzlied die Erlösung von Thränen und Unglück gefeiert, die
der Tod des verhassten Tyrannen nun verbürge: so erscheint,
von Here, der unversöhnlichen Feindin, gesendet, Lyssa, die Wuth,
die mitten im Sühnopfer für den letzten erschlagenen Feind dem
Unglücklichen den Sinn verrückt, dass er im Wahne, seine Feinde
in Mykenä zu tödten, Gattin und Kinder mit seinen nie fehlenden
Pfeilen erlegt. Dann von gewaltigem Steinwurf der Pallas getroffen, sinkt er ohnmächtig an einer Säule nieder, an die man
ihn zur Verhütung weitern Unheils bindet. Das eben noch mit
vollen Segeln prangende, von wunderbaren Fahrten zu lockender
Ruhe eingekehrte Schiff ist jetzt zum schiffbrüchigen öden Wrack
verwandelt, das hoffnungslos vor Anker liegt, und das durch
Missgunst und Hass der eifersüchtigen Gattin seines Olympischen
Vaters. Seine Geschosse sind freilich wieder siegreich in seiner
Hand gewesen, aber gegen seine Liebsten und von fremdem
Willen gelenkt: der Held, dem nichts unbezwinglich war, hat
der höhnenden Rachsucht einer Göttin als willenloses Werkzeug
gegen sich selbst dienen müssen. Als er nun unter leisen, ab-
gebrochenen Angstlauten der Umstehenden aus seinem Traum
mit noch wogender Brust allmälig erwacht, Leichen und Pfeile
um sich verstreut sieht, erst noch sich im Hades glaubt, nach
einem Freunde ruft, der ihn aufkläre, dann aber vom Schluchzen
des greisen Vaters betroffen nach und nach den Abgrund des
Unheils ermisst, in den er gestürzt ist, und die einzige Zuflucht
vor Schmerz und Schmach in jähem Tode sucht: da erscheint
ihm als trost- und hülfreicher Freund Theseus, der dankbar seinem
Wohlthäter ein Asyl in Athen bietet. An einer warmen Menschenbrust findet der schamgebeugte, Erde, Himmel und Meer fliehende
Held sich wieder. Sein Siegertrotz freilich ist gebrochen, er
weint zum erstenmal. Aber indem er nun beschliesst, männlich
weiter zu leben, hat er den letzten, härtesten Kampf, den mit
sich selber, bestanden. So findet er nach allen Stürmen des
Lebens doch seinen Hafen, freilich nicht den gehofften am häuslichen Heerd, im Kreise der Seinigen, aber einen sichreren, in
der eignen Brust und unter dem Schutz eines edlen, treuen
Menschen (und dieser Mensch ist sehr bezeichnend ein Athener
und der Typus altathenischer, reiner und milder Gesinnung), der
an dem unverdrossnen Menschenfreunde gut macht, was Hass, Verfolgung und Theilnahmlosigkeit der Götter an ihm verschuldet haben.

Das Laster freilich und die Leidenschaft haben ihre Sophistik, und wie wären sie darzustellen als mit ihren eignen sich selbst betrügenden Worten? Wir pflegen aber zu lachen, wenn Einer von der Gallerie über Franz Moor oder Marinelli sich erbost, und ebenso mag Euripides gelächelt haben, als eine Lobrede auf das Gold (Fr. 326) in der Danae seine ehrbaren Zuhörer so empörte, dass sie aufstanden und den Schauspieler hinauswerfen wollten. Der Dichter beschwor den Sturm, indem er abzuwarten bat, wie es dem Bewunderer des Goldes ergehen werde. Aristophanes freilich macht sich dieses Naturgefühl des Pöbels und der Kinder von der berückenden Gewalt des Bösen für seine Polemik zu Nutzen. Aber wir sollten ihm doch nicht nachbeten, dass z. B. das Wort des überfrommen Hippolytos:

Die Zunge schwur, doch unvereidigt ist das Herz,

ausgestossen in tiefer Entrüstung über die buhlerischen Geständnisse der Phädra, eine Versündigung gegen die Sittlichkeit sei. Denn eben jener sophistisch sylbenstechende Hippolytos geht zu Grunde an der Gewissenhaftigkeit, womit er den Schwur, das verbrecherische Geheimniss zu verschweigen, wirklich gehalten hat. Wollen auch wir noch jenem Sykophanten glauben, der den Dichter wegen des einen Verses als Lehrer des Meineids belangte? So weist uns Euripides selbst mit seiner Vertheidigung zurecht: nicht vor Gericht, sondern auf der Bühne habe er Rechenschaft zu geben über seine Worte. Als wenn nicht gerade er es wäre, der fast zu oft Gelegenheit nimmt, vor dem gleissenden Antlitz der tückischen Peitho zu warnen und das freche Buhlen mit ihr zu verurtheilen! Es ist wahr, er hat seiner dialektischen und rhetorischen Meisterschaft auch manchmal zum Schaden der Situation und des Charakters die Zügel schiessen lassen. Aber abgesehen davon, dass die Lust an schlagfertiger Debatte dem zungengewandten Athener einmal im Blute lag, dass gerade damals die Oeffentlichkeit der gerichtlichen und politischen Verhandlungen der Beredtsamkeit gleichsam alle Schleusen öffnete, wovon ein Echo auch auf der Bühne wiederhallen musste, so liegt in jener geschmähten Sophistik gerade der unleugbare Fortschritt zu wahrem und vielseitigem dramatischem Leben.

War es bei seinen grossen Vorgängern vorzugsweise das Schicksal, dessen geheimnissvoll elementare Macht über Götter und die Geschlechter der Sterblichen in grossen Zügen veran-

schaulicht wurde, so beschwört Euripides die Dämonen der
Menschenbrust aus ihrer unheimlichen Tiefe und verlegt den
Schwerpunkt der tragischen Idee in das individuelle Denken und
Fühlen. Er wird der Dichter der Leidenschaft und vor Allem
der Liebe, er offenbart zuerst den Heerd, auf welchem diese
Flammen, weil durch Reflexion weniger gedämpft, am glühendsten
lodern, das Gemüth der Frauen: nicht der Medeen allein und der
Phädren, auch Iphigenie, Alkestis, Polyxena, Andromeda und
andere rein weibliche Naturen, wenn auch gerade keine haus-
mütterliche Penelope, gelingen ihm. Nicht dass wir in Abrede
stellen wollten, wie sein pathologisches Interesse mehr von schwülen,
krankhaften Verhältnissen und unheimlich brütender Leidenschaft
angezogen wurde, als von harmonisch edlen Charakteren und
einfach grossen Conflicten: aber sehr ungerecht ist es, wenn
Aristophanes ihn desshalb für allen Scandal und Sittenverfall
einer grossen, in den Wirbel bewegtester Zeit hineingerissenen
Stadt verantwortlich macht. Er sprach nur Probleme aus und
stellte Verwicklungen dar, die um ihn herum die Gemüther bewegten: das beweist der Ausspruch des Sophokles, „Euripides
stellt die Menschen dar, wie sie sind, ich, wie sie sein sollten."
Dass er zum Portraitmaler und nicht zum Arzt berufen war,
schmerzte wohl Niemand mehr als ihn; und wenn seine Lebens-
bilder den Idealen der Vergangenheit wenig mehr ähnlich sahen,
so hatten das die Erinyen der neuen Zeit zu verantworten, welche
Seelenfrieden und Harmonie immer weiter verscheuchten. Die
Wirkungen sinnlicher und gemüthlicher Aufregung sind auch in
der bildenden Kunst zu verspüren, nur dass der hohe Schönheitssinn
eines Skopas und Praxiteles sich von den Verirrungen des Geschmacks ferngehalten hat, die bei Euripides so in die Augen
fallen. Die berühmte Mänade des Skopas mit fliegenden Haaren,
ein zerrissenes Opferthier in bacchischem Taumel schwingend,
erinnert von selbst an die Bacchen des Euripides. Das Streben
nach Pathos und Illusion, die Beimischung des malerischen Ele-
ments in den Kunsterzeugnissen des vierten Jahrhunderts und
die Entwicklung der Malerei selber in dieser Epoche bezeugt
durchweg die Sehnsucht, das wirkliche Leben inniger zu umfassen,
dem heissblütigen Drang nach Bewegung und Entladung der
wogenden Affekte gerecht zu werden. Wenn nun ein Silanion
dem ehernen Antlitz seiner Iokaste Silber beimischte, um die

Blässe des Todes nachzuahmen, oder noch später ein Rhodischer
Künstler seinem reuigen Athamas die Schamröthe durch einen
Zusatz von Eisen zu gewinnen suchte, so sind das Verirrungen
eines missverstandenen Realismus die ganz auf eine Linie zu
stellen sind mit manchen trivialen Ingredienzien der Euripideischen
Kunst, vor Allem jenen Bettlerlumpen seiner unglücklichen, meist
auch geistig zerrissenen Könige und Prinzen, deren Garderobe
Dikaiopolis in den Aristophanischen Acharnern so ergötzlich
plündert. Aber dennoch ist gesunkene Grösse und des Lebens
Wehmuth, das Grundthema der Euripideischen Tragödie, ein
würdiger Stoff, und das Streben, ihn mit lebensvoller Wirklichkeit
vor Augen zu stellen, an sich nicht verwerflich.

Man tadelt ferner, dass die Euripideischen Helden denken
und sprechen wie er selbst und seine Zeitgenossen. Aber wer
nimmt Anstoss daran, wenn in der herrlichen Hochzeit zu Kana
von Paul Veronese geputzte Venetianer statt palästinischer Juden
bei Tafel sitzen, oder wenn etwa Shakespeare's Hektor in Troilus
und Cressida die Ethik des Aristoteles citirt? Nur unsere erleuchteten Zeitungs- und Journalkritiker pflegen bei der Beurtheilung dramatischer Werke, die ihren Stoff aus grauer Vorzeit entlehnt haben, plötzlich ein gelehrtes, culturhistorisches
supercilium anzunehmen, und menschliche Empfindung, die den
gegenwärtigen Zuhörer rühren und beschäftigen will, als tadelns-
werthen Zwiespalt und unhistorische Modernisirung zu verdammen.
Von dieser Etikette der psychologischen Garderobe weiss indessen
Aristoteles Nichts, so wenig als Lessing, der gerade der Forderung
historischer Individualisirung eines Brutus, Regulus, Cäsar gegenüber seinen griechischen Gewährsmann zu Hülfe ruft. Und dessen
Capitel vom Unterschied zwischen Geschichtschreibung und dem
Drama, als dem Philosophischeren, das eine allgemeine Wahrheit
erstrebe, wird sich auch gegen manche Einwendungen bewähren,
die von Seiten der Aufseher über heroische Kleiderordnung gegen
Euripides erhoben worden sind.

Was die Heroen den Athenern sagen konnten, hatten sie
ihnen durch Aeschylos und Sophokles bereits gesagt. In der bescheidenen Rolle eines Epigonen dieser Vorgänger hätte Euripides
auf jede nachhaltige Wirkung verzichten müssen. Es wäre allenfalls zu wünschen gewesen, dass er noch entschiedener den ganzen
Apparat der alten Tragödie bei Seite gestellt, den heiligen Ge-

schichten ganz entsagt und nach freier Erfindung seine Stoffe und
Figuren sich gewählt hätte. Auf dem Wege auch dazu war man.
Aristoteles selbst erklärt das ängstliche Festhalten an bekannten
Fabeln für lächerlich und rühmt ein Stück des Agathon, die
Blume, in dem Alles frei vom Dichter erfunden sei und doch gefalle. Auch Euripides hat wenigstens einen Uebergang versucht
vom mythischen zum historischen Drama, und selbst rein historische Stoffe, wie der Sieg über die Perser, waren ja schon von
Aeschylos und Phrynichos mit Glück behandelt worden, wenn
auch diese Gattung wegen des gottesdienstlichen Charakters des
antiken Dramas nie breitere Wurzeln geschlagen hat. Hierher
gehören alle Stücke, welche Athen's Vorzeit verherrlichen: namentlich die Herakliden, die Schutzflehenden, Ion, und der nicht
erhaltene Erechtheus. Der patriotische Opfertod der Attischen
Königstochter, der dem Vaterlande Sieg gegen die eingebrochenen
Thraker schafft (der Inhalt des Erechtheus) muss dem nationalen
Bewusstsein der Athener besonders damals wohlgethan haben, als
sie durch das diplomatische und militärische Geschick des Spar-
taners Brasidas werthvolle Besitzungen in Thrakien und die Schlacht
bei Amphipolis verloren hatten, in der auch Kleon den Tod fand.
Mit diesem Siege des Erechtheus über Eumolpos und seine Thrakier
hing durch den Faden der Sage (wir wissen nicht, ob auch durch
dramatische Verknüpfung) das kunstvolle Gewebe des Ion zusammen. Nach alter aristokratischer Ueberlieferung hatte Xuthos,
der vertriebene Bruder des Doros, in Attika bei Erechtheus freundliche Aufnahme gefunden und zum Lohn für geleistete Kriegs-
hülfe in dem erwähnten Kampf die jüngste Tochter des Athenischen Königs, Kreusa, zum Weib und einen Theil Attika's zum Besitz erhalten. Mit ihm war zugleich der Cultus des dorischen Gottes
Apollon in Attika eingeführt worden, dessen Verehrung von Generation zu Generation aber ausschliesslich die alten Adelsgeschlechter
für sich in Anspruch nahmen, welche ihren Stammbaum von Ion,
dem Sohn des Xuthos, herleiteten. Der Stolz des Attischen Demos
aber gründete sich auf das auch im Erechtheus (fr. 362, 7) hervor-
gehobene Bewusstsein uralter und nie gestörter Autochthonie oder
Eingesessenheit in der Heimath der Väter, auf unvermischte Reinheit alten Bürgerblutes, und diesem Stolz war das Zugeständniss
zuwider, als verdanke man die Beziehung zu demjenigen Gotte,
dessen Heiligthum in Delphi als der Centralheerd der nationalen

Einheit aller Hellenen in Sitte wie in Glauben selbst in auf-
geklärterer Zeit noch anerkannt wurde, einem fremden Ankömm-
ling und durch ihn mittelbar den politischen Antipoden, dem Stamm
der Dorer. Zumal im Peloponnesischen Kriege, dessen erbitterte
Losung eben „hie Dorer hie Ionier" lautete, wo auch im Innern
der Staaten, namentlich Athen's, Dorische Sitte und Sinnesart der
Neigung zu Aristokratie und Tyrannis gleich geachtet wurde, war
eine Reform jener alten Stammessage zeitgemäss. Euripides macht
daher den Attischen Stammvater Ion zum leiblichen Sohn Apollon's
und der autochthonen Erechtheustochter Kreusa, während deren
officielle Ehe mit dem fremden Ansiedler Xuthos kinderlos bleibt.
Die spannende Enthüllung dieses Verhältnisses bildet den Inhalt
des sinn- und erfindungsreichen Stückes, und von diesem Gesichts-
punkt aus erklären und rechtfertigen sich Contraste in Charakteren
und Situationen, die sonst den einheitlich harmonischen Eindruck
des Ganzen eher zu stören schienen.

Zunächst der Gegensatz zwischen Ion und Xuthos. Jener ein
echter Athenerjüngling: bei aller kindlichen Reinheit und Naivetät
hat er, durch den regen Fremdenverkehr in Delphi von klein auf
geweckt und mit dem Weltlauf bekannt, ein klares Auge für die
Verwicklungen des Lebens. Wir finden ihn zuerst bei Sonnenaufgang im Tempel mit den bescheidenen Verrichtungen seines
heiligen Küsterdienstes beschäftigt, den er in dankbarer Hingebung an seinen väterlichen Herrn nie zu verlassen wünscht (151).
Gar anmuthig, fein und frei, die edle Erscheinung der Athenischen
Fremden nicht unbelobt lassend, empfängt er dann unwissend
seine Mutter, giebt ihr Auskunft über das Heiligthum, und gewinnt durch seine theilnehmenden Fragen nach dem Grunde der
Thränen, die der von Apollon einst Geliebten und scheinbar Verlassenen beim Anblick des Tempels entströmen, alsbald das Vertrauen der schwer bedrückten Frau. Die schlichte Erwähnung
seiner dunkeln Herkunft, der er nicht nachgrübelt, weckt noch
lebhafter die schmerzlichen Erinnerungen an ihr und Apollon's
Kind, das jammervoll ausgesetzte, nie wieder gesehene. Nicht
ahnend, dass eben dieses Kind jetzt vor ihr stehe, preist sie die
glücklich, die den blühenden Jüngling geboren habe. So alt
wäre ja auch ihr Sohn jetzt, über dessen Leben sie heimlich,
hinter dem Rücken des Gemahls, das Orakel zu befragen im Begriff steht.

In einem Monolog lässt dann der ironische Dichter den durch die Andeutungen der Kreusa betroffenen Jüngling, der nicht ahnt, wie herrlich der Gott Alles zum Besten führen wird, sich in naiver Missbilligung der Licenzen ergehn, welche Apollon gegen sterbliche Weiber zu schlechtem Vorbilde für die Menschen sich erlaube. Indessen wird der gutmüthig derbe Xuthos, als braver Haudegen, gehorsamer und argloser Ehemann, und warmer Freund von Essen und Trinken der Typus eines Dorers von der guten Art, von Apollon geneckt und geradezu dupirt. Die Vaterschaft über Ion wird seinem gläubigen Sinn durch zweideutige Sprüche octroyirt. Heraustretend aus dem Tempel begrüsst er stürmisch den Ion als seinen Sohn: denn das Orakel hat ihm den als sein Kind bezeichnet, der ihm zuerst begegnen werde. Seine Liebkosungen werden sehr schnöde von Ion angenommen, der kritisch genug ist, der Sache auf den Grund gehend nach seiner Mutter zu fragen, eine Frage, die zu thun der gute Xuthos in seiner Freude ganz vergessen hat. Der Hörer, der durch den Prolog die Lösung des Räthsels bereits in Händen hat, muss lächeln, wie der ehrliche Mann sich nach scharfem Verhör gar zu einer Jugendsünde bekennt, um der spöttischen und doch unwissentlich treffenden Hypothese Ion's, die Erde möge wohl seine Mutter sein (insofern Erechtheus oder Erichthonios wirklich von der Erde stammte), eine plausiblere Erklärung des Wunders unterzuschieben. Aber kaum sind Ion's Zweifel an dem neuen Vater beschwichtigt, der ihn auffordert, ihm nach Athen zu folgen, um dort Scepter und Schätze in Empfang zu nehmen, so steigen neue Bedenken gegen diese Uebersiedlung in dem auch politische Verhältnisse mit unbefangener Klarheit abwägenden Jüngling auf. Wird er, der unbekannte, mutterlose Sohn eines Fremdlings nicht, wenn er nun an die Spitze einer so reizbaren Bürgerschaft (601) tritt, von Neidern scheel angesehen, von Verständigen verlacht und verachtet werden, wird nicht im Vaterhause selbst Kreusa ihn hassen und aus seinem Anblick immer neuen Kummer über den ihr versagten Kindersegen schöpfen? Und wenn diese Betrachtungen zum Theil die Inconvenienzen jener aristokratischen Ueberlieferung mit dem nationalen Selbstbewusstsein in's Licht setzen sollten, so scheint die daran sich schliessende Aeusserung über die Tyrannis, auf deren lockendes Antlitz Ion verzichten zu wollen erklärt, gleichsam eine Prophezeiung der Athenischen Demokratie zu sein,

die sich aus dem Königthum entwickeln sollte. Die bedeutungs-
vollen Worte lauten folgendermassen (622):

> Wohl lieblich ist der unbedacht gepriesenen
> Tyrannis Antlitz, aber sieht man innen zu,
> So steht es traurig: wer ist selig, wer beglückt,
> Der stets in Furcht, mit scheuem Auge spähend nur
> Sein Leben fristet? Lieber leb ich mit dem Volk
> Als schlichter Mann und glücklich, statt Tyrann zu sein,
> Der nur mit Bösgesinnten Lieb' und Freundschaft hegt,
> Doch Edle hasst aus Furcht vor ihrem Rächerschwert.
> Du sagst vielleicht, Gold überwindet alles dies,
> Und Schätze machen Freud': ich liebe Flüche nicht
> Im Ohr und Angst, mit reichem Segen in der Hand.
> Nein, ohne Kummer lob ich mir ein mässig Loos.

Auch als er dem Drängen endlich nachgiebt, einstweilen
wenigstens incognito nach Athen zu kommen, wo dann Xuthos
seine Gemahlin allmählig bearbeiten und zur Anerkennung des
Thronfolgers bringen will, wünscht er dringend, dass seine Mutter
sich einst als Athenerin ausweisen und ihm als Neubürger in der
reinen Stadt Beschämung ersparen möge. Der Chor aber, aus
Athenischen Begleiterinnen Kreusa's bestehend, ist sehr unzu-
frieden, wünscht, dass der Jüngling lieber früh sterbe, als dass
er in Athen einziehe und das alte Reich des Erechtheus mit
Fremden überschwemmt werde (719 ff., 1058 ff., 1069 ff.), und nimmt
lebhaft Partei für die Königin, die, aufgestachelt von ihrem stein-
alten Hofmeister, sich sogar zum Giftmischen versteht, um den
Eindringling zu beseitigen. Der alte, närrische Sünder, der sie,
übrigens auch bona fide und in aller Bediententreue, durch seine
pfiffigen Conjecturen („mit dem Fuss zwar geht's ihm langsam,
doch mit dem Geiste schnell" 742) dazu verleitet und die Ausführung des Anschlags mit karrikirtem Pathos übernimmt, wird
vom Dichter mit gutem Bedacht dem Gelächter preisgegeben, besonders da, wo er, den geschäftigen Ganymed an festlicher Tafel
spielend, im Begriff steht, Apollon's hohe und weise Fügungen in
seinem Giftbecher zu ertränken. Ein homunculus in aller Ohnmacht, Kurzsichtigkeit und blöder Betriebsamkeit seines Geschlechts, und — von ihm ungesehn, aber den Hörern stets gegenwärtig — in lichter Höhe über ihm und Allen wachend Loxias,
der auch von Kreusa viel geschmähte, der auf dunkeln Pfaden
und immer neuen scheinbaren Irrgängen die armen Sterblichen

endlich doch zum Licht und zu ihrem Heile führt. Zunächst freilich werden wir Zeugen einer Scene voll tragischen Schreckens, in der Mitleid und Furcht zu höchster Spannung getrieben werden. Kreusa, über welche zur Strafe für den vereitelten Anschlag der Sturz vom Felsen verhängt ist, flieht angstvoll zum Altar vor dem eignen, noch immer unerkannten Sohn, der mit bewaffneten Gefährten erbittert auf sie eindringt. Die Schlag auf Schlag geschleuderten Pfeile des Wortwechsels erhalten durch pikanten Doppelsinn dem Hörer fortwährend den noch unenthüllten Zusammenhang Ion's mit Apollon und Kreusa gegenwärtig, und der letzteren scharfe Berufung auf die Selbständigkeit der Pallasstadt, die fremden Helfern nicht anheimfallen dürfe, weckt von Neuem die Aufmerksamkeit auf die politische Tendenz des Dramas. Endlich übergiebt die greise Pythia ihrem Pflegling den Korb, in dem das Kind einst gefunden ward, bei dessen Anblick Kreusa, vom Altar springend und für einen Augenblick noch Alles auf's Spiel setzend, sich als Mutter legitimirt. So hält denn die Mutter den Sohn, an dem sie und der an ihr fast zum Mörder geworden wäre, in den Armen: sie jubelt, dass Erechtheus wieder aufblüht, dass das erdgeborne Haus nicht mehr Nacht schaut, sondern durch der Sonne Fackel wieder fröhlich emporblickt (1465). Zu unzweifelhafter Beglaubigung aber, dass Ion wirklich als reiner Gottessohn in Athen zu ehren sei, erscheint die Göttin selbst, um im Namen Apollon's, den der Dichter mit grossem Zartgefühl ganz aus dem Spiele lässt, den neuentdeckten ebenbürtigen Nachkommen des Erechtheus als rechtmässigen Herrscher über Attika zu proclamiren, seine vier Söhne als Ahnherrn der vier Stämme des Landes zu bezeichnen, und endlich noch auf die politisch so bedeutungsvolle Verwandtschaft dieser Ionsenkel mit den auf den Inseln und benachbarten Küsten angesiedelten Ioniern, die dem Lande der Athene Kraft verleihen (1584), hinzuweisen. Der gute Xuthos aber, der von allen diesen Enthüllungen weislich ferngehalten worden ist, wird mit zwei anderen Söhnen, Doros und Achaios, abgefunden, die sich ausserhalb Attika's eine Heimath gründen müssen. Kreusa endlich soll hübsch verschweigen, dass Ion ihr Sohn sei,

auf dass der Wahn den Xuthos süss befangen hält (1602),

und somit wohl auch die hochadligen Eupatriden, welche an ihrem dorischen Stammbaum und ihren dorischen Sympathieen festhalten.

Athen's Stellung zu andern hellenischen Staaten wird in den beiden andern der genannten Dramen behandelt. Die schützende Aufnahme, welche die Thebanischen Herakleskinder einst in Athen gefunden, und der glorreiche Sieg, den die Beschützer gegen die verfolgenden Argiverschaaren davongetragen hatten; ebenso die Bestattung der Argivischen vor Theben gefallenen Helden, welche Theseus gleichfalls in siegreicher Schlacht gegen die rachsüchtigen Thebaner vertreten hatte, waren zwei Glanzpunkte der ältesten Athenischen Vergangenheit, zu deren Verherrlichung auch die Redner ihre schwungvollsten Phrasen aufzuwenden liebten. Die Erinnerung an jene Ereignisse hing aber mit den neuesten Begebenheiten eng zusammen. Die Athener hatten kürzlich bei Delion (424) eine empfindliche Niederlage durch die Thebaner erlitten; mit Argos, das bald auf Sparta's Seite zu treten Miene machte, bald sich den Athenern näherte, schwebten Verhandlungen auf und nieder, die endlich (420) zu einem Bündniss führten. Da galt es, den nationalen Beruf Athen's als Hort und Vorkämpfer für Recht und fromme Sitte, die schnöde Undankbarkeit Thebens und die uralten Verpflichtungen von Argos wieder zu lebendigem Bewusstsein zu bringen. Euripides versäumt nicht, all' diese Saiten anzuschlagen. Adrast in den Schutzflehenden (1176) bekennt sich ausdrücklich zu ewigem Dank für die erwiesene Wohlthat, und Athene giebt ihm zuletzt noch in feierlicher Rede (1191 ff.) auf, im Namen seines Landes zu schwören, dass nie Argiver feindlich in Attika einfallen, ja es gegen fremde Angriffe stets vertheidigen sollen; und in den Herakliden giebt der Argiver Eurystheus den Athenern durch sein Grab die sicherste Bürgschaft für ewige Gunst und Beistand, bedroht aber die Nachkommen der Herakleskinder mit um so grimmigerer Verfolgung, wenn sie je undankbar mit feindlicher Gewalt Attika überziehen sollten (1032).

Auch sonst sind die Euripideischen Dramen von politischen Anspielungen voll. Besonders seinem Hass gegen die Erbfeindin des Athenischen Gemeinwesens, gegen Sparta, macht der Dichter bei jeder Gelegenheit Luft, gewiss zur Genugthuung des liberalen Theils seiner Mitbürger, und zu nicht geringem Aerger der lakonisch-oligarchischen Partei.

So werden fast alle Stücke, welche sich auf den Trojanischen Krieg beziehen, (Orest, Helena, Troerinnen, Andromache, selbst Telephos: vgl. Fr. 721) zu historischen Tendenzdramen, in denen

der Spartanerkönig Menelaos verurtheilt ist, eine gar erbärmliche
Rolle zu spielen. Eingebildet, despotisch, intrigant und doch
charakterschwach, feige und einfältig muss er sich selbst vor
den Barbaren blamiren, und, um die egoistischen und kleinlichen
Interessen der stabilen Grossmacht von Griechenland als von Anbeginn unvereinbar mit der Würde der übrigen Hellenen darzustellen, wird der ganze Troerzug, unternommen, um einem
Spartanischen Hornträger sein Weib wieder zu erobern, als eine
grosse Narrheit und eine schwere Versündigung der Griechen
getadelt (Troad. 365 ff.), die sie denn auch bitter genug büssen
müssen. Selbst die gefangnen Troerinnen (208 ff.), die nach des
Theseus herrlichem, beglückten Lande so gern geführt sein
möchten, denken mit Abscheu, dass sie an des Eurotas Strudel .
des Menelaos Sclavin werden können. Der schönen und heuchlerischen Sünderin aber wird in demselben Stück von Andromache
und Hekabe auf's derbste der Text gelesen. In der Helena
vollends tritt der gewaltige Eroberer Troja's in geradezu komischer
Persifflage als schiffbrüchiger hungernder, von den Thüren ab-
gewiesener Bettler auf, und der arme dumme Teufel muss erfahren, dass all' der Aufwand von hellenischer Macht und zehnjähriger Mühsal nur einem Schattenbilde gegolten hat, denn die
wahre Helena hat unterdessen in Aegypten unter sichrer Obhut
des Königs Proteus gesessen.

Auf eine Verhöhnung der Spartanischen Hoffahrt, Selbstsucht
und Perfidie ist es in der Andromache abgesehen. Die Wittwe
Hektor's ist vom Sohn Achill's als Gattin erbeutet und heim-
geführt worden, wird aber in ihrer Stellung schwer bedrängt
von der Spartanischen Königstochter Hermione, der zweiten, ebenbürtigen Gemahlin des Neoptolemus, die eifersüchtig mit ihrem
Vater Menelaos die barbarische Nebenbuhlerin zu verdrängen und
zu verderben sucht. Mit goldnem Diadem und bunten Gewändern
üppig aufgeputzt, aufgebläht von Eitelkeit und Standesstolz, rach-
und blutdurstig, dient sie der innigen Weiblichkeit ihrer Gegnerin
zur Folie. Menelaos, die Abwesenheit des Neoptolemos hinter-
listig benutzend, ist gekommen, um die Troerin umzubringen.
Sie hat sich an einen Altar geflüchtet, er lockt sie unter schänd-
lichen Lügen von ihrem Asyl weg, muss aber trotz aller
Prahlereien doch klein beigeben, als der uralte schwache Gross-
vater Peleus sich der Bedrängten annimmt. Und was muss er

und sein Volk sich sagen lassen! Erst von der ergrimmten
Andromache (445 ff.):

> O allen Menschenkindern ihr verhassteste,
> Sparta's Bewohner, Rathgesessene der List,
> Ihr Lügenfürsten, schnöde Ränkeschmiede ihr,
> Gewundnes, nichts Gesundes denkend, Alles krumm,
> Mit Unrecht seid ihr angesehn in Griechenland!
> Wo lasst ihr's fehlen? Häufet ihr nicht Mord auf Mord?
> Uebt ihr nicht schmutz'ge Habsucht? und erweist sich nicht
> Fortwährend, dass ihr anders redet als ihr denkt?
> Fluch euch! (Vgl. Suppl. 187.)

Dann von Peleus, der ihn gar nicht als Mann unter Männern
gelten lassen will, und sich über die Erziehung der Spartanischen
Mädchen ergeht, die alles sittliche Schamgefühl im Keim ersticken müsse (590—613). Selbst der Chor wirft einen verächtlichen Seitenblick auf die zwiefältige Tyrannis (das Doppel-
königthum in Sparta), die Druck zu Druck füge und die Bürger
zum Aufruhr reize (471). Diese Schmähungen beziehen sich
noch speziell auf die zweizüngige und tückische Politik, mit
welcher die Spartaner ihre im sogenannten Frieden des Nikias (421)
gegen Athen eingegangnen Verpflichtungen zu umgehen suchten,
und waren wohl dazu bestimmt, die Agitationen des Alkibiades
gegen die lakonische Partei und zu Gunsten des schon erwähnten
Separatbündnisses mit dem demokratischen Argos zu unterstützen.*)

Was die Stellung des Euripides zu innern socialen und
politischen Fragen betrifft, so werden wir ihn am kürzesten als
einen Anhänger des aufgeklärten Liberalismus bezeichnen können.
Frei von allen Standesvorurtheilen, die sich auf Geburt oder Vermögen stützen, macht er das unberechtigte Uebergewicht von
Geld und Adel zum Gegenstand zahlreicher Betrachtungen, unter
denen ich wegen des prägnanten Ausdrucks nur zwei hervorhebe.
Vom Geld (Fr. 20):

---

*) Die mit Sparta liebäugelnden Oligarchen werden wohl in folgendem
Bruchstück aus dem Diktys (349) gezeichnet:

> Wärst du nicht grundschlecht, würdest du dein Vaterland
> Heruntersetzend nicht erheben uns're Stadt.
> Denn mir gilt nimmer der für gut und rein gesinnt,
> Der seiner Heimath Satzung nicht in Ehren hält,
> Und fremden Landes Sinnesart bewundernd preist.

> Sprich nicht vom Reichthum: ich verehre keinen Gott,
> Den auch der Schlechteste leicht in seine Macht bekommt.

Vom Adel (Fr. 345):

> Vom Adel hab ich dies zu sagen, kurz und gut:
> Der wackre Mann ist mir der einzig adlige,
> Der ungerechte, mag sein Vater besser noch
> Gewesen sein als Zeus, erscheint unedel mir.

Das wahre Heil des Gemeinwesens sieht er in der Mischung und verständigem Zusammenwirken aller Stände (Fr. 21), wo der Reiche dem Armen und umgekehrt mittheile, was dem Andern abgehe. Theoretisch aber erklärt er sich für absolute Gleichheit aller Menschen (Fr. 21), selbst der Sclaven, von denen nicht nur der närrische und selbstgefällige Hofmeister im Ion (854 ff.) sagt:

> Nur eins im Grund ist's, was den Sclaven Schande bringt,
> Der Nam': in allem Andern steht dem freien Mann
> Kein Sclave nach an Güte, wenn er wacker ist.

Auch in der Melanippe (515) heisst es:

> Den wackern Sclaven schändet dieser Name nicht.
> Gar viele giebt's, die besser als die Freien sind;

und abermals (Fr. 828):

> Gar vielen Sclaven bringt nur dieser Name Schmach;
> Jedoch ihr Geist ist freier als der ihrer Herrn.

Für die Gleichheit der Bürger im Staatsleben vollends spricht er sich oft aus. Das Wort (Fr. 825):

> Der Staat besteht in Männern, nicht in Einsamkeit,

erinnert an Hämons Spruch in der Antigone (737):

> Das ist kein Staat, der einem Manne eigen ist.

Eine begeisterte Lobrede auf die Gleichheit findet sich in den Phönissen (531 ff.), wo Iokaste dem glühenden Ehrgeiz des Eteokles, der für den Besitz der Tyrannis Alles einsetzt (524 f.), mit folgenden Worten entgegentritt:

> Warum zu aller bösen Geister schlimmstem, Kind,
> Hältst du, zur Ehrsucht? nicht doch! 's ist ein böses Weib.
> Schon manches Haus und manchen reichbeglückten Staat
> Betrat sie, und am Ende, wenn sie weiter zog,
> Verfielen dem Verderben, die ihr huldigten.
> Für diese schwärmst du. Wie viel schöner ist's, o Sohn,
> Der Gleichheit huld'gen, die dem Freunde stets den Freund,

Die Stadt mit Stadt und Bundesglied mit Bundesglied
Verknüpft: ist Gleichheit doch Naturgesetz der Welt,
Dem Grösseren aber steht das Kleine feindlich stets
Genüber, giebt die Losung für den Tag der Schlacht.
Die Gleichheit ist's ja, die den Menschen ordnete
Maass und Gewicht, und Zahlenreihen regelte;
Der Nacht strahllose Wimper und der Sonne Licht,
Den gleichen Kreislauf wandeln sie das Jahr hindurch,
Und keines schmält dem andern, wenn es weichen muss.
So dienet also Sonn' und Nacht den Sterblichen,
Und du willst's nicht ertragen, nur den gleichen Theil
Am Haus zu haben, gönnst dem Bruder nichts davon?
Warum der Herrschaft glänzend Unrecht hältst du doch
So überhoch? Was ist denn Grosses wohl dabei?
Ansehn etwa und Ehre? Das ist eitler Schall u. s. w.

Die Warnung vor tyrannischen Gelüsten fand auch in den
Zeiten der blühendsten Demokratie immer ein dankbares und
eifriges Publikum. Nicht nur Aristophanes macht sich über die
Gespensterfurcht des Demos lustig, welche den Fischhändler und
die Gemüsehöckerin in jedem wähligen Kunden einen Alleinherrscher sehen lasse (Wespen 488 ff.), auch Thukydides (VI, 53)
gesteht zu, dass ein permanentes Misstrauen und Furcht vor
oligarchischen oder tyrannischen Contrerevolutionen bestanden
habe; und, nach einzelnen Thatsachen zu schliessen, nicht mit
Unrecht, am wenigsten aber in jenen späten Jahren des Peloponnesischen Krieges, denen die Phönissen angehören. Die Vermuthung liegt daher nicht fern, dass die angeführte Rede Rettung
oder Neubefestigung der durch die Verhandlungen über des Alkibiades Zurückberufung (Ol. 92, 1) schwer bedrohten und von den
Vierhundert vorübergehend gestürzten Demokratie bezweckte. Die
Opposition, welche Euripides dem Alkibiades gemacht hatte, verspottet wenige Jahre nach der Aufführung der Phönissen, nachdem derselbe wegen grober Nachlässigkeit und Willkühr zum
zweitenmal seiner Feldherrnwürde entsetzt worden war und sein
Vaterland für immer verlassen hatte, Aristophanes in den Fröschen,
wo er unserm Dichter ein saft- und kraftloses Verdammungsurtheil
(879) gegen den Egoismus und die unpatriotische Gesinnung
des Mannes in den Mund legt, der allerdings seinen Bürgern ungleich mehr geschadet als genützt hatte. Der Spruch, mit dem
Aeschylus darauf seine bessere Einsicht in die politische Situation
bekunden soll:

Man soll den jungen Löwen nicht im Staat erzieh'n,
Doch ist er gross, so füge man sich seiner Art,

klingt freilich körniger und entschiedner, aber wie weit es der
gewissenlosen Genialität des grossen Staatsstreichhelden und Hoch-
verräthers gelungen wäre oder beliebt hätte, den Krieg zu einem
erspriesslichen Abschluss zu führen, steht sehr dahin. Ein repu-
blikanischer Charakter war er sicherlich nicht, und ihm gegenüber macht selbst der einigermassen doctrinäre Ton, in dem
Euripides seine demokratische Verfassungstreue bekennt, einen
respectabeln Eindruck. Sein Theseus, der als Typus Athenischer
Anschauungen unzweifelhaft zugleich als Organ Euripideischer
Denkweise in Anspruch genommen werden darf (Suppl. 352), versäumt nicht, erst die Genehmigung des souveränen Volks einzu-
holen, ehe er den sieben Müttern der Thebanischen Helden und
dem Adrastos Hülfe gegen Kreon gewährt. Er giebt dem Thebanischen Herold, der ganz naiv nach dem „Tyrannen" Athen's
fragt, eine sehr tendenziöse Lection über die demokratische Verfassung seiner Stadt, wo die Aemter Jahr für Jahr wechseln, und
der Arme ebensoviel Theil an der Macht habe als der Reiche;
und als der Gesandte, gestützt auf seine völkerrechtliche Unan-
tastbarkeit, dagegen seine Verachtung des bestechlichen, blöden
Pöbels ausspricht, dem seine Arbeiten nicht einmal Zeit lassen zu
gründlicher Berathung von Staatsgeschäften, so lässt er sich gar
zu einer langen Vertheidigung herbei, aus der ich nur die be-
zeichnendste Stelle herausheben will (426 ff.):

Nichts ist dem Staat feindsel'ger als Tyrannenmacht.
Da giebt's vor Allem nicht gemeinsam gültige
Gesetze: nur ein Einz'ger, der für sich allein
Das Recht vertritt, ist Herrscher, nichts von Gleichheit mehr.
Wo aber fest geschriebene Gesetze sind,
Da hat der Dürft'ge wie der Reiche gleiches Recht,
Und Grosse schlägt der Kleine, auf sein Recht gestützt.
Das aber nennt man Freiheit: „wer hat Lust, dem Staat
Heilsamen Rathschluss mitzutheilen, den er weiss?"
Wer das begehrt, ist angeseh'n, wer nicht bereit,
Der hält sich still. Giebt's schön're Gleichheit für den Staat?
Ja, wo das Volk des Landes Machtvollstrecker ist,
Sind auch die jungen Bürger gern gehorsam ihm.
Ein König aber fürchtet g'rade junges Blut,
Und alle Besten, wer ihm nur zu denken scheint,
Ermordet er, um seine Herrschermacht besorgt.

Wie sollte nun ein Staat noch fest gegründet sein,
Wenn Einer wie des Lenzgefildes Aehrensaat
Kühnheit hinwegrafft und der Jugend Blüthe pflückt?

Kurz vorher aber hat er in einer offenbar auf die Gegenwart
anspielenden Strafrede an Adrast sich gegen Aristokratie und
Proletariat als Freund des Mittelstandes bekannt (229 ff.):

Zum Heereszuge riefest du ganz Argos auf,
Taub gegen Seherssprüche, und der Götter Rath
Trotzig missachtend zum Verderben deiner Stadt,
Verführt von jungen Leuten, die sich gern geehrt
Seh'n wollen und d'rum Kriege schüren wider Recht,
Der Bürger Blut aussaugend: der, Feldherr zu sein,
Der um den Herrn zu spielen, wenn er Macht gewann,
Ein dritter um schnöden Vortheil, kümmert's ihn doch nicht,
Ob seinethalb das Volk in schweren Schaden kommt.
Denn dreifach ist der Bürger Art: die reichen sind
Unbrauchbar, sind nur gierig stets nach Mehrerem;
Die aber nichts besitzen und der Mangel drückt,
Leih'n schnödem Neide nur zu oft ein willig Ohr,
Und schleudern böse Stacheln auf die Besitzenden,
Durch schlechter Führer lose Zungen wirr gemacht.
Doch in der Mittelclasse liegt des Staates Heil,
Sie schirmt die Ordnung, die der Staat sich aufgestellt.*)

Auch im Orestes spricht ein langer, nach dem Leben ge-
fasster Botenbericht des Dichters Abneigung gegen demagogische
Wühlerei aus, wogegen er das schlichte Gefühl des gemeinen
Mannes als den wahren Compass der öffentlichen Meinung preist.
(884 ff.) Die Erzählung ist an Elektra gerichtet. Erst kommt
die politische Wetterfahne:

Als nun versammelt der Argiver Menge war,
Erhob der Herold sich und rief: „wer wünscht das Wort
Darüber, ob Orestes sterben soll ob nicht,
Der Muttermörder?" Da erhebt Talthybios
Sich, der mit deinem Vater einst gen Troja zog.
Doch wie er stets vor denen, die am Ruder sind,
Sich beugt, so führt' er Doppelreden, ehrfurchtsvoll
Vor deinem Vater, doch den Bruder lobt' er nicht,

---

*) Vor politischen Parvenus warnt auch der sterbende Erechtheus
(Fr. 364, 28) in seiner inhaltreichen Abschiedsrede den Sohn:
Nichtswürd'ge bring zu Ehren nimmer in der Stadt:
Denn Schlechte, die mit Geld sich ihren Sack gefüllt,
Oder in ein Staatsamt schlau sich haben festgesetzt,
Die springen wild um, dreist durch unverhofftes Glück.

In schöne Worte böse windend, dass Orest
Nicht schönen Brauch mit Eltern habe eingesetzt,
Und stets Aegisthos' Freunden nickt' er traulich zu.
So ist dies Volk ja: immer zu dem Glücklichen
Hüpfen die Heroldschranzen; der ist ihnen lieb,
Der Macht im Staat hat und in hohen Würden steht.

Darauf nach einem gleichgültigen Amendement des Diomedes
heisst es weiter (903):

Und ein Mann erhob sich d'rauf
Von schrankenloser Zunge, stark durch Selbstvertrau'n,
Argiver und doch keiner, ein erzwungener,
Ein rechter Schreiheld, so ein wüster Renommist,
Der zweifellos sie noch in's Unglück stürzen wird.

Nachdem dieser auf Steinigung beider Geschwister angetragen
hat, kommt endlich als Athenischer Grossrath der Bauer (918 ff.):

Von Aeusserm zwar nicht zierlich, doch ein ganzer Mann,
Nicht oft die Stadt berührend und des Marktes Kreis,
Ein Bauer, die ja allein des Landes Pfleger sind,
Jedoch bereit, im Reden seinen Mann zu steh'n,
Ganz unbefangen, ohne Furcht und tadellos.
Der sagte, kränzen müsse man Agamennon's Sohn,
Orestes, der des Vaters blut'gen Mord gerächt,
Und sein gottloses, böses Weib getödtet hat u. s. w.

Dass die geschilderten Redner bestimmten Persönlichkeiten
aus der Gegenwart entsprachen, haben schon alte Erklärer bemerkt. Bei dem doppelzüngigen Achselträger Talthybios kann man
an Theramenes, den beiden Füssen sich bequemenden „Kothurn",
denken. Der wühlerische Demagog aus der Fremde aber ist
Kleophon, ein Fabrikant aus Thrakien, der in der letzten Periode
des Peloponnesischen Krieges der mächtigste Führer der radical-
demokratischen Partei war. Seine unabhängige Gesinnung und
die grosse Gewalt, die er über die Menge ausübte, wird bezeugt
durch die Eile, mit der die Dreissigmänner ihn unter den Ersten
aus dem Wege räumten; seine Uneigennützigkeit, eine auch bei
den Staatsmännern des Alterthums seltene Tugend, mussten nach
seinem Tode selbst seine Feinde anerkennen, denn es fand sich,
dass seine Familie ganz arm war. Nach dem glänzenden Siege
des Alkibiades bei Kyzikos (410) war es seiner leidenschaftlichen
Beredtsamkeit gelungen, die Verwerfung der Spartanischen Friedens-
anträge durchzusetzen. Seine Motive waren, soweit sie sich errathen lassen, durchaus begründet. Die Friedenspartei terrorisirte

er aber geradezu durch die Erklärung, er werde Jedem, der des
Friedens gedenken wolle, den Kopf abschlagen.

So ist der Hass gegen ihn und die Sehnsucht nach dem
Frieden wohl der einzige Punkt, in dem Aristophanes und Euripides zusammentreffen. Schon in glücklicheren Zeiten (wohl vor
425) liess unser Dichter den Chor in folgenden innigen Worten
den Frieden erflehen (Fr. 462):

> Friede, der du von Segen prangst,
> Seliger Götter holdester,
> Sehnsucht hab' ich nach dir, wie lang du weilst.
> Ich fürchte, dass eher in Noth
> Das Alter mich einholt,
> Eh' deine liebliche Huld ich mit Augen erlebt,
> Und zum schönen Reigen die Lieder
> Und kranzprangenden Festschwarm.
> O komm, Gnäd'ge, mir in die Stadt,
> Und den feindlichen Aufruhr treib'
> Fort von Haus und den rasenden Streit,
> Der an gewetztem Schwert sich freut.

Nach den harten Unglücksfällen in Thrakien, nach zehn
schweren Kriegsjahren, sehnte man sich noch lebhafter nach Ruhe,
und wirklich brachte Nikias einen vorläufigen Friedensschluss zu
Stande (421), der freilich nicht von Dauer war. Das war die
Zeit, wo Aristophanes seinen bäuerlichen Expressen auf dem Mist-
käfer gen Himmel sandte, um die vom Kriege in ein tiefes Verliess versenkte Friedensgöttin wieder an's Licht und auf Erden
herabzubringen. Da hörte man beifällig, wie ausdrücklich bezeugt wird, folgendes Lied im Erechtheus (Fr. 370):

> Mag ruhen mein Speer und die Spinn' ihn umweben mit Fäden,
> Ich aber in Frieden ergrauendem Alter gesellt sein.
> Singen will ich, geschmückt mit Kränzen das graue Haupt,
> Den Thrakischen Schild, den erbeuteten, aufgehangen
> An Athene's säulenumkränztem Gemach,
> Und will der Bücher Red' entziffern,
> Die Weise künden.

Auch später, namentlich in den Schutzflehenden (481 ff., 951 ff.)
und in den Phönissen (784 ff.) finden sich wiederholte Mahnungen
und Wünsche in demselben Sinn.

Den traurigen Frieden, den die Uebergabe Athen's an Sparta
zur Folge hatte, zu erleben, dieser Schmerz war ihm wie Sophokles
erspart worden. Er starb zwei Jahre vorher, als die Athenische

Flotte noch siegreich war. Doch hat er die letzten Jahre seines Lebens nicht mehr in der Heimath zugebracht. Der Makedonische König Archelaos fühlte damals das Bedürfniss, seinen halbbarbarischen Hof durch Berufung von Dichtern und Künstlern zu veredeln. Den „Freitisch der Seligen" nannte Aristophanes spöttisch die Symposien in Pella. Da war z. B. der bei Weitem talentvollste der jüngeren Poetenschule, der blühend schöne, elegante, geistreiche und liebenswürdige Agathon, dessen Person und Poesie die blendend üppige Lichtseite jener Zeit vertritt, auf deren Grund Euripides seinen Weltschmerz und die hohläugigen Dämonen des grübelnden Zweifels fand. Da malte ferner im königlichen Palast Zeuxis seine lebensvollen Wandbilder, die zu den keusch-idealen Linien Polygnots in ähnlichem Verhältniss standen, wie die neuere Tragödie zur älteren. Am königlichen Hofe gewann der hochbetagte Dichter auch politischen Einfluss: er wurde in den Ministerrath berufen. Von seiner amtlichen Wirksamkeit wissen wir indessen weiter Nichts (denn die inhaltslosen fünf Briefe sind im ersten Jahrhundert nach Christus von einem Sophisten untergeschoben, wie Bentley bewiesen hat), jedoch, wie das so geht, die Einführung jener Pfropfreiser hat den König bei seinen Unterthanen nicht eben populär gemacht. Eine von Aristoteles beglaubigte Geschichte lässt uns hinter die Coulissen sehen. Ein Altmakedonier hatte über den schlechten Athem des Euripides etwas gesagt. Das Wort muss sehr beissend gewesen, oder der alte Herr, der einst in Athen so manchen giftigen Witz über sich hatte ergehen lassen müssen, mit der Zeit sehr empfindlich geworden sein. Kurz, er beschwerte sich beim König, und dieser überlieferte ihm den Spötter auf gut russisch zum Auspeitschen. Der Gezüchtigte aber wurde später Anführer eines Attentats auf Archelaos.

Erfreulicher sind die poetischen Früchte dieser letzten Lebensperiode. Ausser der Dramatisirung einer königlich Makedonischen Hofgeschichte, Archelaos betitelt, hinterliess der 75jährige Dichter bei seinem Tode eine Gruppe von drei Tragödien, Iphigenie in Aulis, Alkmäon von Korinth, und die Bakchen, welche, von dem Sohn in Athen zur Aufführung gebracht, den ersten Preis erhielt. Die Zeit gestattet uns nur noch, einen Blick auf das letztgenannte dieser Stücke, die Bakchen, zu werfen, das schönste Denkmal seines Makedonischen Aufenthalts, eine Dichtung von ergreifendster

Wirkung und wunderbar jugendlichem Schwung. Die eigne Anschauung der in Attika unbekannten orgiastischen Dionysosfeste,
die gerade in Makedonien, und namentlich in der Gegend der
Residenz Pella gefeiert wurden, hat den Schilderungen des bac-
chischen Taumels und den Chorliedern der Schwärmenden das
glühende Leben eingehaucht, welches sie durchtobt. Es ist, als
habe die nordische Gebirgsluft den Geist des Dichters von allem
lastenden Staub der dumpfen Stubenatmosphäre befreit, und die
Fittige seines Genius, der in kummervollen Nachtwachen erkrankt
und vor der Zeit gealtert war, von Neuem der strahlenden Sonne
heilend zugeführt. Die holde Majestät des Lydischen Jünglings,
in dessen weiblich schöner Hülle der gnadenreiche, doch furchtbare Gott Dionysos sich offenbart, giebt dem Stück einen üppig
goldenen Glanz, von ihm fällt ein wehmüthiger Widerschein auf
das Thebische Königshaus, dessen Unglaube durch bittere Erfahrung zur Erkenntniss geführt werden soll. Mit ergreifender
Ironie, die auch in andern Dichtungen des Euripides einen weit
breiteren Spielraum hat, als man gewöhnlich glaubt, ist die Person
des ungläubigen Thebanerkönigs Pentheus behandelt. Er, der
einzige Nüchterne inmitten des neuen Wahnsinnes, der alle Frauen
seiner Stadt, ja selbst den greisen Vater und den alten blinden
Seher Teiresias ergriffen hat, er, der in ohnmächtiger Wuth gegen
den fremden Gaukler und seinen Anhang tobt, und doch von ihm
ausersehen ist, als blindes Opfer mitten in den Taumel hinein-
geführt zu werden, um da, zerrissen von der eignen blind rasenden Mutter, seinen und der Seinigen gottverlassnen Vorwitz zu
sühnen. Wie vermöchte ich aber den erschütternden Botenbericht
der wunderbaren Mordscene auf dem Kithäron, wie vollends das
Grauen zu schildern, das den Leser erfasst, wenn nun die Mutter
Agaue noch in Mänadenstimmung frohlockend mit dem Haupt
des erlegten Löwen erscheint und nach dem Sohn Pentheus ruft,
um die Jagdbeute hoch am Palast befestigt zur Schau zu stellen,
wie dann der greise Kadmos die zerrissenen Glieder des Unglücklichen getragen bringt, und ihr endlich die Schuppen von den
Augen fallen, sie des eignen Sohnes Haupt in ihren Händen erkennt!

Die Intention des Dramas verbot hier mehr als irgendwo die
Beimischung reflectirender Skepsis von Seiten des Dichters, und
wirklich ist dieses Stück frei von all' jenen subjectiven Betrachtungen und Philosophemen der früheren. An sich würde uns das

nicht berechtigen, eine Umwandlung in den religiösen Ueberzeugungen des Verfassers anzunehmen, wenn nicht doch auffallend oft und nachdrücklich vor Unglauben und Zweifel nicht
nur an den einen, sondern an die Götter überhaupt gewarnt und
die Resultatlosigkeit alles menschlichen Denkens über göttliche
Dinge versichert würde. Am deutlichsten spielt Teiresias gleich
im ersten Theil (200) auf die sophistische Dialektik an:

> Nichts ist's mit uns'rer Weisheit vor den Himmlischen.
> Der Ahnen Ueberlief rung, uralt wie die Zeit,
> Die widerlegt uns keine grübelnde Vernunft,
> Mag das System dem besten Kopf entsprungen sein.

Aber auch der Bote schliesst seinen Bericht (1150) mit dem
Lobpreis bescheidener Gottesfurcht, die das weiseste Besitzthum
der Sterblichen sei, wenn sie es zu gebrauchen wissen, und Kadmos (1325) weist auf den Tod des Pentheus hin als eine Warnung für alle Gottesverächter. Und vollends der Chor, der fast
in jedem seiner Lieder das Wissen für Unweisheit (395) erklärt,
sich zum Glauben der Menge bekennt, vor den Klügeleien vor-
witziger Männer warnt (428), und endlich mit deutlichen Worten
alle Philosophie als eitel und sündlich verwirft (1002 ff.):

> Schmerzlos lebt, wer bescheidnen Sinn,
> Wie er dem Sterblichen ziemt,
> Nicht vorwitzig der Götter Reich durchstöbernden hegt.
> Nach Wissen begehr' ich nicht.
> Mich freut's zu erjagen
> Andres, was herrlich und klar ist immerdar,
> Auf Schönes gerichtet Tag und Nacht
> Unschuldig und fromm mein Leben zu wandeln,
> Und verbannend, was jenseits des Rechten gewähnt wird,
> Nur die Götter zu ehren.

Wir können uns nach alledem der Annahme nicht verschliessen,
dass in der nie radicalen Skepsis unseres Dichters eine Reaction
eingetreten sei. Der überhetzte, von der Gegenwart nur ange-
kränkelte, wenig energische Geist, der sich in die Arme einer
ungenügenden Philosophie geflüchtet hatte, um dem Conflict
zwischen seiner Reflexion und dem nie erloschenen pietätsvollen
Zuge zum Leben und Glauben der Väter eine Weile Trotz zu
bieten, hatte die ersehnte Ruhe dort nicht gefunden. Der Dichter
in ihm war übermächtig und nur halb begraben unter der dünnen
Asche angelernter Aufklärung. Auf dem Wege philosophischer

Erkenntniss erfolgreich weiter zu schreiten, war ihm nicht gegeben: Platon, der ihm zum Führer hätte dienen können, war kaum 20 Jahre alt, als Euripides Athen verliess. In der Fremde, fern von dem seiner Gemüthsruhe so feindlichen, wogenden und wühlenden Leben der Heimath, arbeitete der Dichter in ihm sich mit Macht heraus, die alte Götterwelt in all' ihrer hinreissenden Herrlichkeit eroberte seine Phantasie im Sturm wieder, und so dürfen wir wohl auf seinen Frieden mit der Vergangenheit beziehen, was der Chor singt (902 ff.):

> Glücklich, wer aus des Meeres Sturm
> Sicher entrann und den Hafen erreichte;
> Glücklich, wer in des Lebens Noth
> Oben den Kopf hielt. Einer den Andern
> Ueberholt an üppiger Macht.
> Hoffnungen sind tausenden
> Tausende: die enden in Segen
> Den Sterblichen, andre zerrinnen.
> Darum, wem nur von einem Tage zum andern
> Glücklich das Leben verfliesst, den preisen wir.*)

---

*) Auch die Bruchstücke des Archelaos zeigen, dass der Dichter Frieden mit sich und der Welt geschlossen hat. Der Klage über das viele Unglück, das die Götter über die Menschen bringen, wird entgegnet (Fr. 256):

> Den Göttern Schuld zu geben ist das Leichteste.

Vgl. Fr. 258. Auch Dike wird gegen Vorwürfe gerechtfertigt (257, 3):

> Nah' ist sie, ungesehen sieht sie selber scharf
> Und weiss, wen sie zu zücht'gen hat. Du freilich weisst
> Nicht, wann sie plötzlich kommend Böse stürzen wird.

Selbst der Wechsel des Geschicks wird als eine Wohlthat gepriesen (Fr. 264):

> Schon längst betracht' ich, wie in schönem Wechselspiel
> Der Sterblichen Geschicke auf- und niedergeh'n.
> Denn wer gestürzt war, hebt sich, wer im Glück steht, fällt.

Endlich gehört noch in das Kapitel von der Umkehr der Wissenschaft Folgendes aus einem ungenannten Stücke (Fr. 905):

> Ein Thörichter ist,
> Wer dies anschauend an Gott nicht denkt,
> Und der Luftvermessenen windigen Trug
> Weit fortwirft, deren verderbliche Zung'
> Unergründliche Räthsel entziffern will,
> Vom wahren Geiste verlassen.

5. Die Idyllen des Theokrit.

(Vortrag, geh. in Heidelberg 1873.)

Wer zur Adventszeit in Rom gewesen ist, kennt die malerischen Hirtengestalten, welche zu zweien oder dreien vor den Madonnenbildern der Strasse unermüdlich mit Dudelsack und Pfeife eine durch ihre eintönige Naivetät rührende Musik erschallen lassen, deren gellende Töne schon vor der Morgendämmerung den Schläfer wecken. Diese bettelnden Pifferari, welche auf ihren Kunstreisen bis an den Ostseestrand und weiter wandern, sind die Nachkommen jener süditalischen und sicilischen Hirtensänger des Alterthums, welche unter dem Namen der Bukolisten nordwärts nach Italien, süd- und ostwärts bis Aegypten und Lydien zogen. Mit ihrem Hakenstock, dem sogenannten Hasenwerfer, in der Hand, mit Kränzen und Hirschhörnern am Kopf phantastisch ausgestattet, pflegten sie um die Erntezeit bei dem grossen dreitägigen Fest der Artemis im Syracusischen Theater Wettgesänge zu Ehren ihrer Herrin vorzutragen. Der Sieger erhielt ein grosses, mit allerhand Thierfiguren geschmücktes Brod; die übrigen aber zogen mit einem Sack voll mannigfacher Früchte bettelnd im Lande umher, sangen allerhand lustige Sachen und verabschiedeten sich, indem sie mit ihren ländlichen Gaben die Schwellen der Häuser bestreuten, mit einem Segensspruch:

Nehmet Heil und Gedeihen hin,
Nehmet hin die Gesundheit,
Von der Göttin (nämlich von der Hygieia) bringen wir sie,
Jene (nämlich Artemis) hat sie gerufen.

Daheim aber, auf ihren Weiden an den Abhängen des schneebedeckten Aetna oder in der gesegneten Landschaft von Syrakus, im sogenannten Grossgriechenland Süditaliens und in der Umgegend von Kroton und Sybaris, wie von jeher auf den Bergen des Peloponnes, namentlich Arkadiens, übten die Hirten die Kunst auf der Syrinx zu spielen. Hat doch der grosse Heerdengott

Pan dieses aus Rohrpfeifen absteigender Grösse mit Wachs zusammengefügte ländliche Instrument sich und den Seinigen zum Zeitvertreib selbst erfunden und versteht so meisterlich darauf zu flöten, dass, wenn er es des Abends ertönen lässt, Alles, selbst Quellen und Vieh, andächtig schweigt und die Nymphen vor Lust ihn umtanzen. Das Bild des Feierabends auf der Alp.

Aber bei der wortlosen Musik hatte es nicht sein Bewenden. Wo sich auf einsamen schmalen Bergpfaden Hirten mit ihren Heerden begegnen oder dieselbe Trift mit einander theilen, werden Worte gewechselt, freundliche oder neckende, höhnende, eifersüchtige. Steht doch schon in der Odyssee der Geishirt Melantheus auf Kriegsfuss mit dem göttlichen Sauhirten Eumaios. Wie der Bock der Heerde, so hat ihr in Bockfelle gekleideter Führer, der ganz naiv denselben Namen, nämlich Tityros, trägt, eine Neigung zu scurrilem Uebermuth, und aufgelegt zu schlagfertigem drastischem Witz, wie der dorische Stamm, zumal in Sicilien ist, lässt er ihn an dem Gegner mit derbem Behagen aus.

Die beschauliche Musse, die stimmungsvolle Einsamkeit der Natur regt das Gemüth an, seine Empfindungen dichterisch abzurunden, und so bildet sich zunächst in einfachen Formen ein volksmässiger Hirtengesang, Bukoliasmos, gleichsam als Text zu der Melodie des mit demselben Namen benannten Kuhreigens, in dem die sicilischen Hirten Meister waren. Nun wird dies die abgeklärte Form des Wettkampfes, in welchem sich Einer gegen den Anderen misst. Wie Pfeile fliegen kurze improvisirte Strophen hin und her, bis Einem von Beiden der Athem ausgeht. Gilt doch dieselbe Sitte noch heute in Italien wie in den bairischen und tiroler Bergen. Während sich hier Jäger, Sennerinnen, Holzknechte in Schnaderhüpferln überbieten, so tritt in den Apenninen ein Hirt an den Rand der Schlucht und wirft seinem Nachbar oder seiner Nachbarin, die drüben weidet, seine Herausforderung hinüber, indem er beginnt:

> Wer nimmt es mit mir auf in Ritornellen?
> In Vorrath hab' ich noch sechs Pferdelasten.
> Wer schönre weiss als ich, der mag sich stellen.

Dann hallen die Thäler, wie Kundige berichten, stundenlang von ihrem Wechselgesang wieder. Stoff zu Neckereien und Aeusserungen aller Art boten sich reichlich in den Interessen und Begebnissen des Hirtenlebens von dem Aussehen der Ziegen und Rinder an bis zu dem unerschöpflichen Thema der Liebe.

Aber tiefer aus dichterischem Quell flossen die volksthümlichen Sagen der dorischen Hirten und Jäger, die thessalisch-argivische vom Seher Melampus und der schönen Pero, die arkadische von der schnellfüssigen Atalante, vor allen der seelenvolle Mythos von dem schönen Jüngling Daphnis, der einsam und spröde, fern von allen Genossen, Sommers und Winters auf den Höhen des Aetna weidet, ein Vertrauter der Natur, deren Stille sein unübertreffliches Syrinxspiel belebt. Durch seine Unempfindlichkeit gegen die schönen Töchter des Landes reizt er den Zorn der in Sicilien mächtigen Aphrodite. Sie giebt ihm eine hoffnungslose Leidenschaft zu einer Nymphe Xenia, dem Kinde der Fremde, ein. Ihrem fliehenden Schatten in ungestillter Sehnsucht durch die Berge nachirrend, schwindet er hin wie Schnee, bemitleidet von seinen treuen Gefährten, den Thieren des Waldes und der eigenen Heerde, von den Eichen am Ufer des Flusses betrauert. Das ist die eisige, glänzende Starrheit des Aetnagipfels, dessen schmelzender Schnee als Gletscherbach den felsigen Abhang hinabrinnt, wie denn auch Daphnis von seinem Vater, dem Regen- und Nebelgott Hermes, endlich in einen Quell verwandelt wird.

Ein Gegenstück war die Sage von der Sängerin Eriphanis (der „frühscheinenden“), welche dem wilden geliebten Jäger Menalkas durch alle Bergwälder nachirrt, selbst rohen Menschen und wilden Thieren ein Gegenstand des Mitleids, unterwegs immer ein Lied vor sich her singend mit dem wehmüthigen Refrain „weit, weit sind die Eichen, Menalkas.“ Vielleicht ist das durch den Waldesschatten von Baum zu Baum fliegende Sonnenlicht gemeint.

Und damit auch der groteske Humor nicht fehlte, hatte die Phantasie Sicilischer Hirten, welcher der wundervolle Gegensatz der gewaltigen Gebirgsmassen und die heitere Pracht des nahen Meeres lebendig vor Augen stand, das Felsgeklüfte des Aetna und seine saftigen Alpenweiden mit dem wilden Geschlecht der Kyklopen bevölkert, gleichsam der eingebornen, jeder Cultur unzugänglichen Urhirten der Insel. Und auch dieser unholden Gesellen einer, der vielberufene Polyphemos, ist mit einer unglücklichen Liebe behaftet, nicht zwar zu einer schönen Sennerin, sondern als Sohn des Poseidon zu einer Geschlechtsverwandten,

der reizenden Nereustochter Galateia. Wer kennt nicht ihr
Bild aus der Farnesina? Da sie aber einen Sohn des Hirten-
gottes selber, den jugendlich zarten Akis, vorzieht, so schleudert
der Eifersüchtige einen Felsblock über den Jüngling herab,
welcher indessen sofort als rieselnder Bach unten wieder zum
Vorschein kommt. Am Aetna aber gab es ein Heiligthum der
Galateia, als deren Gründer die scherzhafte Legende den biederen
Polyphemos bezeichnete.

Gewiss hatten diese und andere Sagen im Munde des Volkes
poetische Gestalt gewonnen und lebten in flüssiger Ueberlieferung
durch begabtere Natursänger fort. Ja es kamen auch aus der
Ferne, von dem heerdenreichen Libyen herüber Kunstgenossen,
welche sich mit den einheimischen in wetteiferndem Vortrag
solcher Balladen massen. Preise waren ausgesetzt und Kampfrichter bestellt.

Das ungefähr, so weit unsere Kunde reicht, waren die Elemente bukolischer Volkspoesie, welche etwa 300 Jahre vor
unserer Zeitrechnung der Dichter Theokritos in Syrakus vor-
fand, als er in einer Zeit, wo im Uebrigen fast nur die Gelehrsamkeit noch einen künstlichen Nachwuchs der Poesie zu Tage
förderte, den glücklichen Gedanken fasste, jene gleichsam herren-
los flatternden Blüthen zu sammeln und in künstlerischer Ver-
werthung derselben einen poetischen Ziergarten zu schaffen,
welcher den Reiz frischen Waldes- und Alpenduftes vor Allem
voraus hatte, was die etwas nervös gewordenen Musen jener ver-
wöhnten Zeit sonst zu bieten vermochten.

Grade in der Heimath unseres Dichters war der Boden hierfür auf's Beste bereitet. Von allen Gliedern des weit verbreiteten
dorischen Stammes hatten die Sikelioten und die griechischen
Colonien Süditaliens ihre geistigen Anlagen am freiesten und
vielseitigsten entwickelt. Die Mischung mit Achäern und Joniern,
welche in der langen Reihe von Einwanderungen sich zu ihnen
gefunden hatten, die durch die Lage des Landes gegebene Berührung mit Fremden, namentlich auch orientalische Einflüsse
haben hier die starre, abgeschlossene Schroffheit der dorischen
Eigenart stark abgeschliffen. Zu den ererbten Gaben scharfer
Beobachtung, körnigen Witzes, treffender Mimik, familiärer Ge-
müthlichkeit gesellte sich in der zauberhaften üppigen Landschaft,
in den durch Industrie und Handel blühenden volkreichen Städten

eine behagliche Leichtlebigkeit und ein welterfahrener offener
Sinn, der auch die Elemente künstlerischer und litterarischer
Bildung in sich aufnahm, ja selbst philosophischen Ideen in
hohem Maasse zugänglich war. Bekannt genug ist der Geheimbund, welcher sich in Kroton um Pythagoras bildete, und wie
tief er auch in die politische Gestaltung der Gemeinwesen ein-
gegriffen hat. Die Dialektik der eleatischen Schule, das naturphilosophische System des Akragantiners Empedokles haben in
der Geschichte des Geistes Epoche gemacht. Sophistik und Rede-
kunst sind von Sicilien ausgegangen. Unter allen Griechen hatten
die Bürger von Syrakus am meisten Aehnlichkeit mit den
Athenern: es übte auf die glänzendsten Talente eine mächtige
Anziehungskraft aus. Arion, Pindar, Aeschylos, Simonides, Platon und Andere haben dort Gastrollen gegeben und ihr Licht
leuchten lassen. Nach traditioneller Maxime förderten die
Tyrannenhöfe Alles, was zum gröberen wie zum feineren Luxus
gehört. Die Schöpfungen der einheimischen Poesie sind von be-
merkenswerther Originalität. Während in der chorischen Lyrik
durch ihren Meister Stesichoros die Stoffe des heroischen, zumal
des homerischen Epos zum Behuf chorischer Darstellung balladen-
artig mit deutlichen Anklängen an das heimische Volkslied um-
geformt werden, tritt im Drama und einer verwandten Gattung,
worauf wir noch zurückkommen, ein derber Realismus mit kräftiger Localfärbung hervor.

So haben auch die bukolischen Gedichte des Theokrit Nichts
gemein mit jenen schwächlich gezierten, unwahren Produkten
moderner, sogenannter Schäferpoesie: sie sind vielmehr frisch aus
dem Leben geschöpft und geben — nur in gereinigter, schön
geschliffener Form — wirkliche Erscheinungen der Gegenwart,
nicht einer erträumten Arkadischen Urzeit wieder. Der unver-
gleichliche ästhetische Takt des griechischen Genius hat ebenso-
wohl die süssliche Affectation eines Gessner als die bäurische
hausbackene Prosa, wie sie unser biederer Voss oder der plump
naturalisirende Maler Müller für idyllisch hielt, zu vermeiden gewusst. Die Poesie ländlicher Natur, den Hauch naiver Menschlichkeit, der aus der Brust des Volkes weht, in edler und doch
ergreifender Weise wiederzugeben ist auf verwandtem Gebiete
von den Unsrigen wohl nur etwa Hebel und dem Holsteiner
Klaus Groth gelungen.

Weit günstiger aber für eine allgemeine und echt künstlerische Wirkung war doch vor Allem die sprachliche Form
dieser sicilischen Dichtungen. Denn der dorische Dialekt, dessen
sich Theokrit bediente, stand nicht wie gegenwärtig unsere Volks-
mundarten, das Plattdeutsche, Alemannische u. s. w., als Bauern-
idiom der gebildeten Sprache der Städter und höheren Stände
gegenüber. Dorisch sprach man in den Palästen von Syrakus,
Gela, Akragas so gut als in den Hirtenhöhlen des Gebirges. Es
war die ausschliesslich herrschende Stammessprache, wie sie in
leisen Abstufungen überall, wo Dorier wohnten, gesprochen
wurde, und jedem Griechen schon durch die poetische Lectüre
der Schule geläufig. Denn literarisch gleichberechtigt standen
Jonisch, Dorisch und Attisch neben einander, und zwar so, dass jeder
dieser Dialekte für bestimmte Gattungen der Nationalliteratur
ihrer Entstehung und dem hieraus gebildeten Stil gemäss classisch
und für den einzelnen Dichter ohne Rücksicht auf dessen persönliche Heimath geboten war. Da nun die Dorier vorzugsweise
Gebirgsbewohner, Ackerbauer und Hirten, demgemäss einfach
und konservativ waren, so hatte auch ihre Mundart etwas länd-
lich Rauhes, Treuherziges, zugleich aber alterthümlich Feierliches,
wie es wohl auch noch in unserer Zeit den echten Kindern des
Gebirges eigen ist. Sache des Dichters aber war eine gewisse
harmonische Abtönung, wie sie Wohllaut und Melodie des Verses
erforderte, und charakterische Auswahl localer Idiotismen.

Dem wirklichen Hirtenliede ferner war die metrische Form
entlehnt. Denn es ist mehr als wahrscheinlich, dass jene einfachen Strophen, von denen wir sprachen, aus je vier dactylischen
Takten bestanden, deren jeder in einer Wiederholung der Hälfte
refrainartig wiederkehrte. Die Zusammensetzung beider Reihen
gab den sechstaktigen Hexameter mit dem für die bukolische
Poesie charakteristischen Einschnitt nach dem vierten Takt und
dem in wiederkehrenden Worten ausgeprägten Echo, z. B.

Hebet Gesang, ihr Musen geliebteste, Hirtengesang an.

So sparsam diese Urform in ihrer vollen Reinheit bei Theokrit verwendet ist, so kehrt sie doch in mannigfachen feinen
Variationen oft genug wieder und klingt durch den wechselnden
Rhythmus ihrer Hexameter wie in einer musicalischen Composition das Motiv eines Volksliedes vernehmlich hindurch. Dem
echten Hirtengesang entlehnt ist aber auch der Refrain nach

gleichmässig gebauten Strophen, sowie die lautlichen Anklänge
im Innern des Verses, sei es in Form der Allitteration oder des
durch grammatische Zusammengehörigkeit veranlassten Reims.
In kurzen parallelen Gliedern baut sich auf das schlichteste der
Satz und die Strophe auf.

Der Ausdruck ist reichlich mit Sprüchwörtern gewürzt und
durchaus dem Sprachschatz des Volkes entlehnt: derb und dras-
tisch, ohne ins Rohe und Plumpe zu fallen. Bilder, Anschauungen,
Empfindungen und Gedanken lehnen sich treu an die einfachen
Bedingungen des Landlebens an: das Alltägliche und Nächst-
liegende, ohne allen Aufwand ausserordentlicher Mittel, aber
gleichsam mit dem goldigen Sonnenglanz südlicher Landschaft
verklärt. Ein warmes behagliches Naturgefühl ohne breite Schilderung, naive, bisweilen derbe Sinnlichkeit, keine lügenhafte
Koketterie mit paradiesischer Unschuld, naturwüchsiger Ernst
und Humor in fein umrissenen Gestalten, Alles knapp und kernig
gefasst und in anmuthigstem Rhythmus wechselnder Stimmungen
und Situationen vorgeführt. In hochdeutscher Uebersetzung freilich geht noch mehr von dem echten Ton verloren, als sonst bei
der Uebertragung antiker Poesie geopfert werden muss. Aber
auch die mundartliche Form, z. B. das Alemannische, welche ja
Hebel versucht hat, kommt doch aus den angeführten Gründen dem
Eindruck des Originals noch weniger gleich als etwa die Trans-
position eines Musikstückes vom Bass auf Tenor oder vom Cello
auf die Geige.

Um nun den Inhalt der einzelnen Gedichte näher zu treten,
so erfordern eine gesonderte Betrachtung einerseits die Einklei-
dungen, andererseits die eingelegten Lieder. Denn gross ist
die Mannigfaltigkeit der bukolischen Begegnungen und demgemäss
Ton und Aufbau dieser Duetts: vom freien Dialog, der wie zufällig anhebt und sich fortspinnt, bis zum kunstvoll gegliederten
Wettgesang.

Oft ist der Stachel des Streites gegeben durch den Gegensatz zwischen dem vornehmeren, sinnigen Rinderhirten, dem
Bukolos, der schon durch seinen Namen zu der edlen Kunst des
Bukoliasmos berufen ist, und dem in üblem Geruch stehenden
Geishirten, der sich für die Geringschätzung, womit er von
seinem stolzen Collegen behandelt wird, durch kecke Herausforderung und eine bocksmässige Petulanz rächt. Wo sie sich

treffen auf der Alp, beginnen derbe Neckereien und Stichelreden
handgreiflichster Art, die sich bisweilen in komischer Symbolik
in dem Gebaren der Heerden gegeneinander wiederspiegeln. Besonders die Weiden Calabriens, wo auch die verwandte Kunst des
gymnastischen Ringkampfes blühte (wie auch das Berner Ober-
land und das Emmenthal die kräftigsten Helden für das kanto-
nale Schwinget liefert), hat der Dichter zum Schauplatz dieser in
dramatischer Lebhaftigkeit geführten Conversationen ersehen:

Einmal (Id. 4) bleibt es sogar fast ganz bei einer reinen
Dialogscene. Battos, der Geishirt, stösst auf Korydon, der Rinder
treibt. Sie gehören dem wohlhabenden Aegon von Kroton, der
mit dem berühmten, damals längst verstorbenen Ringer Milon
nach Olympia zu den Wettläufern gereist ist, einem Gewaltigen,
der, wie sein Hirt wenigstens prahlt, 80 Festkuchen allein bewältigt und der Geliebten, Amaryllis, den Stier am Huf gepackt
vom Gebirge als Angebinde gebracht hat:

> laut kreischten die Weiber
> Allesammt auf, und er, der Rinderhirt, lachte gar herzlich.

Leider ist seine Amaryllis todt. Aber Battos, der sie gleichfalls,
doch vergeblich geliebt, trägt seinen Liebesgram auch nach ihrem
Tode dem Bevorzugten nach und kühlt ihn an dessen gutmüthigem
Diener. Spottend zieht er die Ehrlichkeit des Hirten wie die
herkulischen Kräfte des Herrn in Zweifel:

> Mir sagte auch die Mutter, ich sei wohl stärker als Pollux;

bedauert die arme, abgemagerte, verwahrloste Heerde:

> Da von der Kuh ist doch Nichts als Haut und Knochen mehr übrig.
> Futtert sie etwa nur Thautropfen gleichwie die Grille?

und mit Absicht die Schilderung der schönen Weideplätze, auf
die Korydon die Rinder zu treiben versichert, überhörend, macht
er den gemüthlosen Herrn mit einem Nebengedanken an die ver-
storbene Geliebte verantwortlich für das Schicksal des verlassenen
Viehes:

> Weh, unseliger Aegon! es gehen gewiss auch die Kühe
> Bald zum Hades, während du nur nach leidigem Sieg strebst.
> Auch die Syrinx modert im Schimmel, welche du bautest.

Auch über diese letzte Klage indessen kann Korydon ihn
beruhigen: „mir hat er sie hinterlassen, und", fügt er mit einem
Anflug von Eitelkeit hinzu, „ich bin ein lyrischer Sänger und

verstehe Lieder aus Chios und Lesbos zur Kithar vorzutragen."
Zur Probe deutet er ein Paar der beliebtesten aus seinem Schatze
an, Lob Krotons und der Grossthaten seines Herrn. Die Erwähnung der Amaryllis stimmt auch den Battos lyrisch, sein Schmerz
über die selige Unerbittliche bricht hervor:

> Ach der zu grausame Dämon, der mich gepackt hält!

Da tröstet ihn der treuherzige Gesell:

> Immer getrost, mein Battos! Vielleicht ist's morgen doch besser.
> Hoffnung hat jeder, der lebt; der Hoffnung entbehren nur Todte.
> Ist doch Zeus an einem Tag heiter und regnet am andern.

Ja er zieht ihm hülfreich den Dorn aus, den sich Battos soeben
bei dem Sprung nach einem Kalbe in den Fuss getreten hat
(selbstgefällig bemerkt dieser:

> Sieh doch wie klein ist der Riss, und wie gross ist der Mann,
>   dem er weh thut!)

und nach Austausch eines collegialischen Geheimnisses, über das
sie bei dieser Gelegenheit sich ihre pikanten Bemerkungen in's
Ohr raunen, gehen sie auseinander.

Nur dieses einemal ist die dramatische Scene ohne ausgeführten Gesang geblieben. An kräftigem, ja übermüthigem Realismus steht ihr eine andere Begegnung (Id. 5) zur Seite, die
gleich sehr streitlustig anhebt.

> Ziegen, nehmt euch in Acht (beginnt der Geishirt) vor dem Schäfer
>   da des Sibyrtas,
> Lakon! gestern hat er mir erst mein Bockfell gestohlen.

Alsbald tönt es von dort zurück:

> Wollt ihr nicht fort von der Quelle, ihr Lämmlein? seht ihr denn gar nicht
> Dort den Komatas, der mir vor kurzem die Syrinx gestohlen?

Und nun ist die Bahn für Schnödigkeiten gebrochen. Dem
„Sclaven des Sibyrtas", wie der Geishirt ehrenrührig den Leib-
eigenen schilt, wird bestritten, dass er je eine Syrinx besessen:
ein Schilfrohr genüge für sein stümperhaftes Blasen. Dafür be-
kommt Komatas mit der ironischen Anrede „o Freier" zu hören,
dass ja nicht einmal sein Herr ein Fell zum Schlafen habe. Beide
beschwören ihre Ehrlichkeit, der eine bei Pan, der andere bei
den Nymphen. Aber der begehrliche Lakon schlägt gleichsam
zur Sühne einen Wettgesang vor:

> Willst du nun etwa ein Zicklein setzen (freilich es ist nichts
> Rares), so biet' ich die Wett' im Singen, bis du verstummest.

Da aber der Andere ein Lamm als Gegenstück fordert, so
erhebt sich ein neuer höhnischer Streit über die Einsätze, und
als nun der Aeltere einen Vorschlag zur Güte macht, spottet der
streitbare Lakon über den täppischen Eifer des Gegners, und so
geht es weiter. Da es sich um die Wahl des Kampfplatzes
handelt, will keiner sich herablassen, zum andern zu kommen,
wie sehr auch jeder in parallelen Schilderungen (denn schon sind
sie faktisch in den Wettkampf eingetreten) die Annehmlichkeiten
seines Sitzes anpreist. So schlägt denn Lakon vor, dass jeder
von seiner Stelle aus singen solle; und zum Kampfrichter ruft
man ohne viele Umstände den Holzhauer Morson aus der Nähe,
den beide zur Unparteilichkeit verpflichten. Den eigentlichen
Wettgesang leitet nun Komatas ein, indem er dem Richter beide
Heerden vorstellt und ehrlich den Besitzer von jeher nennt.
Aber dem jugendlichen Renommisten Lakon, der gern den Herrn
spielen möchte, gefällt die Offenherzigkeit des Andern schlecht:

> Hat dich denn einer gefragt, beim Zeus, ob dies des Sibyrtas
> Schafe sind oder die meinen, du Lump? bist du doch ein Schwätzer!

Darauf dieser ganz trocken:

> Trefflichster Freund, ich sage nun einmal immer die Wahrheit,
> Ohne zu prahlen: du bist doch wahrlich ein ewiger Zänker.

Es ist eine gerechte Nemesis, dass im nun folgenden Wettgesang der biedere Geishirt das letzte Wort behält und zum
Sieger erklärt wird. Morson der Holzhauer überliefert ihm das
Lamm, den Nymphen zu opfern, nicht ohne sich vom Opfer-
braten ein schönes Stück auszubedingen. Komatas aber überlässt
sich mit seinen Böcken um die Wette den ausgelassensten
Sprüngen „zum Himmel hinein", verspricht auch den Ziegen für
morgen ein Bad im Sybaritischen Quell, und treibt unter echt
bukolischen Weisungen und Drohungen an sein übermüthiges Vieh
die Heerde von dannen.

Ein drittesmal (Id. 8) begegnen sich im Gebirge zwei Knaben,
keine geringeren als die Hirtenideale Menalkas und Daphnis.
Beide mit röthlichem Lockenhaar und beide noch unreif,

> Beide geschickt die Syrinx zu spielen, beide zu singen.

Ohne Weiteres fordert der keckere Menalkas den sinnigen
Daphnis zum Wettsingen heraus:

> Daphnis, du Hüter von brüllenden Rindern, möchtest du singen?
> Ich gedenke zu singen: so lang ich nur will, kann ich singen.

Hierauf die gehaltene Antwort:

> Hirt wollschüriger Schafe, Menalkas, Bläser der Syrinx,
> Nimmermehr wirst du siegen, und wenn du auch stürbest vor Singen.

Eine kleine Beschämung erleidet der Herausforderer alsbald: denn da über den Preis verhandelt wird, muss er bekennen, dass die Furcht vor Vater und Mutter, welche Abends die heimkehrenden Schafe zählen, ihm nicht erlaubt, mehr als eine schöne, neunstimmige Syrinx zu bieten; doch ist Daphnis gutmüthig genug, ihn die Demüthigung nicht weiter fühlen zu lassen. Obwohl in stiller Zuversicht auch zu grösserem Wagniss bereit, setzt er ohne Weiteres eine gleiche Syrinx dagegen. Natürlich wird er Sieger, und der Kampfrichter, ein Geishirt, bewundert ihn so, dass er um seinen Unterricht bittet für das Honorar einer kräftigen Melkziege. Fröhlich klatscht der kunstreiche Knabe in die Hände und springt in die Höhe, wie neben der Mutter das Hirschkalb; während der Besiegte sich schämt „wie ein Mädchen, vom Manne bewältigt."

> Und seitdem war unter den Schäfern Daphnis der erste:
> Kaum erwachsen gewann er zur Gattin Nais, die Nymphe.

Bisweilen auch wird die Einleitung mit wenig Zeilen erledigt. Im Sommer um die Mittagszeit treibt man die Heerde zusammen, und singt am kühlen Quell sitzend zum Zeitvertreib (6), oder ein Dritter fordert Zwei auf, ihm abwechselnd etwas zu singen, und giebt dann noch selbst ein Lied zum besten (9). Freiwillige Geschenke, eine Flöte, eine Keule, eine Muschel, werden ausgetauscht. Auch Schnitter (10) unterhalten sich in ähnlicher Weise, gleichfalls zur natürlichen Rastzeit, um die Mittagsstunde. Der frische Naturbursche Milon fragt seinen Kameraden, warum er den Kopf so hängen lasse und so flau die Sichel führe. Der gesteht, dass ihn seit elf Tagen Liebe plagt zu einer Flötenspielerin: darüber kann er nicht schlafen, versäumt Haus und Arbeit. Milon spottet über die keineswegs strahlende Schönheit der halbdürren Zigeunerin, und fordert ihn auf, zu seiner Stärkung ein Liebeslied zu singen. Nachdem aber dies geschehen und mit ironischem Lobe belohnt worden ist, stimmt er selbst ein echtes biderbes Schnitterlied an und schliesst mit der Ermahnung:

> So muss singen in heller Sonne ein Mann bei der Arbeit.
> Deine verhungerte Liebe hingegen, mein Junge, die musst du
> Deiner Mamma erzählen, wenn Morgens sie wach noch im Bett dröhnt

Von dem volksthümlichen Ton dieser Stücke unterscheidet sich sehr wesentlich jenes, dessen Kern ein reich ausgeführtes Einzellied, nämlich das vom Ende des schönen Daphnis ist. Dieser edelsten Perle bukolischer Poesie hat der Dichter auch eine Fassung gegeben, die wie eine goldene Filigranarabeske sie umrahmt. Stil und Composition glänzen durch Zierlichkeit und Ebenmaass, ein höherer Ton ist angeschlagen: freilich tritt dafür das dramatische Leben einen Schritt zurück. Gleich zu Anfang entspricht ein friedliches Landschaftsbild der freundlich - beschaulichen Stimmung:

> Lieblich, o Geishirt, ist das Geflüster der Pinie dorten,
> Das an den Quellen melodisch ertönt, und lieblich erklingt auch
> Dir die Syrinx: gleich nach dem Pan gebühret der Preis dir.

Und verbindlich giebt der Belobte dem Thyrsis das Compliment zurück:

> Lieblicher fliesst, o Schäfer, dein Lied, als dort von dem Felsen
> Rauschend herab aus der Höhe das Wasser gleitet zu Thale.
> [Du und die Musen, ein gleiches Geschenk verdienet ihr beide.]

Aber die Bitte, auf der Syrinx eine Probe zu geben, muss der Geishirt ablehnen. Denn es ist die heilige Mittagsstunde, wo der gestrenge Pan seine Siesta hält und nicht gestört sein will. Zu singen dagegen darf der Andre wagen, und es wird ihm ein angenehmes Plätzchen unter Eichen- und Ulmenschatten, und zum Lohn ausser einer trefflichen Ziege ein meisterhaft geschnitzter Becher versprochen, dessen reizende Beschreibung ein abgerundetes Kunstwerk für sich ist. Denn ausser reichen Blätter- und Blumengewinden hat er auf der äusseren Mittelfläche ringsherum laufende, symmetrisch gruppirte, sinnvoll geschnitzte Reliefs, — Genrebilder würden wir sie nennen. Hier sieht man ein schön geputztes Weib, ein Gebilde der Götter, und ihr zu beiden Seiten zwei elegante Männer, die sich um sie streiten, sie aber achtet ihre Worte für nichts. Bald sieht sie lächelnd auf diesen, bald wirft sie auf jenen den Sinn, und sie mit schwellenden Augenlidern bemühen sich vergebens. Eine echt Syrakusische Kokette. Drüben aber ist als Gegenstück ein Weingarten voll reifer Trauben, gehütet von einem kleinen Knaben, der auf der Hecke sitzt, ganz darin vertieft, eine Grillenfalle zu flechten, während zwei Füchse Vortheil von seiner Unaufmerksamkeit ziehen: der eine nascht an den Trauben, der andre hat es auf den Frühstückskorb des Knaben abgesehen. Und in der Mitte dieser beiden heiteren Gruppen aus Stadt und Land ein Bild harter Arbeit: ein greiser Fischer auf rauhem Felsen, der ein schweres Netz aus der Tiefe mit aller Kraft emporzieht, dass ihm die Sehnen am Halse geschwollen sind. Ein solches Prachtstück verlangt eine glänzende Leistung. So giebt denn auch Thyrsis sein Bestes, jenes rührende Lied vom Ende des Daphnis, und nachdem er geschlossen hat, belobt der Geishirt noch einmal seine Kunst sowohl als den Becher, den er ihm reicht, ruft die versprochene Ziege herbei und wendet seine Sorge wieder der Heerde zu. So tönt die lyrische Stimmung leise ab und fliesst hinüber in die Arbeit des Tages.

Fassen wir nun aber die eingelegten Lieder ins Auge, so können, ohne auf das Einzelnste einzugehen, von der mannigfachen und äusserst feinen Kunst ihrer Composition bis in das Kleinste hinein nicht mehr als allgemeine Andeutungen gegeben werden. Wenn schon die dialogischen Wechselreden der Neigung zu symmetrischen Gruppirungen, welche die Antike beherrscht, entsprechend, je nach ihrem Inhalt in strengerer oder freierer Responsion einander gegenübertreten, auch öfters in sich nach bestimmtem Gesetz des Ebenmaasses gegliedert sind, so wird in den eigentlichen Gesängen die strophische Composition zum unverbrüchlichen Gesetz. Schon der bukolische Hexameter allein ist, wie wir gesehen haben, eine aus Vers und Nachgesang zusammengesetzte Strophe. Nun treten zunächst in den Wettgesängen Doppelverse gegen Doppelverse (Id. 5). Es gilt ein einzelnes Motiv zu variiren und zu überbieten; „Glied um Glied, Bild um Bild nimmt Einer dem Andern von den Lippen, etwa wie der neue Pausias bei Göthe seinem Blumenmädchen." Der Vorsänger hat die Aufgabe immer neuer Erfindung, er darf sich nicht aus dem Felde schlagen, darf dem Andern nicht Raum lassen, selbständig den Ton anzugeben. Die Doppelpaare brauchen unter sich nicht im Zusammenhang zu stehen, bis auf ein lockres Band der Ideenverbindung. Man rühmt sich der Gunst der Musen, des Apollon; gedenkt seiner Liebeshoffnungen und Erfolge, der Geschenke für die Geliebte, macht Vergleiche durch die Blume, die für den Gegner immer anzüglicher werden, ertheilt einander ironische Rathschläge u. s. w.

Voller und harmonischer runden sich musikalische und ideelle

Motive in vierzeiligen Strophen zu je zwei elegischen Distichen
(Id. 8). Ohne feindlichen Gegensatz stimmt der Eine in Empfindungen und Wünsche des Andern ein, die er steigernd sich selber
aneignet, bis endlich zum Schluss die Accorde auseinander gehen,
indem z. B. dieser die Süssigkeiten der Liebe, jener ihre Schrecken
malt. Nun aber beginnt zwischen denselben Knaben ein zweiter
Wettgesang: statt vier Wechselstrophen trägt Jeder ein zusammenhängendes achtzeiliges Lied, in je vier Doppelreihen gegliedert, vor. Das eine ist von kindlichster Einfachheit: der Wolf
möge die Ziegen schonen, der Hund sie treu bewachen, die Schafe
sollen sich sattfressen, damit sie recht viel Milch geben. Der
sinnige Daphnis dagegen ist seinem Geführten weit überlegen.
Sein Lied ist ein abgerundetes lyrisches Kunstwerk und giebt ein
reizendes Charakterbild knabenhafter Unschuld und Sprödigkeit:

Gestern sah aus der Grotte das Mädchen mit buschigen Brauen,
Wie ich die Rinder trieb: da sagte sie, o wie er schön ist!

Aber ich gab nicht Acht, erwidert' ihr nicht das Geringste,
Sondern ich senkte den Blick, schritt ruhig weiter des Weges.

Süss für mich ist die Stimme der Kuh, süss ist mir ihr Odem,
Süss, im Sommer zu ruhn im Freien an rieselnder Quelle.

Eicheln gereichen der Eiche zum Schmuck und Aepfel dem Obstbaum,
Stolz ist die Kuh auf ihr Kalb, und auf die Kühe der Kuhhirt.

Echte Bergluft weht in den siebenzeiligen Liedern (Id. 9),
welche das Hirtenleben preisen. „Süss ist das Kalb und die
Kuh," beginnt Daphnis ein anderesmal, „süss die Syrinx und der
Rinderhirt, süss bin auch ich. Ein Lager hab' ich am kühlen
Wasser, da sind schöne Felle von weissen Kühen, die mir alle-
sammt der Föhn von der Weide auf dem Felsen herabgeschleudert
hat. Um die Sommerhitze kümmere ich mich so wenig, wie ein
Verliebter um die Worte von Vater und Mutter." Darauf Menalkas: „Aetna ist meine Mutter, und ich wohne in einer schönen
Grotte. Soviel Schafe und Ziegen hab' ich, wie man nur im
Traum sehen kann. Schafpelze liegen mir zu Haupt und Füssen.
Im Winter aber sieden mir Klösse im Feuer, welches Eichenklötze
nähren, und braten mir trockene Bucheckern; und um das Unwetter kümmere ich mich so wenig wie ein Zahnloser um Nüsse,
wenn er Kuchen haben kann." Der Dichter aber, welcher beide
zum Singen veranlasst hat, setzt ein drittes Lied darauf, welches
die Liebe zu den Musen in anklingender Weise bekennt.

In heitrem Contrast zu einander stehen die beiden vierzehn-
zeiligen, in je 7 Verspaaren gegliederten Lieder der beiden
Schnitter. Zuerst feiert der Verliebte mit drolliger Sentimentalität seine schwarzbraune Bombyka. Ist doch auch das Veilchen
dunkel und der Hyakinthos und doch werden sie von Allen zu
Kränzen gewühlt. Gerade die Mittelstrophe enthält das naive
Liebesgeständniss:

> Nach geht die Ziege dem Klee, der Wolf nach geht er der Ziege,
> Nach dem Pfluge der Kranich, und ich — ich schwärme für dich nur.

Wäre er reich wie Krösos, so würde er von ihr und sich der
Aphrodite goldene Bilder weihen, sie mit den Flöten und einer
Rose oder einem Apfel, sich im Tanzschritt, mit neuen Schuhen
angethan. Er schliesst wehmüthig:

> Anmuthvolle Bombyka, gedrechselt sind deine Füsse,
> Ein Grashälmchen die Stimme, — dein Herz nur kenn' ich so recht nicht.

Das Schnitterlied dagegen, welches der göttliche Lityerses
selbst, der Heros der Schnitter und Zögling der Musen, gedichtet
hat, ist in recht urwüchsig-böotischem Stil componirt: ein Gebet
an Demeter, die frucht- und ährenreiche, dass die Ernte ergiebig
sein möge, Ermahnungen zum Fleiss an die Garbenbinder, schlichte
Schnitterregeln. Die letzte derselben lautet:

> Anfang macht mit dem Mäh'n, wenn die Lerche vom Schlaf sich erhebet,
> Hört erst auf, wenn sie schläft, doch ruhet auch während der Hitze!

Damit aber meldet sich Durst und Hunger, das Lied führt
daher fort:

> Glücklich, ihr Kinder, das Leben der Frösche: sie warten nicht lange,
> Bis ihnen wer einschenkt zum Trinken; sie sitzen im Vollen.

> Hübsch wär's, geiziger Schaffner, nachgrade die Linsen zu kochen:
> Schneide dich nur ja nicht in die Hand beim Kümmelzerspalten.

Nicht immer brauchen die Wechselgesänge von gleichem Umfang und gleicher Composition zu sein: durch den blossen Inhalt
können sie Gegenstücke werden. Ironisch wird z. B. (Id. 6) in
dem einen wie durch einen neckischen Zwischenträger Polyphem
aufmerksam darauf gemacht, wie ihm Galatea mit unzweideutigen
Liebeserklärungen entgegenkomme. Sie wirft deine Heerde mit
Aepfeln und ruft dabei deinen Namen: du aber siehst sie nicht
und spielst in aller Ruhe deine Syrinx. Jetzt wirft sie auch
deinen Hund. Der läuft am Strande und bellt, in das Meer

guckend. Die schönen Wellen aber, sanftplätschernd, zeigen sein Bild im Wasserspiegel. · Gieb nur Acht, dass er dem Kind nicht an die Waden springt, wenn sie aus dem· Meere kommt. Sie kokettirt aber auch von dort mit dir, liebt den, der sie meidet, meidet den, der sie liebt.

> Oftmals, o Polyphemos, erscheint Unschönes als Schönheit.

Im Gegenlied folgt die Antwort des eitlen Unholds, voll komischen Selbstgefühls. Er habe es wohl gesehen mit seinem einen Auge, das er trotz aller bösen Prophezeiung zu behalten gedenke. Aber ich blinzle weg, schenke ihr keinen Blick, sage, dass ich ein andres Weib habe; sie aber ist eifersüchtig, schmachtet nach mir, und läuft mir nach. Den Hund hab' ich gehetzt, sie anzubellen, der sie sonst freundlich beschnüffelte. Vielleicht wird sie mir Botschaft schicken, aber ich will die Thür verschliessen, bis sie mir schwört, hier auf der Insel mir mein Hochzeitslager zu bereiten. Ich bin ja gar nicht hässlich, wie ich höre. Neulich sah ich mein Bild im Meere bei Windstille, den schönen Bart, das strahlende Auge, die Zähne weisser als Parischer Marmor.

> Dass kein neidischer Blick mich bezauberte, spuckt' ich mir dreimal
> Gleich in den Busen: die alte Kotyttaris lehrte mich Solches.

Das Verhältniss des Polyphem zur Galateia hatte schon etwa 100 Jahre früher der berühmte Dithyrambendichter Philoxenos in einem nicht ganz harmlosen Melodrama, der Kyklop, behandelt. Wenigstens wird erzählt, der Dichter sei dem Syrakusischen Tyrannen Dionysios, an dessen Hof er lebte, ins Gehege gekommen als Rival in der Liebe zu einer Flötenspielerin Galateia. Deshalb in die Steinbrüche verbannt habe er entweder dort, oder nachdem er von da entkommen, in seiner Heimath Kythera jenes Gedicht verfasst, indem er unter der Maske des Kyklopen den Tyrannen mit boshaftem Hohn auf ein Augenleiden desselben, unter der des Odysseus sich selber, unter Galateia die gemeinsame Geliebte verstanden wissen wollte. Der Gang der Handlung aber scheint etwa folgender gewesen zu sein. Als sich Odysseus mit dem Ungeheuer in der Höhle eingeschlossen sieht, lässt er ihn von seinem Nektar trinken, macht ihn so gemüthlich und ·bringt dann die Rede auf Galateia. Da ihm nun Polyphem klagt, ·dass ihn die Nereide nicht erhören wolle, rühmt sich Odysseus im Besitz erotischer Zaubermittel zu sein, denen auch die Sprödeste nicht widerstehen könne. Der Kyklop möge nur so gefällig sein, ihm die schwere Thür zu öffnen, so wolle er sofort hinunter an den Strand gehen und seine Kunst erproben. Unverweilt werde er das schöne Kind ihm selbst zuführen, es dahin bringen, dass die Rollen sich wenden, sie um Erhörung flehe, Polyphem den Spröden spielen könne. Unterdessen möge er die Wohnung zum Empfang des herrlichen Besuches herrichten: sie fegen, waschen, räuchern, mit Kränzen von Epheu und Taxus schmücken. Aber der Unhold hat noch Besinnung genug, dem Antrag des schlauen Fremdlings zu misstrauen. Um sich zu versichern, dass er ihm nicht entrinne, und in der Weinlaune ohnehin aufgelegt zum Schwärmen scheint er einen gemeinsamen Besuch bei Galateia gefordert zu haben. Und nun that sich die Höhle auf, und an der Spitze eines meckernden und blökenden Chors von Schafen und Ziegen schritt tänzelnd und in ausgelassenen Sprüngen mit seinen Böcken wetteifernd der Kyklop heraus, die Cither in der Hand, um als Komast der Geliebten am Meeresstrande ein Ständchen zu bringen. Und er begann mit dem zärtlichen Anruf:

> O du, mit dem schönen Antlitz,
> Goldlockige Galateia,
> Holdstimmige, Schatz der Liebesreize!

Dazu zwischen den Strophen zierliche Accorde der Cither und refrainartig der Aufruf an die Heerde, die Parodie des dithyrambischen Satyrchors, einzustimmen in sein Lied:

> Wohlauf, ihr Kinderchen, alle zusammen hebet Gesang an u. s. w.

Aber vergeblich: Galateia lässt sich nicht sehen. Dennoch hat der von Odysseus verheissene Zauber gewirkt: das Liebesverlangen hat sich wenigstens im Liede Luft gemacht, so dass der abgekühlte Sänger nunmehr zum Schluss den Delphinen auftragen darf, der unerbittlichen Nereustochter zu melden, den schönstimmigen Musen verdanke er Heilung von seiner Leidenschaft. So ist er im Mythos Erfinder des Liebesliedes, insbesondere der erotischen Serenata geworden. Auch dem Dionysios, der ihm so manchesmal den Genuss seiner „jammervollen" Verse zugemuthet hatte, mag Philoxenos hiermit höhnisch genug eine Trostanweisung ertheilt haben. Polyphem aber, von Wein und Aufregung ermüdet, giebt sich nach gethaner Arbeit der süssen Ruhe hin und sinkt in den verhängnissvollen Schlaf, der ihm sein Auge kostet.

Damit sich jedoch die Fabel abrundete und der Stachel des Spottes, welchen der Dichter seinem Tyrannen einbohren wollte, nicht stumpf blieb, muss zum Beschluss noch Odysseus, der ja bei der Kalypso den Umgang mit Nymphen gelernt hatte und durch Leukothea den Töchtern des Meeres empfohlen sein mochte, sich der Gunst Galateia's erfreut haben.

Die heitre Dichtung des Philoxenos, welche auch auf der Sicilischen Bühne dargestellt worden zu sein scheint, schwebte dem Theokrit vor, als er gleichfalls neckend, aber harmlos einem Freunde zur Heilung von Liebesschmerzen das Mittel des Polyphemos empfahl und ihn durch die Serenata desselben zu erheitern suchte (Id. 11). Er hat aus dem grimmigen Menschenfresser einen gutmüthigen Naturburschen gemacht, dessen drollig-urwüchsige Art etwas Rührendes hat. Als frisch erblühenden Jüngling stellt er ihn dar, dem der Vollbart um Mund und Schläfen soeben wächst.

> Nicht bei Orangen, Rosen und Locken blieb's mit der Liebe:
> Gradezu rasend war er, und galt ihm Alles wie Beiwerk.

Oft liess er die Schafe allein von der Weide heimziehen und sass seit Sonnenaufgang am Strande, nach seiner Galateia schmachtend. Endlich fand er das Mittel und sang, von hoher Klippe herab ins Meer sehend, das in zierlichen Strophengebilden und verschlungenen Figuren mannigfach wechselnde Lied. Es beginnt mit der vorwurfsvollen Klage:

> O Galatein, du weisse, warum verwirfst du mein Werben?
> Weisser als Milchkäs bist du und zarter zu schaun wie ein Lämmlein,
> Stolzer jedoch wie ein Kalb und herber wie unreife Trauben.
>
> *   *
>   *
>
> Einmal kommst du heran, wenn der liebliche Schlaf mich festhält,
> Gehst sogleich wieder fort, wenn der liebliche Schlaf mich loslässt,
> Fliehst so scheu wie ein Schaf, das den graulichen Wolf erblickt hat.

Er erinnert sie, wie sie einst als Kind mit seiner Mutter, der Phorkystochter, gekommen sei, um Blumen im Gebirge zu pflücken: er habe ihr den Weg gezeigt und sich schon damals in sie verliebt, und könne seitdem nicht aufhören sie anzusehen, aber sie wolle Nichts von ihm wissen. Er kenne wohl den Grund: seine Hässlichkeit, die langgezogene buschige Augenbraue vom einen Ohr zum anderen, das eine Auge, die platte Nase. Aber dafür möge sie doch seinen Reichthum erwägen: die stattliche Heerde,

welche die trefflichste Milch liefre; der Käse gehe ihm zu keiner
Jahreszeit aus. Dann verstehe ich auch auf der Syrinx zu spielen
wie kein anderer Kyklop, dich, mein lieber Honigapfel, besingend
und zugleich mich selber oftmals in der Dämmerung. Auch Geschenke verspricht er: elf schöne Rehkälber und vier Bärenjunge:
Komm doch zu uns, bittet er treuherzig, die Heerde mit ein-
schliessend, es wird dein Schaden nicht sein.

> Lass du das grünliche Meer nur immer branden am Ufer:
> Hübscher ist es bei mir in der Grotte die Nacht zu verbringen.
> Da sind Lorbeerstämme, da ist schlankstengliges Riedgras,
> Dunkelen Epheu giebt's, giebt süsse Trauben am Weinstock,
> Giebt Quellwasser, ambrosischen Trank, den kühl aus dem weissen
> Gletscher heraus mir sendet der reichbewaldete Aetna.
> Wer wird solcher Wohnung noch vorziehn Wogen und Salzfluth?

Und wenn er ihr zu zottig erscheine, so will er sich mit
Freuden die Haare absengen lassen:

> Ach, von dir erträg' ich ja gern mir brennen zu lassen
> Seel' und Auge, das eine, das süsser als Alles mir sonst ist.

Die steigende Sehnsucht lässt ihn bedauern, dass seine Mutter
ihn ohne Schwimmflossen geboren hat. Sonst würde er zu ihr
in die Tiefe tauchen und ihr die Hand küssen, wenn sie den
Mund weigre, würde ihr weisse Lilien oder rothe Mohnblumen
bringen:

> Aber die einen wachsen im Sommer, die andren im Winter:
> Also beides zusammen vermöcht' ich nicht dir zu bringen.

Ja, so wasserscheu er ist, will er gleich schwimmen lernen,
das heisst, sobald ein Schiff aus der Fremde vorüberkommt, an
dessen schützender Seite er das Wagniss unternehmen kann, um
doch zu sehen, was denn so Angenehmes dabei ist, in der Tiefe
zu wohnen. Noch eine letzte flehentliche Bitte:

> Komm doch heraus, Galateia, und wenn du gekommen, vergiss dann
> Wieder nach Hause zu kehren, wie ich ohn' Ende hier sitze!

Entschliesse dich, mit mir die Heerde zu weiden, Milch zu
melken und Käse zu bereiten. Nun wird er verdriesslich, schiebt
alle Schuld auf die Mutter, die auch nie ein gutes Wort für ihn
eingelegt hat, obwohl sie doch sehen musste, wie sich der Sohn
von Tag zu Tage mehr abzehrt.

> Will ihr sagen, dass ich verspür' am Kopf und den Füssen
> Fieber, damit sie sich grämt, da ich mich ja ebenfalls gräme.

Er sieht nun aber selber, dass er thöricht ist und besser
thäte, Körbe zu flechten und Futter für die Lämmer zu sammeln.

> Melke die Kuh, die du hast. Was läufst du fliehendem Glück nach?
> Findest am Ende vielleicht eine andre, noch schöner als diese.
> Laden mich doch viel Mädchen zu sich, die Nacht zu verscherzen.
> Alle kichern sie lustig, sobald ich willig mich zeige.
> Deutlich ergiebt sich daraus, dass ich doch noch zu Lande was gelte.

Ein Seitenstück hierzu bietet das in dreizeiligen Doppel-
strophen gesungene Ständchen (Κῶμος) eines sterblichen Geishirten, vermuthlich des früher genannten Battos, vor der Thür der
schönen Amaryllis (Id. 3). Auch hier ist deutlich ein dramatischer Gang der Stimmungen. Der Eingang zeichnet die Situation.
Der Sänger hat seine Ziegen auf dem Berge dem Tityros zu
weiden überlassen. Unmittelbar von den besorgten Gedanken an
die Heerde wendet sich seine Zärtlichkeit an die Schöne. Auch
er muss befürchten, dass sein Aeusseres, die stumpfe Nase und
das vorstehende Kinn mit dem Spitzbart, sie abstösst: sieht er,
der Ziegenhirt, doch selbst aus wie ein Bock. Desto inniger
bittet er, sie möge doch aus ihrer Felswohnung herausschauen,
ihn einlassen:

> Würd' ich doch gleich zur summenden Bien' und käm' in die Grotte,
> Schlüpfend durch Epheulaub und Farrenkraut, wo du versteckt bist!

Einen schönen Epheukranz und eine weisse Ziege, die schon
Zwillinge geboren, hat er ihr zugedacht, aber wenn sie so vornehm thut, wird er jenen zerrupfen und diese dem schwarzbraunen
Mädchen schenken, welches ihn darum bittet. Wehmüthig erkennt er, dass ihm das Mohnblatt, welches er versuchte, und die
alte Prophetin, die er befragte, nur zu richtig geweissagt haben,
sie mache sich Nichts aus ihm. Um die bis auf die Knochen
brennende Gluth des grausamen Eros zu kühlen, will er seinen
Pelz abwerfen und ins Meer springen: wenn er stirbt, macht er
ja der hartherzigen Geliebten nur eine Freude. Aber hier ist es
nun an der Zeit, dass ein freundliches Omen eintritt und den ver-
zweifelnden von dem gefährlichen Sprunge zurückhält. Das rechte
Auge zuckt ihm: so hofft er sie doch noch zu sehen, da sie ja
nicht von Stahl ist. Also behaglich in ächter Hirtenstellung an
eine Pinie gelehnt beginnt er ein feines mythologisches Lied, eine
Art Intermezzo höheren Stils, in dem er zu seiner eigenen Er-
muthigung wie zum Vorbilde für Amaryllis der Jäger und Hirten

aus heroischer Vorzeit gedenkt, welche zu hohem Glück in der
Liebe gelangt sind. Hippomenes hat seine Braut durch Aepfel
gewonnen:

> und Atalante
> Sah ihn und schwärmte für ihn, und sprang in den Abgrund der Liebe.

Der Seher Melampus hat Kühe vom Othrys in Thessalien bis
Pylos getrieben, und seinem Bruder dadurch eine Königstochter
zur Gattin gewonnen. Den Schäfer Adonis hat Aphrodite ganz
in ihr Herz geschlossen. Selene hat den Endymion, Demeter den
Jasion ihrer Liebe gewürdigt. Wie beneidet sie der gute Battos!
Aber Amaryllis bleibt unsichtbar; so giebt er sie auf, und lässt
nur einen letzten bitteren Stachel in ihrem Gewissen zurück:

> Kopfweh hab' ich, dich rührt das nicht. So sing' ich nicht weiter,
> Werde noch liegen hier bleiben, und Wölfe werden mich fressen.
> Möge dir das dann die Kehle hinab süss gleiten wie Honig.

Wie frisch und erquicklich mögen solche Bilder unverfälschter
Dorf- und Gebirgsnatur gewirkt haben, wenn sie etwa am grossen
Artemisfest im Syracusischen Theater melodramatisch im ent-
sprechenden Kostüm vorgetragen wurden! denn dafür gewiss,
nicht zum Lesen zunächst waren sie bestimmt.

Nur einmal freilich hat schon Theokrit sich jene Maskerade
erlaubt, welche in den Virgilischen Eklogen leider Regel ist und
zu jener wahnwitzigen Verirrung unsrer Pegnitzer Schäfer lang-
weiligen Andenkens geführt hat, welche „durch die Schafe ihre
Bücher, durch derselben Worte ihre Gedichte, durch die Hunde
ihre von wichtigem Studiren müssigen Stunden" bezeichneten.
Bei unsrem Dichter war es ein geselliger Scherz aus besonderer
Veranlassung. Er war noch ziemlich jung, hatte sich aber schon
mit Glück in der geschilderten Gattung versucht, als er eine Reise
nach Alexandria, der damals viel gefeierten hohen Schule der
Wissenschaft sowohl, wie der schönen Litteratur und Kunst, antrat. In den glänzenden Kreis der dortigen poetischen Genossen
einzutreten, in ihrer Schule zu lernen, als Zunftgenosse anerkannt
zu werden, musste vom höchsten Werthe für ihn sein. Unterwegs aber hielt er sich auf der Insel Kos auf, wo er, wenn nicht
selbst geboren und gebildet, jedenfalls von den Eltern her freund-
schaftliche und Familienverbindungen besass. Auch hier wie auf
den benachbarten Inseln wurde fleissig gedichtet. Die Kunst des
fein geschliffenen, besonders erotischen Epigrammes und der

zierlichen Elegie war durch Meister wie Philetas von Kos und Asklepiades von Samos vertreten. Gastlich von Freunden und Genossen aufgenommen wird er seine Gedichte mit den ihrigen ausgetauscht, kritische Urtheile empfangen und geäussert haben. Als er nun von ihnen schied oder geschieden war, fiel ihm ein, seine dankbare Erinnerung an die schöne Zeit, den anregenden poetischen Verkehr, zugleich auch das Bekenntniss seiner Kunstrichtung, in welcher er sich mit den Freunden einig fühlte, in diejenige Form zu fassen, welche ihm geläufig war, und in durchsichtiger Verkleidung ein anmuthig-schalkhaftes Bild des Koischen Poetenkreises zu hinterlassen. So steckt das Gedicht voller persönlicher Anspielungen, athmet aber ausserdem ein heitres warmes Behagen, wie es der empfindet, der genussreiche Tage hinter sich und inneren Gewinn für das Leben mit davon genommen hat. Die Einkleidung ist folgende. Zum deutlichen Zeichen, dass es sich um eigne Erlebnisse handelt, erzählt der Dichter ausnahmsweise in erster Person. Er lässt sich Simichidas anreden, mit seines Grossvaters Namen, wie es scheint, den er in der Poetenzunft getragen haben mag. Auch die Freunde tragen zum Theil veränderte Namen: so heisst Asklepiades Sikelidas, wie er auch von Andern genannt wird. Der Verfasser also beginnt. Zum Erntefest der Demeter von zwei edlen wohlhabenden Freunden aufs Land eingeladen, wanderte ich mit zwei Gefährten zur Stadt hinaus. Unterwegs trafen wir zusammen mit Lykidas, einem Musengenossen von Kydon auf Kreta. Er war in der Tracht der Ziegenhirten, sah mich freundlich lächelnd an und fragte: wohin, Simichidas, in dieser Mittagszeit, wo die Eidechse auf den Hecken schläft? Ich erwiderte ihm: Freund Lykidas, man sagt, du seist unter Hirten und Schnittern hervorragend als Syrinxspieler, und ich hoffe dir gewachsen zu sein. Unser Weg geht zum Erntefest:

> Aber wohlan, da gemeinsam der Weg und gemeinsam der Tag ist,
> Wechseln wir Hirtenlieder: so freut sich Einer am Andern.
> Hab' ich doch auch von den Musen hellstimmigen Mund, und es sagen
> Alle, ich sei ein trefflicher Sänger; doch glaub' ichs so bald nicht,
> Nein, beim Zeus: soviel mir bewusst, besieg' ich noch lange
> Nicht den Meister aus Samos, Sikelidas, noch den Philetas,
> Sondern wie mit Cicaden ein Frosch wetteifr' ich mit ihnen.
> Also sprach ich im Ernst; doch der Geishirt lachte behaglich,
> Sprach: die Keule hier schenk' ich wahrhaftig dir, weil du so brav bist,
> So grundehrlich, so recht vom Stamme des Zeus ein Prachtkind.

Lykidas beginnt nun sein Liedchen, das er neulich im Gebirge gemacht hat, glückliche Meerfahrt nach Mytilene wünschend
dem geliebten Ageanax unter der Bedingung, dass er den Sänger
liebe, mit lockender Beschreibung des Festes, welches derselbe
zum Empfang des heimkehrenden Freundes auszurichten gedenkt.
Da werden zwei Schäfer Flöte blasen und Tityros, der Geishirt,
wird Lieder singen, das berühmte vom Daphnis und ein andres
vom seligen Komatas, dem Geishirten, der von seinem grausamen
Herrn in eine Lade verschlossen von Bienen genährt wurde,

> Weil ihm süssen Nektar die Mus' auf die Lippen gegossen.

Simichidas entgegnet, mit Bezug auf seine bukolischen Dichtungen:
mein lieber Lykidas, viel Treffliches haben auch mich, da ich auf
den Bergen Rinder weidete, die Nymphen gelehrt, was durch den
Ruf selbst zu des Zeus Thron gedrungen ist; aber vor Allem
hervorragend ist Folgendes, womit ich dich ergötzen will. Es
folgt nun ein Ständchen, gesungen im Namen und in Gegenwart
des Freundes Aratos vor der Thür des spröden Philinos. Pan
(den Aratos selbst in einem berühmten Hymnus, seinem Erstlings-
werk, besungen hat) soll helfen. Wenn er es weigere, werden ihm
grausame Schläge von Arkadischen Knaben und alle Unbilden
des Wetters gewünscht. Die Eroten sollen den Jüngling mit
ihren Pfeilen treffen. Aber der hartherzige will sich des Gastfreundes nicht erbarmen. So wird der berühmte und gelehrte
Dichter der Wetterzeichen und der Sternbilder mit einer Schwäche
geneckt, die auch andere Genossen des Kreises poetisch beschäftigt zu haben scheint. Hierauf trennen sich die Wege der
Sänger. Wir aber, erzählt Simichidas weiter, kamen zu unsrem
Gastfreund und lagerten uns behaglich auf frischem Weinlaub:
über uns schattige Bäume, und in der Nähe sprudelte heiliges
Wasser der Nymphen aus der Grotte. Ringsum erklang die
Natur von Grillen und Bienen und Vögeln. Alles duftete vom
warmen Segen des Sommers: Birnen zu Füssen, Aepfel rollten
zur Seite, Äste von Pflaumen strotzend neigten sich zur Erde,
und vierjährigen Fässern wurde des Hauptes Salbe gelöst.

> Ihr Kastalischen Nymphen, daheim auf Parnasischer Steile,
> Hat wohl einst in der felsigen Grotte des riesigen Pholos
> Cheiron der Greis so köstlichen Wein gemischt dem Herakles?
> Hat wohl ein Nektar wie jener den tölpischen Hirten vom Aetna
> Einst so berauscht, dass er lustig ringsum im Gehöfte getanzt hat,

> Wie der selige Trank, den ihr mir spendetet, Nymphen,
> Dort am Altar der Ernte-Demeter? Sei mir beschieden,
> Wieder einmal die Schaufel in ihren Haufen zu stecken,
> Sie aber lächele mir, mit Garben und Mohn in den Händen!

So unsicher die Vermuthungen über die einzelnen Persönlichkeiten sind, welche der Dichter einführt, wir sehen, dass auch
auf Kos Theokrit als bukolischer Dichter nicht allein stand, und
dass ebenda, von Philetas und Asklepiades angezogen, aus mannigfachen Gegenden, von Kreta, Acharnä, Aetolien, Soloi in Cilicien,
ein ansehnlicher Kreis poetischer Talente sich zusammenfand.
Das Lied des Kydoniers hat im ersten Theil, soweit die guten
Wünsche den Reisenden begleiten, einen seemännischen Ton; das
gehoffte Fest des Wiedersehens wird mit einem üppigen Behagen
geschildert, welches wir bei Theokriteischen Hirten so nicht
wiederfinden. Desto ungemüthlicher ist denn im Gegenstück die
Situation des verschmähten Aratos, der in der Nacht fröstelnd
vor verschlossener Thür sich müde steht und endlich verdrossen
abziehen muss. Der beissende Gegensatz gefällt auch dem
Lykidas so, dass er unter heitrem Lachen unsren Simichidas mit
seinem Hasenwerfer als Gastgeschenk belohnt.

Auf Kos, dem berühmten Sitze der Asklepiosjünger, mag
Theokrit auch den Arzt und Dichter Nikias von Milet zum Gastfreund gewonnen haben. Es sind noch Epigramme von ihm erhalten, nicht eben bedeutende, die aber doch seinen Sinn für
künstlerische Form bezeugen. Dem Asklepios hat er seine Verehrung bewiesen durch ein schönes Schnitzbild des Gottes aus
duftendem Cedernholz, welches er von Künstlerhand für Milet
anfertigen liess und reichlich bezahlte: Theokrit hat das Dedi-
cationsepigramm verfasst. Dies ist der Freund, dem Theokrit
gleichsam in der Rolle des Seelenarztes gegen Liebesschmerzen
jenes erprobte Mittel des Polyphemos empfahl, und Nikias ist
auf den Scherz eingegangen. In der Einleitung eines seiner Gedichte stellte der glücklich Geheilte seinem Wohlthäter ein Zeugniss aus, das zugleich beweist, wie bescheiden er selbst von
seinem poetischen Talent dachte:

> Ja, es hat sich bewährt, Theokritos: ja, die Eroten
> Haben Viele zu Dichtern gemacht, die es früher nicht waren.

Als ihn Theokrit, wohl auf jener nämlichen Reise, in seiner
ionischen Heimath besuchte, empfahl er sich der fleissigen Haus-

frau des Gastfreundes durch das Geschenk einer elfenbeinernen
Spindel, welches mit einem Gedicht (28) in sinniger Form begleitet war. In diesem ganzen Poetenkreise nämlich schwärmte
man für die im jugendlichen Alter von 19 Jahren gestorbene
jungfräuliche Dichterin Erinna und ihr hinterlassenes Gedicht,
„die Spindel." Die 300 Hexameter dieses kleinen Kunstwerkes,
welches die Verfasserin unter der Furcht vor der Mutter am
Webstuhle ersonnen zu haben angab (daher der Name) — sie
stellte der Lokalpatriotismus und der Parteifanatismus den Homerischen an die Seite. Eine Recension im Xenien-Stil jener
Zeit lautet:

> Hier von Erinna Lesbischer Honig: ist es auch wenig,
>   Doch aus dem Bienenkorb völlig der Musen gemischt.
> Ihre dreihundert Verse, sie wiegen auf den Homeros,
>   Ach, und nur neunzehn Jahr' waren dem Mädchen gegönnt.
> Auch bei der Spindel in Mutters Furcht und auch an dem Webstuhl
>   Stehend wirkte geheim sie an der Musen Gespinnst.

Es konnte nicht fehlen, dass jenes poetische Sendschreiben Theokrits an die Spindel, in demselben äolischen Dialekt, dessen sich
einst Erinna bedient haben muss, an diese erinnerte, obwohl das
Versmaass ein andres war. Denn hierfür war das Lieblingsmaass
des Koischen Freundes Asklepiades gewählt, welcher selbst ein
preisendes Epigramm auf das „süsse Werk" der Erinna hinterlassen hat. Ohnehin waren jene Rhythmen bereits durch Sappho
in der äolischen Poesie classisch geworden.

Wie in der antiken Poesie überhaupt, so zumal in dieser
Zeit der literarischen Coterien schlingen die Musen mannigfach
zarte Fäden persönlicher Beziehungen freundlicher wie polemi-
scher Art in ihre kunstsinnigen Gewebe. Wie rege und behaglich war aber auch der Verkehr durch die weit versprengte
Griechenwelt in jener Zeit des Hellenismus, welche die localen
Besonderheiten mehr und mehr ausgleichend auf den Trümmern
politischer Grösse eine neue ideale Einheit griechischer Bildung
schuf, die ihren Weg über den Erdkreis nahm! Besonders
Alexandria und der glänzende Hof des Ptolemäos Philadelphos (seit 285) war ein Herd hellenischen Geistes, der seine
warmen Strahlen weithin verbreitete und von allen Seiten neue
Nahrung an sich zog. Dort verstand man nicht nur die Schätze
der classischen Vergangenheit in grossartigstem Umfange zu

sammeln und dem Gebrauch zugänglich zu machen, sondern, während tief eindringende historisch-grammatische Forschung das Verständniss des Alterthums erschloss, verlieh der begeisterte Ernst methodischer Wissenschaft dem Genius dieser Kenner auch die Schwingen zu eigenem poetischen Fluge. Die immer noch freudige Gestaltungskraft der hellenischen Muse trieb diese Männer, gleichsam die Blüthe ihrer Gelehrsamkeit, das aus den Tiefen der Untersuchung geschöpfte Gold im edelsten und heitersten Gefäss der Dichtung auf die gemeinsame Tafel literarischer Genüsse aufzutragen. Und so schwelgte man in der Fülle des erlesensten Wissens auf den Flügeln der Phantasie. Und dieser feine Duft der geistigen Atmosphäre wurde noch reizvoller durch die Kunst der Courtoisie, welche das Fürstenhaus zu üben verstand, indem es jene Genüsse nicht nur in geistreicher Geselligkeit mit vollem Verständniss theilte, sondern sie mit königlicher Freigebigkeit pflegte und Talente aller Art durch Lohn und Lob ermunterte. Wie sehr musste sich also unser Dichter an diese edle Tafelrunde hingezogen fühlen!

Denn an seinem heimathlichen Tisch in Syrakus scheint es ihm ziemlich knapp gegangen zu sein. Er klagt im Jahre 265 v. Chr. gar bitter über die schlechten Zeiten (Id. 16) und sieht sich nach einem Gönner um, der die „Huldgöttinnen" des Dichters freundlich aufnehmen möge, und nicht „abermals" unbeschenkt heimsende, wie ihm also schon sonst widerfahren sein muss.

> Sauer blickend mit blossen Füssen kehren sie heimwärts,
> Viel mich scheltend, dass sie umsonst gegangen den Weg sind.

Nicht wie früher, so klagt er, streben die Leute für edle Thaten gelobt zu werden, sie sind geizig und selbstsüchtig, sagen höhnisch:

> Selber will ich verdienen: den Sänger ehren die Götter.
> Wozu braucht es Gesang noch? genug ist Allen Homeros.
> Mir ist am liebsten der Sänger, der meinen Beutel nicht plündert.

So niedrig Denkenden sieht sich der Dichter veranlasst vorzustellen, wie freudlos der Reichthum sei, wenn er sich nicht in Wohlthaten mittheile, wie bald vergessen selbst mächtige Fürsten und gewaltige Helden sein würden, wenn nicht die Sänger für ihren Nachruhm nach dem Tode sorgten. Nun hat er seine Hoffnung auf den tapfren Hieron gesetzt, der, „den Heroen der Vorzeit gleich", sich eben (ein Jahr vor dem Ausbruch des ersten punischen Krieges) rüstet, um an der Spitze der Syrakusischen Streitmacht die Karthager von der Insel zu vertreiben. Wenn es dem Feldherrn (der später den Königstitel angenommen hat) gelungen sein wird, den Feind auf das Meer zurückzuwerfen, die von ihm besetzten Städte und Felder den früheren Bewohnern wiederzuerobern und dem Lande den ersehnten Frieden zu schenken (dessen behagliches Bild der Bukoliker mit Liebe ausmalt), dann mögen die Sänger den Ruhm des Siegers weit bis in den fernen Osten tragen, und Einer unter ihnen wünscht bescheidentlich auch unser Theokrit zu sein, wenn er berufen werde. Aber für sein edleres Selbstgefühl ist es bezeichnend, dass er zum Schluss die Charitinnen als die Göttinnen der Heimath seiner Vorfahren, Orchomenos, anruft, und verspricht, sie nimmer verlassen zu wollen, immerdar in ihrer Gemeinschaft bleiben will. Nur die freie Huldigung des Verdienstes, die aus aufrichtiger Bewunderung entspringt, will er seinen Musen zumuthen, keine erzwungene schmeichlerische Lobpreisung. So hat er es von den Voreltern gelernt.

Wir haben kein Zeichen, dass sein Anerbieten Gehör gefunden hat: auch seine Friedenssehnsucht ist nicht erfüllt worden. Die langen Kriegsjahre, welche Sicilien seitdem heimsuchten, waren seinen Charitinnen sicherlich nicht günstig: eben sie werden ihn dauernd aus der Heimath vertrieben haben. Wie lockend muss ihm da die Uebersiedelung nach Alexandria erschienen sein! War doch Ptolemäos in Kos geboren, auf derselben Insel, mit der auch ihn so innige Bande verknüpften. Schon war ihm der Ruf seines Talentes vorausgeeilt, denn wenn er sich in jenem Abschiedsidyll rühmte, Fama habe seine bukolischen Lieder bis zu des Zeus Thron getragen, so scheint dieser Zeus kein Andrer als der ägyptische König gewesen zu sein. Durch Freunde, vor allen durch Philetas, den Lehrer des Ptolemäos, war er ausserdem gewiss empfohlen. Dass er gut aufgenommen worden ist, beweist ein warmer Lobgesang auf den König (Id. 17). Freilich den naiven Bukoliker erkennt man in diesem nach den Regeln der Hofetikette in feierlich-andächtiger Haltung abgemessenen Hymnus nicht mehr. Mit Erinnerung an den berühmten Anfang der „Himmelszeichen" des Aratos hebt er an:

Lasst uns beginnen mit Zeus, und schliesset mit Zeus auch, ihr Musen,
Wenn der Unsterblichen Höchsten wir feiern mit unsern Gesängen;

Aber von Menschen zuerst und zuletzt und mitten im Liede
Sei Ptolemäos gerühmt: denn weit überragt er die Andern.

Wie ein Holzfäller im Waldgebirge des Ida unschlüssig ist,
wo er sein Werk beginnen soll, so wird dem Sänger aus der
Fülle des Stoffes die Auswahl schwer. Er steigt zu den erhabenen Ahnen empor, gedenkt des verewigten Vaters Ptolemaeos,
Sohnes des Lagos, der neben Alexandros im Hause des Zeus
sitzt, und ihm gegenüber der Ahnherr des Stammes, Herakles.
Kommt der Gewaltige heim vom Schmause, des duftenden Nektars
voll, so giebt er dem Einen Bogen und Köcher, dem Andern die
eiserne Keule, und sie führen ihn in das ambrosische Gemach
seiner Gemahlin Hebe. Die glückliche, von Aphrodite hoch be-
gnadigte Ehe des Vaters mit der erlauchten Berenike wird gepriesen, welcher Ptolemäos entsprossen ist, und erzählt, wie Kos,
die Heimathsinsel, das Kind auf die Hände nahm und zärtliche
Segenswünsche über es sprach, die alle durch Zeus' besondere
Gunst erfüllt sind. Und nun wird ein prächtiges Bild seines
Glückes entrollt: die weitausgedehnte Herrschaft über Land und
Meer, die Fruchtbarkeit aller seiner Gebiete, vor allen des Nil-
thales, die Masse der Städte, die unter seinem Scepter sind, in
künstlich aufsteigendem Zahlengebäude summirt (im Ganzen
33,333), die Namen der fremden Völkerschaften, die ihm gehorchen, in Asien, Afrika, auf den Inseln; die mächtige Flotte
und das herrliche Kriegsheer zu Ross und zu Fuss. Und dieses
blühende gewaltige Reich geniesst die Segnungen des Friedens
und gesicherter Grenzen. Kein Feind wagt räuberischen Einfall
oder Landung: denn Ptolemäus versteht es, den Speer zu schwingen.
Treu bewahrt er das väterliche Erbe und mehrt es noch.

Aber nicht unnütz häuft sich im fetten Hause das Gold ihm,
Last auf Last, wie Ameisen fleissig schleppen den Reichthum.

Allen kommt es zu Gute: die Tempel, die Götter, die Könige, die
Städte, und auch wackre Genossen erhalten reiche Geschenke.

Und zu den heiligen Kämpfen erscheint kein Diener des Bakchos,
Kundig, melodischen Festgesang ertönen zu lassen,
Dem nicht würdig der Kunst die Ehrengabe gewährt ward.

Einen überreichen Commentar hierzu bietet die blendende
Schilderung des von Ptolemäos Philadelphos veranstalteten, prachtvollen Dionysischen Festzuges, welche der Rhodier Kallixenos in

seinem Werk über Alexandria hinterlassen hat (bei Athenäos). Darum besingen, so fährt der Dichter fort, die Verkünder der Musen auch ihren Wohlthäter, und was ist schöner für einen mit Gütern gesegneten Mann, als unvergänglichen Ruhm zu gewinnen, wie ihn die Dichter verleihen! Welcher Gegensatz zu jenen bittren Klagen, die sich an Hieron vergeblich gewendet hatten! Endlich also hat er gefunden, wonach er damals verlangend ausschaute. Am Schluss, zum Anfang zurückkehrend, preist er die Pietät des Königs, der seinen Eltern weihrauchduftende Tempel errichtet hat, und den Ehebund mit der Schwester Arsinoe, der durch das Geschwisterpaar Zeus und Here Weihe und Legitimität erhält.

Auch der Königin-Mutter Berenike Andenken hat ein besondres Gedicht gefeiert. Und da Herakles als Ahnherr des fürstlichen Hauses galt, so mag wohl auch die anmuthige Erzählung von der Jugendgeschichte des Heroen (Id. 24) zur Erheiterung des Alexandrinischen Hofes geschrieben worden sein. Mit jenem feinen Humor, der in dem Contrast alltäglich-familiärer Züge mit dem ironisch-feierlichen Stil des Heldenepos liegt, wird eine Nacht in der Kinderstube der Alkmene geschildert. Nachdem sie ihre Zwillinge, den zehnmonatalten Herakles und den um eine Nacht jüngeren Iphikles, gebadet und getränkt hat, bettet sie die Jungen in einen ehernen Schild, den Amphitryon vom König Pterelaos erbeutet hat. Sie liebkost die Kinder und wünscht ihnen gute Nacht:

Schlafet, ihr lieben Kinder, erquicklich zu frohem Erwachen!
Schlafet, ihr Herzen, Brüderchen zwei, meine wackeren Bürschlein!
Selig geniesset des Schlummers und selig blickt auf in der Frühe!

Sie schaukelt den Schild und die Knaben schlafen ein. Um Mitternacht aber kommen, von der hinterlistigen Here gesendet, die Schlangen und nahen furchtbar drohend dem Lager. Beide erwachen und sehen das Gemach erhellt. Das Menschenkind Iphikles schreit sofort, wie es die Thiere erblickt, stösst die Decke mit den Füssen fort und will entfliehen. Der junge Held aber, der nie unter den Händen der Amme geweint hat, packt die Ungeheuer derb am giftigen Schlunde und würgt sie. Unterdessen hat Alkmene das Geschrei des Jüngeren gehört und das wunderbare Licht bemerkt, und fordert ihren Gemahl auf, schleunigst aufzustehen und nach den Kleinen zu sehen:

Irgend was ist hier passirt, lieber Mann. Das kannst du mir glauben.

Und der biedre griechische Joseph gehorcht ohne Zögern, langt sein Schwert vom Nagel, das über dem Bette hängt, und ruft den „schweren Schlaf ausathmenden" Dienern, Licht vom Herde zu holen (denn es ist wieder finster geworden) und die Riegel der Thüren zu öffnen. Die alte Schaffnerin Phönissa aber, die zunächst an der Mühle schläft, erwacht zuerst und weckt die Andren:

> Stehet auf, ihr fleissigen Diener! Hört ihr? der Herr ruft.

Da kommen sie Alle mit brennenden Lampen, es giebt ein Getümmel im Hause. Und wie sie nun den Säugling Herakles fanden, die beiden Bestien fest in den Händen haltend, schrieen sie vor Schreck auf: er aber zeigte dem Vater Amphitryon die Schlangen, zappelte hoch in kindischer Freude und warf ihm lachend die erdrosselten Ungethüme vor die Füsse, während Alkmene ihren starren, von Furcht erbleichten Iphikles an den Busen drückt. Es wird dann weiter erzählt, wie am frühen Morgen Teiresias, der Seher, geholt worden sei, das Wunder als Zeichen der ruhmvollen Zukunft des Zeussohnes gedeutet und die nöthigen frommen Ceremonien angeordnet habe, wie der Knabe prächtig gediehen, sorgsam unterrichtet worden sei und sich eines gewaltigen Appetits erfreut habe. Leider bricht es ohne Schluss ab.

Die Abenteuer des Herakles waren ohnehin ein den Sicilischen Dichtern geläufiger Stoff. Schon Stesichoros hatte einzelne derselben besungen, und der bukolischen Poesie lag dieser böotisch-peloponnesische Mythus, in welchem Rinder und allerhand Vieh und Waldgethier eine so grosse Rolle spielen, nahe genug. Der Idealtypus riesiger Körperkraft und unverdrossener Ausdauer in Verbindung mit unfehlbar praktischem Geschick, unverwüstlich guter Laune und argloser Gutmüthigkeit war recht nach dem Herzen von Hirten und Landleuten. Als solcher erscheint er auf dem heerdenreichen Gutshof des Augias, wo er seinen Kampf mit dem Löwen erzählen muss (Id. 25); doch ist nicht sicher genug verbürgt, dass auch dieses Gedicht dem Theokrit gehört. Dass übrigens die Geschichte des Herakles auch andren Dichtern derselben Zeit nahe lag, beweist die umfangreiche Herakleia des Kreters Rhianos in 14 Gesängen.

Sowohl der Hymnus auf Ptolemäos als das Epyllion vom jungen Herakles (beide im epischen, nur mit einem leisen Hauch

des Dorismus gefärbten Dialekt) erinnern in Stil und Anlage
durchaus an die Manier des Kallimachos und beweisen, dass
sich Theokrit in Alexandria entschieden der Richtung dieses
hoch angesehenen, vielseitig begabten und thätigen Schulhauptes
anschloss, der auch seine Neigung zu dem „schön schwärzlichen",
aber etwas spröden Syrakuser in einem zärtlichen Epigramm
ausgesprochen hat. Schon die Freunde in Kos hatten ihn für
diese streng geschlossene Partei gewonnen. In jenem Abschieds-
gedicht macht der Musengenosse Lykidas, nachdem er den Simichidas so innig gelobt hat, folgenden Ausfall:

> Wie mir äusserst verhasst ist der Zimmermann, der sich herausnimmt
> Aufzubauen ein Haus so hoch wie Oromedons Bergkulm,
> So auch Vögel der Musen, soviel dem Sänger von Chios
> Krächzend ein Gegenlied in vergeblicher Mühe sich quälen.

Damit wird die Masse dickleibiger Heldengedichte verurtheilt,
welche den verbrauchten Mythenkreis des homerischen Epos
immer von Neuem in talentloser Weise auf den Markt brachten.
Grade Kallimachos war Führer einer Partei, welche diese breit-
getretene „Heerstrasse" meidend in scharfem Gegensatze auf um-
fangreichere Dichtungen principiell verzichtete, dafür aber die
höchste Sorgfalt auf kleine Kabinetstücke auserlesener Gelehrsamkeit und subtil berechneter Zierlichkeit verwendete. Fast
Alle trieben sie, durch die bibliothekarischen Arbeiten im Alexandrinischen Museum angeregt, zugleich streng philologische Studien
über die älteren classischen Dichter, vor Allen über Homer. Für
poetische Production aber stellten sie vielmehr in Erneuerung
eines alten Schulgegensatzes den Hesiodeischen Stil als Muster
auf: in ihm fanden sie die Eigenschaften des Feinen, Lieblichen,
Abgerundeten, vor Allem des Wahrheitsgetreuen; Kürze und
Prägnanz war ihre Losung, „ein grosses Buch ein grosses Unheil" der Wahlspruch des Kallimachos. Ihre epischen und elegischen Gedichte verbanden mit jener exclusiven Vornehmigkeit
der Form einen mehr novellistischen Ton und genrehafte Zeich-
nung hübsch beobachteter Züge aus dem Alltags- und Stillleben.
Aber während sie selbst mit Geringschätzung herabblickten auf
die Trivialität der sogenannten „Kykliker", welche in den aus-
getretenen Geleisen verbrauchter Mythen selbstgenügsam ver-
harrten und in bequemer Wiederholung homerischer Phrasen ein
oft geistloses Handwerk übten, wurden sie selbst wegen ihrer

kleinlichen Feinschmeckerei und ihres mühseligen Kunstfleisses
von den Gegnern mit Salz und Galle verspottet. Dass sich
Kallimachos gerühmt hatte, aus dem Quell der Musen begeistern-
des Wasser getrunken zu haben, wurde ihm nicht geschenkt:
„nüchterne Wassertrinker!" höhnten die Anderen. Berühmt genug
ist die erbitterte Polemik zwischen Kallimachos und dem Dichter
der Argonautenfahrt, Apollonios von Rhodos, gegen welchen
jener ein ganzes Arsenal aus den Winkeln der Mythologie zu-
sammengelesener Invectiven in seinem Schmähgedicht, der Ibis,
schleuderte. Harmloser war es, dass man dem Philetas, der,
ganz der Kallimacheischen Richtung zugethan, schon durch seine
Magerkeit ein Bild des schwächlichen Stubengelehrten bot, nach-
sagte, er trage Bleikugeln an den Füssen, damit ihn nicht unversehens ein Windstoss entführe; und er sei in Folge nächt-
licher Studien über ein dialektisches Problem gestorben, welches
er nicht zu lösen vermochte. Aber alles Maass literarischen An-
standes verletzen z. B. folgende Scheltverse auf die ganze Schule,
welche zeigen, dass Hass und Verachtung gegen Bücherwürmer
und Wortklauber nicht neuen Datums sind:

> Pfui, Grammatiker ihr, mühselige, Wurzelgräber
> Fremder Muse, am Dorn haftendes Mottengezücht,
> Die ihr die Grossen beschmutzt und vornehm thut mit Erinna,
> Bitter und trocken gesinnt, Meute des Kallimachos,
> Schmach der Poeten, dunkle Nacht für lernende Knaben,
> Tückisch bissige Brut, Wanzen der Musen, hinweg!

Dass freilich die Muse Theokrits nicht in der Studierstube
erbleichte und in engbrüstige Pedanterie verfiel, dafür war durch
das naive Naturell des Dichters gesorgt. Dennoch gehörte er
mit seinem ganzen Talent und seiner vollen Neigung der poetischen Kleinmalerei an, die er aus dem Leben und frischer Anschauung schöpfte. Nichts Anderes besagt auch der überlieferte
Titel seiner gesammelten Werke, 'Eidyllia', der übrigens erst im
zweiten Jahrhundert unserer Zeitrechnung aufgekommen zu sein
scheint: kleine, zierliche Stücke. Den Begriff ländlicher Stimmung
und Einfachheit hat erst unser Missverstand in den Namen des
Idylls hineingetragen, oder vielmehr aus den bukolischen Gedichten, einem Theil unsrer weder vollständigen noch unverfälsch-
ten, noch auch nur in der Anordnung authentischen Sammlung
abgeleitet.

Die glückliche Beobachtungsgabe des Theokrit war aber schon in der Heimath nicht nur dem Hirten- und Landleben, sondern auch den Volkskreisen der Stadt zugewandt, wofür schon vor seiner Zeit in Syrakus der Sinn geweckt worden war. Was in Attika die Satyrn der Dionysischen Chöre, das waren in Syrakus die Jambisten, die an den Festen der Demeter, wie auch anderwärts geschah, in neckischer Weise Schwächen und Lächerlichkeiten der Gegenwart darstellten. An sie anknüpfend und Elemente der Megarischen Posse, die aus der Mutterstadt nach der sicilischen Colonie mitgewandert sein werden, mit ihnen verschmelzend hatte schon mehr als zwei Jahrhunderte vor Theokrit unter dem ersten Hieron Epicharmos, gleichfalls ein Koer von Geburt, eine originelle Form der Conversationskomödie geschaffen, welche in burlesk mythischer Einkleidung unter der Maske carrikirter Götter und Heroen echt Syrakusische Typen in schlagfertigstem Dialog vorführte. Die geistigsten wie die niedrigsten Interessen des socialen Lebens, von der Philosophie bis zur Küche herab, kamen zu lebhafter Verhandlung. So gab die „Hochzeit der Hebe" ein Bild Syrakusischen Wohllebens: Zeus, der den Hochzeitsschmaus ausrichtete, trat auf als ein reicher Gourmand, die Musen als feiste Fischweiber, ihre Delicatessen, die sie als Hochzeitsgaben brachten, redselig anpreisend. Bei Tisch wurde die geistreiche Unterhaltung der feinen Gesellschaft parodirt.

Ganz realistisch in niederer, prosaischer, wenn auch vielleicht nicht ganz unrhythmischer Form hat später der Syrakuser Sophron, ein Zeitgenosse des Euripides, Dialogscenen aus dem Leben unter dem Titel Mimen geschrieben, deren drastische Anschaulichkeit und Treue selbst in Athen Aufsehen erregte. Platon brachte sie aus Sicilien mit und hat als feiner Kenner und Meister der mimischen Kunst, wie wir sie in seinen eigenen Dialogen bewundern, besonderes Wohlgefallen an ihnen gefunden. Noch aus den dürftigen Bruchstücken lässt sich erkennen, wie bunt in Ernst und Scherz ihr Inhalt, wie volksthümlich ihre Form war, in der sich die mannigfachen Farben bürgerlicher Begebnisse, Berufsarten, Anschauungen und Empfindungen namentlich auch der niederen Classen in beiden Geschlechtern, bis zur Wiedergabe von Sprachfehlern der Frauen, treu abspiegelten.

Auch aus dieser populären Gattung der Mimen hat Theokrit mit richtigem Blick dankbare Stoffe für poetische Behandlung zu gewinnen gewusst. Von den drei Stücken dieser Art liegen zweien nach ausdrücklicher Ueberlieferung Vorbilder des Sophron zu Grunde: aber die Benutzung wird über die allgemeine Situation und einzelne Motive kaum hinausgegangen sein.

Denn gleich das eine von ihnen, die Zauberin (Id. 2), ist ein düster flammendes Nachtstück, von tragischer, tief ergreifender Leidenschaft erfüllt.

Unter freiem Himmel am Ufer des Meeres in schweigender, vom Vollmond erhellter Nacht schickt sich Simaitha, eine Syrakusische Medea, nur von ihrer Magd begleitet, an, den treulosen Delphis, den sie nun schon 12 Tage lang nicht gesehen, durch ihre Zauberkunst zu bezwingen. Selene, die stille Göttin, und die furchtbare Hekate, vor der die Hunde zittern, wenn sie Nachts über Grabhügel und Blut schreitet, sollen ihr zuhören. Während sie den geheimnissvollen Brauch vollzieht, den wächsernen Kreisel mit Aphrodite's Liebesvogel über dem Feuer dreht, und mannigfache symbolische Opfer verrichtet, begleitet sie jeden dieser Akte mit furchtbaren Bannsprüchen gegen den Geliebten. In der Mitte dieser durch Refrain geschiedenen Strophen unterbricht sie einmal die feierliche Handlung:

Sieh, es schweiget das Meer weithin, es schweigen die Winde,
Aber es schweiget mit nichten mir tief im Busen mein Kummer.
Ganz verzehrt mich die Gluth um ihn, der mir, der Bethörten,
Schmach statt Ehre gebracht und mir die Blüthe gebrochen.

Nachdem sie aber mit dem letzten Befehl die Magd fortgeschickt hat und sich nun allein sieht, beichtet sie in erneuerten Strophen mit verändertem Refrain der hehren Selene die Geschichte ihrer Liebe, deren verhängnissvoller Reiz während der Erinnerung ihr in dramatischer Anschaulichkeit vor die Seele tritt. Sie erzählt, wie sie mit anderen Frauen in den Thierpark der Artemis gegangen sei, um den Festzug zu sehen, vergisst auch nicht zu erwähnen, wie schön sie geputzt war, und da auf der Mitte des Weges erblickte sie zuerst den Delphis, eben aus der Palästra kommend, blonder von Bart als Helichrysos, die Brust strahlender als Selene.

Sah ihn und rasend war ich: so glühend brannte das Herz mir
Unglückseel'gen: es schmolz mir die Schönheit, ich achtete nicht mehr
Dort auf den Zug, und wie ich wieder nach Hause gekommen,
Wusst' ich nicht: ein Fieber, ein hitziges warf mich danieder,

Und zehn Tage und ach zehn Nächte lag ich zu Bette.
Hehre Selene, denke, woher mir die Liebe gekommen.

Endlich, da alle Heilmittel versagen, bekennt sie der Magd
den wahren Grund ihrer Krankheit und schickt sie zur Palästra,
wo der Jüngling zu sitzen pflegt:

Siehst du ihn etwa dorten allein, so wink' ihm nur sachte,
Sage: Simaitha, sie ruft dich, und führ' ihn her in der Stille.
Also sprach ich. Sie ging und führte den strahlenden Knaben
Delphis mir in das Haus. Ich aber, da ich gewahrte,
Wie er soeben die Schwelle mit leichtem Fusse beschritten,

(Hehre Selene, denke, woher mir die Liebe gekommen)

Ueberlief mich's kälter wie Schnee, und zugleich auf der Stirne
Perlte der Schweiss mir dick wie Regentropfen hernieder.
Nichts vermocht' ich zu sprechen, nur eben wie Kinder im Schlafe
Lallende Tön' hinwimmern zur lieben Mutter gewendet;
Sondern am blühenden Leib erstarrt' ich ganz wie ein Wachsbild.

Der junge Mann aber, ritterlich gewandt und in erotischen
Abenteuern offenbar erfahren, kommt ihrer Verlegenheit mit berechneter Ironie zu Hülfe, schlägt die Augen nieder, setzt sich
auf das Bett und versichert, wenn sie ihm nicht durch ihre Botschaft um ein Geringes zuvorgekommen wäre, so würde er gleich
selbst in der Nacht aus der Schenke mit ungestümer Liebes-
werbung gekommen sein und sich im Nothfall mit Feuer und
Beil Eingang zu ihr erzwungen haben. Im weitren Verlauf der
Beichte vergisst nun die Leichtgläubige über Scham und Schmerz
den gewohnten Refrain. Erst seit gestern hat sie die Gewissheit,
dass Delphis ihr untreu geworden ist. Wenn auch die ange-
wandten Zaubermittel ihn nicht zurückbringen, dann soll er, so
droht sie, an des Hades Thür klopfen.

Lebe denn wohl, du Hehre; zum Ocean lenke die Rosse!
Ich aber will meinen Kummer, so wie ich ihn aufnahm, tragen.
Sei mir gegrüsst, Selene glänzende, seid mir gegrüsst. ihr
Sterne, die ihr dem sanften Wagen der Nacht das Geleit gebt!

Ein derbes Gegenstück zu diesem Gemälde weiblicher Leidenschaft bildet das Bild männlicher Eifersucht im Thyonichos
(Id. 14).

Der Mimos beginnt und schliesst dialogisch, der Kern in der
Mitte ist wieder Erzählung, der Schauplatz Sicilien. Zwei junge
Männer treffen sich. Thyonichos, behaglich theilnehmend, ein

wenig zum Spotten aufgelegt, bemerkt das bleiche, verwilderte
Aussehen seines Freundes Aeschines, den langen Bart, die trocke-
nen Locken: so sah ein Pythagoreer aus, der neulich hier bettelte,
aus Athen, wie er angab. An Aeschines, dem Heissblütigen, Un-
geduldigen, zehrt Liebeskummer. Es hat ein Zerwürfniss mit
seinem Mädchen gegeben, welches er in höchster Anschaulichkeit
berichtet. Bei einem splendiden Symposion, das er selbst auf
seiner Villa veranstaltet hat, ist es passirt. Nachdem die Köpfe
vom süssen Thrakerwein schon ziemlich erhitzt waren, begann
man Trankspenden (Gesundheiten) darzubringen: nach der Reihe
hatte Jeder einen Namen zu nennen. Aber des Aeschines Freun-
din, die liebliche Kyniska, verstummt, und als Einer sie neckt
und Anspielungen macht, wird sie flammenroth (ein Licht hätte
man an ihr anzünden können) und verschnappt sich, so dass ihr
Geheimniss klar wird:

Lykos, ja Lykos ist es, des Labes Sohn, meines Nachbarn,
Schlank gewachsen und zart, der vielen Leuten für schön gilt:
Das ist der Auserwählte, um den sie schmachtet in Liebe.
Wohl zu Ohren kam mir einmal ganz leise die Rede.
Und ich spürt' ihr nicht nach! was hilft's, dass zum Mann ich heranwuchs?

Wie nun vollends einer der Gäste boshaft ein thessalisches
Liedchen „o du mein Lykos" anstimmt, fängt Kyniska auf einmal an zu schluchzen wie ein Kind.

Da war's aus: du kennst mich, Thyonichos. Einmal und zweimal
Schlug ich ihr mit der Faust in's Gesicht. Marsch, nimm deine Kleider
Schleunig zusammen und packe davon dich! Du kannst mich nicht leiden?
Liegt Dir ein andrer Liebling am Herzen? geh denn und küsse
Deinen Erwählten! nur ihm, du Bublerin, fliessen die Thränen.

Schneller wie die Schwalbe, die ihren Jungen im Nest Futter
bringend hin- und herfliegt, stürzt das Mädchen aus der Thür,
wohin sie die Füsse tragen. Und nun sind es zwei Monate (der
Eifersüchtige zählt die Tage an den Fingern ab), dass sie von
einander getrennt sind.

Ihr ist Lykos nun Alles, dem Lykos öffnet sie Nächtens;
Wir sind ausgestrichen aus ihrem Gemüth und vergessen.

Um sich von der unseligen Liebe zu heilen, will er zu Schiff
gehn und über See Soldat werden; das hat auch einem Kameraden in ähnlichem Falle schon geholfen. Thyonichos aber em-

pfiehlt ihm dringend bei Ptolemäos Dienste zu nehmen, den er offenbar aus persönlicher Kenntniss lobt:

> für den Freien der beste Gebieter:
> Wohlgesinnt, den Musen befreundet, in Liebe bewandert,
> Ueberaus nett, den Freund durchschaut er und mehr noch den Gegner;
> Vieles schenkt er an Viele, versagt nicht, wenn man ihn bittet,
> Wie es dem Könige ziemt; doch bitten muss man nicht immer,
> Aeschines.

Man hört den dankbaren Dichter, dem nur eine pedantische Auslegung unterschieben kann, dass er wohl auch einmal durch Unbescheidenheit bei dem freigebigen Herrn möge angestossen haben. Eher lässt sich hören, dass die Hinweisung auf das nahende Alter am Schluss eine Andeutung seiner eignen zunehmenden Jahre enthält.

Ungleich bedeutender, vielleicht die Krone aller Theokritei- . schen Gedichte ist der dritte und umfangreichste dieser Mimen, gleichfalls aus der Alexandrinischen Periode, die Adoniazusen (Id. 15). Auch hierfür bot ein Mimos des Sophron, betitelt die Isthmiazusen (Frauen, welche die Isthmischen Spiele als Zuschauerinnen besuchen) eine gewisse Vorlage; Theokrit hat eine Art von kleinem Drama geschaffen in einer Reihenfolge muntrer, in einander greifender Scenen. Indem er Syracusischen Frauen, die mit ihren Männern nach Alexandria gezogen sind, den Hauptdialog in den Mund legt, vor ihren Augen aber ein Alexandrinisches Fest vorüberziehen lässt, vereinigt er Sicilische und Alexandrinische Elemente zu einem Ganzen voll heiterer Laune und Anmuth. Durch das eingelegte Adonislied ist auch die feierliche Poesie und das Musikalische vertreten. Es war ein weit verbreitetes Fest phönizischen Ursprungs, die siebentägige Feier des holden Adonis, d. h. des Herren. Wenn im Spätherbst sich der Adonisfluss bei Byblos in Folge der Regengüsse, welche die rothe Erde im Gebirge abspülten, blutig färbte, hiess es, Adonis sei auf der Jagd in den Bergen von einem Eber getödtet: d. h. die blühende Natur ist vom verheerenden Samum getödtet. Dann beginnen die Weiber den verschwundenen Liebling der Aphrodite zu suchen. Sogenannte Adonisgärten, irdne Blumentöpfe mit eingesätem Waizen, Gerste, Lattich, Fenchel, sind der Sonnenhitze ausgesetzt, unter deren Gluth die Pflanzen dahinwelken, ein Symbol des sterbenden Adonis. Endlich findet sich in einem derselben das Holzbild des Todten, es wird gewaschen, gesalbt, öffentlich ausgestellt, und nun erheben nach orientalischem Brauch die Frauen neben der Bahre auf der Erde sitzend die Leichenklage. Dann Trauermahl, Todtenopfer und Bestattung. Am achten Tage aber hiess es: Adonis ist auferstanden! und ein ausschweifendes Freudenfest folgte den langen Tagen der Enthaltung. Mit welchem Glanz und welcher Theilnahme der Bevölkerung die Adonisfeier in der Residenz des prachtliebenden Ptolemäos begangen wurde, stellt uns das Theokriteische Gedicht auf das anschaulichste dar.

Auch in der Uebersetzung, die ich folgen lasse, werden dem Leser die Züge lebenswahrer Beobachtung und treffender Charakteristik nicht entgehen. Zwei Syrakusische Frauen, nach Alexandria verpflanzt, treten auf: die eine, Praxinoe, etwas unzufriedener, mürrischer, nervöser Natur, die andere, Gorgo, frisch, unternehmend, keck und energisch; beide neugierig, schwatzhaft und dem Putz ergeben. Ueber die Weitläufigkeiten, Gefahren und theuren Preise, besonders aber über die Sitten der Bevölkerung in der fremden Weltstadt haben sie viel zu klagen, und das Selbstbewusstsein des dorischen Stammes steckt ihnen im Blute. Dennoch imponirt ihnen die Pracht der Residenz, die gute Polizei, welche Ptolemäos Philadelphos eingeführt hat, und alles Herrliche, was sie im königlichen Palast zu sehen und zu hören bekommen. Ihre Sympathie zu einander beruht, abgesehen von andern weiblichen Neigungen, auf dem gemeinsamen kleinen Krieg gegen ihre Ehemänner, worüber volles Vertrauen zwischen ihnen herrscht. Doch ist Praxinoe eine sorgsame Mutter und Hausfrau. Gewiss ist auch ihr Verhältniss zum Gatten nicht so schlecht, wie sie es erscheinen lässt; steht sie doch auch zur Magd auf patriarchalischem Fusse, so heftig sie auch schilt. In den schönen Adonis sind sie beide verliebt.

Gorgo. Ist Praxinoe da?

Praxinoe.   O Gorgo, wie spät! 's ist ein Wunder,
   Dass du endlich noch kommst. Schnell, Eunoe, schaff' einen Stuhl her!
   Leg' auch ein Kissen darauf.

Gorgo.   Schon gut so.

Praxinoe.   Lasse dich nieder.

Gorgo. Ach, wie athemlos bin ich, Praxinoe! Kaum noch lebendig
   Kam ich davon vor der Menge des Volks und der Menge der Wagen.

Ueberall Hoftoiletten, gestiefelte Männer in Mänteln.
Und ohn' Ende der Weg. Du wohnst auch gar zu entlegen.

Praxinoe. Ja, am Ende der Welt hat sich mein weiser Gebieter
Eingepfercht in ein Loch, damit wir nicht Nachbarschaft halten
Können. Das ist seine Art, mein Leben mir zu vergällen.

Gorgo. Sprich doch nicht so, mein Schatz, von Deinon. Ist er dein Mann
doch,
Und das Kleine da hörts. Sieh nur, wie scharf es dich anguckt.
Ruhig, Zopyrion, süsses Kind! Sie meint den Papa nicht.

Praxinoe. Wirklich, das Wurm giebt Acht. Bei der Heiligen!

Gorgo. Schön ist Papachen.

Praxinoe. Ja, das Papachen hat neulich (ich sag' ihm noch, Acht soll
er geben)
Statt Salpeter und Schminke zu kaufen, wie ihm bestellt war,
Salz vom Krämer gebracht, das dreizehnellige Mannsbild.

Gorgo. Grade so macht's Diokleides, der Abgrund meines Vermögens.
Sieben Drachmen bezahlt er für fünf Hundsklatten, erbärmlich,
Wie von Ranzen man zaust, Grobzeug: nur Arbeit auf Arbeit.
Aber nun schnell! den Kragen nimm und die Spangenmantille.
Gehen wir zu Ptolemäos' Schloss, des gesegneten Königs,
Anzuschaun den Adonis. Ich hör', ein prächtiges Schauspiel
Stellt die Königin auf.

Praxinoe. Ja, Reiche, die könnens so haben.

Gorgo. Was du gesehn hast, kannst du erzählen an den, der es nicht sah.
Zeit wohl wär' es zum Gehn.

Praxinoe. Bei den Faulen ist ewiger Festtag.
Eunoe, nimm das Becken! Nun, wirds bald? Bringe mirs wieder,
Stell es hierher. Prinzessin! Nur schlafen wollen die Kätzchen.
Spute dich! Bringe mir Wasser geschwind. Erst brauch' ich doch Wasser:
Bringt sie Seife! Nur her! So plansche doch nicht unersättlich
So in Strömen! Halt ein, Unsel'ge: du machst mir das Kleid nass.
So, nun bin ich gewaschen, so gut es den Göttern beliebte.
Wo ist der Schlüssel zur grossen Commode? Schnell, geh' ihn suchen.

Gorgo. Schön, Praxinoe, steht dir die faltenreiche Mantille.
Sag, was kostet dir das Ding, wie es kam von dem Webstuhl?

Praxinoe. O erinnere mich nicht! Mehr als zwei Minen an baarem
Geld, und das Leben dazu musst' an die Arbeit ich setzen.

Gorgo. Dafür gerieth es auch ganz nach Wunsch.

Praxinoe. Das kann man wohl sagen.
Bring mir den Ueberwurf! Nur sorgsam! Setz mir den Strohhut
Ordentlich auf! Nicht mitgehn, Kind. Sonst beisst dich die Mormo.
Weine, so viel du willst: lahmbeinig sollst du nicht werden.
Gehen wir! Phrygia, nimm ihn zu dir und spiel' mit dem Jungen!
Locke den Hund in das Haus, und die Thür nach dem Hof verschliesse!

(Draussen.)

Götter! welch' ein Gewühl! Wie dringen wir durch? wo eröffnet
Eine Gasse sich uns? Ameisen unzählbar, endlos!
Viel schon hast du vollendet und herrliches, o Ptolemäos,
Seit dein Vater das Zeitliche segnete. Kein Vagabonde
Fällt auf der Strass' uns an nach altägyptischem Stile,
Wie sonst spassten die Leute, durchtriebene Lügengesellen,
Einer so wie der Andere, ein Volk von Narren und Strolchen. —
Herzensgorgo, was fangen wir an? Die gepanzerten Reiter
Traben heran. Nur sacht, mein Freund, und reit mich nicht nieder!
Hochauf bäumt sich der Fuchs. Wie wild er ist! O du verwegne
Eunoe, mache dich fort! Er wirft noch den Reiter zu Boden.
Gott sei Dank nur, dass ich den Jungen ruhig daheimliess!

Gorgo. Nur nicht verzagt, Praxinoe! Sieh, da sind wir im Nachtrab,
Sie sind wieder im Glied.

Praxinoe.   So kommt man wieder zu Atbem.
Pferd' und Schlangengezücht, die waren mir immer ein Gräuel
Von klein auf. Nun hurtig voran! Es strömt uns entgegen. —

Gorgo. Mütterchen, kommt Ihr vom Hof?

Alte.   Ja, Kinder.

Gorgo.   Ist es denn möglich,
Einzudringen?

Alte.   In Troja drangen die Griechen mit Kühnheit,
Schönstes Kind. Wer wagt, der kann wohl Alles vollenden.

Gorgo. Ei, mit Orakelsprüchen verlässt uns die alte Prophetin.

Praxinoe. Alles weiss so ein Weib, Zeus' Hochzeit selbst mit der Here. —

Gorgo. Schau, Praxinoe, dort um die Thür welch dichtes Gewimmel!

Praxinoe. Fabelhaft! Gieb mir die Hand, Gorgo! Du Eunoe, fasse
Eutychis an! So, halte dich fest, und bleibe hübsch bei uns.
Alle zusammen hinein! Dicht, Eunoe, schliesse dich an uns.
Das giebt ein Unglück! Weh! Mein Sommerkleid mitten zerrissen!
Gorgo, hast du gesehn? O Mann, beim Zeus, ich beschwör dich,
Wenn etwas heilig dir ist, verschone gnädig das Tuch mir!

Mann. Steht nicht bei mir, doch will ich in Acht mich nehmen.

Praxinoe.   Wie Schweine
Drängt sich das Volk herein.

Mann.   Nur frisch! So sind wir geborgen.

Gorgo. Mög' es, theuerster Mann, dir künftig und immerdar gut gehn,
Dass du so für uns sorgst! Der war doch noch wacker und hülfreich.

Praxinoe. Eunoe steckt in der Klemme. Nur durch! Wer wird so
                                        verzagt thun?
Schön; die Mädchen sind drinnen: da schloss der Bräut'gam die Thür ab.

(Drinnen.)

Gorgo. Komm 'mal hierher, Praxinoe! Sieh, das bunte Gewebe,
Wie anmuthig und fein! Man hält's für Göttergewänder.

Praxinoe. Heil'ge Athene! Was für Hände bereiteten dieses?
Welcher Maler schuf so wahrhaft täuschende Bilder?

Ganz Natur wie sie stehn, Natur in jeder Bewegung.
Wahrlich beseelt, nicht gewebt. Ein kluges Ding ist der Mensch doch.
Sieh nur, wie prächtig er selbst daliegt auf silbernem Ruhbett,
Wie die Blüthe des Flaums ihm unter den Schläfen herabquillt.
Dreimal geliebter Adonis, im Acheron selber geliebt noch!

Fremder. Hört doch endlich 'mal auf mit eurem ew'gen Geplapper,
Zwitschernde Schwalben! Im Kauderwelsch zerquetschen sie Alles.

Gorgo. Bah, woher ist der Mensch? Was geht's dich an, wenn wir
plappern?
Wo du was hast, da befiehl. Syrakusischen Frauen befiehlst du?
Dass du's nur weisst, wir sind in Korinth zu Hause von Alters,
Wie Bellerophon war, und sprechen Peloponnesisch.
Dorischen Frau'n, so hoff' ich, wird dorisch reden erlaubt sein.

Praxinoe. Lass uns nimmer erstehn, Persophone, noch einen Herrscher
Ausser dem Einen! Ich bitte, gestrenger Herr, nehmt's so genau nicht!

Gorgo. Still, Praxinoe! Gleich wird die Sängerin dort den Adonis
Singen, die weit von Argos her mit der Mutter gereist ist,
Die auch neulich den Klagegesang so herrlich gemacht hat.
Schönes werden wir hören, das weiss ich. Jetzt modulirt sie.

Sängerin. Hohe, die Golgos erkor und Idalion, die du des Eryx
Schwindelnde Höhe bewohnet, Aphrodite mit goldenem Schmucke!
Also kam dir Adonis von Acheron's ewiger Strömung
Nach zwölf Monden zurück, im Geleit sanftgleitender Horen?
Langsam wandeln die Horen vor andern seligen Göttern,
Aber sie kommen erwünscht den Sterblichen immer mit Gaben.
Kypris, Diona's Kind! du hobst, wie die Sage verkündet,
Zur unsterblichen Wonne den sterblichen Geist Berenike's,
Sanft Ambrosiasaft in die Brust der Königin träufelnd.

Dir zum Dank, vielnamige, viel in Tempeln verehrte,
Feiert Arsinoe heut, Berenike's Tochter, an Schönheit
Helenen gleich, den Adonis mit mannigfaltiger Zierrath.

Da sind Früchte, soviel auf Baumeswipfeln gereift sind,
Zierliche Gärten sind hier in silbergeflochtenen Körbchen,
Wohl umhegt, und Syrische Salb' in goldenen Krüglein.

Kuchen ferner, auf Platten, von Frauenhänden gebildet,
Bunt, mit dem weissen Mehl der Blumen Würze verbindend;
Andre von lauterem Oele getränkt und lieblichem Honig.

Alles, was fleucht und kreucht, das ist hier lebendig zur Stelle.
Grünende Lauben, bedeckt mit Anis, voll würzigen Duftes
Stehen erbaut, und Erotenbübchen schweben darüber,
Gleich wie Nachtigallküchlein, die wachsenden Fittige prüfend,
Flattern von Zweig zu Zweig auf dem Baum in lustigem Schwunge.

O wie pranget das Gold und das Ebenholz! Sieh, wie er schimmert,
Weiss aus Elfenbein der Knabe, den zu Kronion's

Thron hintragen die Adler, den zart aufblühenden Mundschenk.
Purpurne Teppiche droben gebreitet, weicher wie Schlummer,
Wie sie Miletos scheert und Heerden tragen auf Samos.

Wieder einmal ist ein Lager dem schönen Adonis gebreitet;
Dort lehnt Kypris, und hier auf rosigem Arme Adonis,
Eben erwachsen, ein achtzehn-, neunzehnjähriger Bräut'gam.
Stachellos noch ist sein Kuss, noch blüht's um die Lippen ihm röthlich.

Jetzo mag sich Kypris erfreun des holden Gemahles.
Morgen wollen wir ihn mit dem Frühthau alle zusammen
Tragen hinaus in die Woge, die wild am Gestad' emporschäumt,
Stimmen mit Jammergeberde das weithin gellende Lied an.

Holder Adonis! Du kommst und gehst zum Acheron wieder,
Ganz von allen Heroen allein. So ward es beschieden
Nicht Agamemnon, nicht Ajas, dem wüthenden Helden,
Hektor nicht, von Hekabe's zwanzig Söhnen dem ersten,
Nicht Patroklos, noch Pyrrhos, der stolz heimkehrte von Troja,
Nicht aus der Urvorzeit Lapithen und Deukalionen,
Noch den Pelasgern, den Ahnen der Pelopssöhn' und Argiver.
Sei uns gnädig, Adonis, und bring ein fröhliches Neujahr!
Freundlich kamst du, Adonis; so kehr' auch freundlich uns wieder.

Gorgo. Nun, Praxinoe, was Geschickteres giebt's als die Weiber?
Selig preis' ich die Kunst und dreimal selig die Stimme.
Aber nach Hause! 's ist Zeit. Diokleides harrt auf die Suppe.
Sauer wie Essig ist er schon so, und weh', wenn ihn hungert!
Theurer Adonis, ade! und kehr' in Freuden uns wieder!

Hiermit sind zwar noch nicht alle Werke des Sicilischen
Dichters erschöpft, aber doch die wesentlich charakteristischen,
originellen, einer allgemeinen Besprechung leichter zugänglichen
nach ihren Gattungen, Besonderheiten und Beziehungen vorgeführt. Ganz unerwähnt sind bisher nur geblieben eine Anzahl
Epigramme in verschiedenen Rhythmen und erotische Gedichte.

Letztere, noch vor wenigen Jahren durch einen neuen Fund,
ein Product wenigstens des nahenden Greisenalters, vermehrt, gehören einem Gebiete des Empfindungslebens an, welches nur bei
eindringender Kenntniss des Alterthums verstanden und richtig
gewürdigt werden kann. Den hohen, geistigen Zug, welcher die
Freundschaft des gereiften Mannes zum erblühenden Jüngling
veredelte, haben reine Naturen wie Jakobs und Welcker sinnig
und überzeugend nachgewiesen. Der ganze Kreis der Genossen
von Kos und Alexandria, Nikias, Aratos, Kallimachos, pflog dieser
Neigung. Dem ersten dieser Freunde hat Theokrit zum Trost über

einen ähnlichen Verlust seinen „Hylas" (Id. 13) gewidmet, welcher
am Beispiel des biedern Herakles lehrt, wie wir uns jenes Sokratische Verhältniss des „Inspirirenden" zum „Hörenden" (nach dem
feinen Ausdruck der Dorier) zu denken haben: frei von der
Trockenheit väterlicher oder schulmeisterlicher Autorität, ein
Werben erfahrener Weisheit um den jugendlich empfänglichen
Sinn, bedingt allerdings durch sinnliches Wohlgefallen an Knaben-
schönheit, aber in der Absicht treuer Erziehung und in der Hoffnung eines unlösbaren innigen Seelenbundes für das Leben, ja
über den Tod hinaus im Gedächtniss der Nachwelt, wie einst
Achill von Patroklos geliebt wurde. Kein unreiner oder frivoler
Hauch ist in den Theokriteischen „Knabenliedern." Im Dialekt
und Rhythmus, ja in bestimmten Anspielungen zeigt sich der
Einfluss des Alkäos und des Anakreon, dem auch ein Epigramm gewidmet ist, während das schöne „Brautlied für Helena"
(Id. 18) sich an das classische Vorbild der Sappho anschliesst.
Auch hier hat der Dichter das volksthümliche Element angezogen;
denn es ist ein Chor von 12 der ersten Spartanischen Jungfrauen,
welcher nach altem Brauch vor der Brautkammer Morgens unter
Tanzbegleitung das schallende Wecklied ertönen lässt: unzwei-
deutige Neckereien für den Herrn Gemahl, schwärmerisch-zärt-
liches Lob der jungen Frau, herzlicher Abschied der Freundinnen
und naive Segenswünsche für das Paar. Wie einst Stesichoros
sein umfangreiches chorisches Lied von der Helena für ein Fest
zu Ehren dieser dorischen Heroine componirt hatte, so wird auch
diese kürzere Episode für einen ähnlichen Zweck bestimmt gewesen
sein; auch soll sich Theokrit seinem Vorgänger in Manchem an-
geschlossen haben.

Die Durchmusterung des Theokriteischen Nachlasses führt
nicht in ätherische Höhen des poetischen Gedankens, auch nicht
in die heiligsten Tiefen des Gemüths: den leuchtenden Stempel
schöpferischer Genialität im strengsten Sinne tragen weder jene
sinnigen, duftigen Abbildungen ländlichen und städtischen Volks-
lebens, noch die formgewandten, fein empfundenen Versuche in
einer fremden, wenn auch noch so geschickt angeeigneten Stilart.
Aber in Allem empfinden wir die Würme eines liebenswürdigen,
echt poetischen Gemüthes: Kenntniss und treue Beobachtung des
Volksthümlichen und Ursprünglichen, stimmungsvolle Empfänglichkeit für echte Natur, landschaftliche wie geistige, Laune und

Anmuth, unübertreffliche Sauberkeit und Zierlichkeit der Form, untrügliche Sicherheit des Geschmackes. Was ihm seine Zeit an Elementen und Stoffen für dichterische Gestaltung bot, hat er mit sichrem Blick herausgehoben und mit fester Hand gestaltet.

Die gesunde Kraft seines Talentes wird vollends klar, wenn wir überblicken, was Andre auf den ihm eigenthümlichen Gebieten nach ihm geleistet haben. Der Hirtengesang im engeren Sinne sinkt etwa ein Jahrhundert später bei dem gelehrten Syrakusaner Moschos, einem Genossen des Grammatikers Aristarch, und demnächst bei dem Smyrnäer Bion zu leeren, süsslichen Tändeleien herab. Es klingt wie eine kindische Schulübung, wenn dieser (17) in Frage und Antwort das Thema verhandeln lässt, welche der vier Jahreszeiten den Vorzug verdiene, oder wenn jener den Gefahren des Meeres die Sicherheit des festen Landes entgegenstellt (3). Offenbare Nachahmungen Theokriteischer Vorbilder, wie die matte Klage eines Rinderhirten, dass er einem Stadtmädchen nicht gefalle, und allerhand frostige erotische Spielereien in der Manier der nachgemachten Anakreonliedchen zeigen das Erlöschen selbständiger Erfindungsgabe. Auch der Ausdruck wird phrasenhaft, allgemein: das Körnige, Charakteristische ist verschwunden. Nur ein Stück unter dem zweifelhaften Gut zeichnet sich aus durch Frische und kecke, ja unverhüllte Vorstellung einer mit aller Gradheit südlicher, besonders antiker Weise dramatisch belebten Scene: das „Liebesgespräch" zwischen dem Rinderhirten Daphnis und der Tochter des Menalkas, also einem Paar mit besten bukolischen Namen. Zeile um Zeile in straffem Fortgang eines lebhaft erregten, durch schlagfertige Laune glänzenden Wortkampfes besiegt der zielbewusste Mann die wilde Sprödigkeit des Mädchens: die im Anfang mit Hohn den wüsten Satyr auf seine Kälber verwiesen und die Spuren seines zudringlichen Kusses von den Lippen gewaschen hat, ist am Schluss ihrer Artemis abtrünnig geworden und der Aphrodite unterlegen.

Ueberströmend in weichem Gefühl, schwelgend in Bildern und Wohllaut, aber eintönig und gedankenarm ist der Bionische Klagegesang auf Adonis, dem wiederum das Trauerlied eines begeisterten Schülers auf Bion selber nachgebildet ist. Dass mit ihm der dorische Gesang gestorben sei, spricht der unbekannte Verfasser aus.

Die Sicilisch-Alexandrinische Poesie wurde in fast allen Richtungen wieder aufgenommen von der römischen Dichterschule
der Cäsarischen Zeit, als deren bedeutendster Vertreter uns
Catull gilt; doch sind die Versuche derselben in der bukolischen
Gattung wenigstens in ihrem Erfolge durch Virgil's geistvolle
Nachbildungen weit überboten worden. Freilich tritt die Allegorie
an Stelle jener duftigen Naturproducte, aber die bald versteckten,
bald offenen Beziehungen auf politische und litterarische Interessen, welche die Zeit bewegten, verliehen diesen blutlosen
Schattengebilden, die grossentheils mit erborgten Worten redeten,
einen ungewohnten Reiz. Es war dem neuen Herrscher wohl-
gefällig, dass der Mantuaner Bauernsohn harmlose Hirten aus der
Poebene das Lob des gottähnlichen Wohlthäters singen und die
goldene Zeit, die seine Regierung eröffnete, verkünden liess.
Diese Hofpastorale erlebte unter Nero, zur Verherrlichung des
kaiserlichen Apollo, eine zweite Auflage durch Calpurnius. Die
Griechen der Kaiserzeit aber bewahrten eine schwache Reminis-
cenz an das ländliche Genrebild in der unwahrscheinlichen Form
farbloser Bauern- und Fischerbriefe und anderer Stilübungen,
bis spät im fünften Jahrhundert n. Chr. der schlummernde Keim
eine neue Blüthe trieb im Hirtenroman des Longus.

Eine kräftigere und fruchtbarere Fortbildung erfuhr der
Mimos einerseits durch seine Entwicklung zur dramatischen
Posse, andererseits als Element in der vielgestaltigen, aber stets
der realen Gegenwart zugewandten römischen Satire, die in
ihrer prosaischen Form gleichfalls im Roman gipfelt, dem
meisterhaften Sittengemälde des Petronius. Auch zwischen dem
Alexandrinischen Epyllion, der Novelle in Versen, und dem erotischen Roman der Griechen ist ein Zusammenhang nicht zu
verkennen.

6. M. Porcius Cato Censorius als Schriftsteller.

(Aus dem „Neuen Schweizer Museum" I. 1861, S. 7 ff.)

Die kernhafte und unentwegte Gesinnung des M. Porcius Cato Censorius, sein nachhaltiger und einflussreicher, auf allen Gebieten des öffentlichen Lebens bewährter Feuereifer für Würde und Hoheit des Gemeinwesens, für strenges Recht und gute alte Römersitte ist sprichwörtlich geworden. Weniger bekannt aber ist die für seine Zeit beispiellose Rührigkeit, welche diesen originellen Geist noch am Ende seiner vielbewegten staatsmännischen Laufbahn nicht nur zum Studium des Thukydides und Demosthenes, sondern auch zu einer Reihe eigener Productionen trieb, die (sämmtlich in ihrer Art grundlegend und bahnbrechend) ihn zum eigentlichen Vater und Schöpfer der römischen Prosaliteratur gemacht haben. Denn er hatte sich früh gewöhnt, die Rede zu üben „wie einen zweiten Körper und wie ein fast ebenso unentbehrliches Werkzeug für den strebenden thätigen Mann." Und in der That, nie war eines Mannes gesprochnes und geschriebnes Wort in innigerem Einklange und festerem Verband mit seinem ganzen Weben und Leben als bei Cato.

An eine sechszigjährige Wirksamkeit in der Republik lehnen sich zunächst an die in hohem Alter zu einer stattlichen Sammlung redigirten Reden des alten Senators, Feldherrn, Censors und Gerichtsanwalts. Ihre Anzahl stellte Cicero denen des fruchtbarsten unter den attischen Rednern, des Lysias, ungefähr gleich, unter dessen Namen 425 Reden gingen, darunter freilich nur 230 als ächt anerkannte. Indessen war jene Masse bereits zu seiner Zeit (103 Jahre nach Catos Tode, bei der Abfassung des Brutus, 708/46) auf etwa 150 zusammengeschmolzen, die Cicero noch aufstöberte und sämmtlich gelesen zu haben sich rühmt. Er verehrt in diesen Resten die ältesten, erheblichen Denkmäler künstlerischer Beredsamkeit, entdeckt in ihnen die wenn auch noch unentwickelten Keime aller rednerischen Vorzüge und bewundert namentlich die Fülle und das originelle Gepräge seiner Wendungen und Redefiguren; welches etwas überschwängliche Lob er freilich im weitern Verlauf seines Gespräches beträchtlich dämpfen lässt durch die vornehme Bemerkung des Atticus, dass der „römische Lysias" doch eigentlich von „Fülle und Schmuck," den beiden Haupterfordernissen künstlerischer Rede, keine Ahnung besessen habe. Und aus diesem geringschätzigen Urtheil des Repräsentanten der damaligen Geschmacksrichtung beantwortet sich dann auch Cicero's missbilligende Frage: „wer von unsren Rednern heutzutage hat den Cato gelesen oder kennt ihn überhaupt?" Nur alterthümelnde Schriftsteller, die sich die Bildung eines pikanten, gleichsam von edlem Rost angelaufenen Kunststils so viel Mühe kosten liessen wie Sallust oder gelehrte Forscher wie die Grammatiker Verrius Flaccus und Probus studirten und exerzirten die Catonischen Schriften nach, bis die seit Hadrian und Fronto neu erwachende Liebhaberei für die archaische Literatur auch sie aus der Vergessenheit wieder hervorzog, ja sogar den Redner Cato über Cicero stellte und seinem literarischen Verdienst Statuen von Ort zu Ort zu errichten beantragte.

Uns ist von den Reden die immer noch ansehnliche Zahl von 80 Titeln, freilich nur in 93 Nummern erhalten, von denen kaum ein Zehntel von einigem Umfang sind.

Werfen wir einen orientirenden Blick auf die Fülle der historischen Beziehungen, an welche die vorliegenden Bruchstücke erinnern, so erscheint der merkwürdige Mann aus unscheinbarem Sabinergeschlecht, den sein und Roms Geschick wie einen gewaltigen (aber gegen die Uebermacht der Elemente doch zuletzt wirkungslosen) Damm an die Grenzscheide des alten, auf die italische Herrschaft beschränkten, aber desto unerschütterlicher auf dem Brauch der Väter gegründeten Roms, und des neuen, Griechenland, Spanien, Asien in sich verschlingenden, aber hinwiederum von hellenischem Wesen geistig unterjochten und untergrabenen, von den Schatten der eignen Grösse allmählig überwucherten Römerreichs gestellt hatte, als rastloser Kämpfer für die alte, weniger glänzende, aber reinere Zeit fast in alle wichtigen Bewegungen und Fragen der Gegenwart verflochten. Sah er doch das beste Mittel für Roms dauernde Grösse darin, wenn

einerseits der Adel den Ehrenpreis der Mannestugend nicht den
Niederen überlasse, andrerseits aber die Männer vom Volk den
Kampf eben jener Mannestugend mit den durch Geschlecht und
Ansehn Hervorragenden tapfer aufnehmen (dict. mem. 33 Jord.),
erkannte er doch diesen selbst erworbenen Ehrenpreis als das
einzige ächte Vorrecht des Bürgers an: „Recht, Gesetz, Freiheit,
Gemeinwesen soll Allen gemeinsam sein; Ehre und Ruhm, wie
ein Jeder ihn sich gerüstet hat" (or. inc. 19. Jord.).

Am häufigsten hören wir ihn Klage führen, namentlich über
einreissende Schäden im Regiment und in der öffentlichen Sitte: z. B.
über Wahlumtriebe (or. 26), über die Anmassung, Triumphe ohne
Siege zu feiern (or. 73. 9), über Unterschlagung der Beute durch
jene vornehmen „Staatsdiebe, die in Gold und Purpur ihr Leben
hinbringen, während Privatdiebe zeitlebens in Fesseln und Banden
sitzen müssen" (or. 70. 71. 13. 14. 15); über mannigfache Miss-
bräuche, Unehrlichkeiten und Unwürdigkeiten, von Beamten in
der Provinz verübt (or. 8. 9. 10. 17. 31).   Sodann verlangt er
gesetzliche Beschränkung des Kleider- und Tafelluxus (or. 21. 27)
in einer Stadt, „wo ein Fisch bereits theurer war als ein Ochse"
(dict. mem. 2), und wo es gleichsam durch die Cultur producirte
„Antipoden" gab, „welche die Sonne weder auf- noch untergehen
sahen" (dict. mem. 76); Maassregeln gegen bedenkliche Anzeichen
von Emancipation der Weiber (or. 32. 68), jener Geschöpfe, deren
Gemeinschaft nach einem Ausspruch ihres herben Busspredigers
eine Gemeinschaft der Menschen mit den Göttern unmöglich
machte (dict. mem. 82.) Dazu kommen der Monstreprocess gegen
die Muckerwirthschaft der heimlichen Bacchusverehrer (or. 16), die
heftigen Wahlkämpfe vor der Censur mit den zahlreichen Gegen-
candidaten der Junkerpartei und die daran sich knüpfende Aufforderung, ihre moralische Unfähigkeit für dieses Amt zu schildern und zu erhärten (or. 13); dann ganz besonders das grosse
Fegefest selbst (or. 17—20), welches der unwillkommene, aber
endlich doch Dank den rechts und links vertheilten Rippen-
stössen zum Ziel gelangte sabinische Herkules über Senat und
Stadt zur Vertilgung der Hydra der Sittenlosigkeit verhängen zu
müssen glaubte (dict. mem. 37); ferner die vierundvierzig An-
klagen, womit ihm der dankbare Adel seine censorischen Verdienste fünfundzwanzig Jahre lang bis an sein spätes Lebens-
ende nachgetragen, wobei er aber stets mit derselben schneidenden

Frische dem Gegner heimgeleuchtet hat (or. 23. 45. 54. 56. 1.
2. 11). Rechnen wir nemlich noch hinzu seine Reden über auswärtige
Politik, wie die Unabhängigkeitserklärung von Macedonien (or. 33),
„um allen Völkern zu zeigen, dass die Waffen der Römer
nicht den Freien Knechtschaft, sondern vielmehr den Knechten
Freiheit bringen" (Liv. 45. 18); über das Schicksal der in
siebenzehnjähriger Haft gehaltenen achäischen Geiseln (or. 35;
dict. mem. 17) und über das Verfahren gegen die Rhodier (or. 34), den
Krieg mit Karthago (or. 37), und zu guter Letzt die nach Niederwerfung des Königs Antiochus zur Treue mahnende Ansprache
an die Athener (or. 7) aus der leider nur ein spöttisches
Wort über die syrische Majestät, die „mit Tinte und Feder zu
Felde ziehe", erhalten ist, — so haben wir die rednerische Thätigkeit des unermüdlichen Kämpen zwar bei Weitem noch nicht erschöpft, glauben aber doch eine Art Rundgemälde der Haupt-
schlachten, in denen er aufgetreten ist, entworfen zu haben.

Der Mannigfaltigkeit der Stoffe entsprach die Vielseitigkeit
in der Form. „Heiter zugleich und furchtbar, behaglich und
niederschmetternd, spasshaft und herbe, gedankenhaft und kampf-
gerüstet" konnten seine Worte klingen, wie Plutarch sagt, den
die Doppelnatur seines Helden an den Alkibiadeischen Vergleich
des Sokrates mit dem erhabnen Götterbilde im Silenengehäuse
erinnert, eine Zusammenstellung, gegen welche sich freilich der
gute Cato sehr energisch verwahrt haben würde, da er Sokrates
schlechtweg für einen müssigen Schwätzer und Revolutionär erklärte, und Nichts an ihm zu schätzen wusste, als dass er —
sich so sanftmüthig iu seine böse Ehehälfte und seine blöd-
sinnigen Kinder gefügt habe (inc. 74. dict. mem. 42). Ein derber,
bäurisch handfester, keulenmässig zutreffender Witz, ein Schatz
gesunder und origineller, aus eigenster Ueberzeugung und Erfahrung gewonnener Kernsprüche, ein ächt volksthümliches Behagen an drolliger Erzählung und ergreifende Plastik in ernsten
Darstellungen, Sitten- und Personenschilderungen mit breitem,
vollem Pinsel und grellem Vortrag, eine schöpferisch geniale Gewalt in schlagenden Kraftausdrücken, ein hochwogendes und
schwellendes, nur noch nicht strömendes Pathos für Würde und
Wohl des Vaterlandes, ein oft zum Siedepunkt in Entrüstung
und Zorn aufwallendes und brausendes Ethos, — Alles unterstützt und gehoben durch die Grundlage eines ehrlichen, festen

und männlichen, wenn auch engen Herzens, das es am aller-
strengsten mit sich selbst nahm (dict. mem. 15), und gekleidet
in ebenso männlich ernste und schlichte, von der Beredsamkeit
des Augenblicks eingegebene, vom Rythmus eines berechneten
Periodenbaues noch nicht abgetönte und abgerundete Worte
(Eicheln nennt sie der Kenner und Liebhaber Fronto), — das
sind ungefähr die Grundzüge, die sich aus den wenig zusammen-
hängenden Bröckeln des alten cyclopischen Aufbaues noch heraus-
finden und uns ahnen lassen, mit welchen Erwartungen Senatoren,
Richter, Soldaten oder Volk die eiserne, ungeschorene Gestalt die
Rednerbühne besteigen und sein nach altem Brauch nie unter-
lassenes Gebet an die Götter zuvor verrichten sahen; und wie
den Betroffenen zu Muthe gewesen sein muss, auf welche es
grade der Allerweltsbeisser mit der gewaltigen Stimme, mit den
rothen Haaren und grünen Augen abgesehen hatte, den, wie ein
Epigramm sagt, nicht einmal Persephone nach seinem Tode in
den Hades aufnehmen mochte.

Am verehrungswürdigsten erscheint er, wo er als treuer An-
walt von Provinzen oder Municipien gegen Unbill der Grossen
in die Schranken tritt. So hatte Q. Minucius Thermus als Consul
in Ligurien den Senatsausschuss einer Stadt wegen angeblich
schlechter Proviantlieferung auspeitschen und dann hinrichten
lassen. Cato donnert ihm seine That mit folgenden betäubenden
Wiederholungen in Ohren und Gewissen (or. 8. 1): „Deine ab-
scheuliche Unthat bildest du dir ein durch eine noch schlimmere
Unthat zuzudecken, richtest Menschenschlächtereien an, richtest
eine solche Metzelei an, richtest zehn Leichen her, richtest zehn
freie Häupter hin, raubst zehn Menschen das Leben ohne Process, ohne Richterspruch, ohne Verurtheilung.“*)

Eine ergreifende Darstellung des Vorfalls hatte er kurz zuvor bei der Verhandlung über die Bewilligung des Triumphs
(or. 9) gegeben, dessen Verweigerung zu erwirken seiner Bered-

---

*) In ähnlicher Weise prägt er bei einer andern Gelegenheit den-
jenigen kunstliebenden Feldherren, die mit erbeuteten Götterbildern, statt
sie an die Tempel abzuliefern, ihre eignen Häuser zu schmücken vorzogen,
die Sündhaftigkeit solchen Verfahrens folgendermaassen ein (or. 71): „ich
wundere mich, dass sie es wagen und keine Scheu sie abhält, Standbilder
der Götter, Abdrücke göttlicher Antlitze, heilige Zeichen daheim im Hausrath anzustellen.“

samkeit gelang. Mit Recht erkennt Gellius in dieser Stelle etwas
von der Kunst, die Cicero bei ähnlichen Erzählungen so meisterlich zu üben verstand. „Er sagte, von den Zehnmännern sei er
schlecht mit Lebensmitteln versorgt worden. Er befahl, ihnen
die Kleider auszuziehen und sie mit der Geissel zu schlagen. Zehn-
männer von Bütteln (*Bruttiani*) geprügelt, viele Menschen haben's
gesehen! Wer kann diesen Schimpf, wer diese Ausübung des
Oberbefehls, wer diese Knechtschaft ertragen? Kein König hat
solches zu thun gewagt: dass man so mit guten Leuten von
gutem Herkommen verfahre, haltet ihr zu gute? Wo bleibt das
Bündniss, wo das Wort der Vorfahren? Schreiende Ungerechtigkeiten, Streiche, Schläge, Striemen, Schmerzen und Schindereien
in Schmach und höchstem Schimpf vor den Augen ihrer Landsleute und vieler Sterblichen hast du zu verüben gewagt! Aber
wie gross war die Trauer, wie gross der Jammer, welche Fülle
von Thränen, wie gewaltig das Schluchzen, das sich begab, wie
ich vernommen habe? Sclaven nehmen schon Ungerechtigkeiten
gewaltig übel. Wie muss jenen Leuten von guter Herkunft, von
grossem Verdienst zu Muthe gewesen und wie würde ihnen in
Zukunft zu Muthe gewesen sein, so lange sie lebten!" Und nun
kam der Redner wohl auf die Hinrichtung der Unglücklichen.

Mit derselben ergreifenden Anschaulichkeit erzählt später
der Censor (or. 17) jene berüchtigte Tischscene, wie der Consul
L. Quinctius Flamininus beim Gelage einen vornehmen Bojer, der
sich eben in das römische Lager geflüchtet und um eine Unter-
redung mit dem Feldherrn nachgesucht hatte, eigenhändig während des Gesprächs mit gezücktem Schwert über den Kopf hieb,
den Fliehenden, der den Schutz des römischen Volks und aller
Anwesenden anflehte, verfolgt und niedergemetzelt habe, um
seinen Buhlknaben für das versäumte Gladiatorenspiel in Rom
durch eine provinciale Augenweide zu entschädigen. Er bietet
dem vornehmen Fechter, den er aus der Senatorenliste gestrichen,
nach römischem Brauch die Wette für die Wahrheit seines Berichtes an und giebt ihm zu beherzigen, dass derjenige über an-
gethanen Schimpf sich nicht beklagen könne, der sich selbst so
weit entehrt habe, sinnlos von Wein und Wollust mit dem Blute
eines Menschen beim Gelage zu spielen. Auch das Schändliche
jener aus Griechenland herübergeschleppten Buhlerei hält er ihm
ernst vor: „etwas Andres, Philippus, ist Liebe, bei weitem etwas

Andres ist Begier. Auf der Stelle ist die eine bei der Hand, sobald die andre sich zurückgezogen hat. Die eine ist gut, die
andre schlecht."*)

Wie im Jahre 564 für die Ligurer, so tritt 40 Jahre später,
kurz vor seinem Tode, der 85jährige Greis für das Recht der
Lusitanier ein, die er seit seinem Consulat unter seine besondern
Schutzbefohlnen zählte. Der Prätor Servius Sulpicius Galba
hatte 7000 Lusitaner in die Falle gelockt und trotz geschlossenen
Vertrages theils niederhauen, theils in die Sclaverei führen lassen.
Der Volkstribun L. Scribonius Libo hatte beantragt, die Ge-
fangenen freizugeben und damit Anklage gegen den verrätheri-
schen Feldherrn erhoben. Der alte Cato erhob sich zur Unterstützung des Antrages. „Vieles zwar," begann er, „hat mich ab-
gemahnt, hier (vor dem Volk) aufzutreten: Jahre, Alter, Stimme,
Greisenthum; jedennoch" freilich habe der Gedanke an die Bedeutung dieser Verhandlung alle Bedenken überwunden. Mit
jugendlicher Energie trieb er den Gegner aus den Schlupfwinkeln
seiner Vertheidigung heraus. „Man giebt vor," sagt er unter
Anderm, „die Lusitanier hätten abfallen wollen. Ich habe jetzt
den Willen, das pontificische Recht aus dem Grunde zu kennen.
Werde ich desshalb zum Pontifex gewählt werden? Wenn ich
den Willen habe, das Augurenrecht aus dem Grunde zu verstehn, wird mich um dessentwillen einer zum Augurn wählen?"**)
Schon glaubte der gänzlich Ueberführte und Geständige sich verloren; doch es gelang ihm mit Hülfe des schon damals beliebten
Rührapparats, durch weinende Kinder und Geld, der Verurtheilung
zu entgehn. Cato aber verewigte das Brandmal, das er ihm auf-
gedrückt hatte, durch Aufnahme seiner Rede in das siebente
Buch seines Geschichtswerkes. Bei der nachträglichen Aufzeich-
nung, entweder in der Rede selbst, den voraussichtlichen Ver-

---

*) Dergleichen ethische Synonymik ist überhaupt im Geschmack unsres
Redners, der es mit dem einzelnen Worte eben so scharf und ehrlich nimmt,
wie mit Gesinnungen; z. B. „etwas Andres ist eilen (properare), etwas Andres
hasten (festinare), Wer Eins nach dem Andern bei Zeiten fertig bringt,
der eilt sich: wer Vieles auf einmal anfängt und nichts zu Stande bringt,
der hastet. Meine Art ist immer gewesen, Eins nach dem Andern, an
was ich mich einmal gemacht hatte, fertig zu bringen" (or. 11, 4. vgl.
inc. 11).

**) Mit beiden Wissenschaften, sowie mit dem bürgerlichen Recht, be-
schäftigte er sich grade in dieser Zeit.

suchen des Angeklagten begegnend, oder in dem historischen Bericht über den Ausgang des Processes, nahm er noch auf jene Unsitte, durch Kinder- und Weiberthränen das Recht zu beugen, warnend oder tadelnd Bezug.

Durch eine gewisse Aehnlichkeit in der Situation und durch eine noch grössere in der Art der Vertheidigung reiht sich hier die Schutzrede für die Rhodier an, der ebenfalls ein Ehrenplatz in dem unten näher zu besprechenden Geschichtswerk angewiesen war. Die Rhodier nämlich, die bisher in allen Gnaden bei den Römern gestanden, hatten sich während des Krieges gegen Perseus durch Handelsinteressen und macedonische Wühlereien zu einer bedenklichen Hinneigung nach der Seite des Königs, ja sogar zu sehr kopflosen und wenig zeitgemässen Interventionsgelüsten hinreissen lassen und baten um Beendigung des Krieges (587) de- und wehmüthig durch eine Gesandtschaft in Rom um Verzeihung oder wenigstens gnädige Strafe. Der 71jährige Cato, sonst nichts weniger als ein Mann der Nachsicht und Vermittlung, ergriff den ehrgeizigen und unfähigen Junkern gegenüber, die in dem Kriege gegen Perseus einer nach dem andern sich blamirt hatten und jetzt *re bene gesta* desto kriegslustiger der widerstandslos sich ergebenden Insel gegenüber declamirten, die Partei der Schwächeren. Sein Bewunderer Gellius, indem er diese Rede gegen die etwas schulmeisterlich vornehm von der Höhe Ciceronischer Kunst herabsehende Kritik des Tiro in Schutz nimmt, findet ein ganzes Arsenal rhetorischer Künste in jenem Senatsvotum. Er kämpfe nicht, sagt Gellius, wie im Fechtsaal, regelrecht und präcis, sondern wie mitten in der Feldschlacht, wenn die Schlachtreihe zersprengt sei und an vielen Orten zugleich mit wechselndem Glück gefochten werde. Bald preise er die Verdienste der Rhodier, bald vertheidige er ihre Unschuld, protestire, dass man nach ihren Schätzen die Hand ausstrecke; dann wieder bitte er um Schonung für ihr Vergehn, weise nach, wie unentbehrlich sie für den Staat seien; bald erinnere er an die Verpflichtung zur Grossmuth, bald an die Milde der Vorfahren, bald an das öffentliche Wohl — das Alles habe zwar vielleicht präciser und wohlklingender, aber nimmermehr energischer und lebendiger gesagt werden können. Und allerdings gehören die Proben, welche wir dem Enthusiasmus dieses späten Liebhabers und Nachahmers des alterthümlichen Stils verdanken, zu dem Charakteri-

stischsten, das uns von Catonischer Beredsamkeit erhalten ist.
Folgende Uebersetzung hat die Härte und derbe Schmucklosig-
keit des Originals nicht aufzuputzen gesucht. Desto besser tritt
der patriotische Ernst neben einer gewissen naiven Schalkhaftigkeit zu Tage, obwohl die Stellen grade als die schwächeren von
Tiro ausgehoben sind. Die unschuldige Sophistik der an die
Rede für die Lusitanier erinnernden Absätze 4—6, die nur unter
bedeutenderen Argumenten zu einiger Erheiterung der gestrengen
Väter mit unterliefen, wird Niemand mit Tiro einer pedanti-
schen Widerlegung unterziehen wollen. Dass der letzte Abschnitt auf jene allerübermüthigsten Menschen gemünzt sei, die
Uebermuth an sich lieben, an Andern tadeln, bemerkt Gellius
ausdrücklich. Uebrigens ist auch in die von Livius (45, 22—24)
ausgearbeitete Rede der Rhodier Manches aus der Catonischen,
die ihm vorlag, übergegangen.

1. „Ich weiss, dass die meisten Menschen in günstigen und
behaglichen und glücklichen Umständen sich überheben und dass
Hochmuth und Trotz sich mehrt und wächst. Daher macht es
mir jetzt grosse Sorge, da dieser Handel so günstig von Statten
gegangen, dass bei der Berathung etwas Widerwärtiges sich begeben könnte, was unsre günstige Lage trüben, oder dass die
Freude gar zu üppig ausfallen möchte. Widrige Umstände
machen zahm und lehren was Noth sei zu thun. Günstige Umstände pflegen Einen vor Freude auf verkehrte Wege zu stossen,
ab von richtiger Berathung und Erkenntniss. Um so mehr sage
und rathe ich, dieser Handel möge einige Tage verschoben
werden, bis wir aus so grossem Jubel wieder zur Gewalt über
uns zurückkehren."

2. „Allerdings glaube ich, die Rhodier haben nicht gewünscht, dass wir den Kampf so zu Ende führten, wie er zu Ende
geführt worden ist, nicht, dass der König Perseus besiegt werde.
Aber nicht nur die Rhodier haben dieses nicht gewünscht, sondern viele Völker und viele Stämme haben das Gleiche nicht gewünscht, glaube ich. Ja vielleicht sind Manche unter ihnen gewesen, die nicht zu unserm Schimpf diesen Ausgang nicht
gewünscht haben. Vielmehr haben sie gefürchtet, wenn kein
Mensch mehr da wäre, den wir respektiren müssten, wir Alles
was uns beliebte, thäten, dass unter unsrer Herrschaft allein Alles
in unsrer Knechtschaft wäre. Um ihrer Freiheit willen haben

sie diesen Standpunkt eingenommen, glaube ich. Und dennoch haben die Rhodier den Perseus officiell niemals unterstützt. Bedenkt, wie viel vorsichtiger wir unter einander in unserm persönlichen Verhältnissen handeln. Ein Jeder von uns, wenn man glaubt, es geschehe etwas zuwider dem eignen Interesse, stemmt sich doch mit aller Gewalt dagegen, dass es demselben zuwider geschehe: und doch sie haben sich's gefallen lassen."

3. „Wollen wir nun plötzlich allen diesen so grossen Diensten bald hier bald dort, ihrer so grossen Freundschaft den Rücken kehren? Was sie haben thun wollen, wie wir sagen, das vor ihnen zu thun sollen wir uns beeifern?"

4. „Wer am schärfsten gegen sie spricht, sagt: sie haben unsre Feinde werden wollen. Ei, ist denn Einer unter euch, der, was ihn angeht, es für billig erachtet, zu büssen dafür, dass er des Willens zum Uebelthun beschuldigt wird? Niemand, denk' ich. Ich, was mich angeht, würde mich bedanken."

5. „Nun weiter! Giebt es denn in aller Welt ein so herbes Gesetz, das vorschriebe: wenn Einer das und das zu thun den Willen gehabt hat, soll er um 1000 Sesterzen unter der Hülfte des Vermögens büssen; wenn Einer mehr als 500 Jucherten zu besitzen den Willen gehabt hat, so soll die Strafe so und so hoch sein; wenn Einer eine grössere Anzahl von Vieh zu besitzen den Willen gehabt hat, so soll er zu so und so viel verdammt sein? Ja, in allen Stücken wollen wir mehr haben, und es geht uns ungestraft hin."

6. „Aber wenn es sich nicht gehört, Einem Ehre zu geben dafür, dass er sagt, er habe den Willen gehabt, Gutes zu thun, ohne es doch gethan zu haben, sollen eben die Rhodier den Schaden daran haben, dass sie nicht übelgethan haben, sondern nur beschuldigt werden, den Willen zur That gehabt zu haben?"

7. „Man sagt, die Rhodier seien übermüthig, womit man ihnen einen Vorwurf macht, den ich mir und meinen Kindern am wenigsten wünsche. Mögen sie doch immerhin übermüthig sein. Was geht das euch an? Seid ihr darüber böse, wenn Einer übermüthiger ist als ihr?"

Mehr im Ton ernster väterlicher Ermahnung redet der noch nicht 40 jährige Consul (559) vor Numantia den lockern adligen jungen Herren seiner Reiterei in's Gewissen, indem er sogar den

Spruch eines griechischen Philosophen folgendermassen einkleidet (or. 5): „beherziget, wenn ihr mit Anstrengung etwas Gutes thut, so wird jene Anstrengung bald von euch entweichen, die gute That aber wird, so lange ihr lebt, nicht verschwinden. Dagegen wenn ihr in Wollust schlechte Streiche macht, so wird die Wollust schnell von dannen gehn; aber jener schlechte Streich wird ewig bei euch verbleiben." Dagegen haben wir eine hübsche Probe von behaglicher Schalkhaftigkeit in jener Anekdote von dem kleinen Papirius, der nach alter Sitte an der Seite des Vaters . den Senatssitzungen beigewohnt und seiner neugierigen Mama gegenüber das Amtsgeheimniss so gut zu wahren gewusst habe, indem er ihr aufband, es sei im Senat darüber verhandelt worden, ob es nützlicher und mehr im Interesse des Gemeinwesens sei, dass ein Mann zwei Frauen, oder dass eine Frau zwei Ehemänner habe. Worauf aber die gute Dame für den folgenden Tag eine Monstrepetition sämmtlicher Matronen vor den Thüren der Curie veranstaltet habe, die den erstaunten Gatten das Gesuch vortrugen, es möge doch lieber eine Frau mit zwei Männern versorgt werden, als umgekehrt. Da habe denn der Kleine die Sache aufgeklärt und sei zum Lohn für seine Klugheit allein im Besitz seines Rechtes bestätigt worden, während alle übrigen Knaben in Zukunft von den Verhandlungen ausgeschlossen blieben. Solches ward, „gar anmuthig, anschaulich und in zierlichen Worten," wie Gellius rühmt, in einer Rede „gegen Servius Galba vor den Soldaten" (or. 39) erzählt. Man kann sich etwa denken, dass der alte Herr darauf ausging, dem Schwiegervater seines Sohnes, L. Aemilius Paulus, für den ihm zu bewilligenden Triumph über Perseus (587/167) die Stimmen des Heeres zu gewinnen. Denn ein Widersacher des Feldherrn, Servius Sulpicius Galba, der unter diesem als Militairtribun gedient hatte, suchte die Commilitonen in dieser Angelegenheit gegen ihn aufzuwiegeln. Freilich lässt sich, wenn Cato diese Fürsprache unterstützte, eine nähere Beziehung zwischen jener Geschichte und der angegebenen Situation nicht recht absehn. Jedenfalls werden die bärtigen Krieger gemüthlich gestimmt und den weitern Rathschlägen des Redners zugänglicher gemacht worden sein.

Nicht ganz so harmlos, aber doch drollig genug klingt folgende mit wahrhaft satirischer Laune gewürzte Abfertigung eines unbequemen, der vulgären Demagogie beflissenen Tribunen (or. 40):

„niemals schweigt, wen die Krankheit zu schwatzen befangen
hält, wie den Wassersüchtigen die zu trinken und zu schlafen.
Ja wenn ihr nicht kämet, wenn er euch berufen lässt, so würde
er sich in seiner Redegier einen Zuhörer miethen. So leiht er
ihm die Ohren, aber kein Gehör, wie einem Quacksalber. Auch
dessen Worte hört man wohl; aber Niemand vertraut sich ihm
an, wenn er krank ist . . . . Für einen Bissen Brot kann man
ihn miethen, je nachdem, zum Schweigen oder zum Schwatzen . . . .
Wahrhaftig, nicht einmal für eine Colonie möcht' ich, wenn ich
im Ausschuss sässe, einschreiben lassen einen Bummler und
Hanswurst . . . . Er steigt vom Esel, giebt dann ein Menuett
zum Besten, wirft mit Narrenspossen um sich . . . . Ausserdem
singt er, wenn er gerade Lust hat; bisweilen tragirt er griechische
Verse, macht Witze, wechselt Stimmen, tanzt Menuett . . . . Was
soll ich gegen einen Menschen noch weiter Worte verlieren, der
zu guter Letzt einmal, glaub' ich, bei dem Aufzuge an Festen
vor dem Hampelmann einherfahren und mit den Zuschauern
Unterhaltung machen wird!"

Seinem Zeitgenossen Plautus oder dessen Parasiten Stichus
(218 ff.) scheint der Einfall aus dem Munde genommen, mit dem
unser Humorist einen seiner sieben Mitbewerber um die Censur
zu charakterisiren sich anschickt (or. 42): „wenn es möglich wäre,
eine Steigerung anzustellen von deinen Eigenschaften, wie man
Hausrath zu versteigern pflegt . . ." Und so liesse sich von
dieser drastischen Polemik des schlagfertigen homo novus, der
wohl wusste, dass „ein Wort den Gegner oft mehr schlägt, als
ein Schwert" (dict. mem. 29), noch manches pikante Beispiel an-
führen: wie wenn er, wohl mit Beziehung auf die einreissende
Arbeitsscheu der Menge, es ein beutelschneiderisches (eigentlich
„thürenerbrecherisches") Leben nennt, plötzlich Ueberfluss zu
haben, plötzlich nichts (im. or. 13);*) wenn er seine Opposition
gegen die verderblichen Kornaustheilungen vor dem Volk mit
den Worten beginnt: „es ist schwer, ihr Bürger, zum Bauch zu
reden, der keine Ohren hat" (dict. mem. 1); wenn er die griechi-

---

*) In ähnlichem Zusamenhange warnt er vor übereilten Hoffnungen auf
eine gesegnete Ernte (or. 65,1): „jetzt, sagt man, stehe auf den Saaten,
auf den Halmen das Korn gut. Hofft doch ja nicht zu sehr darauf. Oft
hab' ich gehört, zwischen Mund und Bissen kann Vieles dazwischen kommen;
aber vollends zwischen Bissen und Halm, da ist gar eine lange Strecke "

schen Philosophen, deren Besuch in Rom ihn so beunruhigte
(dict. mem. 43), „pure Trauermäntel" (inc. libr. 19) nennt.

An den Schluss der Catonischen Reden und unserer Rund-
schau über dieselben stelle ich folgendes Bruchstück (or. 2),
welches die ganze Stellung des Mannes zu seiner Zeit in bittern,
schneidenden Contrasten uns noch einmal vor Augen führt und
in andrem, fast tragischem Sinne wahr macht, was derselbe einst
einem bejahrten Sünder unter grossem Beifall eingeworfen hatte:
„elend das Greisenalter, das mit Worten sich vertheidigen muss"
(dict. mem. 71).

„Ich liess die Tafel vorbringen, wo meine Rede geschrieben
stand über den Vorfall, dass ich eine Wettklage angestellt hatte
mit M. Cornelius. Die Bretter wurden vorgebracht, der Vorfahren
Verdienste verlesen, dann wird, was ich für das Gemeinwesen
gethan hatte, gelesen. Als dies Beides verlesen war, stand weiter
geschrieben in der Rede: ‚niemals hab' ich Geld, weder mir noch
den Bundesgenossen gehöriges, in ehrgeizigem Bestreben aus-
getheilt.' Oho, nicht doch, nicht doch, schreibe das nicht, sage ich,
man will es nicht hören. Ferner las er vor: ‚nie hab' ich Vögte in
eurer Bundesgenossen Städte gelegt, die ihren Besitz, ihre Kinder
raubten.' Auch das wisch' aus, man will es nicht hören. Lies
weiter! ‚Niemals hab' ich Beute, weder was dem Feinde abge-
nommen worden war, noch in meine Hand gefallene Gelder unter ein
paar meiner Freunde vertheilt, so dass ich es denen entriss, die
es erobert hatten!' Auch das wisch' aus. Das wollen sie sich
am wenigsten sagen lassen; das dient nicht zum Vorlesen. ‚Niemals hab' ich Fahrprivilegien vergeben, damit meine Freunde
kraft des Amtssiegels grosse Geldsummen erbeuteten!' Fahre nur
fort, das vor allen Dingen auszuwischen. ‚Niemals hab' ich Trink-
geld statt Festwein unter mein Dienstpersonal und meine Freunde
vertheilt, noch sie zum Schaden des Staats reich gemacht!' Ei
vollends das wisch nur fleissig aus bis aufs Holz. — Da sehe
man, wohin es mit dem Gemeinwesen gekommen ist, wie ich, was
ich dem Gemeinwesen Gutes erwiesen, wenn ich bisher Gunst er-
wartete, eben das jetzt zu erwähnen nicht wage, damit es mir
nicht Missgunst einbringt. So ist eingeführt, Böses straflos,
Gutes aber nicht straflos thun zu dürfen."

Schon die letzten Worte zeigen, dass diese Rede „über seinen
Aufwand" am Ende der staatsmännischen und irdischen Laufbahn

des alten Cato gehalten sein muss . . . . Oeffentlichen
Reden seines hohen Greisenalters entnommen ist auch der Bericht
des Gellius (inc. or. 10): „M. Cato, der Consul und Censor gewesen war, sagt, während der Staat und Privatleute sich der Ueppigkeit hingaben, seien seine Villen ungeschmückt und roh, nicht
einmal mit Kalk übertüncht gewesen bis zum 70sten Jahre seines
Lebens. Und da drückt er sich im weitern Verlauf so aus:
„weder ein Gebäude, sagt er, noch ein Gefäss, noch ein Kleid hab'
ich, kostbar gefertigt, noch einen kostbaren Sclaven noch Magd.
Wenn ich was habe, sagt er, zum Gebrauch, so brauch ichs;
wenn ich es nicht habe, so behelf ich mich. Jeder mag meinet-
wegen das Seinige brauchen und geniessen." Dann weiter fügt
er hinzu: „man macht mir zum Vorwurf, dass ich mich in vielen
Dingen behelfe, aber ich ihnen, dass sie sich nicht behelfen
können."

War die Redaction der gesammelten Reden zwar ohne Zweifel
auch in der Absicht unternommen worden, ein Denkmal echt
nationaler, „aus dem Herzen, nicht von den Lippen" (inc. libr. 69)
stammender Beredsamkeit der in pedantischer und gesinnungsloser
Phrasendrechselei bereits verkommenen, ehemals so herrlichen
griechischen Kunst gegenüber, und den nach hellenischem Geist
schon allzu lüsternen Zeitgenossen ein geeignetes Muster vor
Augen zu stellen, so hatte der Verfasser es doch wohl zugleich
darauf abgesehen, ein Abbild seines eignen vielbewegten Lebens
und Strebens aus diesen sprechenden Zeugnissen hervorleuchten
zu lassen, gleichsam selbst die Summe seiner langjährigen Wirksamkeit zu ziehen, wie er gewohnt war, jeden Abend „was er
gesagt, gehört, getrieben hatte", in sein Tagebuch aufzuzeichnen
(Cic. Cato 11,38). Eine umfassendere und schwierigere Aufgabe
stellte sich der 60jährige Greis, als er es unternahm, das erste
römische Geschichtswerk, italische Geschichten von Anbeginn
bis auf seine Zeit (*Origines*) nicht für die Gelehrten, sondern für
sein Volk zu schreiben. Noch galt die lateinische Prosa so
wenig als literaturfähiges Idiom, dass wenige Jahrzehnte früher
Fabius Pictor und Cincius Alimentus ihre Annalen in griechischer
Sprache abgefasst hatten, eine Erscheinung, mit der man sehr
richtig die französirende Periode der deutschen Literatur im
vorigen Jahrhundert verglichen hat. Was Cato von solcher Ver-
leugnung der Muttersprache hielt, wissen wir. Einen Postumius

Albinus, der in bekannter Autorenbescheidenheit für die Barba-
rismen seines griechischen Geschichtswerkes um Nachsicht bat,
gestand er diese Nachsicht zu unter der Voraussetzung, dass die
Amphiktyonen durch feierlichen Beschluss ihn zu dieser Arbeit
gezwungen hätten (dict. mem. 34). Er selbst sprach nicht einmal
vor den Athenern in ihrer eignen Stadt (563) griechisch, obwohl
er der Sprache mächtig war, sondern bediente sich nach alter
Sitte, in Opposition gegen die Hellenomanen seiner Zeit, eines
Dolmetschers, der dann (nach Catos charakteristischer Erzählung)
was er selbst zum Erstaunen der Hörer kurz und bündig geäussert hatte, in einen Schwall von Worten übersetzte (inc. libr.
69 wohl aus den Origines). Ebensowenig aber konnten dann dem
ehrenfesten Senator und Consularen jene metrischen Chroniken
von verächtlichen „Schreibern" wie Nävius (blüht 519) und
Ennius (geb. 515) für würdige, nahrhafte Volksspeise gelten.
Wenn er anders sie eines Blickes gewürdigt hat, so theilte er
sicherlich in ihrer Beurtheilung den Standpunkt Mommsen's, der
in der ganzen aufblühenden poetischen Literatur der Römer nur
eins der Krankheitssymptome jener Zeit erkennt (R. G. 1. 915).
Den poetischen Genius jener Männer nach Verdienst zu würdigen
mag einer andren Gelegenheit vorbehalten bleiben. Ein so con-
servativer, auf Reinhaltung des echten alten Römerthums so
eifersüchtig bis zu verbissner Beschränktheit wachender Patriot
wie Cato musste nothwendig bittern Anstoss nehmen an der Einführung des Homerischen Olympes in Latium, an der bis in alle
Einzelheiten poetischer Ausschmückung in Bildern und Beiwörtern
wie in grössere Schilderungen sich erstreckenden Nachahmung
Homerischer Kunst, und vollends an der von Ennius gewagten
Verdrängung des nationalen heiligen Saturniermaasses durch den
griechischen Hexameter, womit eine wahrhafte Revolution auf
dem Gebiet der römischen Sprache eingeleitet, ja bereits bewerk-
stelligt worden war.

Im Gegensatz also zu diesen beiden Verirrungen fasste Cato
den Gedanken, für den Kern und die unverdorbene Masse seines
Volkes, zur Erhebung und Belehrung für Jedermann eine echt
populäre Geschichte Roms bis auf seine Zeit in der einzig eines
Römers würdigen Form, in lateinischer Prosa zu schreiben. Er
fasste auch dies als eine patriotische Pflicht auf, und begann in
diesem Sinne sein Werk mit dem grossartigen Satz: „von he-

rühmten und grossen Männern soll nicht weniger über die Zeit
ihrer Musse als ihrer Unmusse Rechenschaft vorliegen" (1,2).
Bis an seinen Tod hat er dieses Erbe für sein Volk gepflegt,
und es auf 7 Bücher gebracht. Die 128 zum Theil freilich sehr
kümmerlichen Nummern, die uns als Trümmer überliefert sind,
genügen wenigstens, uns Anordnung und Behandlung des Stoffs
im Grossen und Ganzen ahnen zu lassen; auch manche Einzelheiten sind erhalten. Der schlichte, praktische Volkston blieb
überall gewahrt. Trotz des zu Grunde liegenden Quellenstudiums
kein Citat, keine annalistische Vollständigkeit: „ich habe nicht
Lust zu schreiben, was auf der Tafel beim pontifex maximus
steht, wie oft Theurung gewesen, wie oft des Mondes und der
Sonne Licht Finsterniss oder sonst was sich entgegengestellt hat"
(IV, 1). „Nach Hauptstücken" ging er in kunstlosem, aber
körnigem Vortrage durch, was theils von Kriegsthaten, theils
über Land und Leute hervorzuheben ihm dienlich schien.

Das erste Buch handelt von Roms Urgeschichte und der
Königszeit: es erzählt die Einwanderung der Aboriginer aus
Achaja (3 ff.), die Gründung eines italischen Trojas durch Aeneas (8;
Cato weiss genau zu sagen, wieviele Jucherten Land König
Latinus an die Trojaner abgetreten hat: 9), die Kriege gegen
Turnus und Mezentius (10 ff.), die Gründung von Alba Longa
durch Ascanius (13), die erste Schenkung von Privatland an den
Staat (16), Roms Gründung durch den äolisch redenden Romu-
lus (19) u. s. w. Im zweiten und dritten Buche und da die
Wüste historischer Ueberlieferung, in der die ersten Jahrhunderte
Roms begraben sind, zweckmässig übersprungen und mit ethno-
graphischen Nachrichten über die nach und nach unterworfenen
italischen Gemeinden ausgefüllt, im zweiten die des nördlichen,
im dritten die des südlichen Italiens. Möglich dass diese allmähliche Annexion in behaglicher Weise illustriert wurde durch jene
Fabel des Stesichorus vom Ross, das, um sich des Hirsches zu
erwehren, den Menschen mit seiner Peitsche aufsitzen liess (III, 5).
Hier finden wir die noch heute treffende Charakteristik: „Gallien
treibt zu seinem grössten Theil zwei Dinge mit höchstem Eifer:
Kriegswesen und geistreich reden" (II, 2); hier werden die Ligurer
(was der Augsburger Zeitung aus der Seele gesprochen sein mag)
als lügnerisch geschildert, die sich, „der Wahrheit weniger ent-
sinnen" (II, 1.). Es wird den glücklichen Bewohnern Hesperiens

von Leuten erzählt, die zum Wasserholen gehen, als wenn sie
Holz fällten, mit Beil und Riemen, und dickes Eis aushauen und
mit dem Riemen zusammengebunden nach Hause tragen (II, 30).
Die jährliche Einfuhr von Schinken aus dem Lande der Jnsubrer
nach Italien, ihre Mastschweine, die nicht mehr stehen und gehen
können, sondern auf Wagen transportirt werden müssen (II, 11),
die Gemsen vom Soracte (II, 16), die Fruchtbarkeit von Tibur
(II, 25), Gefässe aus karthagischem Salz fabricirt, die nach Italien
als Handelsartikel kommen (II, 32), der Verbrauch von cyrenai-
schem laserpitium als Gewürz in dem üppigen Capua (III, 6),
Lage und Entstehung der einzelnen Ortschaften mit obligater,
bisweilen witziger Namenklitterung (II. 18. 20. 23.), weiterhin,
ebenfalls aus eigner Anschauung vom Consulatsjahr (559), die
Salz-, Eisen- und die von ihm hoch besteuerten Silberbergwerke
Spaniens nebst andern Merkwürdigkeiten des Landes (VII, 5) —
Alles ward vereinigt in eine Fundgrube culturgeschichtlichen
Materials, die Plinius vielleicht noch mehr als wir wissen können,
ausgebeutet hat.

Mit dem vierten Buch kam der Verfasser auf die punischen
Kriege, denen sich bald die eignen Erinnerungen anschlossen.
Hatte er doch schon als 17 jähriger Jüngling im Unglücksjahr
der Schlacht am trasimenischen See (537) gegen Hannibal mitgefochten. Auch sie behandelte er in derselben, direct auf den
Volkssinn berechneten Weise. Sehr merkwürdig ist sein Princip,
alle Namen römischer und ausländischer Personen, die in der zeit-
genössischen Kriegsgeschichte von ihm erwähnt werden, zu verschweigen, während er nicht versäumt, den Elephanten Surus, der
sich im punischen Heere ausgezeichnet hatte, namentlich zu verewigen (IV, 9). Er hielt es für unrepublikanisch, so scheint es,
im Soldaten eine individuelle Persönlichkeit ausser seinem militärischen Charakter anzuerkennen. Jenen Tribunen, der im ersten
punischen Kriege mit 400 die „Warze" besetzt hatte, um den
Angriff der Feinde auf sich zu ziehen und damit dem bedrängten
Consul Luft zu machen, stellt er mit Stolz dem Leonidas an die
Seite, fügt aber hinzu: „aber dasselbe Verdienst hier oder dahin
gestellt, wie anders sieht es sich an! Des Leonidas Ruhm ist von
ganz Griechenland gefeiert durch Denkmäler, bildliche Darstellungen, Standbilder, Inschriften, Geschichtswerke und Andres
mehr; hoch hat man diese seine That ihm angerechnet. Aber

dem Militärtribun blieb ein bescheidenes Lob für seine Thaten, ihm, der dasselbe geleistet und das Vaterland gerettet hatte" (IV, 7). Das stimmt mit seinem anderwärts überlieferten Spott über jene Werke von Erzgiessern und Malern, auf die sich mancher etwas einbilde. Er habe sich im Herzen der Bürger Bilder errichtet und wolle sich lieber fragen lassen, warum ihm keine Statue, als warum ihm eine gesetzt worden sei (dict. mem. 39 f.). Mit einer Genugthuung, die sich selbst in der rhetorischen Färbung des Ausdrucks kundgiebt, stellt er dem Beispiele römischer Hingebung die Meutereien im punischen Lager gegenüber: „mehrmals tödteten ihre Miethsoldaten einer den andern im Lager, mehrmals gingen viele auf einmal zu den Feinden über, mehrmals machten sie auf den Feldherrn einen Angriff" (IV, 3). Selbst die Schlacht von Cannä muss dienen Roms Fortuna zu verherrlichen, indem erzählt wird, wie sie den punischen „Dictator" (Hannibal) verblendete, dass er den Vorschlag seines „Reiterobersten" (Maharbal) nicht ohne Zaudern ergriff. „Schicke mit mir die Reiterei nach Rom, sprach dieser, in fünf Tagen soll deine Mahlzeit auf dem Capitol gekocht sein .... Am folgenden Tage lässt der Dictator den Reiterobersten rufen: ich denke dich, wenn du willst, zu senden mit den Reitern. Es ist zu spät, sprach der Reiteroberst; schon haben sie es erfahren" (IV, 12).

Im fünften Buch war Cato's eigne Senatsrede für die Rhodier ein Glanzpunkt sowie im siebenten (vom sechsten ist nur eine Zeile erhalten) die ebenfalls oben besprochene „gegen Ser. Galba für die Lusitanier," welche der Verfasser noch wenige Tage oder Monate vor seinem Tode in seine Origines eintrug. Mit dem Lobe der eignen Thaten war er nicht geizig. Neben den Eroberungen in Iberien, wo er mehr Städte eingenommen als Tage zugebracht haben wollte (inc. libr. 68, vgl. mem. 31), wird die glänzende Waffenthat des Consular-Kriegstribunen bei Kallidromos im Jahre 563/191 nicht vergessen sein, bei der, wie er sich rühmte, den Augenzeugen klar ward, dass das Volk dem Cato mehr schulde als Cato dem Volke (inc. libr. 70). Dass endlich am Schluss des Werkes die Sitten der Väter in ernster Vergleichung denen der Zeitgenossen vorgehalten werden, ist eine sinnige, des alten Censorius würdige Hypothese Jordan's, der an die Schilderung der modernen Ueberladung der weiblichen Toilette

(VII, 8) die Stellen gereiht hat, wo erzählt wird, dass die Alten in ihrem Atrium offne Tafel für die Clienten hielten (VII, 13) und das bescheidne Mahl mit jenen Liedern von Lob und Tugenden herrlicher Männer würzten, die der Reihe nach von den Tischgenossen zur Flöte gesungen wurden (VII, 12). Ganz wie auf dem Sabinergut des Verfassers die Nachbarn täglich den Tisch gedeckt fanden und an diesem „besten Freundschaftsstifter" bis in die Nacht unter Gesprächen sassen, die das Gedächtniss guter Bürger ehrend alle Erinnerung an Schlechtes und Gemeines fern hielten.

Wir sind aus dem Tumult der Waffen und des Forums in das ländliche Stillleben des sabinischen Gutsbesitzers eingekehrt. Aber eben dieses hat den eifrigen Landwirth und zärtlichen Vater noch auf andre Bahnen schriftstellerischer Production getrieben. Von unschätzbarem Werth würde uns die unter seinem Namen noch erhaltene, für einen L. Manlius bestimmte Schrift „über das Landwesen" sein, wenn sie nicht durch die modernisirte Form, manche offenbare Lücken und Verwirrungen den gegründeten Verdacht erregte, dass uns auch hier willkührlich redigirte und durcheinander geworfne Trümmer vorliegen.

Mehr als die mannigfachen Anweisungen über das Verhalten des Hausherrn und des Verwalters, über Nachbarn, Gesinde, Hausvieh, Geräthe und andre häusliche Bedürfnisse, über kunstgerechte Anlage des Landhauses, der Vorrathskammern, der Ställe, über Fütterung und Düngung, über Obst-, Wein-, Oelzucht, über Backen und allerlei Hausmittel, über Zaubersprüche und Contractformulare, Capitel, deren volkswirthschaftliche und culturhistorische Bedeutung in die Augen springt, gehen uns hier die einleitenden Sätze an, welche den Beruf des Landmanns, im Vergleich zu dem gefahrvollen des Kaufmanns und dem unehrenhaften des Wechslers, als den von Alters her bei den Ahnen vorzugsweise geachteten und immer noch besonders empfehlenswerthen preisen. „Wenn man einen guten Mann loben wollte, lobte man ihn als guten Landwirth und guten Bauer. Das galt für das höchste Lob." Und: „von Landwirthen stammen die tapfersten Männer und tüchtigsten Krieger. Es ist ein vorzugsweise frommer, sichrer, und am wenigsten gehässiger Erwerb." In den allgemeinern Vorschriften klingt uns der wohlbekannte, gedrungene und gediegene Spruchton wiederum entgegen, über den nur Naturen aus vollem reinem Metallguss zu gebieten haben. „Ein Hausvater soll fleissig sein im Verkaufen, nicht im Kaufen" (c. 2). „Man muss wissen, dass es mit dem Acker wie mit dem Menschen ist: wenn er viel Aufwand macht, so mag er noch soviel erwerben, es bleibt nicht viel übrig" (c. 1). „Man soll so bauen, dass weder das Landhaus nach dem Gut sucht, noch das Gut nach dem Landhaus" (c. 3). „Alle Arbeiten verrichte bei Zeiten. Denn das Landwesen ist so: hast du ein Ding zu spät gethan, so wirst du alle Arbeiten zu spät thun" (c. 5).

Aber der sorgsame Vater, der alle übrigen Privatgeschäfte im Stich gelassen hatte, um bei dem wichtigen Akt des Badens und Wickelns seines neugebornen Kindes nicht zu fehlen, der selbst seinen Knaben lesen und schreiben gelehrt, ihn später in den Gesetzen unterwiesen und alle körperlichen Uebungen mit ihm durchgemacht hatte, schrieb nun auch dem heranwachsenden Buben mit eigner Hand in grossen Buchstaben die alten vaterländischen Geschichten zur ersten Lectüre auf (inc. libr. 72). Für den erwachsenen Jüngling aber war unter dem Titel „Unterweisungen an den Sohn" ein encyklopädisches Vademecum bestimmt, Grundsätze und goldne Regeln über den Ackerbau, Medicin, Rhetorik enthaltend; und so wurde der „Lehrer aller guten Fertigkeiten", von dem Cicero rühmt, „es habe Nichts zu seiner Zeit in Rom gewusst oder gelernt werden können, was er nicht erforscht und gewusst, ja auch aufgeschrieben hätte" (de orat. III, 135), zu Allem noch der Begründer einer theoretisch-wissenschaftlichen Literatur bei den Römern, wie schlicht und ungelehrt auch die Fassung jener Noth- und Hülfsbüchlein gewesen sein mag. Seine Definitionen legen als gemeinsames Fundament aller menschlichen Thätigkeit dem Sohn, einer schwächlich unsichern Natur, die feste Mannestugend ans Herz. „Ein Redner ist, Sohn Marcus, ein guter Mann, im Sprechen bewandert" (praec. 14): und „der Bauer ist ein guter Mann, Sohn Marcus, im Landbauen bewandert, dessen Eisengeräth glänzt" (praec. 6). Weiter wird der angehende Landwirth ermahnt, die beiden „Einnahmequellen" des Vaters, Ackerbau und Sparsamkeit (inc. libr. 76), nicht versiegen zu lassen: denn nicht einen Mann, sondern eine Wittwe erkenne man an der Abnahme der Habe (praec. 12; mem. 42*). Das Besäte und Beweidete soll er dem Besprengten und Gefegten, den Reichthum auf Feld und Flur der üppigen Pracht im Hause

vorziehen (praec. 11); soll nicht kaufen, was diene, sondern was
unentbehrlich sei; was aber vollends nicht einmal diene, sei für
ein As schon zu theuer (praec. 10); was ihm fehle, soll er von
sich selber entleihen (praec. 13). Dem künftigen Redner giebt
der alte Praktikus den „fast göttlichen" Rath: „die Sache halte
fest, die Worte werden folgen" (praec. 15) und spottet vielleicht
bei dieser Gelegenheit über die Schule des Isokrates, wo die
Schüler alt und grau werden, als wären sie berufen, erst im
Hades bei Minos ihre Künste zu üben und Processe zu führen
(inc. libr. 74). Eine Reihe medicinischer Rathschläge wird eröffnet mit jenem tragikomischen Ausfall auf die Griechen (praec. 1):
        „Von jenem Griechenvolk will ich an seiner Stelle reden,
mein Sohn Marcus, was ich in Athen ausfindig gemacht habe
und warum es gut sei, zwar ihre Schriften einzusehen, aber nicht
aus dem Grunde zu studieren. Ich werde beweisen, dass ihr
Geschlecht ein höchst nichtsnutziges und verführerisches ist. Und
Folgendes lass dir wie einen Seherspruch gesagt sein: wann
immer jenes Volk seine Bildung weiter austheilen wird, wird
es Alles verderben, dann erst vollends, wenn es seine Aerzte
hierher schicken wird. Sie haben sich untereinander verschworen,
die Barbaren zu tödten insgesammt mit Arzenei; aber selbst das
werden sie nur um Lohn thun, damit man ihnen Vertrauen
schenkt und sie leichte Mühe haben mit der Vertilgung. Auch
uns nennen sie Barbaren, und unsäuberlicher als andre beschmutzen
sie uns mit der Benennung Opiker (Sauvolk). Ich habe dir also
einen Bann gelegt auf die Aerzte." Worauf dann Auszüge folgten
aus dem eignen, für den Hausgebrauch bewährten Receptbuch,
bei dem er und seine Frau alt geworden seien, mit dem er
Kinder, Gesinde und Freunde allezeit behandelt habe (praec. 2)
z. B. „der Hase bringt viel Schlafes dem, der ihn gegessen" (3).
Wenige Jahre (601/153) vor des Vaters Tode starb der Sohn
als designirter Prätor, im 39sten Jahr. Dass er ein „guter Mann",
also ein Mann nach dem Sinne jener „Unterweisungen" geworden
sei, rühmte ihm der trauernde Vater noch oft in Schriften nach
(inc. libr. 75).
        Gleichfalls aus eigener langjähriger Praxis erwachsen diente
dem Juristen eine Sammlung von Rechtsbescheiden, dem gesammten
Volk aber ein Soldatenkatechismus, der in gewohnter, rücksichtslos durchschlagender Weise dem Schlendrian entgegentrat (1)

und sich die stolze Aufgabe stellte zu bewirken, „dass sein Volk
lieber als Sieger durch eigne Kraft mit dem Kranz zu Dank-
gebeten gehe, statt geschlagen unter dem Kranz in den Kauf zu
gehn" (2). Der Unterschied zwischen einem Soldaten, der für
den häuslichen Heerd kämpft, und einem geschulten Gladiator
wurde hervorgehoben (14); in einer Aufzählung seiner Pflichten
konnte gesagt werden: „man kann einen Soldaten nicht brauchen,
der die Hände beim Marschieren, die Füsse beim Kämpfen bewegt, und der lauter schnarcht als Hurrah schreit" (mem. 20).
Weiter wurde von militärischer Disciplin und Strafen gehandelt (15),
Geistesgegenwart (3) und Schnelligkeit zur rechten Zeit (13) als
Hauptbedingungen des Sieges bezeichnet, der Nutzen guter
Bogenschützen an schlagenden Beispielen gezeigt (7), taktische
Vorschriften (9. 10. 11.) gegeben, Alles in bewusstem Gegensatz
zu den Theorien der griechischen Taktiker.

Sehen wir endlich ab von einer Briefsammlung (ebenfalls
dem ersten Beispiel dieser später so beliebten Gattung) und einem
Schatzkästlein von Anekdoten, Witzen und Sprüchen Andrer, das
von Cicero im zweiten Buch seines Werkes „über den Redner"
stark geplündert worden ist, so bleibt uns nach Durchmusterung so
umfassender Leistungen die scheinbar starke Zumuthung übrig,
unsern durch und durch prosaischen Griechenfeind auch noch —
als Verskünstler anzuerkennen. Es bedarf aber dazu weiter
keines waghalsigen Sprunges. Er tritt hier nicht als Begründer
oder Fortsetzer irgend einer eigentlich poetischen Gattung, nicht
einmal der des Namens werthen didaktischen Poesie auf. Sondern
was seine Landsleute seit Anbeginn in der Abfassung feierlicher be-
messner Worte geübt hatten, seien es Gebete und Beschwörungen
oder Weissagungen und Zaubersprüche, oder durch priesterlichen
Mund geheiligte Völkerverträge und Kriegserklärungen, oder
Weihe- und Widmungsformeln in ein geschlossnes rhythmisches
Maass, nämlich das uralte Saturniermaass der „Faunen und Seher"
zu kleiden, was schon der alte Appius Claudius Caecus mehr als
100 Jahre vor ihm zur Einkleidung moralischer Weisheit benutzt
hatte, dieselbe dem Gedächtniss zu Hülfe kommende und das
Gemüth hebende Form musste auch dem Orakel- und Seherstil
Cato's als die praktischste und nachdrücklichste erscheinen, um
seinem „Spruch über die Sitten" (carmen de moribus) Eingang in Herz und Gewissen seines Volkes zu sichern. Leider

hat Gellius, dem allein die drei mit Sicherheit hierher gehörigen
Stellen verdankt werden, hier wie sonst geglaubt, die alterthüm-
liche Form (gewiss schon ohne Ahnung des Rhythmus) seinen
Zeitgenossen durch Modernisierung mundgerecht gestalten zu
müssen, so dass man aus der Ueberlieferung nur noch einen verdeckten, aber doch kaum verkennbaren Anklang an den Saturnier
heraushört. Man erkennt noch, dass warnend von dem verderblichen Leichtsinn der Griechen in ihrer Glanzzeit die Rede war,
die „Geiz für den Inbegriff aller Laster gehalten, den Verschwender,
den Wüstling, den Zieraffen hingegen gelobt“ hätten (1). Als
Spiegel ward den Zeitgenossen auch die gute römische Vorzeit
entgegengehalten, „wo es Brauch war, auf dem Markt sich vornehm, zu Hause nur eben genügend zu kleiden, wo man noch Rosse
theurer als Köche kaufte, die Dichtkunst nicht in Ehren stand und
wer sich ihrer befliss, ebenso wie wer auf Gelagen sich herumtrieb,
Bummler hiess“ (2). Endlich die Ermahnung (3) zu reger Thätigkeit,
die aus dem Munde des Unermüdlichen so ergreifend klingt:

> Ist doch das Menschenleben — beinah wie das Eisen:
> Uebst du's, so wirds zerrieben; — sonst wenn du's nicht übst
> Macht ihm der Rost den Garaus. — Ebenso die Menschen.
> Durch Uebung zerrieben — sehn wir sie; da ohne
> Macht Trägheit und Erstarrung — Schaden mehr als Uebung.

Wer aber, um zum Schluss noch wenigstens ein Wort über
die Catonische Sprache hinzuzufügen, nur ein annähernd richtiges
Bild von ihrem rauhen naturwüchsigen Klange haben will, der
muss, wie gesagt, nicht die Paraphrasen des Gellius oder Plinius,
sondern die Aufzeichnungen alter Sprachforscher durchmustern.
Freilich unsrer lieben Schuljugend geben diese Reste des alten
Lateins ein bedenkliches Beispiel. Donatschnitzer wie soli für
solius, nullae rei, ampliorem, industriorem innoxiorem perpetuissimo
beneficissimo, auxit als Intransitivum, solui für solitus sum, fitur,
sepelitus, futare für fuisse, latitaverunt für saepe tulerunt, Formen
wie mihipte und vopte, wie uls rare rarenter, und vollends im
Accusativus diee hanc, und Futura wie dicem faciem oder gar
ohne m: recipie ostende attinge dice verstossen gar arg gegen
die Regeln des alten Zumpt, während sie dem Sprachforscher
und Kritiker sowohl für die Entwicklungsgeschichte des Lateinischen
überhaupt als für die Herstellung gleichzeitiger Texte wie des
Plautinischen unschätzbare Winke und Stützen an die Hand geben.

III.

In memoriam.

.

1. Rede zur Feier des Gedächtnisses Kaiser Wilhelms I.

(akad. Rede; Leipzig, 22. März 1888).

Siebenzehnmal hat das einige deutsche Volk sich der Wiederkehr des 22. März erfreut als eines nationalen Familienfestes, welches ungezählte Scharen dankbarer und stolzer Vaterlandsfreunde nicht nur in der Heimath, sondern wo auf Erden die deutsche Zunge klingt, in einem Gefühl von Ehrfurcht und Liebe für den Wiederhersteller Deutschlands, den Mehrer des Reiches, den wahren Vater des Vaterlandes verband, in einem inbrünstigen Gebete vereinigte, dass der Segen, welchen dieses kostbare Leben verbürgte, noch lange lange, bis an die Grenzen irdischer Möglichkeit uns erhalten bleiben möchte. Und je öfter dieser gesegnete Tag im Kreislauf der Jahre wiederkehrte, desto leuchtender der Glanz über dem majestätischen Greisenhaupte, desto allgemeiner die freudige Huldigung nicht Deutschlands allein, sondern des Erdkreises.

Wie anders scheint derselbe Jahrestag heute auf uns hernieder! Der Jubel ist in Trauer verkehrt, statt froher Glückwünsche schmerzliches Vermissen. Vor wenig Tagen erst hat sich der Sarg geschlossen über der sterblichen Hülle unseres dahingegangenen Kaisers. Noch einmal hat das tiefbewegte Volk in unablässigem stillem Zuge Tage und Nächte hindurch, einer nach dem andern in das geliebte Antlitz des nun Verblichenen sich versenken dürfen; noch einmal sind die Grossen der Erde, die Vertreter von Völkern und Körperschaften zu dem Patriarchen der Fürsten gewallfahrtet, um ihm das letzte Geleit zu geben; noch einmal wehten über jener stolzen via triumphalis, die nunmehr in eine düstere Strasse des Todes verwandelt war, die oft enthüllten Flaggen, aber in Trauer niedergesenkt. Statt der heitren Himmelssonne, welche des Kaisers Ehren- und Glückstage so oft freundlich verklärt hatte, umflorte Flammen und finstere

Rauchwolken, die ein schwerer eisiger Hauch auf den winterlichen Boden herabdrückte, als ob der Hades seine Herrschaft
bezeugen wollte. · Als aber bei dem letzten Segen über dem
Sarge, ehe derselbe die Halle des Doms verliess, die Kanonen
dumpf erkrachten und die Salven knatterten, schien die Brust
der Mutter Erde zu erbeben, das feste Gefüge irdischer Ordnung
schien zusammenzubrechen.   Und war denn nicht eine starke
Säule, auf welcher der Bau unseres Völkerlebens ruhte, zusammen-
gesunken? erklang nicht in den Völkerstimmen aus allen Zonen
des Erdkreises ein gewaltiger Klagechor der Verwaisten?

Den lang, über das Maass gewöhnlicher Sterblicher hinaus
gesponnenen Faden hat die Parze endlich doch durchschnitten;
die unerbittliche Nothwendigkeit, welche an den Grenzen der
Natur Wache hält, hat ihr Recht gefordert.   In Demuth haben
wir uns vor ihrem ewigen Gesetz zu beugen und den thränen-
vollen Blick von dem versunkenen zu dem unverlierbaren Schatze
hinzulenken, welchen die Erinnerung der Zurückbleibenden hegt
und von Geschlecht zu Geschlecht forterben wird.

Des Redners Aufgabe in dieser kurzen Stunde kann es nicht
sein, dem Unvergesslichen ein Denkmal auch nur in verklingen-
den Worten zu errichten, oder der Lorbeerfülle, in die sein Gedächtniss gebettet ist, auch nur das bescheidenste Blatt hinzuzufügen.   Die Universität Leipzig ist nur eine unter den zahllosen
Leidtragenden, welche, nachdem sie so oft, im Hochgefühl des
Besitzes, des erhabenen deutschen Schirmherrn gedacht hat, es
nunmehr als ihr Recht und inniges Herzensbedürfniss empfindet,
auch in ihrem Kreise sich der wehmüthigen Betrachtung dieser
hehren Gestalt noch einmal hinzugeben, wie eine Familie von
der Bestattung ihres theuren Hauptes heimkehrend sich zusammen-
findet, um in Gedanken an den Dahingeschiedenen sich fester
aneinanderzuschliessen.

Wäre den Griechen der königliche Mann erstanden, wie ihn
kaum Platons tiefsinnige Phantasie zu erfassen vermochte, wäre
einem solchen gelungen, was unserem Kaiser Wilhelm gelungen
ist: sie hätten ihn als Heros und Göttersohn verehrt. Unter den
kreisenden Bildern des Himmels würde sein Gestirn leuchten und
der dichterische Mythos würde seine Thaten vergolden.   Und
schon dem lebenden Imperator hätten die Römer daheim wie in
den Provinzen Altäre entzündet und Tempel errichtet.

Unsere Art, menschliche Grösse zu ehren, ist bescheidener und aufrichtiger. Im Pantheon der forschenden Geschichte wird ihr Gedächtniss zur Lehre und Erbauung kommender Geschlechter aufbewahrt. Den Zeitgenossen aber bleibt der unersetzliche Vorzug lebendiger Eindrücke und Anschauungen.

Wohl dem, der ihn gesehen hat, den hohen und so freundlichen Herrn (und tausenden täglich war ja dieses beneidete Glück gegönnt); wohl dem, der seiner Stimme gewinnenden Ton vernommen und seines Wesens unmittelbaren Hauch gespürt hat! Aber auch dem Fernsten und Geringsten steht in festen Umrissen das liebe Bild des väterlichen Herrschers vor Augen: die majestätische Stirn über den klugen, treuen Augen; der entschlossene Mund, das energische Kinn, die weichen Falten der Wangen, in die viel Erfahrungen guter und schwerer Tage eingeprägt waren, und über Allem ausgegossen die Klarheit einer rechtschaffenen schlichten Seele, das ruhige Gleichgewicht eines guten Gewissens.

In welcher Schule des Lebens war doch der Schöpfer und Hort des geeinigten Deutschlands zu seiner weltgeschichtlichen Aufgabe, die ihm nicht in die Wiege gelegt zu sein schien, herangewachsen! Schmach und Unterdrückung des Vaterlandes in den Jahren der Kindheit, und eigenes bitteres Herzeleid um die edle Mutter, das Opfer jenes finstern Dämons, der Europa knechten wollte. Die Begeisterung des Befreiungskampfes, welcher dem kaum erwachsenen Jüngling den ersten Siegerkranz und das Verständniss für den Werth des freien Volkes in Waffen brachte. Dann der schwerere Kampf der Selbstüberwindung, des Herzens gegen die Pflicht. Hierauf lange Decennien stiller Vorbereitung und Beobachtung, so still und anspruchslos, dass die Menge nicht ahnte, welche Kraft im Verborgenen heranreifte. Und endlich kam die Zeit, wo der wenig Gekannte, der einst schmählich Verkannte aus der Wolke hervortrat, schon ein Greis an Jahren, aber von elastischer Jugendkraft des Körpers wie des Geistes getragen, durch und durch erfüllt von dem Bewusstsein der Königspflicht, die ihm von Gottes Gnade befohlen war.

Und mit rauschenden Schwingen erhob sich der preussische Aar.

Siebenzig Jahre dauert des Menschen Leben, aber König Wilhelm hatte diese Schwelle weit überschritten, als er das deutsche Volk von Sieg zu Sieg führte und den Thron errichtete, auf welchem fortan wie auf einem Felsen deutsche Grösse, Ehre und

Wohlfahrt gegründet und gesichert sein soll. Im Winter grünte des Kaisers Lebensbaum noch einmal, und herrlicher denn zuvor mit mächtig emporsteigender Krone, und breitete sein schützendes Dach weit über die Völker der Erde.

Denn nicht glänzende Kriegesthaten allein sind es, welche das Glück der Nationen begründen. Ueber blutgedüngte Felder schreitet der Sieg und ungezählte Thränen befeuchten den Lorbeer. Darum war der warmherzige Menschenfreund nur zögernd, ja gezwungen zur ultima ratio geschritten. Kaum aber hatte das Eisen, welches seine eigne Hand geschmiedet und geschliffen hatte, seine Schuldigkeit gethan, dem Deutschen die freie Regung seiner Glieder, seinen heimischen Boden und die ihm gebührende Stelle im Wettstreit der Völker zu sichern, als der Geist des Friedens beflissen war, die Geschlagenen zu versöhnen, die Wunden zu heilen, den neubestellten Boden zu pflegen, das gemeinsame Haus mit starker Schutzwehr zu umgeben und wohnlich einzurichten. Der gewaltige Kriegsheld stand noch ferner in Waffen, aber nur um des Friedens willen.

> Wie in der Menge des Volks, wenn wohl sich erhoben
>   ein Aufruhr,
> Und in tobender Wuth sich ergeht ein Haufe des Pöbels,
> Fackeln fliegen und Steine, von selbst leiht Waffen der
>   Wahnsinn:
> Da tritt ihnen ein Mann von Ernst und Milde entgegen,
> Hochverdient, sie schweigen und stehen gespannt auf-
>   horchend:
> Er mit Worten regieret den Sturm und besänftigt die
>   Herzen —

solch ein Beschwichtiger war Kaiser Wilhelm, und man wusste, dass seine versöhnliche Weisheit ein donnerndes Quos ego! unterstützen könne, welches die Friedensstörer niederzuschmettern vermöge.

So hat er im Glanz seines Ruhmes und Ansehens der Sophrosyne nie vergessen; seinem kerngesunden Sinn konnte die Hybris nichts anhaben: „keine Ueberhebung", so mahnte er, „nicht Uebermuth, sondern Demuth"; und darum stieg die Verehrung, ja Ehrfurcht für ihn höher und höher.

Die Bescheidenheit und Selbstlosigkeit seines Wesens, seine bis zum letzten zitternden Federzug bewiesene unermüdliche Pflicht-

treue sicherten ihn auch vor den Gefahren des hohen Alters, vor
Eigensinn, Verknöcherung, Unbeweglichkeit. Grossartige, tiefgreifende Umgestaltungen der Verwaltung, der Rechtspflege, des
Steuer- und Finanzwesens, der Verhältnisse des Verkehrs und der
Gesellschaft haben sich unter seiner Regierung in ununterbroche-
ner Kette vollzogen. Allen diesen Verbesserungen wandte er die
gleiche rege Theilnahme und Fürsorge zu: mit besondrer Wärme
aber hegte er in seinem landesväterlichen Herzen den Wunsch,
die ärmeren Volksklassen zu einem gesicherten Dasein und ge-
deihlicher Entwickelung allmählig, soweit es Gerechtigkeit und die
Rücksicht auf das Gesammtwohl gestatte, emporzuheben. Und
während die Vervollkommnung des neugeformten Heeres seine
eigenste unablässige Sorge war, rief er eine Flotte fast aus dem
Nichts hervor, deren achtunggebietende Flagge den Deutschen
in allen Welttheilen den lang entbehrten Schutz sichert. Ja war
es nicht jugendliche Kühnheit, den Flug über die Meere hinaus
zu wagen, das deutsche Banner an Afrika's Küsten, auf barbarischen Eilanden aufzupflanzen, deutschem Fleiss und Unternehmungs-
geist jungfräulichen Boden zu gewinnen, dem Verkehr von Meer
zu Meer neue Bahnen zu öffnen? Hat nicht noch im letzten
Frühling der Hochbetagte wie ein Jüngling Wind und Wetter
Trotz geboten, um bei der Gründung des Nordostseecanals seinen
Segen zu sprechen? So ist er überall mit unübertroffner Treue
auf seinem Platz gewesen, hat das Schiff, dessen Steuer er lenkte,
mit stets wachsamem Auge und fester Hand unentwegt durch
Wellen und Brandung dem leuchtenden Ziel entgegengeführt.

Genialere Fürsten hat es wohl gegeben, welche Zeitaltern
und Völkern mit vordringendem Geist oder gebieterischer Faust
ihren Stempel aufdrückten. Aber nicht selten ist die Einwirkung
eines herrischen Genius eine verheerende, umwälzende, verwirrende
gewesen. Grossartige Schöpfungen sind wieder in Nichts oder
in ein wirres Chaos zerfallen. Ein phantastisch-dämonischer Zug
ist für die ruhige Entwickelung der Zustände verhängnissvoll geworden; selbstsüchtige Triebe des Ehrgeizes, der Herrschsucht
haben zu Gewaltsamkeit und Willkür geführt; Menschenverachtung
hat das Gemüth erkältet. Auch der grosse Friedrich war doch
von Einseitigkeit und Härte nicht frei. Seine wohlgemeinte Selbst-
regierung hat die Erziehung der Bürger zur Mitarbeit versäumt,
hat Selbständigkeit und Selbstgefühl der Unterthanen nicht auf-

kommen lassen, so dass der Gemeinsinn schwand, weil „alle Kräfte
den bewegenden Stoss von oben erwarteten". Schwer hat die
folgende Generation diese Unmündigkeit büssen müssen.

Wie anders Kaiser Wilhelm! Es war eine Lust, in seinem
Zeitalter zu leben, unter seinem gleichwaltenden Scepter zu ar-
beiten und zu dienen. Ihm war es beschieden, die lang gehegte
Sehnsucht der Deutschen zu erfüllen, Gedanken, welche schon
unsere Jugend dereinst begeistert hatten, endlich herrlich zum
Ziele zu führen. Er achtete jedes Recht und jede brauchbare
Kraft. Er hat es verstanden, die besten Männer an die richtige
Stelle zu setzen und darin mit unerschütterlichem Vertrauen zu
erhalten. Hand in Hand mit seinem Kanzler und seinem Heer-
meister hat er Deutschland emporgeführt. Es war ein idealer
Bund, welcher den Herrn und die Diener in gemeinsamer Hingabe an das Wohl des Vaterlandes verband. Kein Jota liess Er
sich nehmen von dem Recht seiner fürstlichen Verantwortung,
aber er lieh ohne Eifersucht und Vorurtheil gutem Rath sein
Ohr, und was er nach gewissenhafter Erwägung als richtig erkannt hatte, hielt er beharrlich fest. Wohl galt von ihm das
Wort 'iustum ac tenacem propositi virum Non civium ardor prava
iubentium — Mente quatit solida'. Er trauerte, wenn seine
reinsten Absichten durch Kurzsichtigkeit und Hader der Parteien
gehemmt wurden. Unverbittert versuchte er wieder und wieder
auf verfassungsmässigem Wege zum Ziel zu gelangen. In dem
einzigen Falle, wo er gegen die Stimme der Volksvertretung
seinen Willen durchsetzte, stand Höheres auf dem Spiel; und die
Zeit, deren Lage und Bedürfnisse er tiefer durchschaute, hat ihn
glänzend gerechtfertigt. Dass noch vor kurzem einmüthig beschlossen wurde, was er zur Wahrung der Sicherheit und Ehre
des Vaterlandes für nöthig erachtete, hat noch seine letzten
Lebensstunden gestärkt und verklärt.

Dem Kunstwerk ist es eigen, dass alle einzelnen Theile harmonisch zusammenwirken zur Schönheit des Ganzen: ein solches
Kunstwerk des Charakters hat die Natur in Kaiser Wilhelm ge-
offenbart. Die hohen Tugenden des Herrschers standen in schönstem
Einklang mit den Tugenden des Menschen; und den Menschen,
welcher die Krone trug, liebte das Volk, musste jeder lieben, der
in seine Nähe kam; und je mehr er gekannt wurde, desto mehr
wuchs er in die Herzen der Menschen hinein.

Noch eins trat im letzten Jahr hinzu, was dieser Liebe einen besonders innigen, ja vertraulichen Zug verlieh: die Gemeinsamkeit der Sorge, das Mitgefühl der Schmerzen, welche das Herz des Vaters, des Grossvaters durchzuckten. Auch Kaiser Wilhelm hat die Wahrheit des Solonischen Spruches erfahren müssen, dass Niemand vor seinem Ende glücklich zu preisen sei. Wenn ihn am Tage das stets gespannte Pflichtgefühl aufrecht erhielt, so durchtönte die nächtliche Stille sein Schluchzen um den leidenden Sohn, den plötzlich entrissenen Enkel.

So mischt sich in das Andenken an den so reich Begnadeten ein Zug bitterer Wehmuth, und von dem Sarge des Entschlafenen wenden sich die sorgenvollen Gedanken und flehentlichen Wünsche zu dem nicht minder heissgeliebten Nachfolger, der seinen Heldensinn aufs Neue im Leiden und in der aufopfernden Erfüllung seiner Herrscherpflicht so rührend bewährt.

Möge auch das deutsche Volk in dieser schweren Prüfung sich seiner Vergangenheit würdig, seiner Aufgabe gewachsen zeigen! Möge der verklärte Genius unseres unvergesslichen ersten Kaisers schützend und leitend über dem Vaterlande schweben! „Sorgen wir, dass es Tag bleibe", auch nachdem das Licht erloschen ist, welches Allen voranleuchtete! Have valeque, senex imperator!

2. Nekrolog auf Karl Buresch.

(Vor dem Buch 'Aus Lydien; epigr. geogr. Reisefrüchte, hinterl.
von Buresch: herausg. von O. R.' 1898; S. IV. ff.).

Karl Buresch, am 28. August 1862 in Hannover geboren,
war ein bildschönes heiteres Kind, pausbackig, mit goldenem
Lockenkopf und grossen blauen Augen. Aber ein schwerer Typhus,
den er im fünften Lebensjahr zu bestehen hatte, gab seiner Natur
den ersten Stoss: er blieb nun eine Zeit lang in seiner körperlichen Entwickelung zurück, wurde reizbar, ernst und in sich
gekehrt. Auf dem Gymnasium zu Oldenburg, wohin sein Vater
als Erbauer und Director der Eisenbahn berufen worden war, vertiefte
er sich (unter Steins Rectorat) mit Vorliebe in humanistische
Studien, so dass seine Eltern eine Unterbrechung der geistigen
Anspannung für nöthig erachteten. Sie schickten den schlanken
Knaben nach dem Sollinger Walde in das Haus eines Oberförsters.
Im Forst, zu Pferde, auf der Jagd, wie ein Sohn des Hauses von
der klugen und guten Frau Oberförsterin gepflegt und gehütet,
im Kreise junger Mädchen natürlich auch von einer Herzens-
flamme ergriffen, die sogar poetische Funken weckte, durfte er
sich hier sechs Monate lang dem Vollgenuss unschuldiger Jugend-
lust und Kraftübung hingeben: er hat sie später wohl als die
schönste Zeit seines Lebens bezeichnet. So gefangen war er von
dem Zauber des Waldes, dass er sich mit der ernstlichen Absicht
trug, Forstmann zu werden. Damit hätte er freilich den Herzenswunsch des Vaters gestört, der, obwohl selbst aus einer Förster-
familie stammend und als Ingenieur in praktischem Beruf stehend,
für das classische Alterthum eine stille, innige Verehrung hegte
und von dem begabten Lieblingssohn hoffte, dass er dereinst als
Philolog das von ihm selbst nur aus der Ferne geschaute Ideal
verfolgen und erreichen werde. Nicht ohne Widerstreben fügte
sich dieser. Aber die innige Hingabe an unverfälschte Natur,

der schwärmerische Zug zur Waldeinsamkeit ist ihm zeitlebens geblieben.

Im Herbst 1881 bezog er die Universität Marburg, aber schon im nächsten Jahr fand er in Leipzig seine alma mater, der er bis zu seinem Tode Liebe und Treue bewahrt hat. Zunächst von Herzen eigentlich noch mehr der Germanistik zugethan hörte er anfangs mit besonderer Begeisterung Rudolf Hildebrand, dessen innerliches Feuer ihn tief ergriff. Aber allmählich gewann die classische Philologie siegreich das Uebergewicht, ohne dass er der vaterländischen untreu wurde, ja er gedachte noch am Schluss seiner akademischen Lehrjahre nach grossen Mustern unter beiden Fahnen zu dienen.

Erst die akademische Preisaufgabe, eine kritische Geschichte der griechischen und römischen Trostschriften, die er glänzend löste, gab seinen Arbeiten die· entscheidende Richtung: er gewann einen verhältnismässig weiten Einblick in ein bedeutendes Gebiet antiker Literatur und hatte sich mit mannigfachen Problemen kritischer Forschung auseinanderzusetzen. Es war nicht zu erwarten, dass ein Anfänger überall das Richtige treffen würde, aber an der Energie redlicher Arbeit, die keiner Frage aus dem Wege ging, an der Schärfe und Frische des unabhängigen Urteils, dem Ernst einer ursprünglichen Natur, die aus jeder Zeile sprach, musste man seine Freude haben. Wer hätte gedacht, dass diese Vertiefung in die Todesgedanken der alten Philosophen gleichsam eine Vorbereitung für das eigne Schicksal des jungen Verfassers bedeuten sollte! Die Schrift erschien als Doktordissertation im Jahre 1886.

Inzwischen hatten die Eltern ihren Wohnsitz nach Kiel verlegt. Die reizende Hafenstadt regte das Interesse des rüstigen Studenten für See und Seewesen mächtig an. Tagelang in den Ferien auf den blauen Fluten der weiten Bucht in eignem Boot bis Eckernförde hinaus zu segeln, unter Umständen mit dem Fahrzeug auf dem Rücken heimzuwandern, war seine Lust.

Gerade damals (1886) war Breusings interessante „Nautik der Alten" erschienen. Das Buch entzückte und bewog ihn, sich selbst mit aller Energie auf das Studium der Quellen und ihre Deutung zu werfen. Während seines militärischen Dienstjahres (1887), das er in Kiel nach glänzender Absolvirung der Prüfungen ablegte, hat er die sachkundige und anschauliche Recension des

Breusingschen Buchs geschrieben, die ihm die bewundernde Freundschaft des braven Bremer Schiffscapitäus einbrachte. Man kann
denken, mit welcher Lernbegierde er einige Jahre später das berühmte Relief im athenischen Museum betrachtete, das ihn zu
den kritischen Erörterungen über die alte Triere anregte (1891).

Das Militärjahr war noch nicht zu Ende, als ein verhängniss-
volles Begebniss entscheidend in Lebenswege und Schicksal des
jungen Mannes eingriff, dessen Zukunft fast noch wie ein unbe-
schriebenes Buch vor ihm lag. Bei einem gelegentlichen flüchtigen
Besuch in Leipzig zu Ende Decembers 1887 traf er bei mir mit
Konrad Cichorius zusammen, der sich gerade zu einer zweiten
Ausfahrt nach Kleinasien rüstete. Obwohl ihm geographisch-epi-
graphische Dinge bisher fern gelegen hatten, fing er doch bei
dem leicht hingeworfenen Vorschlag, den Studiengenossen zu begleiten, sofort Feuer, und leicht war durch meine Vermittelung
die Einwilligung des Vaters gewonnen. Eine der üblichen Reisen
nach Italien oder einem anderen europäischen Culturland hätte
keinen Reiz für den Verächter des Alltäglichen gehabt, aber der
Gedanke an Entdeckungen in weltabgeschiedenen, noch unabge-
suchten Gegenden entflammte seine Phantasie.

In den letzten Tagen des Aprils 1888 ging die Reise los:
über Konstantinopel zunächst mit der Eisenbahn nach Ismid, dem
alten Nikomedia, dann zu Pferde über Iznik (Nicaea) am Nord-
ufer des Sees (l. Ascanius) nach Gemlek. Sie legten die unsichre
Strecke nach bewährter Landessitte unter dem Schutz zweier aus
dem Gebirge verschriebener „Bärenjäger" (alias Räuber) ungefährdet zurück, und diese schwuren beim Abschiede, sie würden
täglich für ihre Schützlinge beten, denn so gute Menschen hätten
sie noch nie gesehen. Der Orient mit seiner bunten Farbenpracht,
seinen einsamen herrlich bewaldeten Bergen und stillen Thal-
kesseln, der Fülle von Ruinen und Erinnerungen an das Alterthum bezauberte ihn, der sich noch wenig in der Welt umgesehen
hatte. „Kleinasien ist wunderschön", schrieb er, „und gleicht oft
— meiner Idee vom verlorenen Paradiese". Auch die schlechten
Strassen, die Mängel der Verwaltung und Cultur, die primitiven
Gasthäuser, die naiven Menschen übten einen sympathischen Reiz
aus. In Jenischehir bewilligte der gefällige Kaimakam einen
Zabtieh, unter dessen Schutz das von Europäern noch nicht be-
tretene Ak Bijyk besucht wurde. Von da führte ein zehnstündiger

Ritt nach Brussa, dem Ausgangspunkt eines fünftägigen, an Inschriftenfunden ergiebigen Ausfluges nach Apollonia und Kirmasti. Ein zweites Mal (14.—18. Juni) durchstreifte B. allein in angestrengten Ritten die weite Umgebung von Brussa. Auf den Schneefeldern des Olympos schwelgte er in der Einsamkeit der grossartigen Natur: die grosse Inschrift, die er suchte, war freilich tief im Schnee vergraben, doch entschädigte andere epigraphische Ausbeute. Aber seinen wirklichen Beruf zum „geographisch-archäologischen Pionier" erkannte er erst auf einer 19 tägigen romantischen Reise, die er im Juli bei glühender Hitze zum Theil ganz allein von Smyrna aus unternahm. Da wurde der Sipylos erstiegen und das wunderbare Felsbild der Niobe besucht. Er rühmte sich, etwa 20 Felsburgen erklommen zu haben. In der zum Theil unerforschten Welt, die ihn umgab, eröffnete sich ihm seine wissenschaftliche Zukunft, doch war einstweilen alles nur Vorübung für künftige Thaten. Schon im Juni hatte er auf Lesbos die Bekanntschaft von H. Kiepert gemacht. Dieser forderte ihn auf, sich einer mit Cichorius verabredeten Tour ins Innere der Insel anzuschliessen. B. ist dann noch zwei Tage mit Kiepert allein gereist: so wurde er in die Methode der Terrainforschung eingeweiht. Altmeister und Jünger fassten eine herzliche Zuneigung zu einander und der gelehrige, eifrige Schüler war seitdem als Mitarbeiter gewonnen.

Ein sinniger Zufall fügte es, dass die zwei ersten griechischen Inschriften, die der angehende Epigraphiker mit Andacht abschrieb, zu der Gattung der sogenannten Trostdecrete gehörten: ihre Geschichte, wenn sie eine hätte, gleichsam als Ergänzung seiner Erstlingsarbeit zu schreiben, nahm er sich sofort vor. Er ist auch schon im Winter desselben Jahres an die Ausführung gegangen, aber erst im Winter 1894 hat er sein interessantes, zum Teil ganz neues Material mit reichem Commentar veröffentlicht, so dass sich das Ganze zu einem einheitlichen Bilde zusammenfügte. So aus dem Vollen einen noch unberührten, von ihm allein beherrschten Stoff zu gestalten war ihm eine besondere Freude: er hielt es damals für die reifste seiner philologischen Arbeiten.

Zunächst aber war das wichtigste Ergebniss jenes ersten improvisirten Ausfluges die Entdeckung der alten Stadt Kaisareia-Troketta am Tmolos und einer merkwürdigen Weihinschrift

mit Orakelversen des Klarischen Apollo in verschiedenen
Metren. Dieser Fund wurde die Grundlage der Habilitationsschrift
(1889): sie gab den ergänzten Text mit allseitiger, weit aus-
greifender Erklärung, eine Geschichte des Klarischen Orakelsitzes,
eine Sammlung sämmtlicher Bruchstücke Klarischer Sprüche nebst
Untersuchungen zum Orakelwesen des späteren Alterthums und
im Anhang der für den Buchhandel bestimmten Schrift eine Recension der von Neumann in einer Tübinger Handschrift auf-
gefundenen Excerpte einer ϑεοσοφία, dazu auch Commentar —,
eine volle Schale frischer Erstlingsgaben des hoffnungsvollen
Docenten. Die Probevorlesung (am 29. Juli) behandelte das
„Felsenbild der Niobe".

Noch eine andere Entdeckung von tief persönlicher Bedeutung
brachte B. von Athen zurück. Dort hatte er, von der kleinasia-
tischen Reise rastend, bei Frau Hager, einer Griechin, der Wittwe
eines angesehenen deutschen Kaufmanns aus Hannover, Wohnung
genommen. Die eben erblühende Tochter Athena hatte durch
ihre reine Schönheit und Anmuth, durch die sanfte Ruhe und
Tiefe ihres harmonischen Wesens schnell sein Herz gewonnen.
Sie wurde seine Lehrmeisterin in neugriechischer Conversation.
Mit Entzücken erzählte er nach seiner Heimkehr von den philosophischen Gartengesprächen, die er mit ihr gehabt, und wies
die unvollkommenen Photographieen, die er selbst gefertigt hatte.
Wie es in dem Herzen seiner Göttin aussah, war ihm freilich
verschleiert, der Gedanke an ihre Heimführung erschien wie ein
toller, romantischer Traum. Nur wurde es ihm immer klarer,
dass nur ein entschiedenes Ja oder Nein von ihrer Seite sein
wogendes Gemüth endlich wieder ins Gleichgewicht bringen könnte.
Nur ein Wiedersehen und offene Aussprache konnte die Entscheidung bringen. Aber wie sollte im besten Falle die vorsichtige
Mutter des Mädchens gewonnen werden, dem unbekannten, noch
stellungslosen Freier aus der Fremde die innig geliebte Tochter
anzuvertrauen? und welche Gewähr hatten seine Eltern, dass die
Wahl eine würdige sei? Da entschloss ich mich im Herbst 1889
zu gemeinsamer Ausfahrt mit dem jungen Freunde, um ihm in
Athen als eine Art Bürge zur Seite zu stehen und seinen Eltern
unparteiischen Bericht zu erstatten. Und die diplomatische Verhandlung gelang ohne Mühe. Am 20. Februar 1890 wurde in
Athen die Hochzeit gefeiert, das glückliche Paar bereiste in herr-

licher Frühlingsfahrt Nauplia, Tiryns, Mykenä, Epidauros, Argos,
Korinth und traf gegen Ende April im behaglich zubereiteten
häuslichen Nest in Leipzig ein.

Sofort begann B. seine akademische Lehrthätigkeit, die er
leider nur bis in den Sommer des Jahres 1892 hat fortsetzen
können. Seine Vorlesungen waren überwiegend der griechischen
und römischen Poesie gewidmet, auch an der Leitung der Pro-
seminarübungen war er betheiligt. Mit gewohntem Eifer übte
er sein didaktisches Geschick, besonders der Anfänger nahm er
sich mit Liebe an und liess ihnen die Erfahrungen aus der eigenen Studentenzeit zugute kommen.

Aber die Sehnsucht, seine glücklich begonnenen Forschungen
in Lydien zu erweitern, liess ihm auf die Dauer keine Ruhe.
Kiepert, dessen Specialkarte des westlichen Kleinasiens 1890 zu
erscheinen begann, hatte von den genauen Mittheilungen der
beiden Reisenden über die Ufer des Sees von Iznik und an-
schliessende Routen dankbaren Gebrauch gemacht und begrüsste
die Aussicht, so manche leere Stelle auf seinen Blättern auszufüllen, mit Freuden. Reichliche Mittel zur Reise gewährte die
Albrechtstiftung der Leipziger Universität. So machte sich die
junge Familie, Mann, Weib und das erst dreivierteljährige Söhn-
chen Charilaos mit seiner Amme im Juli 1891 wohlgemuth auf
den Weg. In Athen blieben Mutter und Kind unter dem Schutz
der Schwiegermama zurück, B. selbst durchzog während der Monate August, September, October von Smyrna aus nach wohl-
durchdachtem Plan weite unbekannte Gebiete und richtete in
2½ Monat aus, wozu andre die doppelte Zeit brauchen.

Immer sicherer und begeisterter verfolgte er den Gedanken,
durch möglichst abschliessende und erschöpfende Durchforschung
das Bild einer Reihe höchst merkwürdiger Culturen in dem heute
verödeten Wunderlande zurückzugewinnen. Das üppige Reich
des Gyges und Kroisos mit dem beschneiten Tmolos und dem
goldflutenden Paktolos, das phantastische Jagdgebiet des Dionysos
mit seinen Mänaden hatte es ihm angethan.

Er empfand die Verpflichtung, die grosse Aufgabe, die er
einmal begonnen, ganz zu Ende zu führen. Besass er doch die
Eigenschaften, die ihre Lösung bedingten, in ausserordentlich
hohem Grade: rastlose, vor keinem Hinderniss zurückschreckende
Energie und Schwungkraft des Geistes wie des Körpers, raschen

und scharfen Blick, echt wissenschaftlichen Sinn und die Kunst
des Alkibiades, mit Fremden zu verkehren. Er gewann das Vertrauen der Leute durch sein offenes, naives und doch bestimmtes,
charaktervolles Wesen. Er lernte Neugriechisch und Türkisch
wie seine Muttersprache beherrschen, so dass ihm der Gebrauch
selbst in Briefen an Landsleute Vergnügen machte. Bei seiner
Lust an lebhafter Mittheilung und dankbaren Aufnahme jeder
Belehrung kam er schnell und leicht mit den Eingeborenen, denen
seine Sachkunde imponirte, in fruchtbares Gespräch. Auf dem
Markt (beim Pferdekauf oder anderer Gelegenheit) sitzend, liess
er sich von rechts und links erzählen; mit Jägern durchstreifte
er Feld, Wald und Gebirge. Auf der Eisenbahn freundet er sich
mit den Insassen an, und alle wollen wissen, wo der interessante,
sonnenverbrannte junge Mann im Räubercostüm her sei, was er
treibe. Der dreht ihm eine Cigarette, der langt ihm eine herrliche Traube aus seinem Korbe, der reicht ihm ein Glas Wasser,
der schält ihm eine Feige, und bald schwirrt das Coupé von
Nachrichten über alte Steine und Inschriften. So lernte er den
gemeinen türkischen Mann, seine natürliche Ehrlichkeit und Gutmüthigkeit, auch seine Ausdauer und Bedürfnisslosigkeit schätzen.
Leider fand er selbst eine stolze Genugthuung darin, mit ihm zu
wetteifern, ihn womöglich zu überbieten. Er verachtete jede Be-
quemlichkeit und Erleichterung der Strapazen, liebte Tage lang
von nichts als Café, von Weintrauben und Feigen, die er am Wege
pflückte, Tomaten und Käse zu leben. Die unzugänglichsten
Felskuppen und Burgen zu erklettern, stundenlang im Wasser zu
reiten, bei Tage sich glühender Hitze auszusetzen, unter blinken-
dem Sternenhimmel zu nächtigen, alles das schien sein Behagen
für den Augenblick nur zu erhöhen. Aber mit der Zeit machten
sich die Folgen dieser Ueberspannung seiner Kräfte geltend.
Zwar nach der ersten Reise (1888) fühlte er sich „unheimlich stark
und gesund". Die zweite dagegen gab seiner Gesundheit einen
verhängnissvollen Stoss. Des Fiebers nicht achtend, das ihn schon
Ende September ergriff, machte er einen scharfen Ritt von Kassaba
nach Philadelphia: kaum konnte er sich noch im Sattel halten,
im Chan fiel er um und blieb 24 Stunden halb bewusstlos liegen.
Aber er raffte sich auf, um eine wichtige Inschrift (Kaiserbrief
n. 13) „aus dem Handgelenk" zu bearbeiten, fühlte sich auf einer angestrengten Reise vom 30. September bis 30. October anscheinend

wohl, brach aber in Smyrna abermals zusammen, verfiel in heftiges Fieber, schleppte sich nach einiger Zeit mühsam nach Athen und kam im November in sehr geschwächtem Zustande wie ein gebrochener Mann nach Leipzig zurück. Doch war er bald wieder fähig, schon früher begonnene Studien, die ihn in ganz neue Bahnen führten, mit verdoppeltem Eifer aufzunehmen.

Im Anhang seiner Abhandlung über das Triopeion des Herodes Atticus hatte er die Grabinschrift der Regilla besprochen, die er u. a. auch aus sprachlichen Gründen für gefälscht hielt. Mit dieser Behauptung freilich machte er kein Glück (er hat sie auch bald zurückgenommen oder doch modificirt). Aber die auffallende Form $\gamma\acute{\epsilon}\gamma o\nu\alpha\nu$ wurde ihm der Ausgangspunkt für höchst ertragreiche Sammlungen über hellenistisches Griechisch, die auch über den Text der biblischen Schriften neues Licht verbreiteten. In unmittelbarer Verbindung hiermit stand sein Interesse für die pseudosibyllinischen Orakel, das er schon in der Schrift über Klaros bekundet hatte. Im Sommer 1891 erfuhr er in Smyrna von der soeben gefundenen metrischen Weihinschrift der erythräischen Sibylle: sofort begab er sich nach Lythri, um den Bestand festzustellen; der Darlegung seiner Ermittelungen und sprachlichen wie sachlichen Bemerkungen wurden mehrere Artikel gewidmet. Daheim war unterdessen eine neueste Bearbeitung der pseudosibyllinischen Orakel von Rzach erschienen. B. warf sich mit Heisshunger darauf, fand sich aber arg enttäuscht, denn sie entsprach nach keiner Seite seinen Erwartungen. Er vermisste vor allem die durch kritisches Studium der inschriftlichen und literarischen Quellen zu gewinnende Kenntniss des späteren sogenannten Vulgärgriechisch, die zu einer ganz anderen Schätzung und Benutzung der handschriftlichen Ueberlieferung führen musste. In einer ausführlichen Recension und einer Reihe längerer Aufsätze schüttete er eine Fülle weittragender Beobachtungen und überzeugender Beiträge zur Feststellung und Verbesserung des Textes aus. In mancher späten Abendstunde hat er an meiner Seite sitzend sein durchcorrigirtes Handexemplar vor mir durchblättert, um an meinem Urtheil die Evidenz seiner Vermuthungen zu erproben. Vor dem Plan einer neuen Ausgabe der Pseudosibyllinen, der immer festere Gestalt gewann, traten vorläufig selbst die lydischen Reisefrüchte zurück.

So vergingen Winter und Frühling in schöner angeregter Thätig-

keit und erfrischter Kraft. Nach dem Tod des Vaters (6. April 1892),
den er „bewundert, verehrt und geliebt" hatte, richtete er seine
Gedanken mit doppeltem Ernst auf die festere Gestaltung seines
eigenen Lebens, ohne zu ahnen, dass an dessen Wurzeln bereits
der Wurm nagte. Ein altes Ohrenleiden, schon aus den Jahren
der Kindheit herrührend, vielleicht eine Folge des Typhus, das
von Zeit zu Zeit kam und wieder verschwand, hatte sich im
letzten Winter wieder bemerklicher gemacht und dauernd ärztliche Pflege erfordert. Seine Betheiligung an den militärischen
Reserveübungen des Sommers 1892, zu denen der eben ernannte
Offizier einberufen war, erschien demnach sehr bedenklich; aber
leider schlug der Stabsarzt, von dem die Entscheidung abhing,
das Zeugniss des Leipziger Specialisten gering an und versagte
den Dispens. Der Juni brachte unendliche Regengüsse, Hagel
und Sturm. Feuchte Wohnung in Rendsburg und eine grosse
Uebung bei unerhörtem Unwetter (24. Juni) machten das Maass
voll. Heftiges Malariafieber brach aus. Die Untersuchung des
eiternden linken Ohrs durch den Specialisten in Kiel ergab unmittelbare Lebensgefahr und die dringende Nothwendigkeit einer
tief eingreifenden Operation. Sofortige Entlassung aus dem Dienst
verstand sich von selbst. Die Operation wurde alsbald in der
Halle'schen Ohrenklinik vollzogen, ohne jedoch vollständige Heilung des kranken Organs herbeizuführen. Vollends erschreckend
war die Entdeckung von Tuberkeln in der linken Lunge. Mit
einem Mal war der Arme und seine ganze Zukunft vor ein grau-
sames Fragezeichen gestellt. Zunächst entschloss er sich zu einem
Aufenthalt in der Heilanstalt zu Görbersdorf (von Anfang August
bis Mitte Februar 1893). In grauer Resignation gedachte er des
Spruchs, den er später oft wiederholt hat: 'mors misera non est,
aditus ad mortem est miser'. Wunderbar, dass sein liebster Ge-
sellschafter gerade ein Grieche war. Auf den pflichtmässigen
Spaziergängen machte er gern Verse, des Sokratischen Traums
eingedenk: Σώκρατες, μουσικὴν ποίει. Uebrigens wurde die
Paraphrase des Johannesevangeliums von Nonnus und das astro-
logische Gedicht des Manethon fleissig studiert und Neugriechi-
sches gelesen. Im ganzen brachte die Cur doch einige Auffrischung;
noch heilsamer war der Frühlingsaufenthalt in Corfu, wohin dem
Patienten Weib und Kinder im April folgten. An Rückkehr
nach Leipzig war freilich vor der Hand nicht zu denken. So

entschloss er sich, einstweilen nach Athen überzusiedeln, wo die kleine Familie das Haus der Schwiegermutter, das er schon früher, wie von dunkler Ahnung getrieben, angekauft hatte, bezog.

Aber dieses Asyl, so natürlich es sich zu bieten schien, war doch im Grunde recht unglücklich gewählt. Im Sommer glühende Hitze und erstickender Staub, im Winter schroffe Witterungswechsel: heute Südwind mit herrlichstem Sonnenschein, morgen eiskalter Nordwind, Regen und auf den Bergen Schnee. Die Wohnräume unwirthlich, grösstentheils unheizbar: erst später wurde durch Umbau wenigstens ein behagliches Studirzimmer gewonnen. Dabei musste der Hausvater nach griechischer Sitte selbst für alle Bedürfnisse des Hauswesens sorgen, musste selbst auf den Markt gehen, um für Küche und Speisekammer einzukaufen. Die Beschwerden der Lunge und der Verdauung wurden nicht gehoben. Nur die Verarbeitung der Reisefrüchte und die dafür unentbehrliche, dennoch oft versagende Bibliothek des deutschen archäologischen Instituts fesselten den Leidenden an den unbehaglichen Ort. Daher seine Sehnsucht nach Luftveränderung, wobei die Brust doch wieder freier athmete. So machte er im Sommer 1893 einen Ausflug nach Troja. Dort traf er Dörpfeld: mit ihm fuhr er nach Samothrake, von da über Pergamon zurück nach Smyrna. Und im September ging er vom Seebade Spetses aus nach Nauplia, durchzog Argos, bestieg die riesige Mideia, besuchte die Ausgrabungen in Delphi und bestieg von da aus den schneeigen Parnass, auf dessen Gipfel er, in eine Filzdeke gehüllt, übernachtete, um am folgenden Morgen einen prachtvollen Sonnenaufgang zu geniessen. Der verhältnissmässig günstige Erfolg solcher unschädlicher Excursionen machte ihm Muth, seine lydischen Reisepläne wieder aufzunehmen. Meinen schweren Bedenken wusste er mit den einschmeichelndsten Vorstellungen und heiligsten Versprechungen grösster Vorsicht zu begegnen. Auf März und April, die noch unschädlichen Frühlingsmonate, sollte diesmal die Expedition beschränkt und mit allen Bequemlichkeiten ausgerüstet werden. Aber erst am 21. März 1894 konnte der Aufbruch erfolgen und fast drei Monate vergingen bis zur Heimkehr. Gleich zu Anfang, am 5. April, gab es ein unvorhergesehenes Abenteuer lebensgefährlicher Art.

Bei der Ueberschreitung des Lykos in der Gegend von Thyateira verlor er, 5 m vom jenseitigen Ufer entfernt, die Furt.

Sein Pferd trat in eine tiefe Stelle und ward von der reissenden
Strömung sofort umgerissen, so dass er unter ihm auf dem Fluss-
grunde lag. Die Strömung riess sie fort; zum Glück gelang ihm,
sich vom Pferde loszumachen, es aufzureissen und sammt allen Sachen
auf einer zufällig gefundenen seichten Bank ans Ufer zu schleppen.
Dann musste er noch 1½ Stunden über einen Bergrücken sich,
das Gepäck und sein Pferd in ein Dorf schleppen, wo die Ein-
wohner, feindlich gesinnte Auswanderer aus der europäischen
Türkei, ihm anfangs alles versagten. Sein Diener, ein fauler alter
Kurde, der bei dem Flussübergang wohlweislich weit zurück-
geblieben war und später mit einem Führer übersetzte, meinte,
der Herr müsse ganz neuerdings irgendwo ein gewaltiges Almosen
ertheilt haben, sonst wäre das Wunder seiner Rettung nicht erfolgt. Mit dem Verlust eines kostbaren Barometers und einer
Erkältung kam er wirklich davon.

Uebrigens fühlte sich der „gelehrte Kentaur" wieder in seinem
Element und fast erdrückt von der Masse neuer Funde. Besonderes
Vergnügen machte ihm die Bestätigung seiner These von der
Gleichsetzung des $\delta \tilde{\eta} \mu o \varsigma \ N \varepsilon o \varkappa \alpha \iota \sigma \alpha \rho \acute{\varepsilon} \omega \nu$ mit dem δ. $\Phi \iota \lambda \alpha \delta \varepsilon \lambda \varphi \acute{\varepsilon} \omega \nu$
durch den überraschenden Münzfund, den er im Anhang seines
Reiseberichtes (S. 217 ff.) erzählt. Die Menge topographischer
Feststellungen, die ihm gelangen, befähigte ihn mehr und mehr,
von der antiken Besiedelung des merkwürdigen, seine Phantasie
so beherrschenden Landes Maeonia eine Detailanschauung zu gewinnen.

Allmähliche Erschöpfung hinderte ihn aber doch, sein Programm in vollem Umfang auszuführen. „Ich bin wie ein Segler",
schrieb er (19. Mai 1894 aus Alaschehir) wehmüthig, „dem der
Hauptmast gebrochen ist. Dass sich ein neuer setzen lassen oder
der alte Stumpf flicken lassen sollte, ist unwahrscheinlich." Im
ganzen bekam ihm die einsame Streiferei doch wieder vortrefflich.

Als er nach elfwöchentlicher Abwesenheit Ende Juni scheinbar wohlbehalten nach Athen zurückkehrte, wurde er von der
Nachricht überrascht, dass ihm vor drei Tagen ein kräftiges Knäb-
lein (Karl) geboren war, ein Ersatz für den Verlust zweier Kinder,
von denen das ältere, ein Knabe, schon in Leipzig (Anfang 1892),
das andere, ein Mädchen, im vergangenen Sommer im Seebad ver-
storben war, beide wenige Monate nach ihrer Geburt. Nun
arbeitete er vom Morgen bis zum Abend an seinem Reisebericht,

um so bald als möglich, wie der Smyrnaer Arzt dringend verlangt
hatte, aus der tödtlichen Atmosphäre der Stadt wieder hinaus-
zukommen. Noch vor Beendigung seiner Arbeit bezog er mit
der Familie ein reizend gelegenes, nur nach Landessitte recht un-
wohnliches Haus im schönen Kephisia, das er auf ein Jahr ge-
miethet hatte, aber heftige Winde setzten ihm auch hier arg zu
und es zeigte sich, dass nun auch die rechte Lunge angegriffen
war: zu den bisherigen Beschwerden kam Schlaflosigkeit, schleichendes Fieber, zunehmende Schwäche. Weder in Kephisia noch in
Athen mochte er den Winter bleiben: nach Italien wollte er
ziehen, wenn er mich dort träfe. Aber vor allem musste das
„monumentale corpusculum" seiner lydischen Inschriften vollendet
sein. Fand er doch in der Vertiefung des Forschens den höchsten
Genuss. Wenn nur nicht die Fahrten zur Bibliothek des Instituts
in Athen und die mühseligen Hausgeschäfte so viel Zeit verschlungen hätten! Die beste Erfrischung bot ihm immer noch
das Reisen: ein kurzer Ausflug nach Kalauria und Aegina zu den
Ausgrabungen im August, und nach einem traurigen einsamen
Winter, der schmerzliche Sehnsucht nach der Heimat, nach an-
geregtem und freundschaftlichem Verkehr weckte, im Februar 1895
eine elftägige Reise über den Parnes durch Böotien nach Orcho-
menos um den Kopaissee und nach Delphi. Und nachdem diese
Probe leidlich bestanden war, ging es noch einmal in das gelobte
Land Lydien. Schon im November war die von Kiepert bean-
tragte Bewilligung von Reisegeldern von Seiten der Berliner
Akademie erfolgt, und am 14. April 1895 geschah der Aufbruch.
Vierzehn heisse Wochen dauerte diese letzte Expedition, eine
Kette äusserster Anstrengungen. Mit einer Art Hymnus nahm
er im Juli Abschied von seiner wundervollen Braut, die ihm ihre
Geheimnisse offenbart habe. Die Ausarbeitung des Berichtes an
die Akademie, sein „Schwanengesang", den er seinen schwinden-
den Kräften noch abrang, hat ihm den Rest gegeben. Ein letzter
Rettungsplan, den Winter in Aegypten, vielleicht in Humanns
Gesellschaft, zu verbringen, scheiterte an der zunehmenden Ent-
kräftung. Am 2. März 1896 erlöste den tapferen Ritter seiner
Wissenschaft der Tod. Dem älteren Bruder, der ihm die letzten
Grüsse aus der Heimat gebracht, hatte er noch die Hand drücken
können. Seine Grabstele in Athen zeigt (nach dem schönen Original
von der Akropolis) Athene, traurig auf ihre Lanze gebückt

zum frischen Grabe niederschauend. Darüber steht: $\beta\acute{\alpha}\sigma\varkappa\alpha\nu o\varsigma$ $\check{\epsilon}\sigma\sigma$' $Α\ddot{\iota}\delta\alpha$.

Eine heroische Kraft war vor der Zeit gebrochen, einen hoffnungsreichen Blüthenbaum hatte Frost und Sturm vernichtet.

Buresch war, nach seinem Wahlspruch, $\sigma\varphi o\delta\varrho\grave{o}\varsigma$ $\acute{\epsilon}\varphi$' $\breve{o}\tau\iota$ $\acute{o}\varrho\mu\acute{\eta}\sigma\epsilon\iota\epsilon$: Spiel und Ernst, Sport und Leibesübungen jeder Art, die Pflichten des militärischen Berufs und die Freuden des Studentenlebens, Verkehr mit Menschen und Büchern, — alles trieb er mit stürmischer Hingabe, aber nicht launisch, sondern wie gerade der Anstoss zum einen oder andern an ihn herantrat. Denn er war im höchsten Grade erregbar: ein Wort, ein Gespräch, ein Buch konnte ihn in Flammen setzen, das Ergriffene hielt er fest, vertiefte sich darin mit dem ernsten Vorsatz, es ganz zu beherrschen, und war glücklich, wenn er von dem neu Erworbenen mittheilen oder von Mitstrebenden hinzulernen konnte. $A\grave{\iota}\grave{\epsilon}\nu$ $\acute{\alpha}\varrho\iota\sigma\tau\epsilon\acute{\upsilon}\epsilon\iota\nu$ war in allem sein Streben, aber nicht aus eitlem Ehrgeiz, sondern weil der Wille seiner ehrlichen, kraftvollen Natur wie ein wohlgezielter Pfeil unaufhaltsam dem Ziele zuflog. Wo er den gleichen, auf die Sache gerichteten Sinn fand, wo er auf ein offenes Geben und Nehmen glaubte rechnen zu dürfen, da gab er sich ohne Rückhalt hin und hielt das einmal geknüpfte Band fest. An einzelnen hing er mit schwärmerischer Freundschaft. Ueberhaupt war er eine hoch idealistische, romantisch angehauchte Natur: alles Volksthümliche zog ihn mächtig an, dem Volksliede ging er nach auch in Griechenland, und selbst die Blüthen der rauhen Soldatenmuse hatten Duft für ihn. In der Kunstpoesie sagten ihm dagegen gelehrte Formen und Reminiscenzen, Anspielungen hellenistischer Art mehr zu als man erwarten sollte. So gehörte Platen (neben Schiller) zu seinen Lieblingsdichtern, aber ein Vorbild wissenschaftlichen Geistes, das er fast andächtig verehrte, war ihm Lessing. Spuren davon zeigen auch gewisse Wendungen seiner Ausdrucksweise.

So leicht ihm die Rede im Gespräch floss, so schwer wurde ihm das Schreiben, weil er sich nicht genügen konnte. So machte sein drastischer und oft prägnanter Stil manchmal den Eindruck des Forcierten. Auch riss ihn besonders in der Polemik sein Temperament und die Glut seiner Ueberzeugung bisweilen über das Maass ruhiger Erörterung hinaus. So zuversichtlich er auftrat, so bescheiden und wenig selbstvertrauend war er innerlich. „Für die grosse Menschenwelt", so schrieb der Freund der Waldeseinsamkeit, „bin ich nicht klug und nicht stark genug — — ich bin ein kleiner Mensch, um so kleiner, als ich meinen Gedanken nicht gewachsen bin." Dem modernen Gecken- und Streberthum, dem gelehrten Cliquenwesen war er tief abgeneigt. Eine gewisse Schwermuth schlummerte unter dem sprudelnden, oft jubelnden, kindlichen Uebermuth seines Wesens. Von seinem Vater meinte er die Gabe der Resignation geerbt zu haben, die er nur zu früh zu bewähren hatte. Todesgedanken und Ahnungen, dass er nicht lange zu leben habe, befielen ihn, als er noch in voller Kraft und Frische der Gesundheit blühte. In einem kurzen Briefe vom Todesbett, vielleicht den letzten Zeilen, die er mit zitternder Hand noch geschrieben hat, erinnert er mich an ein Geständniss, das er mir früh abgelegt. Er war eines späten Abends, als ich mit ihm seine erste Arbeit über die Trostschriften vor der Drucklegung durchging. Als wir fertig waren und heiter aufstanden, wünschte ich ihm von Herzen Glück zu seiner wissenschaftlichen Zukunft. Er sah stumm und traurig zu Boden, und als ich ihn väterlich, aber halb scherzhaft fragte, warum er manchmal so trübsinnig und verzagt sei, da ihm doch die Welt offen stehe, antwortete er mit halberstickter Stimme: ich weiss, dass ich doch nicht lange leben werde. So ist ihm seine dunkle Moira früh offenbart worden, als die Sonne des jugend- und arbeitsfrohen Lebens noch seinen Pfad beschien. Ein düsterer Zusammenhang schimmert durch alles, was er erlebt, erstrebt und erlitten. Er hat sich tapfer wie ein Held durch sein tragisches Geschick durchgekämpft. Möge die wissenschaftliche Welt ihm den verdienten Kranz nicht missgönnen!

3. Nekrolog auf Hermann Petersen.

(Vorwort zum Kieler Königsgeburtstagsprogramm 1871.)

Der Einladung für die Feier, womit die Christian-Albrecht-Universität alljährlich den Geburtstag ihres königlichen Herrn und Beschützers begeht, hat das academische Consistorium geglaubt, keine sinnvollere Beigabe anschliessen zu können, als die nachstehende Erstlingsarbeit eines hoffnungsvollen Commilitonen, welcher in dem eben so herrlich beendeten glorreichen Kriege seine Treue für König und Vaterland mit seinem Herzblut besiegelt hat. Wenn in der zahlreichen kampfglühenden Schaar, welche aus der Mitte unsrer studierenden Jugend dem Feinde entgegengezogen ist und nun hoffentlich bald mit dem Siegerkranze geschmückt heimkehren wird, diesen der besten Einen, unsre Augen nicht wieder erblicken sollen, so dürfen wir uns rühmen, aus unsrem edelsten Besitz ein Kleinod der grossen Sache geopfert zu haben. Dessen zum Zeugniss und zum Andenken an den theuren Zögling soll die erste und leider letzte Frucht seiner ernsten Studien, die einer nachsichtigen Beurtheilung wohl getrost empfohlen werden darf, in unsren Universitätsschriften aufbewahrt werden, damit der Trost „non omnis moriar" dem wackern Jünger der Wissenschaft in die Schattenwelt folge.

Sammeln wir noch die Hauptthatsachen seines kurzen Lebens und suchen wir die wesentlichen Züge seiner Persönlichkeit zu einem Umriss zusammenzustellen. Es ist das schlichte Bild eines deutschen Jünglings, wie es deren zum Heil unsres Vaterlandes nicht gar zu wenige giebt. Unscheinbare Anfänge, Armuth die Mutter der Tugend, ein freudiger Lauf über Hindernisse dem idealen Ziel entgegen: da — zu früh — erlischt die Fackel, und dem hellen rüstigen Morgen folgt keine Arbeit des Tages, kein heiterer Abend mit lohnendem Ertrage. So verschwenderisch darf die Natur mit ihren Keimen und Blüthen umgehen.

Matthias Heinrich Hermann Petersen war das jüngste von fünf Kindern eines Küsters und Schullehrers in Eggebeck (Kreis Flensburg), geboren am 25. März 1848. Die Erhebung unsrer Herzogthümer gegen die Dänenherrschaft umbrauste seine Wiege: am Tage der unglücklichen Schlacht bei Bau wurde er getauft. Früh verlor er die Mutter. Von Schwesterhand erzogen, in einer dänisch redenden Dorfschule unterrichtet kam der 14jährige Knabe nach Schleswig, um unter der Aufsicht eines älteren Bruders nach dem Willen des Vaters zum Beruf eines Volksschullehrers vorbereitet zu werden. Aber in dem blassen lebhaften Realschüler brach Lust und Befähigung zu höheren Dingen so mächtig hervor, dass der einsichtige Bruder nicht zögerte, die Zustimmung des Vaters zum Uebergang auf das Gymnasium (im Sommer 1863) zu erringen. Nach anderthalb Jahren, im Winter 1864, gab die endliche Befreiung des Landes von den Fremden der Schleswiger Domschule deutsche Lehrer zurück, denen sich der strebsame Zögling mit Liebe und Vertrauen hingeben durfte. Kaum aber ist er glücklicher Tertianer, so droht der Tod des Vaters wie die Versetzung des Bruders ihm Mittel und Stütze für die Fortsetzung seines Weges zu entziehen. „Mit Thränen in den Augen" will er verzichten und nun doch Volksschullehrer werden. Doch gelang es, ihn auf dem Gymnasium zu erhalten, welches er zu Ostern 1868 mit einem rühmlichen Maturitätszeugniss verliess, um sich in Kiel dem Studium der classischen Philologie zu widmen. Schon im folgenden Wintersemester verdiente er sich die Aufnahme als ordentliches Mitglied des philologischen Seminars, und im Sommer 1870 wurde seine Abhandlung über die Composition des Platonischen Sophistes (der Inhalt dieses Programms) unter besonderer Anerkennung ihrer Gediegenheit mit dem vollen Schassischen Preise belohnt.

Eben war uns der Krieg von dem übermüthigen Nachbar erklärt, und unsere Jugend eilte zu den Waffen, Petersen unter den vordersten. Bei der ersten, ihn tief niederschlagenden Erklärung des Arztes, dass er nicht stark genug sei, sich nicht beruhigend wusste er eine abermalige Untersuchung durchzusetzen, über deren günstigen Ausgang er triumphirte. Er hatte seine Kraft nicht überschätzt. Am 3. September ging es fort zum Regiment (dem 36.), das schon vor Metz lag. Alle Briefe athmeten echten Jugendmuth. „Man kann durch den guten Willen viel aus-

richten", schrieb er. Das Gewehr schien ihm „so leicht wie ein
Spielzeug"; trotz aller Strapazen des sauren Vorpostendienstes,
des unwirthlichen Lagerlebens, im Platzregen, in der Nässe des
Zelts und des Bivouaks befand er sich „wie ein Fisch im Wasser".
„Wir sind unverwüstlich", jubelt er mitten auf den Eilmärschen,
die im November täglich 8—10 und mehr Stunden in weitem
südlichen Bogen gen Westen führten.

Nach der siegreichen Schlacht gegen die Loirearmee vor Orleans
am dritten December ging ihm am vierten die Sonne zum letzten-
mal auf. Im Vorrücken gegen den Feind, der aus dem Walde vertrieben, löst sich sein Zug in eine Schützenkette auf. Hinter einer
Deckung liegend richtet er sich auf, um zu schiessen: da dringt
ihm die feindliche Kugel in die Brust. Mit kurzem Seufzer sank
er schmerzlos zusammen: so fand ihn um die Mittagsstunde ein
Commilitone. Er hatte bewährt, was er einst im Gespräch über
die Opfer, welche grosse Wendungen des Völkergeschickes dem
Einzelnen auferlegen, leuchtenden Blickes den Bruder versichert
hatte: für das Vaterland sei er mit Freuden bereit sein Leben
hinzugeben.

Unter seinen Waffengefährten hat er sich dieselbe unbedingte
Achtung und Liebe erworben, die ihm von Angehörigen, Mit-
schülern, Studiengenossen, Lehrern seit seiner Knabenzeit willig
gezollt worden ist. Ein echter Sohn seines Landes. Mit tiefen
Wurzeln des Gemüthes an den Boden seiner Heimath und seiner
Familie gekettet, deren stolze Hoffnung er war, in schlichter inner-
licher Religiosität den Blick nach oben gerichtet, sittlich geweiht
durch die Genügsamkeit und Straffheit seiner Natur, der Wahrheit
streng und unerschrocken ergeben, bescheiden, umgänglich und
treu, von der Heiterkeit eines guten Gewissens, verband er mit
glücklichen Geistesgaben die Zucht eines männlichen zähen Willens.
Sie gab dem an sich nicht kräftigen Körper Schwungkraft und
Ausdauer, sie erhielt und übte den Geist in jenem intensiven
Ernst, welcher jeder wissenschaftlichen Frage auf den Grund geht,
in jener Schärfe und Freiheit des Denkens, die sich selbst im
Zaum hält, ohne vor den Schranken eines faulen Aberglaubens
zu scheuen.

Möge sein Andenken den überlebenden Studiengenossen theuer
bleiben, ihnen zum Sporn und Vorbild dienen. Wer aber ihn
und so viele blühende Jünglinge und Männer beklagen möchte,

dass sie in frischer Kraft so früh zu den Müden hinabsteigen und
dem strahlenden Licht dieser Zeit, wo es dem Deutschen eine Lust
zu leben ist, entsagen mussten, der denke an die Worte, welche
Simonides den griechischen Freiheitskämpfern nachrief:

Unauslöschlichen Ruhm dem Vaterlande gewinnend
　　Wurden sie selbst von des Tods schwarzem Gewölke verhüllt.
Aber gestorben auch sind sie nicht todt: sie führt aus des Hades
　　Wohnung ihr Helden-Verdienst wieder verklärend empor.

4. Zu Friedrich Ritschl's Gedächtniss.

(Worte am Sarge, Leipzig, den 11. November 1876, gespr.)

Dem unersetzlichen Lehrer, wenn sein verklärter Geist dieser Feier beiwohnen dürfte, wie er in unser aller Herzen gegenwärtig ist, würde ein Ton fehlen, der in dem vollen Einklang seines Wesens so mächtig mitwirkte, wenn ihm nicht auch aus Schülermunde noch ein letztes inniges Wort nachgerufen würde. Hat doch sein bescheidenes Selbstgefühl es oft und gern ausgesprochen, dass er sich eigentlich mehr zum Lehrer als zum Schriftsteller berufen fühle und erst in der Bewährung dieser Kraft seine volle Befriedigung finde. Besteht doch der unvergängliche, unmessbare Werth auch der schriftstellerischen Denkmale seines Geistes in dem Zauber der Wechselwirkung, durch welchen der Lesende unwiderstehlich zur Mitarbeit herangezogen wird.

Und er sprach wie er schrieb. Ohne rhetorischen Apparat, nicht in der schwerfälligen Rüstung todter Gelehrsamkeit, nicht mit der Salbung oder dem zornigen Eifer dogmatischer Unfehlbarkeit gab er sich mit der ganzen Unmittelbarkeit seines vibrirenden Feuers der Aufgabe hin und entwickelte die Resultate tief bohrender, genialer Forschung in streng gegliederten Reihen, in siegreichem Fortschritt mit dramatischer Lebendigkeit vor den gespannten Zuhörern, die in die Bahn der Untersuchung mit fortgerissen des mehr und mehr geahnten, endlich fast selbst gefundenen Zieles sich doppelt freuten. Ja, Peitho sass ihm auf den Lippen; und sie liess einen Stachel in der Seele des Hörers zurück, der sie davor hütete, nur bequem nach Hause zu tragen, was man schwarz auf weiss besitzt.

Aber der hätte unseren Meister wenig erkannt, der das Bild und den Inbegriff seiner Lehrthätigkeit nur auf dem Katheder oder selbst in der unübertroffenen Zucht seines Seminars hätte suchen wollen. Den echten und vollen Lehrer, der dann zum hingebendsten väterlichen Freund wurde, lernten erst die kennen, welche durch abgelegte Proben wenn auch noch so begrenzter Befähigung und redlichen Eifers sich den Zugang in das Allerheiligste seiner persönlichen Schätzung erschlossen hatten.

Mit welcher Liebe und welchem Verständniss wusste er in der Seele des Jüngers zu lesen, das Geheimniss seiner Kraft ihm selbst zur Ueberraschung zu enthüllen; mit welchem Scharfblick fand er die ihr gemässen Aufgaben, mit welcher Geduld lenkte er seine ersten schwankenden Schritte, ermuthigte seine Verzagtheit durch milde Anerkennung; mit welcher Strenge aber hütete er ihn auch vor jener verderblichen Selbstgefälligkeit und Hybris, gegen die er selbst durch seinen Lieblingsspruch geschützt war: γηράσκω δ' ἀεὶ πολλὰ διδασκόμενος.

Dort in der traulichen Zwiesprache des engen Studirzimmers floss der volle, sprudelnde Quell seines kindlich naiven, weichen und doch so tapferen Herzens.

So verdanken dem unermüdlichen Berather Hunderte ihre wissenschaftliche Existenz, ihre innere Befriedigung, und aber Hunderte die ihren Kräften angemessene Stellung im wissenschaftlichen Beruf. Denn mit derselben rastlosen Energie, die alle seine Arbeiten und Unternehmungen beflügelte, mit jener höchsten, selbstlosen Liebe zur Sache, für die er die rechten Menschen zu finden und zu gewinnen wusste, hat er das Gelingen derer, die er für würdig hielt, in alle Wege zu fördern gestrebt. Noch seine letzten Tage und Stunden waren den treuen Gedanken an einige seiner nächsten Schüler gewidmet.

So sind wir nun wahrlich verwaist, — aber nicht verlassen! Denn Du hast uns erzogen, Du Unvergesslicher, zur Selbständigkeit, Du hast uns gelehrt, nicht zu schwören auf die Worte des Meisters, sondern unermüdlich mit- und nachzuarbeiten. Und dieser Dein guter Geist walte über das Grab hinaus unter uns, ihm geloben wir unvergängliche Treue!

5. Zu Julius Cohnheim's Gedächtniss.

(Worte am Sarge, Leipzig, den 18. August 1884, gespr.)

Gestatten Sie, dass auch der älteste Freund unter den anwesenden Collegen unseres theuern Verstorbenen das Wort ergreife zu dem Versuch, Zeugniss abzulegen von jenen rein menschlichen Zügen, welche ihn uns und den Seinigen so liebenswerth machten, so unvergesslich. Freilich bin auch ich erst mit dem reifen Mann in Berührung getreten. Als der Achtundzwanzigjährige seine erste Professur in Kiel antrat, wie kühn umschäumten da die Wellen siegesfrohen Jugendmuthes sein Lebensschiff! Aber leuchtend ging seine Sonne erst auf, als er nach kurzer Zeit die erwählte Gefährtin heimführen durfte, als er an der blauen Ostsee Bucht sein idyllisches Heim gründete, wo er an der Seite der jungen Gattin aus grüner Stille in die unermessliche Weite des Meers, in eine Zukunft voll blühender Hoffnung hinausschaute.

Nun erst schien uns Alles zu erwachen, was in der reichen Natur des Mannes lag, nun erst manche Seite in hellere Beleuchtung zu treten, welche bisher nur den Vertrautesten wohl sich offenbart hatte: nun erst schienen alle Gegensätze zu harmonischer Wirkung zu verschmelzen, neben der unerbittlichen Klarheit und Schärfe des Verstandes die Tiefe und Zartheit seines treuen und starken Gemüthes, neben der Energie des unbestochenen Urtheils freudiges Anerkennen und milde Rücksicht; zu dem prickelnden Salz seines sarkastischen Witzes gesellte sich die gewinnende Anmuth des Humors. Und im Besitz seines häuslichen Glückes wie offen stand sein Herz der wärmsten Theilnahme am Ergehen seiner Freunde; wie gern liess er auch sie Antheil nehmen an Allem, was ihn und sein Haus erfreuen und bekümmern mochte. Er gab aus vollen Händen und verschmähte nicht zu empfangen; stets bereit aus dem Schatz seines Wissens zu spenden, erbat er sich freudig und eingehend Belehrung auf Gebieten, die ihm ferner

lagen. Wie war sein Geist aufgethan für Alles, was in kleinerer
oder grösserer Gemeinschaft, an der Universität oder im Staat,
in Wissenschaft und Kunst, in Geschichte oder Dichtung ihm
näher trat! Aber nur Echtes bestand vor ihm, wie in ihm selbst
nichts Unechtes lag, nichts von jenem steifen Rigorismus des
selbstgerechten Wahrheitsmannes, nichts von den kleinlichen Eitel-
keiten des Bildungsbeflissenen. Eine edle Liberalität des fest auf
sich beruhenden und doch allen Strahlen des Schönen, Wahren und
Guten geöffneten Geistes bezeichnet sein Wesen. Er hat das
Licht in sich aufgesogen, bis sein Auge gebrochen ist; er hat
Liebe und Geist geathmet, bis sein Herz stille stand. So kannten
wir unseren Freund, so lebt er in unserem Gedächtniss unver-
gänglich.

———————

6. Zu Johann Jakob Baeyer's Gedächtniss.

(Worte am Sarge, Berlin, 15. September 1885, gespr.)

Die Kinder des Verstorbenen haben gewünscht, dass nach den trostreichen Worten des berufenen geistlichen Redners auch noch von einem nächststehenden Augenzeugen versucht werde, das Bild ihres, unsres Vaters, wie es im Kreise der Familie und der Freunde sich darstellte, wenn auch in engem Rahmen hier zusammenzufassen, ehe wir die sterbliche Hülle des Unvergesslichen zur letzten Ruhe geleiten. Wer den ehrwürdigen Patriarchen mit dem Silberbart und dem Käppchen so behaglich in seiner Sophaecke sitzen gesehen hat, wie er mit seinen freundlichen blauen Augen dem Eintretenden entgegenblickte, die dargebotene Hand zum Willkomm und Abschied weich in seine beiden Hände bettete, wie er mit herzlichen verbindlichen Worten jedem Besuch und Zuspruch dankte, dem Gang des Gesprächs mit gespannter Aufmerksamkeit, wohl die Hand an das Ohr gelegt, folgte, bald ein heitres, feines, weises oder naives Wort hineinwerfend, bisweilen, wenn er bedeutender angeregt wurde, zu gehobener, zu begeisterter Rede aufflammend, — der hat ein Bild klaren Friedens und doch noch hell leuchtenden Lebens mit hinweggenommen wie eines schönen Abendhimmels, den noch milde Strahlen der Sonne verklären. Und wie viele, jung und alt, Menschen jeder Art und jedes Standes haben den seltenen Greis geliebt und verehrt. War es doch nicht schwer, diese einfache Natur in ihrer schlichten Grösse und Reinheit zu verstehen und zu würdigen! Dieses Kindesgemüth ohne Arg und Falsch, welches das Misstrauen nicht kannte, sondern dargebotne Liebe mit derselben dankbaren Zuversicht annahm, wie er sie erwiderte und im Herzen trug; diese rührende Anspruchs- und Bedürfnisslosigkeit, dieses edle Wohlwollen, welches von Jedem am liebsten das Beste dachte und Unschönes nicht einmal zu bemerken schien.

Wie lieblich und eindringend konnte er zum Guten sprechen, wie sorglich war er Dissonanzen zu versöhnen, wie anmuthig wusste er mit Kindern, wie ritterlich mit Frauen zu verkehren! Kein unempfundenes, kein unklar gedachtes Wort kam über seine Lippen, keine selbstische Regung in seine Seele. Ein treuer aufrichtiger Freund, zartsinnig und theilnehmend, der zärtlichste Vater, seinen Dienstleuten der gütigste Herr, von schonender Rücksicht und väterlicher Gesinnung, — wird er betrauert nicht nur mit dem matten Gefühl angewöhnter Pietät, sondern mit dem Schmerz eines unersetzlichen Verlustes.

Und bei dieser Milde des Gemüths, die immer wärmer und ausgiebiger strahlte, je enger die Grenzen des körperlichen Daseins sich um den Hochbetagten schlossen, die immer wache Energie concentrirter Geistesarbeit, welche jede Erschlaffung fernhielt. Von glühendem Eifer für die Wahrheit, von Begeisterung für die Ideale beseelt, der Welt des Denkens und Forschens ganz hingegeben, grosse Ziele mit weittragendem Blick in rastlosem Sinnen verfolgend hat er doch die Verbindung der Wissenschaft mit dem praktischen Leben nie aus dem Auge verloren, hat bis zu den letzten Tagen die grossen Fragen der Politik mit hellem Verständniss und unparteiischer Ruhe verfolgt. Der alte Freiheitskämpfer ist seinem Banner treu geblieben, ohne je die Grenzen bescheidner Mässigung zu überschreiten.

Ein Stern an unserm Himmel, die Flamme am väterlichen Hausheerd ist erloschen, das trauliche Heim ist verödet. Möge der edle Geist, der hier waltete, aus der Erinnerung derer, die ihm zugethan waren, nimmermehr verschwinden.

7. Zu Anton Springer's Gedächtniss.

(Worte am Sarge, Leipzig, den 3. Juni 1891, gespr.)

Ja, wieder ist ein Stern am Himmel unsrer Universität untergegangen. Ein Licht ist erloschen, welches allen Facultäten leuchtete, ein Lehrer und Amtsgenosse dahingeschieden, dessen Geist und Wissen uns allen zugänglich, jedem Gebildeten und Empfänglichen eine Welt des Schönen erschloss, eine Fülle erhebender Gedanken und fruchtbarer Belehrung bot.

Wie vermöchte einer, der sich nicht einmal unter die eigentlichen Mitarbeiter des grossen Forschers zählen darf, auch nur andeutend Umfang und Tiefe dessen zu ermessen, was die Wissenschaft ihm verdankt? Wir können und wollen in dieser Trauerstunde uns nur in schwachen Zügen zurückrufen, was wir an unsrem Anton Springer geliebt, geschätzt und bewundert haben.

Denn er war unser von ganzer Seele, ein Deutscher mit Kopf und Herz, der Einheit, der Ehre und der harmonischen Entwickelung unsres deutschen Vaterlandes treu ergeben, tapfer und aufopfernd, besonnen und kraftvoll ihm dienend. In inniger Gemeinschaft mit unsren besten Männern, zum Theil Männern dieser Stadt, welche die Saat der nationalen Zukunft ausstreuten, hat er für die Ideale gestritten und gewirkt, deren Verwirklichung die Gegenwart mit Stolz erfüllt.

Einem ehrwürdigen Veteranen, dessen männliche Gesinnung und markiges Wort für verfassungsmässiges Recht im Innern wie nach Aussen eingetreten war, hat er ein herrliches Denkmal gesetzt, welches die Frühlingsstürme jener Zeit ergreifend zur Darstellung bringt.

Auf dem Felsengrunde gewissenhafter, vorurtheilsloser Geschichtsforschung stehend hat er in weitem Ausblick, mit hellem Auge sinnig und liebevoll eindringend das Leben der Völker

durchschaut, wie es in Denken und Empfinden, Können und
Wollen, in Sitte und Verkehr, Bild und Wort sich mannigfach
gestaltet, und so im Geist der Vergangenheit heimisch geworden
besass er den Schlüssel, um in das Heiligthum der Kunst einzudringen und ihre Schätze auszulegen.

War er doch selbst durch und durch eine künstlerische Natur:
gleich befähigt dem Fluge dichterischer Phantasie wie grübeln-
dem, tiefsinnigem Gedankengange zu folgen, die Schönheit in allen
ihren Offenbarungen innig nachempfindend war er zum Kunst-
historiker wie wenige geschaffen.

Streng methodische, nüchterne Forschung ging Hand in Hand
mit begeisterter Betrachtung und ahnungsvollem Verständniss.
Der weite Umfang seines gelehrten Wissens und die Universalität
seiner Bildung bewahrte ihn vor der Einseitigkeit und Dürre des
Specialisten. Aber dilettantischer Flachheit war er ebenso abgeneigt wie grillenhaft geistreichem Subjectivismus. Sein Scharfsinn verbohrte sich nicht in künstlich geschaffene Irrgänge. Er
war nicht darauf aus, sein Licht leuchten zu lassen neben dem
Kunstwerk, das er zu deuten und zu beurtheilen hatte. Der
Meister glänzender Darstellung verschmähte den Flitter der Rhetorik. Geist- und massvoll zugleich weiss er die Fülle des Stoffes
zu beherrschen: nie überschüttet sie seinen Weg. Fest und sicher
geht er auf sein Ziel los: kein bedeutungsloses Wort entschlüpft
ihm, kein überwucherndes Beiwerk verlockt ihn zu lässiger Ab-
schweifung. So schuf er Kunstwerke, indem er über Kunst und
Künstler schrieb.

Ich rede vom Schriftsteller. Was aber soll ich von dem hinreissenden Zauber seines mündlichen Vortrages sagen? Wer beneidete nicht die Zuhörer, die diesen Zauber erfahren durften!
Ihm wahrlich hatte ein Gott die Zunge gelöst. Wie man von
Sehern liest, die in sich versunken unwiderstehlich von höherer
Macht ergriffen wurden, so brach die lodernde Flamme der Beredsamkeit elementarisch nach den ersten Sätzen aus seinem Munde
hervor. Die Fülle seiner Anschauungen und Gedanken drängte
sich wie ein ununterbrochner Quell ans Licht. Da vergass er
alle körperliche Schwachheit.

Wohl denen, die zu seinen Füssen sitzen, unter seinen Augen
arbeiten, den Wegen nachgehen durften, die der Meister unter
Führung seines eignen Genius gefunden und gebahnt hatte!

Und noch über das Grab hinaus reicht er uns eine letzte
Gabe, die in jungen Jahren begonnene, in Decennien gereifte,
noch in den letzten Monaten rasch zur Vollendung gebrachte
Lieblingsarbeit, deren erste Druckbogen zu sehen die Freude des
Sterbenden war, sein Werk über Albrecht Dürer. Dem grössten
der deutschen Künstler waren seine letzten Federzüge gewidmet.
Wären ihm nur noch einige Lebensjahre gewohnter Frische gegönnt gewesen, so hätte er uns mit einer Geschichte der
deutschen Kunst beschenkt.

Er lebte und webte in seiner wissenschaftlichen Arbeit, weil
in ihr der ganze volle Mensch zur Aussprache kam, wie der Segen
seiner Wirksamkeit bedingt war durch den Reichthum, den Adel,
die Anmuth und kernige Gesundheit seiner geistigen Persönlichkeit, unverwüstliche Gaben seiner herrlichen Natur, die ihm blieben,
auch nachdem jahrelange, mit bewundernswerther Spannkraft immer
wieder überstandene Leiden die körperliche Frische allmählich gedämpft hatten. Wie erquickend brachen sie auch im traulichen
Gespräch hervor, durchblitzt von den Funken köstlichen Humors
und treffenden Witzes!

Nun blicken wir dem theuren Freunde wehmüthig nach.
Unersetzliches haben wir an ihm verloren. Aber sein edles Bild,
befreit von den Schatten des Irdischen, und die Thaten seines
Geistes strahlen unverlöschlich in stolzer, liebevoller Erinnerung,
auf der Ehrentafel der Universität und in der Schatzkammer der
Wissenschaft.

Anhang.

Catull in Rom und Poppelsdorf.

(Aus dem Literaturblatt 1858, S. 49 f.)

Es sind etwa drei Jahre her, dass „Catull's Buch der Lieder in deutscher Nachbildung von Theodor Heyse" bei Wilhelm Hertz in Berlin erschien. In jahrelanger, liebevoller Pflege unter demselben Himmel, der einst des alten Dichters Tage beschienen hat, gezeitigt, war diese Frucht zunächst nur um ihrer selbst willen entstanden und „am Ende ganz zufrieden, dass sie da war." „Sie konnte," sagt der Verfasser, „schon vor Jahren erscheinen, und hätte, wenn es nach mir ging, erst nach meinem Tode die Welt erblickt." Dass er dem Drängen Nahestehender nachgab, und dem Publikum, an das er „eigentlich niemals gedacht" hatte, nun auch gönnen wollte, was schon so Manchen, den sein gutes Geschick nach Rom geführt, erquickt hatte, wird ihm, so hoffen wir, mancher Empfängliche gedankt haben. Unter allen sachverständigen und genussfähigen Lesern stand es, soviel wir wissen, seitdem fest, dass die deutsche Uebersetzungsliteratur (wir schliessen hiervon natürlich ohne Weiteres alle bestellten und ephemeren Fabrikate aus) durch ein Meisterwerk ersten Ranges bereichert war. Nicht nur, dass Alles, was Sprache und Vers durch und seit Goethe gelernt hatten, in ebenso edlen und reinen als innigen und warmen Tönen wiederklang, dass die Mannigfaltigkeit und Melodie der antiken Rhythmen mit feinstem Verständniss und sicherem Takt nachgeahmt, und das zarteste Detail wie der Gesammtcharakter der Catull'schen Dichtungen durch eine glückliche Mischung von Freiheit und Treue sauber und rund ausgeprägt war: die eigentliche Weihe der ganzen Leistung lag in dem ebenbürtig dichterischen Genius, der sie durchathmete und ein Abbild geschaffen hatte, das von eigenem persönlichen Leben getragen, nicht wie ein Schattenriss dem Original auf die Fersen trat, sondern wie ein leiblicher Zwillingsbruder Hand in Hand mit ihm ging. „Hat das Buch einen Genius, so wird es leben; ist es seelenlos und fehlt ihm jener Schutzgeist, so belügt es sich, aber nicht die Zeit" konnte der Verfasser mit ruhigem Gewissen sagen, indem er sein Kleinod, das er aus der Tiefe geholt, der Zukunft zum „Prüfen, Säubern, Gebrauchen" anvertraute.

Aber wie wird unser Freund erschrecken, wenn in seine Abgeschieden-
heit jenseits der Alpen die trübe Kunde dringt, dass man in Deutschland bereits daran denken darf, dieses Geschmeide als ein unnützes
Stück Arbeit an den ersten besten Trödler zu verschleudern. Denn
schon ist ein anderer Perlenfischer gekommen, der sich rühmt, aus
demselben Grunde die echten Schalen hervorgehoben zu haben. Freilich sein Leben hat er nicht eingesetzt, er stand nur so am Ufer
und raffte in's Wasser oder in den Schlamm hinein, aber die Nixen
tauchten zuvorkommend aus ihren Grotten empor, und machten sich
eine Ehre daraus, dem neuen Narcissus die verborgenen Schätze ohne
viel Umstände einzuhändigen.   Ein sichrer Herr Theodor Stromberg aus Poppelsdorf bei Bonn ist dieser Götterliebling, der uns soeben mit einer allerneusten Uebersetzung von „Catull's Gedichten"
(Leipzig, F. A. Brockhaus, 1858) überrascht hat.

Als ein Wesen besonderer Art, mit dem nicht zu spassen ist.
giebt er sich gleich auf dem Umschlage durch folgende energische
Verwahrung zu erkennen:

> Was nicht zusammengeht, das soll sich meiden!
> Ich hindr' euch nicht, wo's euch beliebt zu weiden:
> Denn ihr seid neu und ich bin alt geboren,
> Macht was ihr wollt, nur lasst mich ungeschoren!
>   Goethe.

Der Herr muss ein grämlicher Meergreis sein, dachten wir als
wir uns so angefahren sahen, und seine Heerde, die er ans Licht
treibt, wohl auch eine ganz absonderliche.   Hoffentlich keine Robben,
dann laufen wir schon von selbst.   Nun, ein Blick wird doch erlaubt
sein.   Alte Herren sind oft wunderlich, und doch liebreich und anmuthig bei näherer Bekanntschaft.   Man muss sich nur nicht abschrecken lassen.   Lesen wir weiter! „Friedrich Gottlieb Welcker,
meinem theuren Lehrer in Liebe und Verehrung gewidmet." Hier
wird uns gleich zutraulicher zu Muthe.   Dem ehrwürdigen Welcker
in Liebe und Verehrung als dankbarer Schüler zugethan zu
sein, rühmt sich auch der Ref.   Ja dieses Gefühl ist so lebendig in
uns, dass wir um Alles in der Welt nicht wagen möchten, ihm eine
poetische Gabe anzutragen, die nicht von künstlerischem Feuer durch-
läutert und durchstrahlt wäre, und so wenden wir uns erwartungs-
voll zu den folgenden vielversprechenden Blättern.   Zwar die Phrasen
des Widmungssonetts sind nicht eben geeignet, unsere Hoffnungen zu
beleben, ja Reime wie „erblühte — biete", „schmücken — erblicken"
und gar die letzte Strophe:

> Durchweht sie doch der eignen Seele Hauch,
> Und jede, die dein Auge wird erblicken,
> Wird meiner Liebe hellen Thautropf tragen,

schlagen sogar unsere „Lustgedanken", um mit dem Verf. zu reden,
einigermassen nieder.   Im Vorworte werden uns einige Personalien
dieser „thautropfigen" Seele verrathen.   Noch vor wenigen Jahren,

so erzählt uns Herr Stromberg treuherzig, habe er sich, „wie heutzutage noch so Viele, damit begnügt, von Catull's Gedichten die auf
den Sperling seiner Lesbia und die gewiss von den Meisten über-
schätzte Elegie des Manlius zu kennen." Also ist seine Kennerschaft
von sehr jungem Datum. Damals würde er als ein feuriger Ver-
ehrer seines Ovid und Horaz dem Catull schwerlich „die Palme des
poetischen Prinzipats unter den Römern", wie er in seiner gewählten
und bezeichnenden Ausdrucksweise sagt, zuerkannt haben. Indessen
dies diem docet. Auf der Schulbank werden zum Glück weder Palmen
noch Scepter an die Heroen der Literatur vergeben. Aus unserem
Narcissus wurde ein Student, und er hörte bei Moritz Haupt in Berlin
ein Collegium über den Dichter seiner Zukunft, das, wie er versichert
und wir ihm einstweilen wohl glauben müssen, von grossem Nutzen
für seine (wohl noch embryonische) Uebersetzung war. Nunmehr
stieg er den Catull „übersetzend zu dem Grunde seines tiefeigensten
Wesens nieder", und „lauschte dort den bunten Klängen seiner Muse."
Bald genug ist er indessen wieder hervorgetaucht, die Nixen haben
ihn, so scheint es, schnell wieder hinaufkomplimentirt; er hätte sich's
immerhin noch ein Weilchen da unten wohl sein lassen können. Der
letzte Funke fiel in sein ahnungsvolles Gemüth, als er in Niebuhr's
Vorlesungen über römische Geschichte vor „noch nicht langer Zeit"
den Ausspruch aufstöberte, dass Catull der grösste Dichter Roms gewesen sei. Da dieselben bereits in den Jahren 1846—48 erschienen
sind, und seitdem ziemlich viel gebildete Leute Kenntniss davon genommen haben, so mochte Herr St. sich immerhin seines Fundes erfreuen,
brauchte sich aber noch nicht zum Propheten jener weder verschollenen
noch nagelneuen Offenbarung berufen zu fühlen. Jedoch hat der
Nachfolger Herrn St.'s nunmehr zwei Autoritäten, wenn er dem Catull die „Palme des Prinzipats" vindiciren will, da unser junger
Kunstrichter uns noch ausdrücklich kund und zu wissen thut, er
würde selbst ohne einen solchen Gewährsmann frei heraus ganz dasselbe behaupten. Was er sonst über seinen Liebling, „einen schönen,
einen wahrhaften Naturmenschen" zum Besten giebt, ist, er verzeihe
uns das sich aufdrängende Bild, so schäbig wie ein abgelegter
Studentenflaus und so ungekämmt wie die Frisur gewisser Wald- und
„Naturmenschen" unter den Musensöhnen Deutschlands. Die Ansicht,
dass Catull eine Dichternatur gewesen sei, hatten wir gedacht, wäre
auch von Theodor Heyse in dem Vorwort zu seiner Uebersetzung
freilich nicht ganz so nachdrücklich und ausschliesslich, aber doch mit
nicht verächtlichen Worten angedeutet worden: „eine freie Seele, ein
warmes lebendiges Herz, jedem Eindruck aufgethan, und ihn rasch
mit Uebermass erwiedernd, selbstlos, gränzenlos an das Nächste hingegeben, als ob Eins Alles wäre, in Liebe und Hass wie unerschöpf-
lich; thöricht, vermessen, aber treu und in allen Schwankungen der
Leidenschaft innerlichst festgehalten an einem Ankergrunde des Gefühls für das Recht, das die Götter wollen, — und nun noch solch
ein Mensch Günstling der Muse, ihr über alles huldigend und un-

bedingt vertrauend, in ihrem Namen spielend, kämpfend, frevelnd,
durch ihre Kraft die selbstbereiteten Schmerzen beruhigend, — wäre
denn eine solche Persönlichkeit nicht unserer Theilnahme werth?"
Der Stil unseres jungen Musensohnes macht nicht so viel Umstände. Er tritt auch hier in die Fussstapfen seines Dichters, der,
wie wir belehrt werden, gesprochen hat, „wie ihm der Schnabel gewachsen." Das stimmt nun freilich nicht ganz zu dem Bilde von
den künstlerischen Studien und Grundsätzen dieses vermeintlichen
Naturburschen, welches der obengenannte feine Kenner der römischen,
und insbesondere der Catullischen Poesie, M. Haupt, in einigen Ab-
handlungen, die als Zierde der Philologie gelten, entworfen hat. Indessen wie man von verwitterten Steininschriften durch einen nassen
Papierabklatsch eine bis in's Einzelnste authentische Copie gewinnt,
die selbst gewisse Dunkelheiten des Originals erst recht in's Licht
setzt, so breitet nun Herr St., nachdem er mit Schwamm und Bürste
flink und obenhin, wie sich's gehört, hantirt hat, seinen Lappen Lösch-
papier aus (wir meinen damit nicht die schönen glatten Bogen, die
Brockhaus spendirt hat), allen philologischen Philistern zu förder-
lichster Aufklärung über den Charakter des Urbilds. „Ueberall" ist
er „der schlichten und ungezierten Diction des Dichters schlicht und
ungeziert nachgegangen", und hat „auf diese Weise den Gedichten
den ihnen ganz eigenthümlichen Charakter der Natürlichkeit auch in
der Uebersetzung zu erhalten gestrebt, der ihnen von seinem Vorgänger Heyse durch unzeitigen Schwulst und eine gewisse Ueber-
modernisirung oft auf eine unverantwortliche Weise verkümmert wird."
Verzeihen Sie, altgeborner Herr Meergreis, Sie haben sich zwar feier-
lich ausgebeten, ungeschoren zu bleiben, nur müssen Sie andere ehrliche Leute auch nicht scheeren, und wenn Sie Ihrem Vorgänger
„unverantwortliche" Sünden vorwerfen, so werden Sie doch wenigstens
dem Unterzeichneten, der bei der Herausgabe jener Uebersetzung ein
bischen mit Gevatter gestanden hat, einen schüchternen Versuch der
Verantwortung zu Gute halten. Was nennen Sie zunächst „Ueber-
modernisirungen", da Sie doch gewiss die von Ihnen gebrauchten
Ausdrücke „Heidenpöbel" (14), „Royalpapier" (22), „Dulcinee" (41),
„Pompejus' Promenade" (49), „Hiobspost" (104), nicht unter diese
Kategorie rechnen werden, und, was ich gar nicht damit zu reimen
weiss, auf S. 12 Ihrer gehaltvollen Vorrede „so viele modern klingende
Töne in Catull's Gedichten angeschlagen" finden, dass Sie die Anwendung antiker Versmasse bei der Uebersetzung entschieden verdammen? Herr St. eröffnet uns nämlich, „das in vielen Catullischen
Gedichten so wundervoll Naive, so köstlich Originelle" (wie un-
erschöpflich er in seiner geistreichen Charakteristik ist!) gehe durch
die alten Metra „entweder ganz verloren oder werde doch bedeutend
geschwächt", die „eigenthümliche Pointe" (wieder eine neue Seite!)
könne „nur durch den Reimklang für uns wiedergewonnen" werden.
Bis jetzt waren übrigens verständige Leute der thörichten Meinung,
dass Form und Inhalt in klassischer Poesie unzertrennlich sei, dass

die alten Meister sich wohl bewusst waren, warum sie ihre Rhythmen so und nicht anders wählten, und die deutsche Uebersetzungskunst, je feiner und vollkommener sie sich mit der Zeit ausgebildet hat, setzte gerade in der Beibehaltung derselben eine besondere Ehre und einen Vorzug gegenüber andern modernen Sprachen. Auch hat gerade durch dieses Anschmiegen an fremde Kunstformen die deutsche Sprache und Metrik nach der Meinung von Kennern nicht unbeträchtliche Fortschritte gemacht. Will Herr St. vielleicht leugnen, dass auch in den homerischen Gedichten sich vieles „wundervoll Naive und köstlich Originelle" finde? Wie, wenn nun Voss auch verzweifelt hätte, das im Hexameter wiederzugeben, und sich von irgend einem Jahrmarktsbänkelsänger die entsprechenderen Knittelreime geliehen hätte? Viel Schweiss hätte er sich erspart, aber ob wir dann einen „Hermann und Dorothee" besässen? Nun lässt ja aber Herr St. selbst den Hexametern und Pentametern Catull's Gnade widerfahren, freilich zunächst aus dem überraschenden Grunde, weil er es „für bedenklich hielt, dem daktylischen Rhythmus durch Verwandlung in ein iambisches oder trochäisches Metrum seine ihm eigenthümliche L e b e n d i g - k e i t zu rauben." Lebendigkeit? Das Lebendigste, denk' ich, ist doch wohl der dramatische Dialog. Warum nur noch Niemand auf den genialen Einfall gerathen ist, Tragödien oder Komödien in Daktylen statt in Jamben zu schreiben? Und was ist das doch für ein thörichtes Gerede von epischer Ruhe und sanfter elegischer Stimmung, der das Gleichgewicht von Hebung und Senkung im daktylischen Rhythmus entsprechen soll! Doch lassen wir dieses Problem. Nebenher, „dann auch", hat unser Metriker sich zur Beibehaltung von Hexametern und Pentametern entschlossen, weil dieselben „durch vielfach glückliche Behandlung unserer deutschen Dichter das Fremdartige verloren haben und so mehr national geworden sind." Sehen Sie? Nil desperandum, mein wackrer Bürger des Helikon. Wenn es nun auch Klopstock, Goethe, Platen, Rückert, Mörike, Theodor Heyse und manchen anderen strebsamen Versifexen noch nicht gelungen ist, durch ihre iambischen Senare, Hendekasyllaben, Hinkiamben u. s. w. Ihren Beifall zu gewinnen, so hätten Sie es doch nicht verschmähen sollen, auf der freilich dornigen Bahn muthig voranzugehen und den Versuch zu wagen, das schlafende Dornröslein zu gewinnen. Per ardua ad astra und fortes fortuna adiuvat, Herr Collega! Freilich, wenn ich mir Ihre daktylischen Verse näher ansehe, so glaube ich zu ahnen, was Ihrem Pegasus den Ritt in jene verwunschenen Wälder widerrathen hat. So ist z. B. die Gelegenheit, Ihre Theorie von der „Lebendigkeit" einmal recht glänzen zu lassen, auffallend versäumt worden in dem Verse (62, 8):

Wahrlich so ist's! Und schau, wie bebende sie aufgesprungen!

Man glaubt vielmehr zu hören, wie die jungen Herrn, verdriesslich, ihren „üppigen Tisch" verlassen zu müssen, zögernd und gähnend einen Fuss nach dem andern vom Sopha auf den Boden gesetzt

haben. Besser passten diese Schlusstrochäen, die Herr St. mehr als
Catull liebt, schon zu der Bedächtigkeit der Mädchen (V. 12):

Seht, wie die Mädchen dort, was sie ein sich geübt versuchen.

Aber über Stock und Stein geht es dafür (V. 62):

Ganz nicht gehört die Jüngfräulichkeit Dir, zum Theil auch den Eltern.

66, 61. Schwebte, vielmehr dass auch ich nunmehr mich zeigte im
Lichtglanz.

93. Doch was fesseln mich Sterne? Wär' wieder ich Locke der
Herrin.

69, 42. Hob sie empor und stand still in süssknarrendem Schuh'.

77, 14. Schwer ist's, thu' es dennoch, wie Du es immer vermagst.

78, 6. Meiner Freundschaft, o du todanhauchende Pest!

64, 309. Blendender Weisse, darum lief ein Tyri'scher Purpurstreifen.

Auch in der Wahl der Cäsuren finden wir manche bemerkens-
werthe Neuerung. Bis jetzt galt z. B. eine Halbirung des Hexameters
wie diese:

64, 181. Hoff' ich auf Vaters Beistand, | welchen ich treulos verlassen,

noch nicht für „national", so wenig als bei den Alten, und Penta-
meter wie diese:

77, 10. Alles umsonst, darum | quäle dich länger nicht mehr,
101, 6. Wehe Du Bruder mir | schmählicher Weise geraubt,

lassen es doch wirklich wenigstens für unseren modernen Catull gerathen erscheinen, in Zukunft diese eigensinnigen Rhythmen Pedanten
wie Th. Heyse zu überlassen, der sich z. B. auch Mühe gegeben hat,
Betonungen zu vermeiden wie folgende:

115. Dass rückkehrend ihn nicht aus den labyrinthischen Gängen,
320. Zeuge zu sein von der ihm geopferten Festhekatombe.

Aber die Ohren der geneigten Leser fangen an uns weh zu thun,
und wir wollen, ehe wir uns den ohne Zweifel melodischeren „Reim-
klängen" zuwenden, nur noch einen kurzen Blick werfen auf die Vorzüge der schlichten und ungezierten Diction unseres Catull, der bisweilen frappant wie ein Student in der Kneipe spricht, z. B. (10)
„so war ich noch nicht auf den Hund gekommen." Das Beschämendste
für seinen Vorgänger wird sein, wenn wir seine „unverantwortlichen"
Versuche den Stromberg'schen Meisterstücken gegenüber stellen. Indessen Ehre dem Ehre gebürt, der Sänger von Poppelsdorf hat den
Vortritt. Er lässt seine Jungfrauen im Hochzeitsgesang (62, 40 ff.)
folgende Strophe anstimmen:

Wie in umzäunten Gärten geheim ein Blümelein aufsprosst,
Unentdeckt vom Viehe, von keinem Pfluge berührt noch,
Lüftchenumkost, in der Sonne erstarkt, vom Regen genährt wird,
— Viele der Knaben verlangen darnach und viele der Mägdlein,

Aber sobald es von zarter Hand gepflücket verblüht ist,
Nimmer verlangen die Knaben darnach und nimmer die Mägdlein —

Also das Mädchen, solang es jungfräulich den Seinigen lieb ist
Wenn sie befleckten Leibes der Keuschheit Blume verloren,
Bleibt sie der Jünglinge Lust nicht mehr, noch die Freude der Mädchen.

Wie sehr ist dieser echt bukolische Naturduft verflogen in den „kostbaren Redensarten" von Heyse:

Wie in umfriedetem Garten gehegt aufwächset ein Blümchen,
Fremd dem genäschigen Zahn, von der Pflugschaar nimmer verwundet,
Lüftlein kosen mit ihm, Thau tränkt und die Sonne belebt es,
Viel Jünglinge begehren, der Mägdlein suchen es viele;
Aber sobald es geknickt vom leisesten Finger verblüh'n muss,
Nicht Jünglinge begehren und nicht mehr suchen es Mägdlein;
Also die Jungfrau, Keinem berührt, ist Wonne der Ihren;
Wenn sie entweihet den Leib und der Keuschheit Blüthe verloren,
Reizt Jünglinge sie nimmer und nicht mehr lieben sie Mägdlein.

Die Elegie an Ortalus beginnt in der neuesten Uebertragung:

Ob mich zwar, von beständigem Schmerz zerrüttet, der Kummer,
Ortalus, aus dem Kreis dichtender Musen entrückt,
Und mein Geist die von ihnen empfangenen lieblichen Früchte
Nicht kann zeigen, wenn ihn solcherlei Wehe durchstürmt u. s. w.

Alle diese Schönheiten blieben Heyse verschlossen, der sein Original folgendermassen verdarb:

Zwar in beständigem Leid hat stillaufzehrende Trauer,
Ortalus, mich dem Geschäft sinniger Musen entrückt,
Und schwer mag ein Gemüth der Begeistrung liebliche Früchte
Zeitigen, wenn es empört schwankt im Gewoge des Weh's.

Bisweilen ist der Poppelsdorfer Nachtigall „der Schnabel" etwas anders „gewachsen" als andern Menschenkindern. Sein Hesperus reisst die Tochter aus „Mutters Umarmung" (V. 21), die Sichel lichtet „des Baums zu schattigen Aeste" (64, 41). „Dies vom Callimachus dir neu übertragene Lied" (65, 16) ist nicht etwa von Callimachus, sondern aus ihm von Catull übersetzt. Was „ein Syrergewürz lieblich durchduftetes Haus" (69, 144) sei, mag der geneigte Leser selbst rathen. Der Dichter klagt über die spröde Aufnahme eines Kusses.

Denn kaum hatt' ich's gewagt, da wuschest du wieder und wieder
Dir das Mäulchen und riebst all' mit den Händchen es ab,
Dass von den meinigen Lippen dir ja nichts blieb' an den deinen.

Wir haben uns länger, als wir Anfangs beabsichtigten, bei den daktylischen Gedichten aufgehalten, und kommen nun eigentlich erst zu dem eigenthümlich neuen Verdienst unseres genialen Studiosus. Zwar die Behauptung, „dass der Reim als ein dem deutschen Ohr zum Bedürfniss gewordenes Requisit eines guten lyrischen Gedichts" gelte, erscheint uns doch etwas zu rigoros. Um von Goethe nicht

zu reden, so hat doch, düchten wir, z. B. Mörike, der sich als Dichter
und Reimschmied Herrn St. wohl allenfalls an die Seite stellen kann,
einige recht ansprechende Sachen in iambischen Trimetern gemacht,
die vielleicht auch, wenn sie einmal zufällig von demselben entdeckt
werden und sonst Gnade vor ihm finden sollten, in die entsprechende
Reimleier transponirt zu werden sich gefallen lassen müssen. Nicht
völlig unserer Fassungskraft angemessen ist übrigens auch das Argu-
ment, aus dem er die Nothwendigkeit des Reims folgert. Es heisst:
Catull erinnert oft an Heine, „wieviel des Zaubers der Heine'schen
Muse dem Reim zufällt, fühlt Jeder, der Verständniss für seine Lieder
hat"; ergo muss Catull auch noch der neue Zauber des Reims zu-
gelegt werden. Aber, den Vergleich selbst zugegeben, so muss doch
die Verwandtschaft, wenn sie sich so aufdrängt, in etwas Andrem
liegen als in den Rhythmen. Also wäre ein gereimter deutscher Catull
doch eigentlich nur eine Maskerade, und kein Portrait. Gestehen
müssen wir, dass Herr St. bei dieser Verkleidung die Heine'sche
Garderobe äusserst discret benutzt hat; sie ist ihm, wie es scheint,
noch zu vornehm erschienen, und so hat er lieber einigen Trödel
Gott weiss woher? seinem Opfer umgehängt. Sehen wir uns indessen
die neuen Tongebilde etwas näher an, und damit der geneigte Leser
doch annähernd die antiken Rhythmen mit der neuen Sphärenmusik
vergleichen könne, lassen wir wieder die Heyse'schen „Missgeburten"
folgen.
     An Lesbia (5)

                    Stromberg:

     Lass uns leben, lass uns lieben!
     Alter Grämler Munkeleien
     Sollen keinen Deut uns kümmern;
     Sonnen sinken und erneuen
     Sich vielleicht, doch sinkt die letzte:
     Ew'ge Nacht harrt dann uns Zweien.
     Tausend Küsse gieb, dann hundert,
     Andre tausend, andre hundert,
     Nochmals tausend, nochmals hundert,
     Dann lass Alle uns verwirren,
     Dass von uns es Keiner wisse,
     Noch ein Böser uns den Reichthum
     Unsrer Küsse neiden müsse.

                    Heyse:

     Lass uns leben, Geliebte, lass uns lieben!
     All das grämliche Munkeln abgelebter
     Weisheit müsse dir keinen Deut bedeuten.
     Sonnen können vergehn und wieder kommen,
     Doch wenn unser geringes Lichtlein einmal
     Sinkt, dann schlafen wir eine Nacht für ewig.
     Liebste, küsse mich tausendmal und hundert,
     Dann ein anderes tausendmal und hundert,
     Und so immer ein tausendmal und hundert.

> Dann wenn's Tausende sind genug, verwirren
> Wir sie alle, dass keins die Summe wisse,
> Und kein Neidischer unser Glück verderbe,
> Wenn es sämmtlicher Küsse Zahl gefunden.

Wir müssen Jeden, der sich eine gründliche Einsicht in die Fortschritte verschaffen will, die das Verständniss des Originals durch die neue Uebersetzung gemacht hat, auf eigne Prüfung verweisen. Sollte man finden, dass um des neuen Gewandes willen den lateinischen Worten bald ein überschüssiges abgeschnitten, bald ein Flicken aufgesetzt ist, und manche feineren Glieder und Gelenke verkleistert oder zerbrochen sind, so tröste man sich nur mit dem Gesammteindruck und dem „Zauber der Heine'schen Lyrik", bei dem sich beide wahlverwandte Dichter gewiss vor Entzücken im Grabe umdrehen werden. Mit dem Reim hält es übrigens der neue Heine ganz absonderlich. Kommt er, so ist es gut, und er nimmt auch mit den bescheidensten Klängen wie „dich — ich, mir — dir, wir — mir, Italer — Jupiter u. s. w. vorlieb, denn man kann nicht alle Tage so capitale Einfälle haben, wie „ach herje! — Dulcinee!" (41). Mit der Aussprache muss man sich nicht zu sehr zieren beim Vorlesen, sonst möchten Klänge wie „müd — Lied, herzbeglückt — niederblickt, Wüste — nieste, Lied — glüht, Pfützen — sitzen, amüsiren — rühren, führen — promeniren, polirt — ausgeführt, nennen — können, gönnen — rennen, möchtest — dächtest, erneuen — zweien" und zahllose andere nicht die gewünschte Wirkung thun. Sehr oft aber stellt sich auch gar kein Reim ein, weil der Verf. ihm „nirgend ein Wort von Bedeutung opfern" wollte, d. h. nach seinem Sprachgebrauch, kein Wort, das seinem ungezierten Schnabel bequem war. Derselbe Grund ist es ohne Zweifel, wenn er sich hier und da 6 Jamben statt der gewohnten fünf gestattet (13. 55), wenn es z. B.: „Liebstér Catull" (10), flätterté er immer (3), éinigé Ideen (35), hat ér doch Königé und Städte (51), Knidós (36) u. A. betont, oder im Sturmwind über die armen Sylben hinwegführt wie 47:

> Schäbige Allerweltshungerleider ihr,

welchem Tongebilde gleich darauf doch wohl mit einsylbiger Messung des ersten Wortes entspricht:

> Meinem Verannius und Fabullus mir.

In dem rührenden achten Gedicht Catulls dient der Choliambus zum Ausdruck schmerzlicher, aber entschlossener Resignation, die Tonwellen brechen sich gleichsam am Ende jedes Verses, schlagen gewaltsam um, aber nur, um gegen den Fluss der weicheren Stimmung einen festen Damm aufzuwerfen; während in dem Heimathsgruss an Sirmio (31) das behagliche Gefühl endlicher Ruhe nach langer Seefahrt in den Schlusstrochäen so zu sagen Anker schlägt. Beide Wirkungen hat unseres Bedünkens Th. Heyse erreicht, ohne dem Genius unserer Sprache Gewalt anzuthun, — während die fünffüssigen Stromberg'schen Jamben uneingeweihten Ohren wie den unsrigen nur wie eintöniges Mühlengeklapper klingen. Der Contrast der „Natürlichkeit" gegen Schwulst und Ziererei wird freilich keinem unverzärtelten Organ entgehen. — Wir theilen wenigstens das eine von beiden mit:

Heyse.

Hör' auf, Catullus, Deinem Wahn zu liebkosen,
Und was verloren, lass verloren sein endlich,
Dir glänzten ehmals sonnenhelle Glückstage,
Als Du gewandelt, wo das Mädchen Dir winkte,
5 Die wir geliebt, wie Keine noch geliebt worden.
Da war ein Spielen dies und das, ein viel süsses,
Wie Dir es lieb war und dem Mädchen nicht unlieb.
Da glänzten wahrlich sonnenhelle Glückstage.
Jetzt will sie nicht mehr: Du im Ungestüm blindlings
10 Verfolge nicht, was flieht, und lebe missmuthig.
Halt aus! mit starrem Nacken trag' es, steh' feste!
Fahr hin, o Mädchen! ja, Catullus steht fest schon.
Nie kommt er wieder, giebt Dir nie ein gut Wörtchen.
Doch fühlen sollst Du's, wenn Dir Keiner mehr nachfragt.
15 Elende, lern' erst: welch' ein Leben harrt Deiner!
Wer wird Dich suchen? wer wie sonst Dich schön finden?
Wen willst Du lieben? wer Dich liebes Herz nennen?
Wen willst Du küssen? wem die Lippe wund beissen?
Doch Du, Catullus, halt' es aus und steh' feste!

Stromberg.

Hör' auf, Catull, zu klagen gleich den Thoren,
Und denke doch: Verloren ist verloren!
Wohl hat Dir einst die Sonne hell geblinkt,
Als Du noch kamst, wohin sie Dir gewinkt,
5 Sie, die Du lieb gehabt, wie Keine mehr,
O wie viel Liebesscherz war um Dich her!
Was Du sie batest, sie versagt es nicht,
Fürwahr, da lacht' ein goldnes Sonnenlicht.
Jetzt will sie nicht mehr; sei auch Du nicht schwach
10 Und jage nicht der Flücht'gen rastlos nach,
Nein, festen Sinnes duldend werde kalt:
Leb' wohl, o Mädchen, Dein Catull wird kalt!
Nicht sucht er, Spröde, Dich, nicht bittet er,
Doch Du wirst weinen, bittet Keiner mehr.
15 Ha, Schändliche, welch' Leben ist nun Dein?
Wer sucht Dich nun, wer findet noch Dich schön?
Wen wirst Du lieben, wessen Buhle sein?
Wem ritzt Dein Zahn im Kuss die Lippe bald?
Doch Du, Catull, sei stark und bleibe kalt!

Denselben allerdings harmlosen Tonfall hat Herr St. für mehrere recht verschiedenartige Rhythmen Catull's verwendet, z. B. wo dieser in schlank gebauten archilochischen Trimetern die Behendigkeit der Galeotte malt (4):

Die Galeotte, die ihr schauet, liebe Herrn,
Sie war der Schiffe, sagt sie euch, behendestes u. s. w.

Wir möchten zweifeln, ob man es der Stromberg'schen glauben wird, wenn sie sagt:

> Das Schiff, das ihr hier schaut, verehrte Herrn,
> War, sagt es, einst das schnellste nah und fern.

Ein andres Metrum, die sogenannten Hendekasyllaben, dient zu muthwilligen, bisweilen auch zu recht beissenden Billets. Von der ersten Gattung möchten wir Nr. 13 an Fabullus zur Vergleichung empfehlen, das bei St. wieder in fünffüssigen Jamben erscheint, während sie für die Sturmpetition (42), die bei Heyse so beginnt:

> Ihr Elfsylbeler, her zu mir, von allen
> Ort' und Enden daher ihr allzusammen!

Herrn St. selbst zu phlegmatisch erschienen sind, der indessen über seine eigenen Füsse stolpert, wenn er folgende Anapästen für Jamben ausgiebt:

> Heran, meine Jamben, und macht euch bereit,
> Kommt hierher, dorther, soviel ihr seid.

Derselbe findet es auch angemessen, aus demselben Farbentopf das bis zu bäurischer Ausgelassenheit derbe Priapeische Maass und das tragische Pathos der Choriamben zu überklecksen. Eine Vorstellung von dem verschiedenen Eindruck beider Rhythmen giebt die Heyse'sche Nachahmung:

Nr. 18.

> Neustadt, welche den langen Steg gern zum Spiele benutzte,
> Und die Springer zu Handen hat, aber fürchtet des Brückleins
> Wackelbeinigen Unterbau, dass nicht Bretter und Brettchen,
> Eingebrochen im Augenblick, niedersinken im Sumpfe:
> Tüchtig möge die Brücke Dir so nach Wunsche gelingen,
> Selbst am salischen Opferfest hopserfest zu bestehen u. s. w.

Dagegen ergiesst sich gekränkte Freundesliebe in folgenden stossweise rollenden Klagen (30):

> O Alphenus, so leichtsinnig und falsch gegen den Busenfreund,
> Rührt, Grausamer, das Herz nimmer der einst süsse Genosse dir?

Herrn Stromberg's Sentiments schlänkern und schlottern wie seine Spässe:

O Colonie, die Du so gern auf langer Brücke spielen möchtest
Und tanzbereit schon lange bist, wenn Du mit Schrecken nicht dran dächtest,
und:

> Alphenus, Treuvergessner Du, im einverständ'gen Brüderkreise,
> So dauert jetzt der Herzensfreund, Du harter, Dich auf keine Weise?

Was wohl die Lesbierin Sappho, von der jene Choriamben entlehnt sind, zu dieser Nationalisirung gesagt haben würde! Alle Glut und Hoheit des Aeolischen Gesangs athmet die von Horaz so vielfach angewandte Sapphische Strophe, in deren Behandlung sich auch Catull einigemal versucht. Am bekanntesten ist auch seine Nachahmung der einzigen fast vollständig erhaltenen Sapphischen Ode:

> Selig wie ein himmlischer Gott erscheint mir,
> Wär's erlaubt, noch über den Göttern selig,
> Wer vor Dir hinsitzend, Dich immer, immer
>   Schauet und anhört,
> Schaut Dich an, süsslächelnde, was um alle
> Sinne bringt mich Armen; ja wenn ein Blick nur
> Dir begegnet, Lesbia, gleich der Athem
>   Stockt in der Kehle u. s. w.

An dessen Stelle setzt Herr St. folgenden Schnaderhupferl:

> Der scheint mir einem Gotte gleich,
> Ja glücklicher noch ist der Mann,
> Der Dir genüber für und für
> Dich sehen und Dir lauschen kann.
>
> Du Lächelsüsse, all mein Sinnen
> Ist mir geraubt, sobald ich Dir,
> O Lesbia, ins Auge schaue,
> Dann stirbt das Wort im Munde mir.

Dieselbe biedre und fröhliche Weise stimmt er auch in einem Hymnus auf Diana an:

> Dianen treu ergeben sind
> Wir Knaben keusch und Mägdelein,
> Drum soll Dianen auch von uns
> Ein frommes Lied gesungen sein.

Und weiter unten:

> Dass im Gebirg Du Herrin seist,
> Im grünen Walde überall,
> Und in der stillen Felsenschlucht
> Wie an der Ströme Wasserfall.

Es ist wahr, gewisse Kinderreime zum Abzählen oder bei „Ringel ringel Rosenkranz" haben in Deutschland diesen Takt; indessen tanzen die Knaben und Mägdlein des Heyse'schen Catull ihren Festreigen nach folgender Melodie:

> Auf! wir stehen in Dianens Hut,
> Keusche Knaben und Mägdelein;
> Singt Dianen, o Mägdelein,
>   Auf! ihr Knaben, ein Festlied.

Es ist derselbe Rhythmus, in dem auch der berühmte Hymenäus gedichtet ist (61):

> Hügelwohner am Helicon,
>   Holder Sohn der Urania,
>   Der zum Manne die zarte Braut
> Reisst, die bebende, Hymen, o
>   Hymen, o Hymenäus.

Hier versteigt sich Herr St. einmal zu den Daktylen des „Eleusischen Festes" („windet zum Kranze die goldenen Aehren"). Mit welcher Meisterschaft er Vers und Sprache behandelt, mögen einige Proben zeigen, V. 26:

> Nimmer voll Leichtsinn von Buhlerinnen
> Wird Dein Gemahl Dir umgarnet sein,
> Nimmer wandelnd die Pfade des Lasters
> Fern Deinen blühenden Brüstelein
> Wird er zu ruhen begehren.

oder V. 165:   Diesem nicht weniger als auch Dir selber.

oder V. 201: Spielt denn nach Herzensbegehren und schenket
> Bald schon (?) Kinder dem Hause, denn schlecht
> Ziemt es sich wahrlich, dass ohne Kinder
> Bleibe ein solch urahnlich Geschlecht,
> Sondern stets sich verjünge.

Gegen diesen Wohllaut und diese Anmuth kommt die Heyse'sche Strophe freilich nicht auf: '

> Spielt denn, wie es beliebt, und bald
> Gebt uns Kinderchen: nicht geziemt's
> Dass so adliger Name bleib'
> Ohne Sprossen; verjüngend soll
> Fort und fort es erneu'n sich.

Indessen

> Dem mag Afrika's Sandunmassen
> Und die schimmernden Sterne zumal
> Auszuzählen wohl eher gelingen,

als die „Tausendzahl" der Lieblichkeiten dieses wonnigen Bücheleins. Meine Philologennatur gewinnt es freilich nur schwer über sich, den reichen Stoff so unerschöpft verlassen zu müssen, „und nicht satt noch würd' ich sein, Selbst wenn wie im Felde Aehren Mehr noch" dieser Blüten „wären". Doch wir scheiden ja vielleicht noch nicht auf ewig. Ueber seine Behandlung des Textes verspricht ja der Verf. sich an einem andern Orte aussprechen zu wollen. Ref. wird sich alle Mühe geben, die Bahn dieses leuchtenden Sterns nicht aus dem Auge zu verlieren, und sobald ihm nur die kleinste Aufmunterung zu weiteren gelehrten Zwiegesprächen geboten werden sollte, so wird er sie gern ergreifen, um den beträchtlichen Rest seines Füllhorns dem Publikum nachträglich auszuschütten. Nur auf ein unbestreitbares Verdienst unseres Freundes noch aufmerksam zu machen, gebietet mir die Gerechtigkeit: nämlich, dass er von den 116 Gedichten des Catull 33, also ein gutes Viertel (darunter den recht schweren „Attis") nicht übersetzt hat. Hätte er die übrigen drei Viertel der Sammlung in derselben zweckmässigen Weise behandelt, wie dankbar wären wir ihm! Wir glauben ihm gern, dass er es aus reiner Delicatesse gethan hat, indessen möchten wir zu Heyse's Entschuldigung, der sich nun einmal in den Kopf gesetzt hatte, den ganzen Catull als eine zusammenhängende Urkunde zu übertragen, glauben, dass derselbe wohl mehr an ein Publikum gereifter, weltkundiger und für eine historische Literaturbetrachtung hinlänglich abgekühlter Männer als an Schulknaben oder Convictoristen gedacht haben mag. Man lernt eben in Rom und Florenz im Verlauf mancher Jahrzehnte Leute

verschiedneren Schlages, und Kunst- und Kulturinteressen mannig-
faltigeren Umfangs kennen als in Poppelsdorf. Uebrigens wollen wir
die letzte Entscheidung über den relativen Werth beider Uebersetzungen
getrost den Musen überlassen, die ja nach Catull's eigener Ver-
sicherung auf ihrem Berge gute Polizei üben. Wir geben dem Leser
diesen Trost mit auf den Weg und lassen ihm auch hier die Wahl
zwischen beiden Fassungen, jede von ihnen hat ihren eigenthümlichen Werth:

> Mentula will den Pimpleischen Berg zu ersteigen versuchen,
> Musen mit Stangen hinabwerfen ihn halsüberkopf,

sagt Stromberg, Heyse dagegen:

> Mentula macht Anstalt, pimpleische Höh' zu erklimmen:
> Mit Heugabeln den Wicht stossen die Musen hinab.